# TOSKANA

## DIE 100 BESTEN WEINGÜTER

**Mondo-Weinbibliothek**

**Gerhard Eichelmann / Steffen Maus**

# TOSKANA

## Die 100 besten Weingüter

Die Stars von heute und morgen

**Mondo**

Umschlaggestaltung:  Jutta Eichelmann unter Verwendung eines
                     Gemäldes von Olga Skorikova, Künstleragentur
                     www.kunst2.de
Layout:  Mondo Heidelberg
Redaktion:  Stefanie Boos, Jutta Eichelmann
Schlussredaktion durch die Autoren
Herstellung, Satz:  Mondo Heidelberg
Druck:  Laub, Elztal-Dallau

Anschrift der Redaktion:
Mondo - Weine der Welt
Bachstraße 27
69121 Heidelberg
info@mondo-heidelberg.de

© 2003 Mondo Heidelberg
Alle Rechte vorbehalten

ISBN 3-7742-6280-2

# Inhalt

Vorwort   7

Zum richtigen Gebrauch   8

Zur Entstehung dieses Buches   9

Weinlandschaft Toskana   10

Chianti Classico   16

„Randgebiete"   116

Montalcino   148

Montepulciano   202

Küste   220

Anhang

Verzeichnis der Weingüter   274

Bezugsquellen   276

 **Gerhard Eichelmann** hat in Göttingen, Paris und Würzburg studiert. Nach einer erfolgreichen internationalen Karriere als Unternehmensberater hat sich der Diplom-Volkswirt und Diplom-Kaufmann hauptberuflich dem Wein zugewandt. Er gründete 1997 die unabhängige, werbefreie Weinzeitschrift **Mondo** – Weine der Welt, die 6-mal jährlich erscheint und Weingüter und Weine aus aller Welt vorstellt. **Mondo** – Weine der Welt führte als erste deutsche Weinzeitschrift das international übliche 100-Punkte-System für Weinbewertungen ein. Drei Jahre später veröffentlichte er die erste Ausgabe eines Buches über deutsche Weine, das sich als Standardwerk zum deutschen Wein etabliert hat. „Eichelmann Deutschlands Weine", oder kurz „Der Eichelmann", erscheint jedes Jahr neu bei Hallwag im Gräfe + Unzer-Verlag. Gerhard Eichelmann lebt mit seiner Familie in Heidelberg.

 **Dr. Steffen Maus** ist unter den deutschen Weinjournalisten anerkannter Italienfachmann. Jedes Jahr ist er drei Monate in Italien unterwegs, nimmt an Verkostungen teil und besucht Weingüter vom Piemont bis nach Sizilien. Er schreibt für Publikationen wie „Weinwelt", „essen und trinken" und die Fachzeitschrift „Weinwirtschaft" über die Weine und Winzer in Italien, Australien, Südamerika und Deutschland. Nach der Promotion in Chemie am Max-Planck-Institut in Mainz wechselte er 1997 in die Weinbranche, wo er anfangs für die Marketingagentur des deutschen Weininstitutes DWI in London arbeitete, bevor er sich als Journalist selbständig machte. Nach einem zweijährigen Aufenthalt in der Toskana lebt er heute mit seiner Frau in der Nähe von Mainz.

Bildnachweis: ein Teil der Abbildungen wurde von den Weingütern zur Verfügung gestellt. Die meisten Fotos stammen von den Autoren, einige von Jutta Eichelmann, das Foto auf dieser Seite oben von Frederic Eichelmann. Die Karten am Ende des Buches werden veröffentlicht mit freundlicher Genehmigung von Federdoc.

# VORWORT

Es ist viel los in der Toskana. Fast täglich entstehen neue Weingüter, andere wechseln den Besitzer. Die Qualität der Weine ist in den letzten Jahren dramatisch gestiegen, in der Breite, wie in der Spitze. Da fällt es schwer, auf dem neuesten Stand zu bleiben. Monat für Monat macht die Toskana mit neuen „Kult"-Weinen von sich reden. Ein aktueller Führer durch die komplexe Weinlandschaft Toskana fehlt bisher. Ein Buch, das die wichtigsten Weingüter und Weine vorstellt und die „Macher" hinter diesen Weinen. Ein Buch, das die Stars von heute und morgen vorstellt.

Seit vielen Jahren verfolgen wir das Geschehen in der Toskana. Viele tausend Weine haben wir verkostet, von nahezu tausend Betrieben. So kam eine erste Vorauswahl zustande. Von den solchermaßen ausgewählten Weingütern haben wir noch einmal die Weine in Blindproben nebeneinander verkostet. Dabei mussten wir erkennen, das Weingüter, die in den achtziger Jahren oder zu Anfang der neunziger Jahre führend waren, heute nicht mehr zur absoluten Spitze zählen. Darunter sind auch Betriebe, mit deren Weine wir einst selbst „unsere Toskana" entdeckt hatten. Dieses Buch soll ein Wegweiser zu den aktuell besten Weingütern in der Toskana sein und weist auf solche Weingüter hin, die in wenigen Jahren ebenfalls ganz oben stehen könnten. Es zeigt Trends auf und ermöglicht einen Blick hinter die Kulissen.

Gerhard Eichelmann<br>
Steffen Maus

# Zum richtigen Gebrauch

Dieses Buch stellt die besten Weingüter der Toskana in fünf Kapiteln vor. Innerhalb dieser Kapitel erfolgt die Präsentation der Güter in alphabetischer Reihenfolge. Am Ende der Kapitel finden sich Kurzporträts solcher Betriebe, die erst seit kurzem aktiv sind oder sich in jüngster Vergangenheit stark gesteigert haben. Diese Betriebe könnten in wenigen Jahren ebenfalls zur Spitze in der Toskana zählen.

Die Weingüter werden jeweils auf zwei Seiten vorgestellt. Auf der linken Seite im Buch werden in einem Daten-Kasten die allgemeinen Angaben zum Weingut, wie Anschrift, Telefon- und Faxnummer, E-Mail-Adresse und Website im Internet aufgeführt. Dazu Informationen zu Eigentümern, Betriebsleitern, Önologen, Größe der Rebfläche in Hektar und durchschnittlich erzeugte Flaschenzahl. Dazu weitere Informationen, die für Besucher von Interesse sind, wie Öffnungszeiten, Ferienwohnungen, angeschlossenes Restaurant etc. Auf der rechten Seite, am Ende des Portraits, finden sie Informationen zu den Weinen, sowie die Importeure in den deutschsprachigen Ländern, so wie sie von den Weingütern angegeben wurden. Die Sterne, die vor den Weinnamen stehen, bedeuten:

  ★★★  Weltklassewein

  ★★  Spitzenwein

  ★  sehr guter Wein

Die Zahl nach dem Weinnamen steht für die Preisklasse des Weins, wobei die Preise ab Weingut als Grundlage für die Einstufung dienen. Es bedeuten:

  ❶  unter 10 Euro

  ❷  10 bis 20 Euro

  ❸  20 bis 40 Euro

  ❹  über 40 Euro

Die Kürzel am Ende der Weingutstexte stehen für die Autoren

  ge  Gerhard Eichelmann

  sm  Steffen Maus

In den Texten werden oft die Grundbegriffe des italienischen Weingesetzes ohne weitere Erklärung verwendet. Es bedeuten:

  DOCG  Denominazione di origine controllata e garantia

       Weine mit kontrollierter und garantierter Ursprungsbezeichnung

  DOC  Denominazione di origine controllata

       Weine mit kontrollierter Ursprungsbezeichnung

  IGT  indicazione geografica tipica

       Weine typischer Herkunftsbezeichnung

## ZUR ENTSTEHUNG DES BUCHES

Die Autoren verfolgen seit Jahren die Weinszene in der Toskana und haben viele tausende Weine von nahezu tausend Erzeugern verkostet. Von etwa 170 Weingütern wurde für dieses Buch nochmals der aktuellen Jahrgang in Blindproben verkostet. Die besten Weingüter wurden für dieses Buch ausgewählt. Nur solche Weingüter wurden für ein ausführliches Portrait berücksichtigt, die seit mindestens drei Jahren Spitzenweine erzeugen. Alle Betriebe wurden persönlich besucht, mit allen Winzern oder Betriebsleitern haben die Autoren mehrfach gesprochen.

Weingüter, deren Weine in den Verkostungen zur Spitze zählten, die aber recht neu am Markt sind und Weingüter, die sich erst mit den jüngsten Jahrgängen stark gesteigert haben, wurden nicht für ein ausführliches Portrait berücksichtigt. Von diesen Weingütern, sowie von denjenigen, die die Aufnahme in die „Top 100" nur knapp verpasst haben, finden sich am Ende der Regionen-Kapitel Kurzportraits.

Wichtig bei der Auswahl der Weingüter war die Gesamtleistung des Betriebes. In der Toskana gibt es Großbetriebe, die Millionen Flaschen Wein im Jahr erzeugen. Solche großen Betriebe haben meist nicht nur Spitzenweine im Programm. So sie aber auch in großen Mengen Spitzenweine erzeugen, wurden sie trotz einzelner Schwächen von uns berücksichtigt.

Entscheidend für die Zuordnung der Weingüter zu den einzelnen Kapiteln war die geographische Lage des jeweiligen Weingutes. So wurden auch Weingüter, die zwar im Chianti Classico zuhause sind, aber keinen DOCG Chianti Classico, sondern nur IGT-Weine erzeugen, dem Kapitel „Chianti Classico" zugeordnet.

# Weinlandschaft Toskana

Die Magie des Namens Toskana wirkt nach wie vor. Millionen von Touristen kommen Jahr für Jahr in die Toskana. Sie kommen wegen der Schönheit der Landschaft, wegen der Kunst, aber auch wegen Küche und Wein. Denkt man an italienischen Wein, kommt einem meist zunächst die Toskana in den Sinn.

### Massenproduktion bis in die siebziger Jahre

In den fünfziger und sechziger Jahren zog es verstärkt deutsche Touristen nach Italien und diese brachten auch Weine mit zurück. Oft war es ein Chianti in einer mit Stroh umwickelten, großen bauchigen Flasche, Fiasco genannt. Diese Weine haben mit den heutigen Spitzenweinen in der Toskana nicht viel gemein. Denn bis in die siebziger Jahre hinein war der Weinbau in der Toskana größtenteils auf Massenproduktion ausgerichtet und qualitativ konnten nur ganz wenige Weine im internationalen Vergleich bestehen. Die Krise Ende der siebziger Jahre führte zu einem Umdenken, immer mehr Erzeuger setzten auf Qualität, senkten die Erträge. Gleichzeitig kam das Phänomen der „Supertuscans" auf: Weine, die nicht den Vorschriften des italienischen Weingesetzes für DOC- oder DOCG-Weine entsprachen, erzielten mehr Erfolg und höhere Preise als jeder „regelkonforme" Wein. Einige dieser Supertuscans bestanden ganz oder teilweise aus internationalen Rebsorten wie Cabernet Sauvignon oder Merlot, andere waren reinsortige Sangiovese.

### Achtziger Jahre: Revolution im Keller

Die achtziger Jahre brachten bei vielen Weingütern umwälzende Veränderungen im Keller. Die Weingüter begannen nach französischem Vorbild Weine in kleinen Holzfässern auszubauen, den so genannten Barriques. Gleichzeitig hielten Edelstahltanks Einzug in die Keller. Beides ging einher mit dem Engagement von Weinmachern, die von immer mehr Weingütern als Berater engagiert wurden.

## NEUNZIGER JAHRE: ÖNOLOGENBOOM

In Deutschland ist anders als in Italien das Berufsbild des Önologen als externer Berater unbekannt. Dieser Trend hin zur Verpflichtung von Weinmachern setzte sich in den neunziger Jahren in der Toskana fort und es wurde weiter in moderne Kellertechnik investiert. Obwohl die Weinmacher nicht selten mehr als zwei Dutzend Weingüter, manchmal über ganz Italien verteilt, betreuen, ist ihre Verpflichtung fast ein Muss für diejenigen, die schnelle Erfolge und Anerkennung suchen. Denn bei der zunehmenden Zahl von Weingütern hilft der Name eines bekannten Weinmachers dabei, die Aufmerksamkeit der Öffentlichkeit für das neue Weingut zu gewinnen. Immer häufiger sind die Weinmacher nicht nur in der Beratung aktiv, sondern auch an der Vermarktung beteiligt, wie beispielsweise diejenigen Önologen, die sich in der Gruppe „Matura" zusammengeschlossen haben.

## WEINBERGE IM FOKUS

Gleichzeitig aber hat man erkannt, dass es in den Weinbergen nicht zum Besten stand. Auf Massenertrag gezüchtete Klone, krankheitsanfällige Reben und die mangelhafte Pflege der Weinberge waren die Regel, nicht die Ausnahme. Für die Produktion von Spitzenweinen waren viele Weinberge, die in den siebziger Jahren gepflanzt wurden, wenig geeignet, weil man in dieser Zeit solche Klone pflanzte, die möglichst hohe Erträge brachten. Vorausschauende Winzer begannen bereits Anfang der neunziger Jahre damit ihre Weinberge zu erneuern. In der zweiten Hälfte der neunziger Jahre wurde überall in der Toskana so viel neu gepflanzt und erneuert, dass es zeitweise zu Engpässen bei der Beschaffung von Sangiovesesetzlingen kam. Diesen Boom hatte unter anderem auch das 1988 ins Leben gerufene Projekt des Konsortium des Chianti Classico hervorgerufen, das die besten Sangioveseklone identifizieren sollte. Im Rahmen dieses Projektes wurden auch Versuche mit höherer Pflanzdichte durchgeführt. Die Ergebnisse waren eindeutig: dichter bestockte Weinberge brachten bessere Weine hervor als die traditionell bestockten Weinberge. Die neuen Anlagen wurden deshalb meist mit 4.000 bis 7.000 Reben bestockt statt, wie traditionell üblich, mit 2.000 oder 2.500 Reben. Aber auch die Arbeit in den Weinbergen wurde intensiviert. In den siebziger Jahren fielen im Durchschnitt 150 Arbeitsstunden im Weinberg je Hektar und Jahr an. Heute sind es im Durchschnitt 800 Stunden je Hektar und Jahr.

# BIBI GRAETZ

Bibi Graetz lebt in Fiesole. Dort besitzt seine Familie das Castello di Vincigliata, das ein Engländer im 19. Jahrhundert aus einer mittelalterlichen Ruine erbaut hat. Heute ist das Schloss ein beliebter Veranstaltungsort für Bankette, Hochzeiten und Seminare und Bibi Graetz arbeitet dort als Direktor. Wie seine Eltern, die mit Skulpturen arbeiten, ist auch er künstlerisch tätig, hat Kunst studiert und malt

Bild: Bibi Graetz (rechts) und Alberto Antonini

## ANTONINI WECKT BEGEISTERUNG

Eine entscheidende Veränderung in seinem Leben brachte das Zusammentreffen mit Alberto Antonini. Dieser weckte in ihm die Begeisterung für Weine und dafür, aus den Trauben des familieneigenen Weinberges einen Spitzenwein zu machen. Antonini erkannte, dass das Bild vom „weinschaffenden Künstler" in Amerika und Asien einfach für Furore sorgen muss. Sein Rat war so intelligent wie einfach. Bibi Graetz sollte lediglich einen Wein erzeugen und diesen im Super-Premium-Segment ansiedeln. Ein Wein aus einheimischen Rebsorten, der mit einer interessanten Geschichte verknüpft ist und bei dem die Qualität außer Frage steht. Dafür sollten die alten Weinberge mit Sangiovese, Canaiolo, Colorino, Moscato Nero und Malvasia Nera garantieren.

## ETWAS EINZIGARTIGES SCHAFFEN

Einen Wein für den Hausgebrauch, den „vino della casa", machte sein Vater schon lange Jahre. Mit der 1999 getroffenen Entscheidung, einen Spitzenwein erzeugen zu wollen, hat sich jedoch im Keller des Familienbesitzes einiges verändert. Temperaturgesteuerte Edelstahltanks und teure Technik waren nicht gefragt, dafür Fleiß und Handarbeit. Der Wein wird in offenen Barriques vergoren und der entstehende Tresterhut mit Holzplatten regelmäßig heruntergedrückt. Nach dem Ausbau in Barriques reift er dann noch einige Monate in der Flasche und kommt erst zwei Jahre nach der Lese in der Verkauf.

## STORY STIMMT

Einen geeigneten Namen zu finden fiel dem Künstler nicht schwer. Mit „Testamatta" gab er seinem Wein einen griffigen Namen. „Testamatta" lässt sich mit „verrückter Kopf" oder positiv gesehen „kreativer Kopf" übersetzen. Die Idee, das Etikett jedes Jahr mit einem anderen Gemälde von Bibi Graetz zu verschönern, lag nahe. So verbindet er in idealer Weise seine zwei Leidenschaften, Wein und Kunst. Mit seinem ersten Jahrgang 2000 hatte Bibi Graetz einen erfolgreichen Start in den Winzerberuf, der Handel und die Presse waren angetan. Die intensive Frucht ist bereits im jungen Wein sehr harmonisch mit den Tanninen verbunden. sm

## MARKTERFOLGE LÖSEN BOOM AUS

Die Zahl der Erzeuger stieg in den neunziger Jahren rasch an, denn Weine wie der Brunello di Montalcino oder der Chianti Classico waren in Italien ebenso wie in den vielen Auslandsmärkten sehr gefragt. Gleichzeitig stiegen die Preise für die Weine, aber auch für die Weinberge in diesen Gebieten. Das Interesse erfasste die ganze Toskana und in der zweiten Hälfte des Jahrzehnts kam es vor allem an der Küste von Bolgheri bis Grosseto zur Gründung vieler neuer Weingüter.

## KÖNIG SANGIOVESE

Sangiovese ist die bei weitem wichtigste Rebsorte der Toskana. Es gibt Sangiovese in der gesamten Toskana, oft unter verschiedenen Namen und in verschiedenen Spielarten. Sangiovese Grosso heißt der in Montalcino angebaute Klon, Prugnolo Gentile der in Montepulciano, und in der Maremma ist Sangiovese unter dem Namen Morellino bekannt. Sangiovese ist eine spät reifende Rebsorte, die sehr empfindlich auf verschiedene Böden oder Höhenlagen reagiert und daher sich oft sehr unterschiedlich im Bouquet und im Geschmack zeigt. Von Sauerkirsche bis hin zur vollreifen Süßkirsche präsentiert sich die Frucht, oft begleitet von leicht duftigen Noten im Bouquet, die an Veilchen erinnern. Vor allem bei Weinen aus höheren Lagen ist oft eine kräftige Säure präsent, in warmen Jahren und wärmeren Gegenden hingegen zeigt Sangiovese sich üppig und überschwänglich süß.

## INTERNATIONALE REBSORTEN

In den letzten Jahren hat sich der Trend hin zu reinsortigen Sangiovese verstärkt. Gleichzeitig findet man immer häufiger die so genannten internationalen Rebsorten in den Weinbergen der Toskana. Cabernet Sauvignon und Merlot sind besonders gefragt, aber auch Syrah wird in den letzten Jahren immer häufiger angebaut. Vor allem Merlot wurde oft gepflanzt als potentieller Cuvéepartner für Sangiovese und hat so die anderen, traditionellen roten Sorten der Toskana, wie Canaiolo Nero, Colorino oder Malvasia Nera, zurückgedrängt. Immer häufiger aber auch traten reinsortige Merlot in Erscheinung, ebenso Cabernet Sauvignon und natürlich Cuvées aus diesen beiden Sorten oder in Verbindung mit Sangiovese. Weniger überzeugend waren die Ergebnisse mit Pinot Nero (Spätburgunder). Traditionell enthielten die Rotweine der Toskana neben Sangiovese und anderen roten Sorten auch weiße Sorten, vor allem Trebbiano und Malvasia Bianca. Diese werden heute kaum noch in Cuvées genutzt und die Anbaufläche von weißen Sorten geht in der gesam-

# ALBERTO ANTONINI

Alberto Antonini ist ein erfolgreicher Weinberater. Kaum eine Woche, in der nicht ein Weingut bei ihm anruft und ihn engagieren möchte. Nicht nur in der Toskana, wo er im Chianti und in den Küstenregionen mehrere Weingüter berät, sondern auch sonst in Italien und im Ausland sind seine Dienste sehr gefragt. Seine Kunden kann er bei der großen Nachfrage sorgfältig auswählen: „Für mich muss ein neues Projekt stimulierend sein, allein des Geldes wegen muss ich keinen Auftrag annehmen", versichert Antonini.

## ÖNOLOGENGRUPPE MATURA

Alberto Antonini hat zusammen mit seinem Freund, dem Önologen Attilio Pagli, die Firma Matura gegründet. Das war vor zehn Jahren. Mittlerweile hat Matura 30 Mitarbeiter, die über Aktien an der Firma beteiligt sind. Matura vereint verschiedene Geschäftsbereiche: neben einer Sparte für Weinbau, Önologie, Anlagenbau und Betriebswirtschaft gibt es die Sparte Matura Selections, die Weingütern über die Beratung hinausgehende Aufgaben wie Marketing, Verkauf und Logistik abnimmt. Abgesehen vom regelmäßigen Informationsaustausch arbeitet jeder der erfahrenen Weinmacher autonom. Junge Önologen arbeiten drei Jahre an der Seite eines erfahrenen Kollegen und werden schon einmal nach Australien oder Chile geschickt, denn die Gruppe betreut Kunden auf der ganzen Welt. Antonini legt die Arbeitsweise im Keller fest, macht den Verschnitt der Weine, seine Assistenten betreuen die einzelnen Betriebe. Seine knapp gewordene Freizeit verbringt er auf dem Familienweingut „Cerro del Masso" in Cereto Guidi, wo er mit seiner Frau und seinen zwei Kindern lebt. Dass er vom Wein nicht lassen kann, belegen seine Investitionen in der Maremma, wo er 30 Hektar Land gekauft hat, und sein Engagement in Heathcote nördlich von Melbourne, wo er 40 Hektar Land erworben hat.

## SANGIOVESE: IN DER TOSKANA UND ÜBERALL

Dort in Australien arbeitet Antonini mit einer Rebschule zusammen, die die Anbautauglichkeit italienischer Rebsorten für Australien untersucht. Er glaubt, dass Sangiovese prinzipiell überall angebaut werden kann, allerdings sind die Bedingungen in der Toskana einzigartig für diese Rebsorte. Wie Sangiovese sich im Val di Cornia, dem Chianti Classico oder der südlichen Maremma verhält, ist nicht nur für Antonini faszinierend. Nach seiner Meinung liefert Sangiovese auf den Galestroböden in einigen Teilen des Chianti Classico oder in Montalcino die besten Resultate. In der Maremma mit ihrem trocken-heißen Klima kann, muss aber nicht, dem Sangiovese etwas die Komplexität fehlen. Vor die Wahl gestellt, gibt Antonini in der Maremma dennoch den Rebsorten Cabernet Franc, Alicante, Syrah, Tannat, Tempranillo und einigen Rebsorten aus Süditalien den Vorzug gegenüber dem empfindlichen Sangiovese. *sm*

ten Toskana zurück. Internationale Weißweinsorten wie Chardonnay konnten sich bisher nicht durchsetzen. Neuerdings findet man vor allem an der Küste neben Vermentino häufiger Sorten wie Sauvignon Blanc oder Viognier.

## INVESTITIONEN

Nicht nur italienische Weingutsbesitzer findet man in der Toskana. Deutsche und Schweizer, Skandinavier und Holländer, Briten und Amerikaner zog es hierher. In den neunziger Jahren wurde weiter kräftig investiert, sowohl von bestehenden Weingütern, als auch von branchenfremden Einsteigern. Auslöser dafür war die starke Nachfrage nach Rotweinen aus der Toskana, die die Preise rasch steigen ließ. Manche dieser neuen Betriebe legen ein erstaunliches Tempo vor. Meist haben sie externe Berater, denn gerade die branchenfremden Einsteiger sind auf externe Beratung angewiesen, mit deren Hilfe sie oft schon im ersten Jahr außergewöhnliche Weine erzeugen. Bibi Grätz (Seite 12) mit seinem Wein Testamatta steht beispielhaft für diese Newcomer. Er hat Alberto Antonini als Berater (Seite 14).

## WEINSTRASSEN UND TOURISMUS

Voll im Trend liegen die Weinstrassen. In fast allen Weinbaugebieten der Toskana wurden, gefördert von staatlicher Seite, inzwischen Weinstraßen eingerichtet, die den Besucher zu den Weingütern, Restaurants und Landgasthöfen, Enotheken, Ferienwohnungen und Sehenswürdigkeiten der jeweiligen Region führen. Informationsbroschüren mangelt es nicht. Viele sehen in dieser Initiative ein wichtiges Werbeinstrument, um den „Wein-Tourismus" in der Toskana noch stärker zu fördern und langfristig zu etablieren.   ge

# Chianti Classico

Denkt man an die Toskana, dann denkt man an Kunst und Literatur, an Urlaub und gutes Essen – und natürlich Wein. Beim Wein zuerst an Chianti. Fast jeder kann mit dem Namen Chianti etwas anfangen, weiß, dass dies ein Rotwein aus der Toskana ist, und viele wissen, dass die besten Chianti aus dem Chianti Classico kommen, einem genau definierten Gebiet zwischen Florenz und Siena.

## Chianti Classico – das Herz der Toskana

Wein wurde schon immer angebaut in der Toskana. Bereits zu Beginn des achtzehnten Jahrhunderts wurden in einem Edikt eines Medici-Großherzogs zum ersten Mal die Grenzen des Chiantigebietes definiert und zum ersten Mal die Bezeichnung Chianti Classico vermerkt. Für Orte wie Radda, Greve, Castellina, Gaiole und Panzano. Aber es dauerte bis in die siebziger Jahre des neunzehnten Jahrhunderts, bis für den als Chianti verkauften Wein eine – zunächst – unverbindliche Formel festgelegt wurde. Baron Bettino Ricasoli gebührt dieser Verdienst. Sangiovese und Canaiolo sollten nach dieser „Eisernen Formel" im Chianti enthalten sein, aber auch die weißen Sorten Trebbiano und Malvasia. Der Erfolg des Chianti Classico in den folgenden Jahrzehnten brachte jedoch auch viele Trittbrettfahrer aus anderen Regionen dazu, ihre Weine ebenfalls unter der Bezeichnung Chianti Classico zu verkaufen. Um dies zu verhindern und die Authentizität ihrer Weine zu garantieren, schlossen sich 1924 33 Weingüter zusammen und gründeten ein Konsortium zum Schutze des Chianti Classico. Sie wählten als Zeichen für den wahren Chianti Classico den schwarzen Hahn, den Gallo Nero. Dieser Gallo Nero schmückt noch heute alle Chianti Classico der im Konsortium zusammengeschlossenen Weingüter.

## Supertuscans statt Fiasco

Der moderne Chianti Classico aber hat nicht mehr allzu viel mit dem gemein, was Bettino Ricasoli im neunzehnten Jahrhundert festgelegt hatte. Auch nicht mit dem Chianti, den viele Deutsche in den fünfziger und sechziger Jahren auf ihren Urlaubsreisen nach Bella Italia kennen gelernt haben: der Wein war meist relativ hell und leicht, die Preise meist niedrig und die Flasche war meist mit Stroh umwickelt („Fiasco" genannt). Diese Strohflasche wurde zum Markenzeichen für Chianti. Niedrige Preise gefallen den Winzern naturgemäß nicht. Ende der sechziger Jahre fingen einige an, von der tradierten Formel, die weiße Sorten im Chianti Classico vorschrieb, abzugehen. Sie wollten reinsortige Sangiovese erzeugen, aber auch internationale Rebsorten wie Cabernet Sauvignon und Merlot in den Cuvées verwenden. Der erste dieser später als „Supertuscans" bekannt gewordenen Weine war der Vigorello von San Felice, der mit dem Jahrgang 1968 seine Geburtsstunde erlebte. Zunächst ein reinsortiger Sangiovese, kam nach und nach immer mehr Cabernet Sauvignon hinzu. Der Vigorello war der erste „Supertuscan" im Chianti Classico, viele andere folgten und noch heute kommen ständig neue Weine auf den Markt, die von den Winzern als „Supertuscan" angepriesen werden. Auch der Ausbau der Weine hat sich durch diese „Supertuscans" nachhaltig geändert. Statt der traditionellen großen Holzfässer, meist aus slawonischer Eiche, setzten viele der neuen

Stars auf den Ausbau der Weine im Barrique, das heißt in kleinen Eichenholzfässern mit 225 Liter oder maximal 300 Liter Inhalt. Und statt slawonischer Eiche wurden immer häufiger Fässer aus französischer Eiche genutzt. Dieser Trend ist bis heute ungebrochen.

## NEUE REZEPTUR

Diese Supertuscans erzielten deutlich höhere Preise als jeder Chianti Classico. Ihr Erfolgt führte dazu, dass man über die tradierte Formel zur Erzeugung des Chianti Classico nachdachte. Bereits 1984, mit der Zuerkennung des DOCG-Status für Chianti Classico, wurden erste Änderungen vorgenommen, der Anteil der weißen Sorten wurde verringert und Sorten wie Cabernet Sauvignon wurden als komplementäre Sorten zugelassen. 1996 folgten dann noch drastischere Änderungen in den DOCG-Gesetzen für Chianti Classico: reinsortige Sangiovese wurden zugelassen. Heute kann ein Chianti Classico 80 Prozent Sangiovese und 20 Prozent Cabernet Sauvignon oder Merlot enthalten oder darf, wie der Brunello di Montalcino, zu 100 Prozent aus Sangiovese bestehen. Diese Änderungen brachten renommierte Erzeuger wir Castello di Fonterutoli oder Castello di Cacchiano dazu, ihre Strategie zu ändern und nicht mehr einen „Supertuscan" aus Sangiovese als Spitzenwein herauszustellen, sondern unter der Bezeichnung Chianti Classico einen „Chateau-Wein" nach dem Vorbild von Bordeaux an die Spitze des Sortiments zu stellen.

## ANNATA UND RISERVA

Es hat sich über Jahre hinweg ergeben, dass die Weingüter im Chianti Classico zwei Arten Chianti im Programm haben, Annata und Riserva. Annata ist die Bezeichnung für den jungen Wein, der meist nach eineinhalb Jahren in den Handel kommt. Der Trend geht dahin, die Weine jünger auf den Markt zu bringen. Dies zeigt sich daran, dass die Vorschriften für den Mindestausbau einer Riserva zuletzt zweimal geändert wurden. Nur noch zwei Jahre beträgt heute die vorgeschriebene Mindestausbauzeit. Einige Weingüter allerdings verzichten inzwischen ganz darauf eine Riserva

Im Chianti Classico

anzubieten und geben ihrem Spitzenchianti einen eigenen Namen, oft dem einer Lage.

## WICHTIGSTE REBSORTE: SANGIOVESE

Sangiovese ist die mit Abstand wichtigste Rebsorte in der Toskana. Der Name kommt von „sangue de Jovis", Blut des Jupiter, seine Ursprünge reichen bis in die Etruskerzeit zurück. Sangiovese ist oft – anders als Blut – recht hell in der Farbe sind. 80 Prozent Sangiovese muss in jedem Chianti Classico mindestens enthalten sein. Im Laufe der Jahrhunderte haben sich verschiedene Sangioveseklone mit unterschiedlichen Ausprägungen entwickelt. Ein Meilenstein in der Forschung war das vom Konsortium des Chianti Classico im Jahr 1988 initiierte Programm „Chianti 2000". Im Rahmen dieses Programms wurden verschiedene Klone untersucht und weiter selektioniert. Genauso wichtig aber war auch der Fokus auf die Arbeit im Weinberg. Es wurde untersucht wie sich verschiedenen Reberziehungssysteme und die Bearbeitung der Böden, zum Beispiel durch das Aussäen von Gras, auf die Qualität der Weine auswirken. Ebenfalls untersucht wurde der Einfluss der Pflanzdichte auf die Weinqualität. Das Ergebnis war eindeutig: höhere Pflanzdichte bewirkt mehr Ausdruck und Konzentration in den Weinen. Bei Neuanlagen werden deshalb heute meist 6.000 bis 7.000 Reben je Hektar gepflanzt, während traditionell 2.500 bis 3.000 Reben die Regel war.

## VERÄNDERUNGEN IM KELLER

Auch die Arbeit im Keller hat man im letzten Jahrzehnt stark verändert. Das beginnt schon vor dem Keltern. Heute werden die Trauben in der Regel entrappt. Bei der Vergärung setzt sich das fort. Früher wurden die Trauben nur wenige Tage maceriert, heute sind es meist drei bis vier Wochen, wodurch mehr Farbe und Geschmack aus den Trauben extrahiert wird. Beim Ausbau geht es dann um die wichtige, oftmals polarisierende Frage, ob man Barriques nutzt oder nicht.

Castello di Volpaia: Barriquekeller

### Verfälscht Barrique den Charakter des Chianti?

Chianti sei so austauschbar geworden, wird oft beklagt, sei so gar nicht mehr typisch. Den „typischen" Chianti aber gibt es nicht, wahrscheinlich gab es ihn nie. Viele, die vom „typischen" Chianti sprechen, erklären auf Nachfrage, dass sie an „den Chianti" denken, wie sie ihn vor zwanzig Jahren kennen gelernt haben. Und weil man vor zwanzig Jahren im Classico-Gebiet noch kaum Barriques nutzte, geben sie nun den kleinen Fässchen die Schuld am Verschwinden „ihres Chianti". Ungeachtet der vielen anderen Änderungen. Aber Sangiovese verträgt gut Barrique, guter Sangiovese, wohlgemerkt.

### Weissweine und Vin Santo

Weißweine führen ein Mauerblümchendasein im Chianti Classico. Für Weißweine werden immer öfter auch internationale Rebsorten verwendet, vor allem Chardonnay und Sauvignon Blanc. Bisher mit recht wechselhaften, selten so richtig überzeugenden Ergebnissen. Die Chardonnay aus dem Classico-Gebiet sind meist recht barriquegeprägt und haben noch keine eigene Identität entwickelt. Trebbiano und Malvasia Blanca, die traditionellen Sorten der Toskana und bis vor kurzem Bestandteil in vielen Chianti, verschwinden immer mehr aus den Weinbergen. Viele Weingüter verwenden sie heute nur noch zur Herstellung von Vin Santo. Für den Vin Santo werden Ende September oder Anfang Oktober von erfahrenen Weinlesern ausgesuchte, gesunde Trauben geerntet, die dann als Ketten („penzoli") in der so genannten Vinsantaia bis Ende Dezember oder Anfang Januar getrocknet werden. In kalten Jahren kann es auch einmal Februar werden, bevor man die angetrockneten Beeren keltert. Die Moste kommt dann in die traditionellen kleinen Eichenholzfässchen („caratello") mit zementiertem Spund, wo sie langsam vergären und viele Jahre lang ausgebaut werden. Für den so erzeugten Vin Santo werden Trebbiano- und Malvasiatrauben verwendet. Nutzt man dafür rote Trauben wie Sangiovese oder Canaiolo, spricht man vom Vin Santo Rosso oder „Occhio di Pernice".

### Internationale rote Rebsorten

Immer mehr Winzer im Classico-Gebiet setzen auf Merlot, teils für Cuvées mit Sangiovese, teils für reinsortige Weine. Gerade reinsortige Merlot brachten schon eine Vielzahl erstaunlicher Weine hervor. Ähnliches gilt für Cabernet Sauvignon. Aber neben den Rebsorten aus Bordeaux findet man immer häufiger auch Sorten wie Pinot Noir oder Syrah im Chianti Classico. Mit nicht immer überzeugenden Ergebnissen. Pinot Noir (Pinot Nero) schwankt von einem Jahr zum nächsten zu sehr: einmal treten marmeladige Noten in den Vordergrund, dann wieder Säure und grüne Noten. Der Sortencharakter bleibt häufig auf der Strecke. Der Syrah bringt schon klarer seine typische Aromatik zu Tage, bleibt aber in kalten Jahren (und bei hohen Erträgen!) manchmal eigenwillig dünn und weist "grüne" Noten auf.

### Verfälschen Cabernet und Merlot den Sangiovese?

Eine schwer zu beantwortende Frage. Es gibt einige Chianti die deutlich, ja allzu deutlich nach Cabernet Sauvignon schmecken. Ob es daran liegt, dass viele Winzer sich nicht an das Limit von 20 Prozent Cabernet Sauvignon halten? Das mag sicherlich in manchen Fällen ein Grund dafür sein. Es gibt aber oft einen weiteren Grund,

# Carlo Ferrini

Carlo Ferrini ist Weinberater von Beruf - und er gilt als einer der besten. Er ist ein Star und viele Weingüter werben groß mit seinem Namen. Er ist als Weinmacher gefragt wie kaum ein anderer, kann sich seine Kunden auswählen. Die waren bisher ausschließlich in der Toskana zu finden, aber im Jahr 2002 hat er erstmals mit Weingütern außerhalb der Toskana Beraterverträge abgeschlossen, mit zwei Betrieben in Sizilien. Da er seine vielen Kunden nicht allein betreuen kann, arbeitet er oft mit anderen Önologen zusammen, zum Beispiel mit Goia Cresti.

## Wichtige Station: Konsortium Chianti Classico

Mit der Familie Mazzei vom Castello di Fonterutoli pflegt Ferrini seit vielen Jahren ein sehr freundschaftliches Verhältnis. Bei seiner Arbeit für das Chianti Classico-Konsortium, wo Lapo Mazzei zwanzig Jahre Präsident war, lernten sich beide kennen. Von 1986 bis 1992 war Carlo Ferrini technischer Direktor des Konsortiums, dann beschloss er seinen eigenen Weg zu gehen. Diese Zeit beim Konsortium war wichtig für ihn, so wie seine Entscheidung Landwirtschaft zu studieren und die Begegnung mit dem Önologen Maurizio Castelli, dessen Assistent er gewesen war.

## Sangiovese, aber nicht nur

Er studiert den Sangiovese seit mehr als zwanzig Jahren und glaubt, dass noch weitere dreißig Jahre ins Land gehen werden, bis man die Rebsorte versteht. Im Rahmen des Projektes „Chianti 2000" hat er für das Konsortium nach den besten Klonen und Standorten im Chianti Classico geforscht. Sangiovese ist natürlich die wichtigste Rebsorte in den Weinbergen seiner Kunden. Aber anders als mancher seiner Kollegen ist er nicht allein auf Sangiovese fixiert. Nach seiner Meinung hat auch der Merlot in der Toskana eine große Zukunft und führt den Siepi von Fonterutoli als gelungenes Beispiel für eine Cuvée von Sangiovese und Merlot an.

## Enormes Potenzial, nicht nur für Sangiovese

Was Carlo Ferrini überhaupt nicht mag, sind bittere, magere Weine, bei denen die Säure zu sehr im Vordergrund steht. Er kann sich für die Maremma begeistern, wo das Problem übermäßiger Säure gar nicht zu finden ist. In der Toskana gibt es ein enormes Potenzial herausragende Rotweine zu machen, nicht nur aus Sangiovese. Einen hervorragenden Sangiovese zu schaffen ist aber die größte Herausforderung, gibt Ferrini zu. *sm* dafür, dass manche Cuvées, ob Chianti Classico oder Supertuscans, stark vom Cabernet dominiert erscheinen: die Durchschnittserträge sind (mit) dafür verantwortlich. Bei hohen Hektarerträgen rückt die Frucht des Cabernet Sauvignon stärker in den Vordergrund, während bei niedrigen Erträgen (und von den stärker qualitäts- denn mengenorientierten Sangioveseklonen) eine konzentrierte Sangiovesefrucht die Cabernetnoten in Zaum hält.

## HÖHENLAGEN, BÖDEN, JAHRGANGSSCHWANKUNGEN

Das Chianti Classico ist eine sehr hügelige Landschaft. Fast 400 Höhenmeter liegen zwischen den tiefst- und höchstgelegenen Weinbergen. Aber nicht nur die Höhenlagen, auch die Böden differieren stark. Manche sind schwer und stark lehmhaltig, andere sind von Kalkstein oder vom steinigen Galestro (Kalkmergel) oder Albarese (Sandstein) durchsetzt. Aber nicht nur Höhe und Böden führen zu unterschiedlichen Weinen. Die Jahrgangsschwankungen sind stark. Es gibt „warme" Jahre und „kühle" Jahre, „nasse" Jahre und „trockene" Jahre. Aber nicht nur die Sonnenstunden und die Regenmenge ist entscheidend, auch der Zeitpunkt, zu dem die Herbstregen einsetzen, ist entscheidend für die Qualität der Weine. Was für Winzer in

niedrigen Lagen schlecht ist, kann für die Weingüter in höheren Lagen gut sein, und umgekehrt. So gibt es in jedem Jahr wieder spannende Verkostungen mit vielen Überraschungen. *ge*

Olivenernte auf Badia a Coltibuono

# CASTELLO DI AMA
### Lecchi di Gaiole in Chianti

Castello die Ama gehört zu den weithin bekannten Weingütern im Chianti Classico. Dabei ist das Gut in seiner heutigen Form erst vor gut 30 Jahren entstanden. 1972 haben vier Familien Castello di Ama gegründet. Das gesamte Gut, zwischen Gaiole und Radda gelegen, ist 250 Hektar groß, wovon 40 Hektar mit Olivenbäumen bepflanzt sind. Die Reben, die 85 Hektar einnehmen, wachsen hier in einer durchschnittlichen Höhe von 450 Meter. Neben Sangiovese gibt es Merlot, Malvasia Nera, Canaiolo, Pinot Nero, Chardonnay, Pinot Grigio und Malvasia Bianca. Die Geschicke des Weingutes wurden in den letzten Jahren maßgeblich von zwei Personen bestimmt.

> Castello di Ama
> 53010 Lecchi di Gaiole in Chianti
> Tel. 0577-746031
> Fax: 0577-746117
> www.castellodiama.com
> info@castellodiama.com
> Besitzer: Castello di Ama S.p.A.
> Betriebsleiterin: Lorenza Sebasti
> Önologe: Marco Pallanti
> Rebfläche: 85 Hektar
> Produktion: 300.000 Flaschen
> Besuchszeiten: nach Vereinbarung

### LORENZA SEBASTI UND MARCO PALLANTI

Lorenza Sebasti, geborene Römerin, war erstmals im Jahr 1980 zu ihrer Geburtstagsfeier auf Castello di Ama. Acht Jahre später zieht sie dann nach Ama, um sich um die Verwaltung des Weinguts zu kümmern. Der Önologe Marco Pallanti ist seit 1982 für Castello di Ama tätig. Er hat seit den achtziger Jahren maßgebliche Veränderungen für Castello di Ama und den Chianti insgesamt initiiert. Aber nicht nur die Leidenschaft für Castello di Ama verbindet die beiden. Inzwischen sind sie verheiratet und haben zwei Kinder.

### INTERNATIONALE REBSORTEN

Schon Anfang der achtziger Jahr wurden bei Castello di Ama neue „internationale" Rebsorten wie Merlot, Pinot Noir und Chardonnay angelegt. Der erstmals 1985 erzeugte reinsortige Merlot „L'Apparita" gehörte zu den ersten in der Toskana. 1987 folgten der Pinot Noir „Il Chiuso" und der Chardonnay „Al Poggio". Doch das besondere Interesse von Marco Pallanti gilt nach wie vor dem Sangiovese. Schon in den achtziger Jahren hat er begonnen bestimmte Sangioveseklone für besondere Parzellen auszuwählen. Ende der neunziger Jahre wurden weitere 15 Hektar mit den neuen Sangioveseklonen bepflanzt.

### LAGENWEINE

Marco Pallanti gehörte zu den ersten in der Toskana, die sich intensiv mit den Ausprägungen jeder einzelnen Parzelle beschäftigten. Er ist davon überzeugt, dass sich Sangiovese, ähnlich wie Pinot Noir, in jeder Lage anders zeigt. Der Charakter der Weine verändert sich von einem Hügel zum nächsten, von einer Höhenlage zur anderen. In den achtziger Jahren schon hat Marco Pallanti begonnen einzelne Parzellen getrennt zu vinifizieren. So sind die Crus Bellavista, San Lorenzo, Casuccia und Bertinga entstanden. Castello di Ama war damit der Pionier für Lagenweine im Chianti Classico.

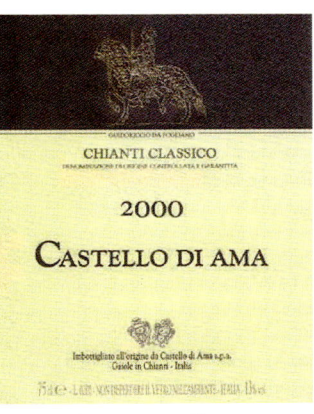

## CHIANTI CLASSICO CASTELLO DI AMA

Seit 1996 allerdings wird wieder der Chianti Classico als Aushängeschild des Weingutes in den Vordergrund gestellt und nur in besonderen Jahrgängen werden Lagenweine aus den Crus Bellavista und La Casuccia in sehr geringen Mengen erzeugt. Wie in Bordeaux soll der wichtigste Wein das gesamte Weingut repräsentieren. Durch die 20-jährige Selektion hat sich das Potenzial jeder einzelnen Parzelle erhöht und die Qualität der Trauben wurde insgesamt besser und homogener. So erklärt Marco Pallanti diese Änderung. Zudem könne auf diese Weise ein einziger Wein in bedeutender Menge erzeugt werden, eben der Chianti Classico Castello di Ama.

## BETONUNG DER ELEGANZ

Der Chianti Classico Castello di Ama ist ein eleganter Wein. Neben Sangiovese enthält er ein klein wenig Merlot, Canaiolo und Malvasia Nera. Ausgebaut wird er in Barriques aus französischer Eiche. Die Eleganz des Chianti Classico findet man auch im Merlot wieder. „L'Apparita" ist der Name für den oberen Teil der Lage Bellavista, etwa 490 Meter hoch gelegen, wo in den achtziger Jahren Canaiolo und Malvasia Bianca dem Merlot weichen mussten. Der „L'Apparita" wird fünfzehn Monate in Barriques aus französischer Eiche ausgebaut, wobei Marco Pallanti, anders

als beim Chianti Classico, für den Merlot ausschließlich neue Fässer verwendet. Er ist vielleicht nicht so konzentriert wie andere Merlot aus der Toskana, dafür überzeugt er mit seiner klaren Frucht, Harmonie und Eleganz. *ge*

Bild linke Seite: Villa
Bild rechte Seite: Weinberg Bellavista

| | | | |
|---|---|---|---|
| ★ | Al Poggio ❷ | | 40.000 |
| ★-★★ | Chianti Classico Castello di Ama ❷ | | 150.000 |
| ★★ | L'Apparita ❸ | | 7.000 |
| ★ | Il Chiuso ❷ | | 11.000 |
| Importeure: | D: | Segnitz | |
| | CH: | Martel | |
| | A: | Vergeiner | |

# ANTINORI
### Firenze

Antinori ist Toskana und Toskana ist Antinori. Weltweit ist der Name Synonym für Qualitätswein aus der Toskana. Vor mehr als einem Jahrhundert wurde das Weinhandelshaus Marchesi Antinori gegründet, kurz danach im Jahr 1898 die Kellerei in San Casciano Val di Pesa gebaut. Als reines Weinhandelshaus im 20. Jahrhundert groß geworden, besitzt Antinori heute 1.500 Hektar eigene Weinberge, nicht nur in der Toskana, sondern auch in Umbrien, Apulien und im Ausland.

## PIERO ANTINORI

In der Weinwelt Italiens spielt Piero Antinori eine führende Rolle: mit strategischer Weitsicht hat er das Unternehmen vom reinen Handelsunternehmen ohne eigenen Weinbergsbesitz zu einem der führenden Weingüter in Europa ausgebaut. Heute ist die Familie der größte private Weinbergsbesitzer Italiens. Der Aufstieg von Antinori in den siebziger und achtziger Jahren ist eng verbunden mit dem genialen Wirken des Weinmachers Giacomo Tachis, der berühmte Weine wie Solaia oder Tignanello erschaffen hat. Die Expansionspolitik in den letzten zehn Jahren führte zum Anstieg der zu bewirtschaftenden Weinbergsfläche. Die Jahresproduktion soll sich bei etwa 16 Millionen Flaschen stabilisieren. Mehr und mehr kann Antinori in der Zukunft demnach auf eigene Trauben zurückgreifen.

> Piazza degli Antinori, 3
> 50123 Firenze
> Tel. 055-23595
> Fax: 055-2359884
> www.antinori.it
> antinori@antinori.it
> Besitzer: Piero Antinori
> Betriebsleiter: Renzo Cotarella
> Önologe: Renzo Cotarella
> Rebfläche: 1.500 Hektar
> Produktion: 16.000.000 Flaschen
> Besuchszeiten: nur nach Vereinbarung
> Agriturismo Fonte de' Medici

## INVESTITIONEN ZUM RICHTIGEN ZEITPUNKT

Zu einem günstigen Zeitpunkt erwarb Antinori in den neunziger Jahren Weinberge in Montalcino (Pian delle Vigne), Montepulciano (La Braccesca) und Sovana (Aldobrandesca), vergrößerte seinen Rebbesitz in Bolgheri (Guado al Tasso) und kaufte das Weingut Prunotto im Piemont. Mit der Gründung der Tochtergesellschaft Tormaresca beschritt er den strategisch wichtigen Schritt nach Apulien, wo Weine als Konkurrenz zur Neuen Welt produziert werden. Bei solch einer Vielfalt und stattlichen Größe ist es nicht verwunderlich, dass das Unternehmen eine breite Palette an Weinen vom einfachen Weißwein oder dem Rotwein Santa Cristina bis hin zu

den Spitzenweinen Solaia oder Guado al Tasso anbietet. Spitzenweine, die bei Antinori in beachtlichen Mengen erzeugt werden, sind wichtig fürs Renommee des Hauses und tragen ihren Teil zum Umsatz von 85 Millionen Euro bei. Die wichtigsten Produkte, in absteigender  Umsatzreihenfolge, sind: Santa Cristina, Villa Antinori Chianti Classico Riserva, Tignanello und Orvieto Classico. Aufsehen erregte Antinori jüngst mit der Entscheidung, den Villa Antinori nicht mehr als Chianti Classico, sondern als IGT Toskana abzufüllen.

## Eingespieltes Team

Ein Team von Mitarbeitern greift bei Antinori wie die Zahnrädchen in einem Uhrwerk präzise ineinander. Der technische Direktor Renzo Cotarella übernahm seinen Posten vor mehr als zehn Jahren von Giacomo Tachis. Seit dieser Zeit führt er dessen Arbeit fort und positioniert mit seinen Weinen das Unternehmen erfolgreich im Markt. Unter der jüngeren Generation der Familie, den drei Töchtern von Piero Antinori, sind die Aufgaben klar verteilt: Tochter Albiera leitet das Marketing und den piemontesischen Betrieb Prunotto, Allegra kümmert sich um die Öffentlichkeitsarbeit und die jüngste Tochter Alessia arbeitet nach ihrem Abschluss in Önologie eng mit Renzo Cotarella zusammen. Zudem arbeitet sie an der Profilierung der jüngsten Erwerbung, des Franciacorta-Sektgutes Montenisa.

## Badia a Passignano

In Florenz können in der eigenen Trattoria Cantinetta Antinori alle Weine aus dem Hause Antinori und befreundeter Winzer verkostet werden. Wenn erst einmal die neue Kellerei in San Casciano errichtet worden ist, dann ist Antinori auf den Besuch von Weinliebhabern besser eingerichtet. Im Augenblick ist es nicht leicht, Antinori in den Hügeln der Toskana zu besuchen. Die zentrale Produktionsstätte in San Casciano ist für Besucher nicht zugänglich und auch die Kellerei Santa Cristina, in Nachbarschaft zum Weinberg Tignanello, nahe San Casciano, oder die Tenuta Guado al Tasso in Belvedere bei Bolgheri sind noch nicht auf den Besuch von Weintouristen eingerichtet. Empfehlenswert ist ein Besuch des Klosters Badia a Passignano in der Nähe von Tavernelle. Von Weinbergen umgeben, können die Besucher hier den unvergleichlichen Reiz und die Beschaulichkeit der ländlichen Toskana genießen. Neben einer kleinen Kaffeebar gibt es dort auch eine Weinhandlung und mittlerweile ein kleines Restaurant unter der Führung von Antinori.    sm

Bild linke Seite:   Piero Antinori (rechts) und Renzo Cotarella

| | | |
|---|---|---|
| ★ | Bolgheri Vermentino Guado al Tasso ❶ | 180.000 |
| ★★ | Bolgheri Guado al Tasso ❸ | 114.000 |
| ★-★★ | Tignanello ❸ | 300.000 |
| ★★-★★★ | Brunello di Montalcino Pian delle Vigne ❹ | 175.000 |
| ★★ | Solaia ❹ | 84.000 |
| Importeure: | D:  Abayan | |
| | CH: Bindella | |
| | A:  Morandell | |

# BADIA A COLTIBUONO
### Gaiole in Chianti

Badia a Coltibuono ist ein Kloster mit einer ereignisreichen Geschichte. Über Jahrhunderte bewohnten Mönche des Benediktinerordens diese heiligen Mauern und betrieben dort auch Weinbau. Zeitweise dehnten sich die Ländereien auf fast 2.000 Hektar aus, woran die Bedeutung des Klosters in seiner Zeit zu erahnen ist. Der Orden wurde im 19. Jahrhundert von Napoleon vertrieben. Im Jahr 1846 erwarben die Vorfahren der heutigen Besitzer das sehenswerte Kloster. Heute führen Emanuela und Roberto Stucchi Prinetti das Weingut. Zum Besitz gehören aktuell mehr als 900 Hektar Land mit 80 Hektar Weinbergen und 18 Hektar Olivenhainen.

Loc. Badia a Coltibuono
53013 Gaiole in Chianti
Tel. 0577-74481
Fax: 0577-749235
www.coltibuono.com
info@coltibuono.com
Besitzer: Familie Stucchi Prinetti
Betriebsleiter: Emanuela Stucchi Prinetti
Önologe: Maurizio Castelli
Rebfläche: 80 Hektar
Produktion: 1.300.000 Flaschen
Besuchszeiten: Mo.-Fr. 14:30-16:30 Uhr
Agriturismo, Kochkurse

## NEUZEIT EINGELEITET

Das traditionsreiche Weingut ist einer der größeren Betriebe im Chianti Classico. Neben den Weinen von eigenen Weinbergen vermarktet die Familie Weine aus zugekauften Trauben. Die Gesamtleitung, das Marketing und der Verkauf liegen in der Verantwortung von Emanuela Stucchi Prinetti. Nach Musik- und Schauspielstudium und einer mehrjährigen Tätigkeit in einer Mailänder PR-Agentur kehrte sie im Jahre 1989 auf das elterliche Weingut zurück. Bruder Roberto, der an der berühmten Weinbauuniversität im kalifornischen Davis studiert hat, ist Ansprechpartner für die Traubenlieferanten und organisiert die Umstellung der Weinberge auf ökologischen Weinbau. Zusammen mit Berater Maurizio Castelli trifft er die Entscheidungen im Keller. Mit der Fertigstellung des neuen Kellereigebäudes ganz in der Nähe der historischen Mauern wurde im Jahre 2002 die „Neuzeit" auf Coltibuono eingeleitet. Die Familie ist stolz auf das architektonisch gelungene Gebäude, das sich trotz seiner Modernität harmonisch in die Landschaft einfügt. „Die historischen Strukturen eines Klosters sind heute nicht mehr für die moderne Weinerzeugung geeignet", begründet Roberto den notwendigen Umzug. Zu der aktuellen Diskussion „Tradition oder

Moderne" bei der Weinherstellung sagt Roberto: „Die Tradition zu bewahren, bedeutet doch nicht, die Moderne völlig außer Acht zu lassen".

## CHIANTI-STIL BEWAHREN

Trotz des sehr modernen Kellers möchte er mit den Coltibuono-Weinen keinesfalls die erfolgreichen Weine der Neuen Welt oder Bordeaux kopieren. Oberstes Gebot ist für Emanuela und Roberto, dass die Weine ihren unverwechselbaren Chianti-Charakter behalten. „Für uns ist es sehr wichtig, dass die Weine mit der italienischen Küche gut zu kombinieren sind", erklärt Emanuela Stucchi Prinetti. Dazu benötigen die Weine nun einmal eine lebhafte Säure und eine klare Sangiovesefrucht, die nicht von würzigen Holzaromen verdeckt wird.

## KÜCHE UND WEIN

Überprüfen können die Besucher des Weingutes diese Aussage direkt im eigenen, dem Kloster benachbarten Restaurant des Weingutes, wo sich Bruder Paolo der traditionellen Küche der Toskana angenommen hat. Seine Mutter Lorenza, die in den letzten Jahren mehrere Kochbücher veröffentlicht hat, hat bereits einige Vorarbeiten dafür geleistet. Wöchentliche Kochkurse vervollständigen das kulinarische Angebot. Chianti Classico und die Riserva sind die gelungenen Dokumentationen dieses Traditionsbewusstseins. Anfangs präsentieren sich die Weine, die in großen Holzfässern ausgebaut werden, im Glas noch etwas zurückhaltend. Mit ein wenig Geduld offenbaren sie dem Weintrinker dann die typischen, schmeichelnden Aromen von Veilchen, Schwarzkirsche (Marasca) und schwarzen Oliven. Besonders die kraftvolle Riserva überzeugt durch ihr feines Säurespiel, ihre Saftigkeit und die lang anhaltende Frucht eines Weines aus dem Chianti Classico. *sm*

Bild linke Seite (oben): Roberto Stucchi Prinetti
Bild linke Seite (unten): Neue Kellerei
Bild linke Seite: Emanuela Stucchi Prinetti

| | | | |
|---|---|---|---|
| ★ | Chianti Classico Badia a Coltibuono ❷ | | 149.000 |
| ★★ | Chianti Classico Riserva ❷ | | 61.000 |
| ★★ | Sangioveto ❸ | | 20.000 |
| Importeure: | D: | Bezugsquellen über Stoppervini (CH) | |
| | CH: | Bataillard | |
| | A: | Mounier, Wein & Co. | |

# CASTELLO DI BOSSI

### Castelnuovo Berardenga

Die Geschichte von Bossi lässt sich bis in die Römerzeit zurückverfolgen. Der Name Bossi rührt von der Militärschatztruhe der römischen Heere her, die in die Heerlager getragen wurde, um die Soldaten zu bezahlen. Ob die Römer nicht nur ein Heerlager hier hatten, sondern auch schon Reben pflanzten, ist nicht belegt. Seit dem Mittelalter aber werden die Hänge rund um Bossi und das seit dem 14. Jahrhundert errichtete Castello für den Weinbau genutzt.

## QUALITÄTSOFFENSIVE

Nationales und internationales Renommee hat Castello di Bossi mit seinen Weinen allerdings erst in den letzten Jahren erlangt. 1972 hat die Familie Bacci das 650 Hektar große Gut erworben und die Gebäude renoviert. Weinberge gab es zwar, aber sie spielten zunächst nur eine untergeordnete Rolle. In den achtziger Jahren wurde ein umfangreiches Erneuerungsprogramm begonnen. In den neunziger Jahren ist die Qualität der Weine stark gestiegen. Das ist vor allem Marco Bacci zu verdanken, der die Leitung des Gutes übernahm. Er hat konsequent in Weinberge und Keller investiert und Experten engagiert, wie den Önologen Alberto Antonini. Seit Mitte der neunziger Jahre sind alle Weine stetig besser geworden. Heute gehören sie zur Spitze im Chianti Classico.

> Località Bossi in Chianti
> 53033 Castelnuovo Berardenga
> Tel. 0577-359330
> Fax: 0577-359048
> www.castellodibossi.it
> info@castellodibossi.it
> Besitzer: Marco & Maurizio Bacci
> Betriebsleiter: Marco Bacci
> Önologe: Alberto Antonini
> Rebfläche: 124 Hektar
> Produktion: 500.000 Flaschen
> Besuchszeiten: 9-19 Uhr
> Ferienwohnungen

## CHIANTI CLASSICO UND RISERVA BERARDO

Die Böden von Castello di Bossi zeichnen sich durch einen recht hohen Lehmanteil aus. Dieser bewirkt, dass in heißen, trockenen Jahren, wie beispielsweise 2000, die Reben besser mit Feuchtigkeit versorgt werden als bei anderen Weingütern im Classico. Während in anderen Weinbergen die Blätter während der Ernte schon gelb waren, trugen die Reben bei Castello di Bossi noch saftiges Grün. Beide Chianti von Castello di Bossi sind herrlich reintönig. Der Chianti Classico enthält ein wenig Canaiolo, bei der Riserva kommt zum Sangiovese ein wenig Merlot hinzu.

## CORBAIA UND GIROLAMO

Bereits seit 1985 gibt es die Corbaia genannte Cuvée aus Sangiovese und Cabernet Sauvignon, die in den letzten Jahren stets von hervorragender Qualität war. Der in französischen Barriques ausgebaute Wein ist in seiner Jugend sehr tanninbetont, vereint aber wunderschön Kraft und Eleganz. Der Corbaia ist eine der besten Cuvées von Sangiovese und Cabernet Sauvignon in der gesamten Toskana. Noch besser aber gefällt mir der Girolamo genannte reinsortige Merlot. Er stammt von bereits in den sechziger Jahren gepflanzten Reben. Wie der Corbaia verbindet er Eleganz und Kraft und besticht mit seiner enormen Nachhaltigkeit. Es gibt einige hervorragende reinsortige Merlot in der Toskana. Trotz dieser starken Konkurrenz heißt mein persönlicher Favorit oft: Girolamo!

### EXPANSION: MONTALCINO, MAREMMA

Und die Zeichen stehen weiter auf Expansion bei Castello di Bossi. Zwei neue, ehrgeizige Projekte hat Marco Bacci kürzlich begonnen. Südöstlich von Montalcino hat er die 128 Hektar große Tenuta di Renieri erworben. Sofort nach dem Kauf wurden die 28 Hektar Reben gerodet und mit neuen, ausgesuchten Sangioveseklonen bestockt. Der Tenuta di Renieri gehört die Hälfte der Lage Manachiara. Die Gebäude wurden restauriert und ein neuer Keller gebaut. Der erste Wein kam mit dem Jahrgang 2002 auf den Markt. In diesem Jahr hat Marco Bacci allerdings darauf verzichtet einen Brunello zu erzeugen. Es gab also lediglich einen Rosso di Montalcino, der mit seiner wunderschön reintönigen Frucht bestach. Aber auch in der Maremma ist Marco Bacci fündig geworden. Dort erwarb er das 52 Hektar große Gut Terre di Talamo, auf einem Hügel über der Bucht von Argentario gelegen. 22 Hektar mit Reben wurden dort angelegt. Hauptsächlich Sangiovese, Merlot und Cabernet Sauvignon wurden gepflanzt, erstmals aber auch weiße Reben, und zwar Vermentino. Als erster Wein von Terre di Talamo kam mit dem Jahrgang 2002 ein herrlich fruchtbetonter Morellino di Scansano auf den Markt. Zukünftig soll auch ein zweiter Wein erzeugt werden, aus Cabernet Sauvignon, Merlot, Cabernet Franc und Petit Verdot. Allen drei Weingütern gemeinsam ist, dass sie immer im Süden ihrer Region liegen und der Lehmanteil in den Böden zwischen 30 und 35 Prozent beträgt. Ob damit die Expansion denn ein

Ende habe oder ob weitere Neuerwerbungen geplant seien? Diese Frage beantwortet Marco Bacci zunächst ausweichend. Man habe genug zu tun, meint er. Lässt dann aber doch durchblicken, dass nichts unmöglich sei. Vielleicht in einer an die Toskana angrenzenden Region, deutet er an.   *ge*

Bild linke Seite: Marco Bacci
Bild rechte Seite: Blick auf Castello di Bossi

| | | |
|---|---|---|
| ★★ | Chianti Classico ❷ | 300.000 |
| ★★-★★★★ | Chianti Classico Riserva Berardo ❷ | 50.000 |
| ★★-★★★★ | Corbaia ❸ | 30.000 |
| ★★★ | Girolamo ❸ | 30.000 |
| Importeur: | D:   Giovo | |

# LA BRANCAIA

### Radda in Chianti

Die Weine von La Brancaia bleiben in der Erinnerung haften. Was neben der Qualität der Weine sicherlich auch dem geschmackvoll gestalteten, einprägsamen Etiketten zu verdanken ist. Seit 1981 gehört Podere La Brancaia mit seinen 76 Hektar Land Brigitte und Bruno Widmer aus der Schweiz. Und schon kurz darauf haben sie begonnen, mit ihrem Chianti Classico für Furore zu sorgen. Ohne einen eigenen Keller zu haben, denn bis 1997 wurden die Weine von La Brancaia beim Castello di Fonterutoli der befreundeten Familie Mazzei ausgebaut. Seit 1999 leitet Barbara Kronenberg-Widmer, die Tochter von Brigitte und Bruno Widmer, das Weingut, inzwischen zusammen mit ihrem Mann Martin Kronenberg. Sie ist auch für den Ausbau der Weine verantwortlich, wobei sie von dem bekannten Önologen Carlo Ferrini unterstützt wird.

> Località Poppi, 42b
> 53017 Radda in Chianti
> Tel. 0577-742007
> Fax: 0577-742010
> www.brancaia.com
> brancaia@brancaia.it
> Besitzer: Brigitte und Bruno Widmer
> Betriebsleiter: Barbara Kronenberg-Widmer und Martin Kronenberg
> Önologen: Barbara Kronenberg-Widmer und Carlo Ferrini
> Rebfläche: 20 Hektar
> Produktion: 159.000 Flaschen
> Besuchszeiten: nach Vereinbarung
> 9-12 + 13-17 Uhr
> Ferienwohnungen

### MODERNER KELLER

Seit dem Jahrgang 1998 werden die Trauben im neuen, eigenen Keller verarbeitet. Ein moderner Keller, in dem von der Traubenannahme bis zur Abfüllung jeder Arbeitsschritt so angelegt ist, dass Trauben und Wein möglichst wenig bewegt werden müssen. Die Trauben kommen in 20-Kilogramm-Kisten auf dem Dach der Kellerei an und werden mittels eines Förderbandes nochmals ausgelesen. Die entrappten und gequetschten Beeren werden dann mittels Schwerkraft in die Gärtanks aus Edelstahl weitergeleitet. Diese Edelstahltanks sind konisch, damit die Kontaktfläche von Maische und Luft möglichst gering ist. Die Maische wird mittels eines Förderbandes in die pneumatische Presse transportiert, so dass auch bei diesem Arbeitsschritt eine schonende Weiterverarbeitung erfolgt. Nach der Vorklärung wird der Wein in Barriques und Tonneaux aus französischer Eiche ausgebaut, wobei alle Fässer nicht länger als drei Jahre benutzt werden. Vor dem Abfüllen schließlich kommen alle Fässer eines Weintypes in einen riesigen unterirdischen Tank, so dass gewährleistet ist, dass alle Flaschen eines Weintyps die gleiche Assemblage enthalten. Was leider nicht überall in der Toskana üblich ist.

### BRANCAIA, POPPI UND POGGIO AL SASSO

Die Reben von La Brancaia wachsen in zwei unterschiedlichen Lagen. Zum einen in der Lage Brancaia in Castellina in Chianti, zum anderen in der Lage Poppi in Radda in Chianti. Die Reben wachsen in Höhen von 230 bis 400 Meter auf mageren, steinigen Böden mit leichtem Ton- und Kalkanteil. Alle Weinberge sind mit 6.000 Reben je Hektar recht dicht bestockt. Neben 65 Prozent Sangiovese gibt es 30 Prozent Merlot und 5 Prozent Cabernet Sauvignon. 1998 hat die Familie

Widmer ein Weingut in der Maremma erworben, Reben angelegt und auch hier einen neuen Keller gebaut. Poggio al Sasso liegt südöstlich von Grosseto und umfasst 35 Hektar mit Sangiovese, Cabernet Sauvignon und Merlot. Die ersten Trauben gingen in den Tre genannten neuen Wein von La Brancaia ein. Das Traubengut für diesen Wein stammt aus allen drei Gütern von La Brancaia, Poggio al Sasso, Brancaia und Poppi - daher der Name. Zukünftig soll es aber auch einen eigenständigen Wein aus der Maremma geben.

## CHIANTI CLASSICO UND „IL BLU"

Der Chianti Classico, den La Brancaia seit 1981 erzeugt, enthält heute neben Sangiovese ein klein wenig Merlot. Der Wein wird ausschließlich in Barriques ausgebaut, wovon die Hälfte jedes Jahr erneuert wird. Seit 1988 gibt es einen zweiten Wein, einen Rosso di Toscana, heute „IL BLU" genannt. Er besteht zu etwas mehr als der Hälfte aus Sangiovese. Hinzu kommt Merlot, sowie etwas Cabernet Sauvignon. Der Wein wird achtzehn bis zwanzig Monate in Barriques ausgebaut, wovon zwei Drittel der Fässer jedes Jahr erneuert werden. Es ist ein herrlich fülliger, kraftvoller Wein, fruchtbetont, konzentriert und nachhaltig. „IL BLU" ist einer der Spitzenweine der Toskana.   *ge*

Bild linke Seite: Barbara Kronenberg-Widmer
Bild rechte Seite: Blick auf La Brancaia

| ★★ | Chianti Classico ❸ | | | 50.000 |
|---|---|---|---|---|
| ★★★ | IL BLU ❷ | | | 55.000 |
| Importeure: | D: | Bezugsquellen über Smart Wines | | |
| | CH: | Vintra | | |
| | A: | Bezugsquellen über Smart Wines | | |

# CASTELLO DI CACCHIANO
### Monti in Chianti

Das Castello der Familie Ricasoli-Firidolfi liegt in der Nähe des kleinen Dorfes Monti in Nachbarschaft zum Castello di Brolio von Cousin Baron Francesco Ricasoli. Die Burg, die auf der Kuppe eines mit 500 Meter recht hoch gelegenen Hügels liegt, ist seit Jahrhunderten im Besitz der Adelsfamilie. Eigener Wein, natürlich Chianti Classico, wird hier seit dem Jahrgang 1974 abgefüllt.

## ADEL VERPFLICHTET

Baronin Elisabetta Ricasoli-Firidolfi hat die Leitung des Weingutes im Jahr 1998 offiziell ihrem Sohn Giovanni Ricasoli-Firidolfi, Jahrgang 1964, übertragen. Wenn sich Besuch ankündigt, lässt es sich die Baronin jedoch nicht nehmen, zum Mittagessen einzuladen und mit den Gästen kompetent über die jüngsten Entwicklungen im Chianti zu diskutieren. Die Baronin ist eine der „großen alten Damen" des Weinbaus in der Toskana.

> Loc. Cacchiano
> 53010 Monti in Chianti
> Tel. 0577-747018
> Fax: 0577-747157
> cacchiano@chianticlassico.com
> Besitzer/Betriebsleiter:
> Giovanni Ricasoli-Firidolfi
> Önologe: Federico Staderini & Giulio Gambelli
> Rebfläche: 30 Hektar
> Produktion: 100.000 Flaschen
> Besuchszeiten: Sommer: Mo.-Sa. 10-12 + 13:30-18:30 Uhr; Winter: Mo.-Fr. 10-12 + 13:30-17:30 Uhr
> 1 Ferienwohnung

## KONZENTRATION AUF DEN SANGIOVESE

Nach der Trennung von Bruder Marco, der sein Weingut Rocca di Montegrossi in unmittelbarer Nachbarschaft gebaut hat, hat Giovanni Ricasoli-Firidolfi die Dinge mit besonderem Augenmerk auf den Weinbau neu geordnet. Ein Großteil der Weinberge wurde bereits in den siebziger Jahren gepflanzt, aber Viruskrankheiten und die für diese Zeit übliche niedrige Stockdichte pro Hektar sind dem heutigen Streben nach Qualität selten förderlich. Deshalb wurden allein im Jahr 1999 fast acht Hektar neu mit Sangiovese angelegt.

## UMSTRUKTURIERUNG IM GANGE

Bis zum Jahre 2005 soll die Hälfte der Weinberge erneuert werden. Nachdem Giovanni Ricasoli-Firidolfi vor einigen Jahren voller Begeisterung Merlot gepflanzt hat, setzt er jetzt jedoch mehr und mehr auf die neuen Sangioveseklone, die aus dem Forschungsprojekt „Chianti Classico 2000" des Konsortiums hervorgegangen sind.

## KLEINES SORTIMENT

Ein großes Sortiment ist nicht die Sache von Giovanni Ricasoli-Firidolfi. Deshalb denkt er sogar darüber nach, den Spitzenwein Millennio in Zukunft nicht mehr zu erzeugen und ihn zusammen mit dem Chianti Classico zu einem einzigen Wein zu verschmelzen. Beide Weine werden zur Zeit aus den Rebsorten Sangiovese, Canaiolo, Malvasia Nera, Colorino und etwas Merlot komponiert. Ein Basiswein für den Alltag und der traditionelle Vin Santo vervollständigen das Programm. Ein Tipp noch am Rande: das Olivenöl von Cacchiano ist vorzüglich und besticht wie die Weine durch seine intensive Frucht.

## CHARAKTERWEINE

Nach Meinung des Besitzer unterscheiden sich die Weine von Castello di Cacchiano von anderen Chianti Classico durch ihren betörenden Duft und ihre intensive Saftigkeit im Geschmack. Die Weine öffnen sich relativ langsam im Glas und entwickeln dann aber ein schmeichelndes Bouquet und eine sehr ausgeprägte Fruchtintensität. Ob die Lagen von Monti in Chianti oder die traditionelle Vergärung des Sangiovese im Keller entscheidend dafür ist, das ist für Giovanni Ricasoli-Firidolfi nicht maßgeblich. Wichtig ist, dass Castello di Cacchiano seinen unverwechselbaren Weinstil unabhängig von Modetrends treu bleibt. sm

| | | | | |
|---|---|---|---|---|
| Bild linke Seite: | Giovanni Ricasoli-Firidolfi | | | |
| Bild rechte Seite: | Castello di Cacchiano | | | |
| ★ | Chianti Classico ❷ | | | 104.000 |
| ★★ | Chianti Classico Riserva Millennio ❷ | | | 74.000 |
| Importeure: | D: | Gute Weine-Lobenberg, Nußbaumer & Bachmann | | |
| | CH: | Spoerri, Vetterli | | |
| | A: | Schulz, Stiegl | | |

# CAPANNELLE
### Gaiole in Chianti

Das Weingut Capannelle liegt in der östlichen Classico-Gemeinde Gaiole. Der englische Unternehmer James B. Sherwood erwarb das Weingut im Jahr 1997. Sherwood ist erfolgreich im Logistik-/Schiffscontainergeschäft tätig, besitzt eine Luxushotelkette und seit ein paar Jahren auch den legendären Orient Express-Reisezug. Anfangs suchte Sherwood eigentlich nur einen Wein für seine Hotels. Der damalige Weingutsbesitzer Raffaele Rossetti und James B. Sherwood haben sich auf Anhieb sehr gut verstanden und am Ende der Verhandlungen hatte das Weingut den Besitzer gewechselt.

## WERTIGKEIT VERMITTELN

> Loc. Capannelle, 13
> 53013 Gaiole in Chianti
> Tel. 0577-749691
> Fax: 0577-749121
> www.capannelle.com
> info@capannelle.com
> Besitzer: James B. Sherwood
> Önologe: Simone Monciatti
> Betriebsleiter: Francesco Russo
> Rebfläche: 14 Hektar
> Produktion: 32.000 Flaschen
> Besuchszeiten: 9-18 Uhr

Raffaele Rossetti, ein Unternehmer aus Rom, hat gute Vorarbeit geleistet. Er hatte das mittelalterliche Landgut in den siebziger Jahren erworben, es modernisiert und im Jahr 1975 mit dem Capannelle Rosso seinen ersten Wein abgefüllt. Damals wie heute sind die Flaschen in ihrer auffallenden Ausstattung ein Markenzeichen von Capannelle. Nach seinem extravaganten Geschmack wählte Raffaele Rossetti für seine Weine eine dunkelbraunen Glasflasche, die fast doppelt so viel wie normale Glasflaschen wiegt und bei der die Etiketten in einer Vertiefung angebracht sind. Mittlerweile hat das Beispiel Schule gemacht und mehr und mehr Weingüter benutzen für ihre besten Weine superschwere Flaschen. Es gelang Rossetti damit eindrucksvoll, die Wertigkeit der Weine auszudrücken und seine Vorliebe für luxuriöse Dinge in eine Form zu bringen.

## BESTÄNDIGKEIT

Für den neuen Besitzer James B. Sherwood steht die Kontinuität im Vordergrund, deshalb wird er das erfolgreiche Team behalten. Raffaele Rossetti ist beratend tätig

und Önologe Simone Monciatti trägt nach wie vor die Verantwortung im Keller. Der neue Besitzer hat zudem in innovative Holzgärtanks und einen 8 Hektar großen neuen Weinberg in Gaiole investiert. Dort wurden Sangiovese, die von Capannelle geschätzte Rebsorte Malvasia Nera und einige andere Rebsorten gepflanzt.

Mittelfristig soll die Produktion dann von 32.000 auf 50.000 Flaschen steigen.

## KEINE EILE

Capannelle ist ein Weingut, das seinen Weinen mindestens drei Jahre Zeit gibt, bevor sie abgefüllt werden. Dies fördere die Harmonie der Weine. Im Frühjahr 2003 kamen demnach erst die 98er Weine in den Verkauf, wo viele Kollegen schon die 2000er Riserva präsentierten. Insgesamt erzeugt Capannelle fünf Weine. Der Capannelle Rosso war der erste Wein des Weingutes. Er besteht aus 100 Prozent Sangiovese. Zu ihm gesellten sich dann im Jahre 1988 ein Chardonnay und der Rotwein „50 & 50", der ein Verschnitt von Sangiovese und Merlot ist. Davon gibt es mittlerweile recht viele Beispiele in der Toskana, doch ungewöhnlich ist daran, dass der Merlot für den Wein vom befreundeten Weingut Avignonesi in der Region Cortona beigesteuert wird. Dieser mit Abstand teuerste Wein im Sortiment ist ein begehrter Wein bei passionierten Weinsammlern. Capannelle war, man könnte sagen, ein Vorreiter für den aktuellen Trend zum Merlot und dem Verschnitt mit Sangiovese im Chianti Classico.

## MALVASIA NERA IM SOLARE

Mit der Einführung des Solare im Jahr 1996 wollten die Verantwortlichen die Rebsorte Malvasia Nera aufwerten, einer relativ seltenen Rotweinsorte in der Toskana, die aus dem Süden Italiens stammt. Der weiche und harmonische Geschmack von Malvasia Nera harmoniert sehr gut mit dem Sangiovese als zweiten Bestandteil des Weines. Der IGT Solare reift ausschließlich in Barriques. Der Chianti Classico dagegen, der ebenfalls im Jahr 1996 neu eingeführt wurde, in großen Holzfässern. Beim Chianti Classico verzichten die Verantwortlichen auf den Jahrgangschianti und erzeugen lediglich eine Riserva, die aus Sangiovese, Canaiolo und Colorino besteht. Dies entspricht der Betriebsphilosophie, keine einfacheren Alltagsweine zu machen, sondern aus jedem Wein einen Spitzenwein zu machen. Das soll auch die Positionierung aller Weine im gehobenen Preissegment verdeutlichen. In Zukunft soll sich die bisherige Gleichgewichtung aller vier Weine in der Menge zugunsten des Chianti Classico Riserva und des Solare verschieben. *sm*

| Bild linke Seite: | Capannelle | | |
|---|---|---|---|
| Bild rechte Seite: | James B. Sherwood | | |
| ★★-★★★★ | Chianti Classico Riserva ❸ | | 5.000 |
| ★★ | Solare di Capannelle ❹ | | 15.000 |
| ★★-★★★★ | Capannelle Rosso ❹ | | 8.000 |
| ★★-★★★★ | 50 & 50 ❹ | | 13.000 |
| Importeure: | D: | Bezugsquellen über Fetzner | |
| | CH: | Zanini & Sulmoni | |
| | A: | Döllerer | |

# CAROBBIO

## Panzano in Chianti

Tropisch ist es nicht in den Hügeln zu beiden Seiten des Pesa. Als wir an einem Februarmorgen Carobbio besuchen ist es klirrend kalt, der Rosmarin ist mit Reif überzogen. Monica Pierleoni zeigt uns die Weinberge. Sie hat tropische Landwirtschaft in Florenz studiert, bevor sie 1995 die Leitung von Carobbio übernahm. Mit Wollhandschuhen steht sie nun zwischen den Reben und zeigt uns den zuletzt angelegten Cabernet Sauvignon. Nein, tropisch ist es hier nicht, sagt sie, reibt sich die Hände und lacht.

## DER TRAUM VOM RUHESTAND AUF DEM LAND

Carlo Novarese hat Carobbio 1986 gekauft. Ganze 3,5 Hektar Reben gab es damals hier. Der Textilfabrikant aus Norditalien wollte sich mit Carobbio den Traum verwirklichen, als aktiver Ruheständler auf dem eigenen Weingut in der Toskana zu leben. Ein Weingut aufzubauen braucht seine Zeit. Neue Weinberge ließ er anlegen und den alten Keller hat er erneuert. Ein wenig Cabernet Sauvignon hat er auch angelegt, vor allem aber Sangiovese gepflanzt, besonders Reben von zwei speziellen Klonen, die kleine Trauben haben und wenig Ertrag bringen. Auch stehen in den neuen Weinbergen doppelt so viele Reben auf gleicher Fläche wie in den alten Anlagen: 6.000 Stock wurden je Hektar gepflanzt, statt wie früher 3.000 Stock. Maximal ein Kilogramm Trauben soll ein Weinstock bringen. Carlo Novarese ist 1998 gestorben, seine Erben aber machen in seinem Sinne weiter.

> Via San Martino in Cecione, 26
> 50020 Panzano in Chianti
> Tel. 055-8560133
> Fax: 055-8560133
> www.carobbiowine.com
> info@carobbiowine.com
> Besitzer: Carobbio Srl
> Betriebsleiterin: Monica Pierleoni
> Önologe: Lorenzo Landi
> Rebfläche: 10 Hektar
> Produktion: 45.000 Flaschen
> Besuchszeiten: nach Vereinbarung

## REINTÖNIGER CHIANTI CLASSICO

Die Weine von Carobbio sind in den letzten Jahren stetig besser geworden. Angefangen beim „einfachsten" Wein, dem Chianti Classico, der gut die Hälfte der gesamten Produktion ausmacht. Dieser wird jeweils zur Hälfte in großen Holzfässern aus slawonischer Eiche ausgebaut und zur Hälfte in gebrauchten Barriques aus französischer Eiche. Es ist ein mustergültiger, sehr reintöniger Sangiovese, fruchtbetont und wunderschön süffig. Wesentlich kraftvoller präsentiert sich die Chianti Classico Riserva. Der gesamte Wein wird in Barriques ausgebaut, die überwiegend französischer Herkunft sind. Es ist ein fruchtbetonter und herrlich zupackender Wein, der in den letzten Jahren stetig an Ausdruck und Finesse gewonnen hat. 10.000 Flaschen gibt es davon in guten Jahren, in schwierigen Jahren macht Carobbio aber auch deutlich weniger – oder gar keinen, wenn die Qualität nicht den selbst gesetzten Anforderungen entspricht. Im Jahrgang 2000 beispielsweise wurden nur 2.000 Flaschen erzeugt.

## SANGIOVESE: LEONE

Neben den beiden Chianti und einem Vin Santo aus Trebbiano, Malvasia und Sauvignon Blanc gibt es zwei weitere Weine, den Leone del Carobbio und den Pietraforte del Carobbio. Der Leone, erstmals 1993 erzeugt, ist ein reinsortiger Sangiovese. Er wird in Barriques ausgebaut, wobei überwiegend französische Eiche verwendet wird und fast ausschließlich neue Fässer. Es ist ein betörender, reintöniger Sangiovese, der, wie alle Weine von Carobbio, in den vergangenen Jahren stetig besser geworden ist. Der Leone zeigt ganz faszinierend, was Sangiovese ausmacht: Frucht und Eleganz, Kraft und Finesse.

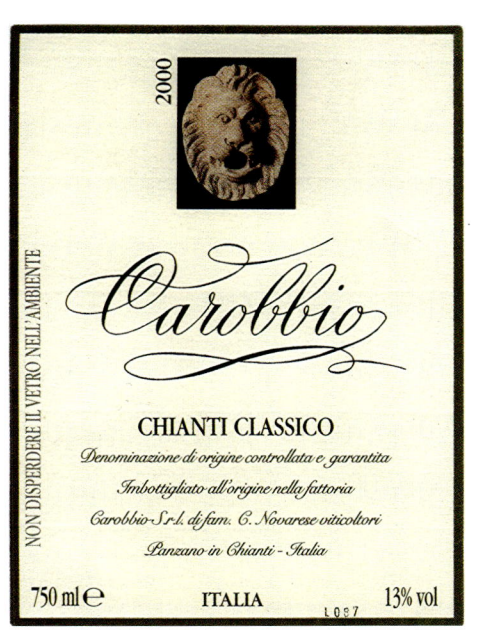

## CABERNET SAUVIGNON: PIETRAFORTE

Genauso beeindruckend wie der Leone ist auch der Pietraforte, ein reinsortiger Cabernet Sauvignon. Er stammt von einem im Albarello-System angelegten Weinberg. Solche Weinberge findet man häufig in Süditalien, kaum in der Toskana. Jede Rebe wird wie ein kleines Bäumchen gezogen. Der Weinberg ist noch dichter bepflanzt als die Sangioveseweinberge. Der Pietraforte wird nur in neuen Barriques aus französischer Eiche ausgebaut. Er war in den letzten Jahren immer wunderschön klar, vereinte Kraft und Struktur. Der Petraforte ist einer der wenigen faszinierenden Cabernet Sauvignon in der Toskana.

## SONNE UND ROSMARIN

Als wir Carobbio verlassen hat die Sonne sich durchgesetzt. Herrlich klar ist der Blick ins Tal. Die Sonne hat den Rosmarin vom Reif befreit, Monica Pierleoni hat ihre Handschuhe ausgezogen. Nicht tropisch, sagt sie zum Abschied, aber wunderschön ist es hier.   *ge*

| Bild linke Seite: | Monica Pierleoni | |
|---|---|---|
| ★ | Chianti Classico ❶ | 25.000 |
| ★★ | Chianti Classico Riserva ❷ | 10.000 |
| ★★ | Leone di Carobbio ❸ | 6.000 |
| ★★-★★★ | Pietraforte di Carobbio ❸ | 4.000 |
| Importeure: | D:  Guntram | |
| | CH: Vergani | |

# CASA EMMA

**Barberino Val d'Elsa**

Casa Emma liegt bei Barberino Val d'Elsa, ganz im Westen des Chianti Classico. Das Weingut mit seinen 15 Hektar Land wurde 1972 von der Familie Bucalossi gekauft. Unmittelbar darauf wurden Weinberge angelegt, ebenso wie ein Olivenhain. Das alte Bauernhaus, in dem die Familie Bucalossi lebt, wurde restauriert und ein neuer Keller wurde gebaut.

## EXPANSION

Ende der neunziger Jahre folgte dann eine weitere Expansion mit dem Zukauf von 19 Hektar Land (davon 10 Hektar Wald). 9 Hektar wurden mit Sangiovese angelegt, wobei 5.000 Reben je Hektar gepflanzt wurden. 80 Prozent der gesamten Rebfläche nimmt Sangiovese ein. Hinzu kommen 10 Prozent mit Merlot und jeweils 5 Prozent mit Canaiolo und Malvasia Nera. Casa Emma liegt auf einem sanften Hügel. Die Reben wachsen hier in einer durchschnittlichen Höhe von 450 Meter. Die Neuanlagen werden es Fiorella Lepri Bucalossi und Sohn Alessandro Bucalossi in den kommenden Jahren ermöglichen die Produktion von Casa Emma – heute 90.000 Flaschen – weiter zu erhöhen.

> S.P. di Castellina in Chianti, 3
> 50021 Barbarino Val d'Elsa
> Tel. 0555-8072239 / 8072859
> Fax: 0571-667707
> www.casaemma.com
> casaemma@casaemma.com
> Besitzer: Fiorella Lepri Bucalossi
> Betriebsleiter: Alessandro Bucalossi
> Önologe: Niccolò d'Afflitto
> Rebfläche: 21 Hektar
> Produktion: 90.000 Flaschen
> Besuchszeiten: 9-19 Uhr

## CHIANTI CLASSICO

Lediglich drei Weine erzeugt Casa Emma, sieht man einmal vom Vin Santo ab: Chianti Classico, Chianti Classico Riserva, sowie den Soloìo genannten reinsortigen Merlot. Vor allem bei den beiden Chianti ist die Qualitätssteigerung in den letzten Jahren augenfällig. Sicherlich auch ein Verdienst von Niccolò d'Afflitto, der als Önologe bei Casa Emma tätig ist. Der Chianti Classico enthält neben Sangiovese jeweils 5 Prozent Canaiolo und Malvasia Nera. Der Wein wird ein Jahr lang in kleinen und mittelgroßen Eichenholzfässern ausgebaut. In den letzten Jahren hat er stetig an Ausdruck und Nachhaltigkeit gewonnen, besticht Jahr für Jahr im Bouquet wie im Mund mit seiner wunderschön reintönigen Frucht.

## CHIANTI CLASSICO RISERVA

Die gleichen Fortschritte sind auch bei der Chianti Classico Riserva in den letzten Jahren zu beobachten: die neueren Jahrgänge weisen wesentlich mehr Kraft und Struktur, mehr Frucht und Nachhall auf. Im Gegensatz zum Chianti Classico bleibt die Riserva zwei Jahre in Eichenholzfässern mit 700 Liter Inhalt. Neben Sangiovese enthält die Riserva wie der Chianti Classico ein klein wenig Malvasia Nera, aber keinen Canaiolo. Viel Frucht zeigt die Riserva im Bouquet, Sauerkirschen und Kirschen, dazu feine Veilchennoten. Auch im Mund ist der Wein wunderschön fruchtbetont, harmonisch und lang.

## Soloìo

Der dritte Wein von Casa Emma, der Soloìo, ist ein reinsortiger Merlot, der 1993 erstmals erzeugt wurde, damals gerade einmal 1.800 Flaschen. Heute hat sich die Produktion fast vervierfacht, bleibt mit 7.000 Flaschen aber für Toskana-Verhältnisse immer noch eine sehr kleine, überschaubare Menge. Der Soloìo wird fünfzehn Monate in neuen Barriques aus Alliereiche ausgebaut und kommt erst nach weiteren zwölf Monaten auf der Flasche in den Verkauf. Es ist ein herrlich kraftvoller, ausgeprägter Merlot, der schön die Jahrgangsunterschiede in diesem Teil des Chianti Classico widerspiegelt: in kühlen Jahren ist er in seiner Jugend recht tanninbetont, in wärmeren Jahren ist er schon jünger zugänglich und zeigt viel schmeichelnde süße Frucht. Immer aber ist der Soloìo einer der überzeugendsten reinsortigen Merlot im Chianti Classico.

## Eigene Gläser

Weitere Erzeugnisse von Casa Emma, neben dem wichtigsten Produkt Wein, sind Olivenöl, Essig und Grappa. Zusammen mit der Designerin Dàsa Pànkovà wurde ein eigenes Gläserset für die Weine und Destillate entworfen, ebenso eine Karaffe für Olivenöl. Alle Glaswaren werden in der Tschechei aus bleifreiem Kristall mundgeblasen. *ge*

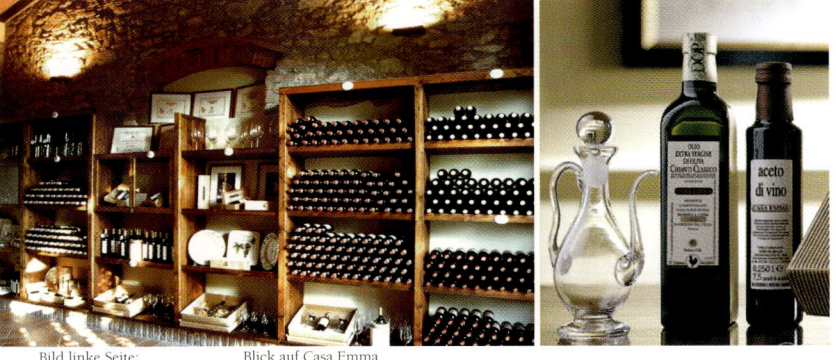

Bild linke Seite: Blick auf Casa Emma
Bild rechte Seite (links): Verkaufsraum
Bild rechte Seite (links): Selbst entworfen: Karaffe für Olivenöl

| | | | |
|---|---|---|---|
| ★-★★ | Chianti Classico ❷ | | 65.000 |
| ★★ | Chianti Classico Riserva ❸ | | 15.000 |
| ★★★ | Soloìo ❸ | | 7.000 |
| Importeure: | D: | La Cantina Italiana | |
| | CH: | Sacripanti | |
| | A: | Smöch | |

# CASA SOLA

**Barberino Val d'Elsa**

Am westlichen Rand des Chianti Classico liegt das Weingut der Familie Gambaro, Casa Sola, das seit mehreren Generationen im Familienbesitz ist. Im Jahr 1985 hat Giuseppe Gambaro seine Geschwister ausbezahlt und die alleinige Leitung übernommen.

## FAMILIE SETZT AUF KONTINUITÄT

Giuseppe Gambaro ist froh, dass sein Sohn Matteo, der nach dem Studium einige Jahre für die Supermarktkette Coop in Mailand gearbeitet hatte, ihn nun tatkräftig unterstützt. „Einen sehr guten Wein zu machen reicht heute nicht mehr aus, die Distribution muss gesichert sein, weshalb Matteo in Zukunft viel im Ausland unterwegs sein wird, um die Weine bekannter zu machen", sagt der grauhaarige Giuseppe Gambaro in seiner bestimmten Art: „Das Marketing fällt der jungen Generation viel leichter", fügt er lächelnd hinzu.

> Via di Cortine, 5
> 50021 Barberino Val d'Elsa
> Tel. 055-8075028
> Fax: 055-8059194
> www.chianticlassico.com/casasola
> casasola@chianticlassico.com
> Besitzer: La Vela s.a.s.
> Betriebsleiter: Giuseppe Gambaro
> Önologe: Giorgio Marone
> Rebfläche: 25 Hektar
> Produktion: 49.000 Flaschen
> Besuchszeiten: Mo.-Fr. 8-12 + 14-18 Uhr
> 6 Apartments

## STRUKTUR IM ÜBERFLUSS

Die Casa Sola-Weine sind im Geschmack deutlich von anderen Chianti Classico-Weinen zu unterscheiden. Trotz des kräftigen Gerbstoffgerüstes, mit dem die Weine ausgestattet sind, geht die elegante und duftige Art des Sangiovese nicht verloren. In der Regel entwickeln sich die Weine von Casa Sola langsamer in der Flasche und brauchen auch im Glas etwa länger, um sich vollends zu entfalten. Welche Erklärung hat Giuseppe Gambaro dafür? „Unsere Weinberge mit ihrem typischen Galestro-Gestein und dem kleinen Lehmanteil finden in den Weinen ihren Ausdruck", sagt er überzeugt. Im Keller setzt die Familie auf eine lange Gär- und Mazerationsdauer, um eine gründliche Extraktion der Gerbstoffe zu sichern. Diese traditionelle Vinifikation zusammen mit der Zusammenstellung der Rebsorten prägen den Wein in entscheidendem Maße.

## KOMPOSITION DER WEINE

In höchsten Tönen lobt Giuseppe Gambaro seinen langjährigen Freund Giacomo Tachis und dessen Anteil am Erfolg des Weingutes. Seit mehr als 20 Jahren hat die „Legende" unter den Weinmachern ein Auge auf die Geschicke von Casa Sola. Tachis empfahl ihm auch den Weinmacher Giorgio Marone, der seit dem Jahr 1985 das Weingut berät. Dass Tachis Cuvées bevorzugt, ist kein Geheimnis, sein Talent beim Komponieren eines Weines aus mehreren Rebsorten wird allerorten gerühmt. Getreu dieser Philosophie enthalten alle Weine vom Chianti Classico über die Riserva bis hin zum Montarsiccio, der ein klassischer Bordeaux Blend ist, mehrere Rebsorten. Natürlich ist der Sangiovese im Chianti Classico dominierend, einige Prozent Cabernet Sauvignon oder Merlot können jedoch nicht schaden. Mit 35.000 Flaschen macht der Chianti Classico im Sortiment den Löwenanteil aus.

## Hauptsache: reife Trauben

Wie so oft im Chianti Classico sind die Weinberge von Wald umgeben. Diese Tatsache wirkt sich besonders positiv aufs Mikroklima und nachteilig auf den Ertrag aus, der durch den Appetit der Wildschweine jedes Jahr verringert wird. Ganz egal ist den Tieren dabei, ob die Rebsorte Sangiovese, Cabernet Sauvignon, Merlot, Syrah oder Petit Verdot ist, Hauptsache die Trauben sind reif.   sm

| Bild linke Seite: | Giuseppe Gambaro | | |
|---|---|---|---|
| Bild rechte Seite: | Casa Sola | | |
| ★★ | Chianti Classico ❷ | | 35.000 |
| ★★-★★★ | Chianti Classico Riserva ❷ | | 7.000 |
| ★★ | Montarsiccio ❷ | | 5.000 |
| ★ | Vin Santo ❷ | | 2.000 |
| Importeure: | D: | Annata, Cantina Vino d'Italia, Vino Veritalia, Wein-Ott | |
| | CH: | Cantina del Buongusto, Farnsburg | |
| | A: | Klügl | |

# CASALOSTE
## Panzano in Chianti

Die Anfänge von Fattoria Casaloste reichen weit zurück, wie ein Turm aus dem 13. Jahrhundert zeigt, der mitten auf dem Gut steht. 1992 haben Giovanni Battista und Emilia d'Orsi das 18 Hektar große Gut Casaloste bei Panzano gekauft. Sie haben das Gut nicht nur gekauft, sondern sie leben auch dort – anders als viele andere Weingutsbesitzer in der Toskana – zusammen mit ihren drei Kindern. Schritt für Schritt hat Giovanni Battista d'Orsi die alten Weinberge erneuert und neue Weinberge angelegt. Statt wie zuvor 3.500 Reben je Hektar zu pflanzen, hat er in den neuen Anlagen 6.000 Sangiovesereben je Hektar gepflanzt. Neben Sangiovese hat er einen Hektar mit Merlot angelegt.

> Via Montagliari, 32, 50020 Panzano in Chianti
> Tel. 055-852725
> Fax: 055-852725
> www.casaloste.it
> casaloste@casaloste.it
> Besitzer: Giovanni Battista & Emilia d'Orsi
> Betriebsleiter: Giovanni Battista d'Orsi
> Önologe: Giovanni Battista d'Orsi & Gabriella Tani
> Rebfläche: 10,5 Hektar
> Produktion: 40.000 Flaschen
> Besuchszeiten: nach Vereinbarung
> Ferienwohnungen

## ÖKOLOGISCHER WEINBAU

Von Anfang an hat Giovanni Battista d'Orsi sein Gut ökologisch bewirtschaftet. Dies gilt für die Weinberge ebenso wie für die eineinhalb Hektar mit Olivenbäumen. Seine Weine werden zertifiziert von der A.I.A.B., der italienischen Vereinigung biologischer Produzenten. Nun gibt es ja recht viele ökologisch wirtschaftende Weingüter in der Toskana, Spitzenweine allerdings erzeugen bisher nur ganz wenige. Eine dieser wenigen Ausnahmen ist Casaloste.

## „KLEIN SEIN UM GROSSE WEINE ZU MACHEN"

Giovanni Battista d'Orsi überwacht selbst alle Arbeiten auf dem Weingut, ob im Weinberg oder im Keller. Die Trauben werden in zwei Lesedurchgängen geerntet, in denen jeweils nur die vollreifen Trauben eingebracht werden. Sie werden in 20-Kilo-Kisten zur Kellerei gebracht, wo nochmals aussortiert wird, bevor die Trauben verarbeitet werden. Im Keller nutzt er weitestgehend die Schwerkraft um Trauben und Weine zu bewegen. Vergoren werden die Moste ausschließlich in Edelstahltanks. Nach der Gärung werden die Weine dann im Holz ausgebaut. Giovanni Battista d'Orsi nutzt ausschließlich Fässer aus Alliereiche, und zwar sowohl große Fässer mit 25 und 35

Hektoliter Inhalt, als auch Barriques mit 225 Liter. „Klein sein um große Weine zu machen", ist sein Motto für alle Produktionsschritte.

## CHIANTI-VERGNÜGEN PUR!

Das Programm von Casaloste ist klar und überschaubar. Der mengenmäßig wichtigste Wein von Giovanni Battista d'Orsi ist der Chianti Classico, von dem es etwa 25.000 Flaschen in jedem Jahr gibt. Es folgt der Chianti Classico Riserva mit einer Jahresproduktion von 10.000 Flaschen. Für die letzten Jahrgänge beider Weine hat Giovanni Battista d'Orsi nur noch Sangiovesetrauben verwendet. Sowohl im Bouquet als auch im Mund sind beide Weine wunderschön klar und fruchtbetont, unterstützt von einer dezenten, niemals aufdringlichen Holznote. Die Riserva ist etwas kräftiger als der „einfache" Chianti Classico und entwickelt sich sehr schön über fünf bis sechs Jahre. Beide Weine bestechen mit ihrer Eleganz und Reintönigkeit: Chianti-Vergnügen pur!

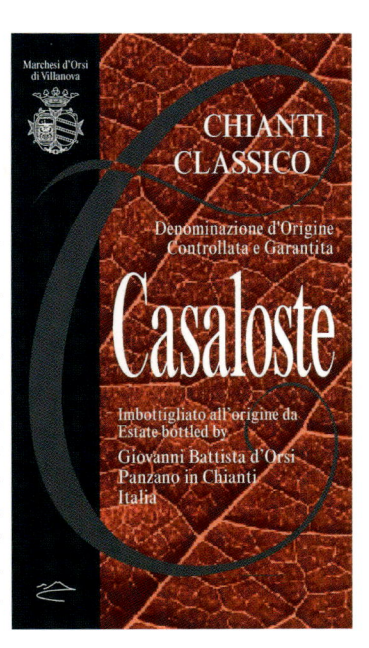

## DON VINCENZO

Erstmals mit dem Jahrgang 1995 hat Giovanni Battista d'Orsi die Chianti Classico Riserva Don Vincenzo aufgelegt. Die Riserva Don Vincenzo ist ein reinsortiger Sangiovese, der für achtzehn Monate in neuen Barriques aus französischer Eiche ausgebaut wird. Schon die ersten Jahrgänge waren hervorragend. In schwächeren Jahren wie 1998 wird kein Don Vincenzo erzeugt. Der Wein ist konzentriert, ohne aber zu fett zu sein. Wie alle Weine von Casaloste besticht er durch seine Eleganz und seine reintönige Frucht. Die jüngsten Jahrgänge zeigen, dass der Don Vincenzo, wenn er dieses Niveau halten oder gar steigern kann, einer der großen Weine der Toskana werden kann. Wobei Größe, wie gesagt, bei Giovanni Battista d'Orsi nie auch große Menge heißen wird.   *ge*

Bild linke Seite: Casaloste
Bild rechte Seite (oben): Giovanni Battista d'Orsi
Bild rechte Seite (unten): Casaloste

| | | | |
|---|---|---|---|
| ★★ | Chianti Classico ❷ | | 26.000 |
| ★★ | Chianti Classico Riserva ❸ | | 8.000 |
| ★★-★★★ | Chianti Classico Riserva Don Vincenzo ❸ | | 4.000 |
| Importeure: | D: | Riegel, Vivolovin, Naturian | |
| | CH: | Sacripanti | |

# CENNATOIO INTER VINEAS

### Panzano in Chianti

Die Etiketten der Weine von Cennatoio sind auffällig und bleiben in der Erinnerung haften. Meine Wertschätzung für Cennatoio hat aber doch weniger mit den Etiketten auf den Flaschen zu tun, als mit deren Inhalt. Für die Gestaltung der Etiketten ist Gabriella Alessi verantwortlich. Sie und ihr Ehemann Leandro haben 1971 das Weingut gegründet. Heute werden sie im Betrieb von Sohn Emiliano unterstützt. Cennatoio liegt bei Panzano in Chianti. 43 Hektar ist das Gut groß. Auf Reben und Olivenbäume blickt man von Cennatoio aus, aber auch auf mächtige Eichen, auf Gärten und Obstbäume, auf alte Kirchen und Schlösser. Der größte Stolz der Familie Alessi aber gilt ihren Weinen und ihrem neuen Keller. Neben modernen Tanks, großen und kleinen Holzfässern gibt es bei Cennatoio auch eine Vinsantaia, in der die Trauben für den Vin Santo getrocknet und die Dessertweine ausgebaut werden.

> Via San Leonino, 35, 50020 Panzano in Chianti
> Tel. 055-8963230
> Fax: 055-8963488
> www.cennatoio.it
> info@cennatoio.it
> Besitzer: Gabriella, Leandro und Emiliano Alessi
> Önologe: Gabriella Tani
> Rebfläche: 16 Hektar
> Produktion: 90.000 Flaschen
> Besuchszeiten: von Ostern bis November, Mo.-Sa. 9:30-18:30 Uhr

### RISERVA ORO UND O'LEANDRO

Beim Ausbau der Weine wird die Familie Leandro unterstützt von der erfahrenen Önologin Gabriella Tani. Und sie hat hier viel zu tun, denn das Programm von Cennatoio ist erstaunlich umfangreich. Ein Dutzend Weine gibt es bei Cennatoio. Wichtig im Programm ist natürlich der Chianti Classico. Die beiden Riserva, O'Leandro und Riserva Oro, gehören seit vielen Jahren regelmäßig zur Spitze. Die Riserva Oro enthält neben Sangiovese ein klein wenig Colorino, O'Leandro ein wenig Cabernet Sauvignon. Beide reifen in 300-Liter Fässern aus französischer Eiche, ein Teil der Riserva Oro auch in 500-Liter-Fässern.

### ETRUSCO UND ROSSO FIORENTINO

Aber auch einen reinsortigen Sangiovese gibt es bei Cennatoio, Etrusco genannt. 1985 wurde er zum ersten Mal erzeugt. Er wird in 300-Liter-Fässern ausgebaut. Es ist ein bestechend reintöniger Sangiovese mit faszinierenden mineralischen Noten.

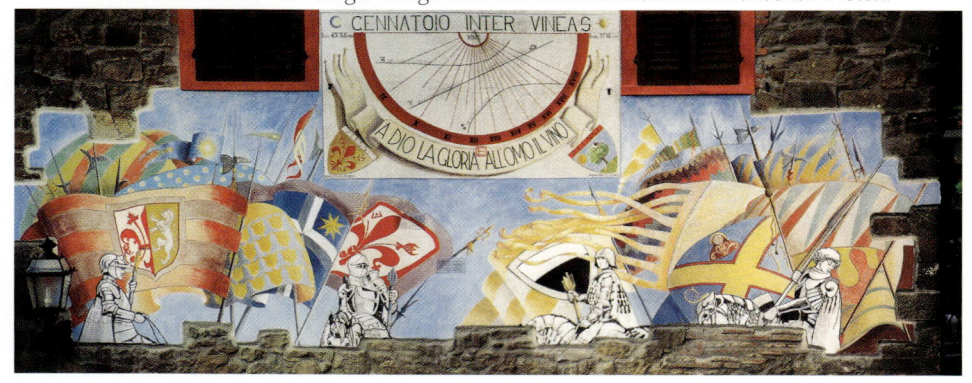

Fünf Jahre später dann kam als Pendant zum Etrusco ein reinsortiger Cabernet Sauvignon hinzu, der Rosso Fiorentino. Er wird ausschließlich in kleinen Fässern, in Barriques aus französischer Eiche ausgebaut. Es ist ein kraftvoller, sehr sortentypischer Cabernet Sauvignon, der feine Cassisnoten aufweist.

## MAMMOLO, ARCIBALDO, SOGNO DELL'UVA

Mit dem Jahrgang 1993 wurde das Programm um zwei weitere Weine ergänzt, Mammolo und Arcibaldo. Der Mammolo ist ein reinsortiger Merlot der in kleinen Fässern aus französischer Eiche ausgebaut wird. Es ist ein kraftvoller Merlot, der immer wieder die für Panzano so typischen mineralischen Noten aufweist. Dies gilt auch für den Arcibaldo, eine im Barrique ausgebaute Cuvée aus jeweils 50 Prozent Sangiovese und Cabernet Sauvignon. Mit dem Jahrgang 2000 kam dann eine weitere Cuvée ins Programm, Sogno dell'Uva genannt, die jeweils zur Hälfte aus Cabernet Sauvignon und Merlot besteht und ebenfalls in Barriques aus französischer Eiche ausgebaut wird. Das Debüt war beeindruckend – ein faszinierend kraftvoller, sehr eindringlicher Wein. Wie alle anderen hier vorgestellten Weine auch, wird er nur in den besten Jahren erzeugt. Keiner dieser Weine wurde im problematischen Jahrgang 2002 erzeugt.

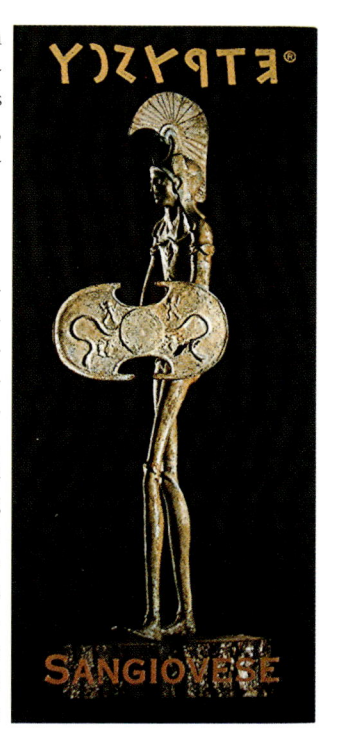

## GOTT DIE EHRE, DEM MENSCHEN DER WEIN

„A Dio la gloria, all'omo il vino". Dieser Ausspruch von Leonardo da Vinci steht als Motto an der Hauswand geschrieben, die ebenso kunstvoll gestaltet ist wie die Etiketten. Warum denn ein relativ kleines Weingut wie Cennatoio so viele verschiedene Weine mache, frage ich Emiliano Alessi. Sie wüssten ja, dass es zu viele Weine wären und würden auch überlegen, das Programm zu reduzieren. Aber man hänge eben so sehr an jedem einzelnen – Etikett, sagt Emiliano bezeichnenderweise.  *ge*

Bild linke Seite:    Kunst überall bei Cennatoio: A DIO LA GLORIA ALL'OMO IL VINO
Bild rechte Seite:   Das Weingut

| | | | |
|---|---|---|---|
| ★★ | Chianti Classico Riserva ❷ | | 15.000 |
| ★★-★★★★ | Chianti Classico Riserva O'Leandro ❸ | | 6.000 |
| ★★-★★★★ | Etrusco ❸ | | 15.000 |
| ★★-★★★★ | Rosso Fiorentino ❸ | | 6.000 |
| ★★-★★★★ | Mammolo ❸ | | 6.000 |
| ★★-★★★★ | Arcibaldo ❸ | | 6.000 |
| ★★-★★★★ | Sogno dell'Uva ❸ | | 6.000 |

# LE CINCIOLE
## Panzano in Chianti

Raus aus der Großstadt! Luca Orsini arbeitete in den achtziger Jahren als Statiker in Rom und Valeria Viganò verdiente ihr Geld als Architektin in Mailand. Heute führen sie ein völlig anderes Leben, denn im Jahr 1990 fassten sie den Entschluss, dem hektischen Berufsleben in der Stadt den Rücken zu kehren und auf dem Land ein Haus zu suchen. Ein Freund erzählte ihnen von einem kleinen Weingut in Panzano, das inklusive der intakten Weinberge zum Verkauf stand. „Bei der ersten Ortsbesichtigung verliebten wir uns sofort in unser jetziges Zuhause", sagt Luca. Die einzigartige Aussicht auf die hügelige Chianti-Landschaft mit den Weinbergen und den liebevoll restaurierten Bauernhäusern, mit Zypressen und einer großen Pinie, zog Luca und Valeria magisch an.

> Via Case Sparse, 83
> 50020 Panzano in Chianti
> Tel. 055-852636
> Fax: 055-8560307
> cinciole@chianticlassico.com
> Besitzer: Valeria Viganò & Luca Orsini
> Önologe: Stefano Chioccioli
> Betriebsleiter: Luca Orsini
> Rebfläche: 13 Hektar
> Produktion: 40.000 Flaschen
> Besuchszeiten: Mo.-Fr. 9:30-12:30 + 14:30-18:30 Uhr, Sa./So. nach Vereinbarung

### EINSTIEG ZUR RICHTIGEN ZEIT

Ein Jahr später erzeugten sie bereits ihren ersten Wein. „Zur gleichen Zeit wagten auch Giampaolo Motta von La Massa und Giovanni Battista von Casaloste den Schritt zum eigenen Weingut in Panzano", hebt Luca die dynamische Situation zu dieser Zeit hervor. Lediglich zwölf Jahre später ist das kleine und beschauliche Dorf Panzano ein Weinort mit vielen bekannten Weingütern, in dem von Mai bis Oktober zahlreiche Urlauber die Bars und Enotheken rund um den kleinen Marktplatz besuchen und für kurze Zeit in das Lebensgefühl Toskana eintauchen. Das Weingut liegt keine zwei Kilometer vom alten Ortskern entfernt, in Blickweite der Kirche von Panzano.

### KLARE VORSTELLUNGEN

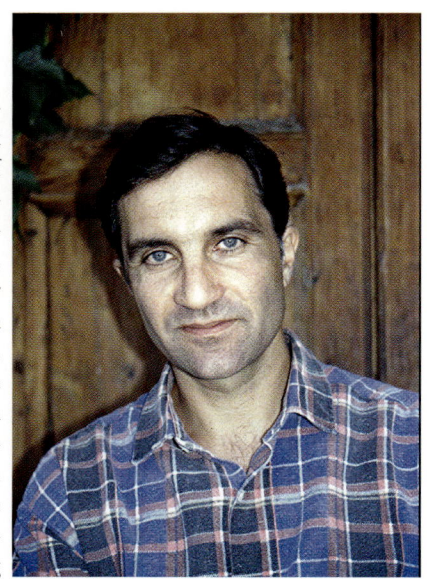

„Da wir nicht in einer Winzerfamilie aufgewachsen sind oder Weinbau studiert haben, mussten wir von Anfang an auf einen Berater vertrauen", sagt Luca Orsini. Nach einer erfolgreichen und lehrreichen Zusammenarbeit mit ihrem Freund, dem Weinmacher Massimo Albanese, der die Beratung zum großen Bedauern von Luca im Jahre 1999 aufgeben musste, steht den Besitzern nun der erfahrene Weinberater Stefano Chioccioli aus dem nahen Greve zur Seite. Trotz der fehlenden Weinausbildung haben Luca und Valeria klare Vorstellungen darüber, wie ihr Wein schmecken soll. Eine Empfehlung von Chioccioli, zur Unterstützung des Sangiovese in schwierigen Jahren ein bisschen Merlot zu pflanzen, lehnten beide ab. Für das Paar ist der Sangiovese das Maß aller Dinge und ihre Weine sind ein eindrucksvoller Beweis dieser Gradlinigkeit.

## SANGIOVESE PUR: PETRESCO

Erzeugt werden lediglich zwei Weine. Aus den Weinbergen in unmittelbarer Nachbarschaft des Weingutes ernten die Wahltoskaner die besten Trauben für die Riserva Il Petresco aus. Der Name „Petresco" ist keine Lagenbezeichnung, sondern ein Fantasiename, der an die steinigen und kargen Böden in der Gegend von Panzano erinnern soll. Die Sangiovese bekommen viel Zeit, damit sie die ihnen eigene Eleganz und Finesse entwickeln können. Nach der Gärung in ausgekleideten Zementtanks stehen für den Ausbau im blitzsauberen Keller Eichenfässer mittlerer Größe (500 bis 2.000 Liter) bereit.

## CHIANTI CLASSICO

Der zweite Wein, der Chianti Classico, besteht ebenfalls nur aus Sangiovese und Canaiolo Nero, der in den älteren Weinbergen oftmals im Mischsatz mit Sangiovese angepflanzt wurde. „Wer allein auf den Sangiovese setzt, der muss zweifelsohne den härteren Weg gehen, denn im Weinberg ist die Rebsorte mit ihrer dünnen Schale und den spät reifenden Traubentanninen eine echte Herausforderung", sagt Valeria. Doch bereits der relativ preiswerte Jahrgangschianti ist so überzeugend, dass er in seiner Fruchttiefe und klarem Sangioveseausdruck die Riservas anderer Weingüter bei Vergleichsproben auf die Plätze verweist.   sm

Bild linke Seite:         Luca Orsini
Bild rechte Seite:      Blick auf Le Cinciole

| | | | |
|---|---|---|---|
| ★ | Chianti Classico ❶ | | 35.000 |
| ★★ | Chianti Classico Riserva Petresco ❷ | | 7.000 |
| Importeure: | D: | Deitermann, Bross, Roesberg | |
| | CH: | Archetti | |
| | A: | Wein & Co. | |

# PODERE COLLELUNGO
### Castellina in Chianti

Hell leuchtet ein neuer Stern am Chianti Classico-Himmel. Das relativ junge Weingut nahe Castellina in Chianti bekam vor allem in der englischsprachigen Weinwelt praktisch mit dem ersten eigenen Jahrgang 1997 sehr positive Kritiken. Wie zu erwarten war, hat der steile Aufstieg in nur wenigen Jahren gleich mehrere Gründe.

### ANTONINI MACHT DEN UNTERSCHIED

Ein wesentlicher Erfolgsgarant ist die technische Unterstützung der Gruppe Matura um Alberto Antonini. Alberto Antonini kann nur schwer seine Begeisterung für die einzigartig schöne Lage der Weinberge und die kargen, steinigen Böden oberhalb von Castellina im Gespräch verbergen. Daraus ziehen die Weine von Collelungo ihr großes Potenzial.

### MEHR LEBENSQUALITÄT

„Die Lebensqualität in der ruhigen Toskana hat uns dazu bewogen, aus dem östlichen Veneto in die Toskana zu ziehen", sagt Monica Cattelan. Erst im Jahr 2002 hat die Familie von Lorenzo Cattelan und seiner Frau Monica das kürzlich restaurierte Weingut von einem englisch-italienischen Paar aus London erworben, das viel wertvolle Aufbauarbeit geleistet haben.

> Loc. Collelungo
> 53011 Castellina in Chianti
> Tel. 0577-740489
> Fax: 0577-741330
> www.collelungo.com
> info@collelungo.com
> Besitzer: Familie Cattelan
> Önologe: Alberto Antonini
> Betriebsleiter: Lorenzo Cattelan
> Rebfläche: 13 Hektar
> Produktion: 25.000 Flaschen
> Besuchszeiten: nach Vereinbarung
> Ferienwohnungen

### KONSEQUENT NIEDRIGER ERTRAG

Vorausschauend haben die Vorbesitzer das Weingut auf kompromisslose Qualität ausgerichtet. Lediglich 25.000 Flaschen werden jedes Jahr erzeugt. Kleiner Ertrag und Auslese der Trauben ist ein Muss, wenn man von Beginn an in der Liga der Topweingüter mitspielen möchte. Rechtzeitig zum ersten Jahrgang im Jahre 1997 wurde die Kellerei fertig gestellt und mittlerweile sind fast 10 Hektar Weinberge neu angelegt worden.

### EINZIGARTIGES TERROIR

Insgesamt gibt es auf Collelungo 13 Hektar Chianti Classico-Weinberge, die durch sonnige Südhänge und Böden mit einem hohem Steinanteil bestechen. Diese perfekte Ausrichtung ist auch notwendig, denn auf einer Höhe von 450 bis 570 Meter braucht der spät reifende Sangiovese jeden Sonnenstrahl, damit die Gerbstoffe ausreifen und sich seine unvergleichbaren Aromen bilden. Nach Meinung von Alberto Antonini ist diese relativ hohe und windige Lage ein entscheidender Vorteil, da sie gesunde Trauben und sehr klare, intensive Aromen in den Trauben fördert. Bei solchen Voraussetzungen braucht man im Keller keine Tricks anzuwenden. Nach kontrollierter Gärung und Ausbau in kleinen Holzfässern werden die Weine unfiltriert und ungeschönt in die Flasche gefüllt, damit die typischen Aromen der Böden und Lagen von Collelungo erhalten bleiben. Drei Weine produzieren die Besitzer lediglich, einen Chianti Classico, die Riserva und die Chianti Classico Auslese Roveto, die mit dem Jahrgang 2000 den Namen „Campocerchi" der Weinbergslage tragen wird.

## FERIENWOHNUNGEN

Wein wurde eigentlich wie in vielen Bauernhäusern des Chianti Classico auch auf Collelungo schon vor mehr als siebzig Jahren erzeugt, wenn auch nicht in Barriques, sondern in den traditionellen großen Holzfässern und Zementtanks. Im Jahre 1969 verpachteten die damaligen Besitzer die Weinberge und das Anwesen verfiel zusehends. Mit ganzem Einsatz und großen Investitionen machten sich die Eigentümer zu Beginn der neunziger Jahre dann an die Erhaltung und Restaurierung der alten Bauernhäuser. Mittlerweile stehen auf dem Anwesen sechs liebevoll eingerichtete Ferienwohnungen, um deren Vermietung sich Monika Cattelan kümmert. „Ohne das Engagement und die Gelder von außen wäre das Chianti Classico nicht das, was es heute darstellt, eine der schönsten Weinlandschaften Europas", sagt die Weingutsbesitzerin abschließend. *sm*

Bild linke Seite: Lorenzo und Monica Cattelan
Bild rechte Seite: Blick auf Collelungo

| | | | |
|---|---|---|---|
| ★ | Chianti Classico ❷ | | 15.000 |
| ★★ | Chianti Classico Riserva ❷ | | 5.500 |
| Importeure: | D: Hein | | |

# Il Colombaio di Cencio
## Gaiole in Chianti

In Reichweite des monumentalen Castello di Brolio, der Geburtsstätte des Chianti Classico, hat Werner Wilhelm ein kleines Weingut gekauft, einen größeren Keller gebaut und neue Weinberge angelegt. Den Traum eines eigenen Weingutes in der Toskana haben zahlreiche „Aussteiger" mittlerweile realisiert; dennoch ist die Situation bei Colombaio di Cencio in ihrer Art wohl einzigartig. Mit großen Ambitionen und modernster Technik fordert Wilhelm die etablierten Betriebe in der Toskana heraus. Der deutsche Geschäftsmann aus Rosenheim liebt offensichtlich ausgefallenes Design, er hat den Anfangsbuchstaben seines Namens als stilisiertes „W" auf den Flaschen und im schwarzen Marmorfußboden des Kellers verewigt.

> Località Cornia
> 53013 Gaiole in Chianti
> Tel. 0577-747178
> Fax: 0577-747295
> www.wilhelm-chianti.com
> colombaiodicencio@tin.it
> Besitzer: Il Colombaio di Cencio srl
> Önologe: Paolo Vagaggini
> Betriebsleiter: Jacopo Morganti
> Rebfläche: 25 Hektar
> Produktion: 75.000 Flaschen
> Besuchszeiten: 9-16 Uhr
> Agriturismo

### Keine Zeit zu verlieren

Es hat den Anschein, dass eine ständige Unruhe den Besitzer antreibt, seine eigenen Ideen möglichst schnell zu verwirklichen. Wilhelm ist mit dem klaren Vorsatz angetreten, personalisierte und unverwechselbare Spitzenweine zu erzeugen. Gleich der erste Jahrgang 1995 seines Spitzenweines „Il Futuro" hat Aufsehen erregt. Ohne Zweifel hat die Qualität in der Flasche die Verkoster überzeugt, auch wenn die wuchtige und schwere Weinflasche die Ambitionen des Weines deutlich unterstreicht. Lediglich zwei Rotweine verlassen das Weingut: einer ist der erwähnte Futuro, ein Kraftpaket aus Sangiovese, Cabernet Sauvignon und Merlot. Daneben gibt es einen Chianti Classico Wein, der den Namen „I Massi" trägt. Er enthält hauptsächlich Sangiovese, der mit einem kleinen Anteil Merlot kombiniert wird.

### Ein Designer als Direktor

Jacopo Morganti, ein gelernter Designer aus dem nahen Greve, leitet das Weingut. Als der Besitzer ihm das Angebot unterbreitete, nahm Morganti die Herausforderung an und wechselte die Branche. Als Wilhelm vor Jahren einen Grafiker gesucht hatte, der ihm die Ausstattung nach seinen Ideen entwerfen sollte, haben sich die Beiden kennen gelernt. Das Team harmonierte von Anfang an und so stellte sich der kommerzielle Erfolg schon nach kurzer Zeit ein. „Er kam so plötzlich, dass wir uns erst jetzt um die wichtigen Auslandsmärkte USA und Deutschland kümmern können, da die Weinmenge mit den Neupflanzungen glücklicherweise von Jahr zu Jahr wachsen wird", sagt Morganti.

## Alles für die Qualität

An den neu angelegten Weinbergen mit einer Pflanzdichte von 7.000 Reben pro Hektar lässt sich das Streben nach absoluter Qualität gut ablesen. Die meisten älteren Weinberge im Chianti Classico kommen nicht einmal auf 3.000 Reben je Hektar. „Jede Rebe soll weniger als ein Kilo Trauben tragen, wir ernten mit 35 Hektoliter je Hektar fast die Hälfte der gesetzlichen Höchstgrenze der DOCG", sagt Direktor Jacopo Morganti. Kosten hat der Unternehmer beim Bau seiner neuen Kellerei keine gescheut. Begonnen im Jahr 1998 und zur Lese 2000 vollendet, gibt es dort Technik vom Feinsten: Computerkontrollierte Gärbehälter aus Edelstahl, konische Gärbehälter aus Holz und eine schier endlose Batterie von Barriques. Selbst ihr externer Weinberater Paolo Vagaggini gerät bei solchen Arbeitsbedingungen ins Schwärmen.

## Berater: Paolo Vagaggini

Nach seiner Einschätzung müsse das Weingut mit seinen hervorragenden Voraussetzungen in Keller und Weinberg einfach Zeichen setzen und neue Wege gehen. Neben der kleinen Erntemenge gehören das Aufrühmen der Feinhefe (Batonnage), die gezielte Mikro-Oxidation des Weines auf der Feinhefe und die Kaltmaceration vor der Gärung zum Standardprogramm im Keller. So entziehen sie den wertvollen Trauben all ihre Aromastoffe. In Zukunft soll der „Il Futuro" neben seiner unbändigen Kraft und Konzentration noch mehr an Eleganz gewinnen. Daran arbeiten Paolo Vagaggini und Jacopo Morganti mit Hochdruck.   sm

Bild linke Seite: Werner Wilhelm
Bild rechte Seite (rechts): Jacopo Morganti
Bild rechte Seite (links): Verkostungsraum

| | | | |
|---|---|---|---|
| ★★-★★★★ | Chianti Classico I Massi ❷ | | 25.000 |
| ★-★★ | Il Futuro ❸ | | 50.000 |
| Importeure: | A: | Morandell | |

# LE CORTI

### San Casciano Val di Pesa

Schon im fünfzehnten Jahrhundert hat die Familie Corsini erste Besitzungen in San Casciano in Val di Pesa und in benachbarten Ortschaften erworben. Den Mittelpunkt des heute 256 Hektar großen Gutes bildet die Villa aus dem fünfzehnten Jahrhundert, ein beeindruckendes und beachtenswertes Renaissancegebäude mit einem integrierten Festungsturm.

## ERNEUERUNGSPROGRAMM

1995 wurde auf Le Corti ein umfassendes Neupflanzungsprogramm begonnen. Duccio Corti, der heute das Gut führt, und Carlo Ferrini, der ihm als Önologe beratend zur Seite steht, ließen statt 3.000 Reben wie in den alten Weinbergen 6.000 Reben je Hektar in den erneuerten Weinbergen pflanzen, Sangiovese vor allem, aber auch etwas Merlot, Cabernet Sauvignon, Colorino und Canaiolo, und an weißen Sorten Malvasia und Trebbiano. 49 Hektar des Gutes sind zur Zeit mit Reben bepflanzt. Aber nicht nur Wein wird auf Le Corti erzeugt, sondern auch Olivenöl. 13.000 Olivenbäumen sind über das ganze Gut verteilt.

> Via San Piero di Sotto, 1
> 50026 San Casciano Val di Pesa
> Tel. 055-829301
> Fax: 055-8290089
> www.principecorsini.com
> info@principecorsini.com
> Besitzer: Principe Corsini
> Betriebsleiter: Duccio Corsini
> Önologe: Carlo Ferrini
> Rebfläche: 49 Hektar
> Produktion: 140.000 Flaschen
> Besuchszeiten: nach Vereinbarung
> 3 Ferienhäuser

## CHIANTI CLASSICO LE CORTI

Drei Chianti Classico erzeugt Fattoria Le Corti. Der Chianti Classico Le Corti besteht aus 95 Prozent Sangiovese und 5 Prozent Canaiolo und Colorino. Er wird zwölf Monate teils in Fässern aus französischer Eiche, teils in Zementtanks ausgebaut. Es ist ein wunderschön fülliger Chianti mit viel Frucht.

## Don Tommaso

Der Erstwein von Fattoria Le Corti ist der Chianti Classico Don Tommaso. Für ihn werden die besten Sangiovesetrauben ausgelesen. Aber nicht nur Sangiovese enthält der Don Tommaso, sondern auch etwa 15 Prozent Merlot. Der Wein wird fünfzehn Monate in Barriques ausgebaut, wobei überwiegend neue Fässer aus Alliereiche benutzt werden. Der Don Tommaso ist ein schmeichelnder, wunderschön fruchtbetonter Wein, lang und nachhaltig

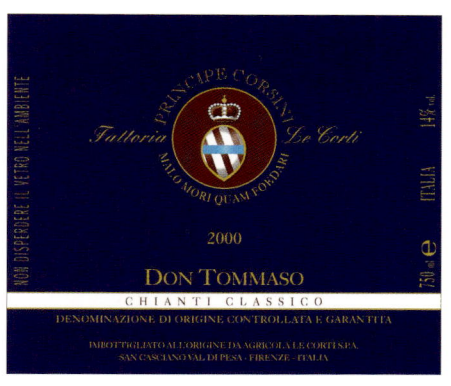

## Maremma: ein neuer Wein von einem alten Gut

2.650 Hektar Land umfasst das Gut La Marsiliana. Seit dem achtzehnten Jahrhundert gehört es den Principe Corsini. 18 Hektar davon wurden in den Jahren 1996 bis 1998 mit Reben bepflanzt: Sangiovese, Cabernet Sauvignon und Merlot vor allem, aber auch Petit Verdot, Syrah und Mourvèdre. Auch bei La Marsiliana ist Carlo Ferrini der verantwortliche Weinmacher. Mit dem Jahrgang 2000 war es dann soweit, ein neuer Wein, Marsiliana genannt, wurde der Öffentlichkeit vorgestellt. Er enthält Cabernet Sauvignon, Merlot und Sangiovese. Der Marsiliana ist ein herrlich konzentrierter Wein mit viel süßer, reifer Frucht. Ein typischer Wein aus der Maremma, mit viel Wärme im Abgang.  *ge*

Bild linke Seite: Duccio Corsini
Bild rechte Seite: Blick auf Le Corti

| | | | |
|---|---|---|---|
| ★★ | Chianti Classico ❶ | | 100.000 |
| ★★-★★★ | Chianti Classico Don Tommaso ❸ | | 28.000 |
| ★★ | Marsiliana ❸ | | 15.000 |
| Importeure: | D/CH/A: Bezugsquellen über Stoppervini (CH) | | |

# FATTORIA DI FELSINA
## Castelnuovo Berardenga

Nenne fünf bekannte Weingüter der Chianti Classico Region und die Fattoria Felsina ist mit großer Wahrscheinlichkeit eines in dieser Aufzählung. Als Domenico Poggiali, Unternehmer aus Ravenna, das Gut im Jahre 1966 erwarb, ahnte er sicherlich nichts vom steilen Aufstieg der Weinregion Toskana und seinen Weinen.

### GIUSEPPE MAZZOCOLIN UND FRANCO BERNABEI

Eng verbunden sind die letzten zwanzig Jahre mit dem Wirken seines Schwiegersohnes Giuseppe Mazzocolin. Mit Beständigkeit und strategischer Weitsicht hat er Jahr für Jahr an der Qualität der Weine und der Reputation von Felsina als Spitzenweingut der südlichen Toskana gearbeitet. Als langjähriger Weinberater des Weingutes darf auch sein guter Freund Franco Bernabei einen Anteil am Erfolg für sich beanspruchen. Felsina ist mit Bernabei groß geworden, ebenso wie Bernabei mit Weingütern wie Felsina bekannt geworden ist.

> Strada Chiantigiana, 484
> 53010 Castelnuovo Berardenga
> Tel. 0577-355117
> Fax: 0577-355651
> felsina@dada.it
> Besitzer: Familie Poggiali
> Önologe: Franco Bernabei
> Betriebsleiter: Giuseppe Mazzocolin
> Rebfläche: 87,2 Hektar
> Produktion: 300.000 Flaschen
> Besuchszeiten: nach Vereinbarung von 11-18 Uhr

### FONTALLORO UND CASTELNUOVO

Herzstück des Weingutes an der südlichen Grenze des Chianti Classico-Gebietes unweit von Siena sind die historischen Gebäude aus dem 18. Jahrhundert. Der Weingutsverkauf und die Kellerei sind dort beheimatet. Neben der Fattoria Felsina in Castelnuovo Berardenga (340 Hektar Land) besitzt die Familie zudem das Weingut Castello di Farnetella innerhalb der Grenzen der DOCG Chianti Colli Senesi. Auf Felsina empfängt Hausherr Giuseppe Mazzocolin persönlich seine Gäste, führt durch den Keller, die nahe gelegenen Weinberge und erzählt bei kulinarischen Weinproben von seinen Erfahrungen mit den verschiedenen Jahrgängen des Fontalloro. Dieser reinsortige Sangiovese wurde im Jahr 1986 zum ersten Mal gekeltert und ist das Aushängeschild des Betriebes. Dass er kein DOCG Chianti Classico, sondern ein IGT Toscana ist, hat ihm in seiner Popularität nie geschadet. Da etliche Hektar des Besitzes von Felsina außerhalb der DOCG-Grenzen liegen, ermöglicht die IGT-Bezeichnung dem Weingut, die besten Trauben verschiedener Weinberge auszuwählen.

## STILLSTAND IST EIN FREMDWORT

Seit etlichen Jahren arbeiten Mazzocolin und Bernabei auch mit französischen Rebsorten. Drei Weine gibt es, um sich mit den französischen Vorbildern aus dem Burgund oder Bordeaux messen zu können: den Cabernet Sauvignon „Maestro Raro", den Pinot Noir „Nero di Nubi" und den Chardonnay „I Sistri". Erfreulicherweise sind es eigenständige Weine, die ihre Herkunft aus der Toskana nicht verleugnen. Vor allem der Cabernet Sauvignon mit seiner charakteristischen Säurestruktur reagiert am nachvollziehbarsten auf das Mikroklima mit den kargen Böden in der südlichen Toskana.

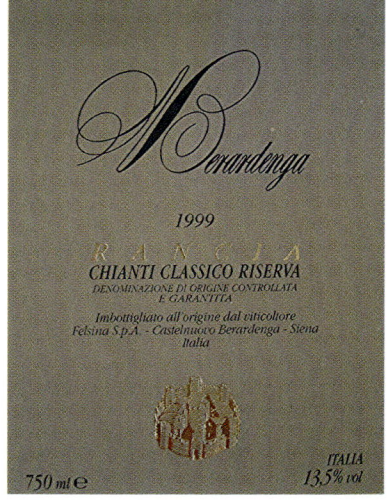

## ELEGANZ UND FRUCHTDEFINITION

Der zurückhaltende, aber zielstrebige Mazzocolin erzählt, dass er in seinen Weinen immer mehr die Eleganz als die pure Kraft suche. Konzentration und Finesse sollen all seine Weinen vom Chianti Classico über die Riserva Rancia bis zum Fontalloro ausstrahlen. Bereits der Chianti Classico mit seinen fast 200.000 Flaschen Jahresproduktion vermittelt dies zu einem angemessenen Preis. Kraftvoll packen die reifen Sangiovesetannine am Gaumen zu, fein entfalten sich die Aromen von Veilchen und Schwarzkirsche (marasca). Im Mittelpunkt der Anstrengungen steht heute der Sangiovese. Stetig wird in neue Weinberge und bessere Klone investiert, um der Rebsorte zu noch mehr Ausdruck zu verhelfen. Beim Besuch erwähnt Mazzocolin die anderen Rebsorten erst gar nicht, philosophiert viel lieber über die geeigneten Böden für den Sangiovese. Nach seiner Meinung ist die Lage der Weinberge in Castelnuovo Berardenga an der südlichen Grenze des Chianti Classico-Gebietes für den Sangiovese geradezu ideal, denn hier reift die Rebsorte Sangiovese in den meisten Jahren voll aus. In höheren Regionen des Chianti Classico ist dies nicht immer so einfach zu erreichen.  *sm*

Bild linke Seite: Giuseppe Mazzocolin
Bild rechte Seite: Barriquekeller

| | | | |
|---|---|---|---|
| ★★ | I Sistri Chardonnay ❷ | | 21.000 |
| ★★ | Chianti Classico Berardenga ❷ | | 180.000 |
| ★★ | Chianti Classico Riserva ❷ | | 40.000 |
| ★★★ | Chianti Classico Riserva Rancia ❸ | | 36.000 |
| ★★★ | Fontalloro ❸ | | 34.000 |
| Importeure: | D: | Garibaldi, Weinvision, Wein & Glas | |
| | CH: | Silvino | |
| | A: | Stangl | |

# CASTELLO DI FONTERUTOLI
## Castellina in Chianti

Seit 1435 gehört den Marchesi Mazzei Castello di Fonterutoli. Der Weiler Fonterutoli liegt 5 Kilometer südlich von Castellina in Chianti. An der zentralen Plaza liegt die Villa der Familie Mazzei unmittelbar neben einer alten Kirche. Einige der alten Häuser des Ortes wurden restauriert und können als Ferienwohnungen gemietet werden. Castello di Fonterutoli werden heute geführt von den Brüdern Filippo und Francesco Mazzei, Weinmacher ist Carlo Ferrini.

### VIER LAGEN MIT UNTERSCHIEDLICHEN BÖDEN

Die Weinberge von Castello di Fonterutoli verteilen sich auf vier verschiedene Lagen mit unterschiedlichen Böden und in unterschiedlichen Höhenlagen. In Fonterutoli wachsen die Reben auf 420 Meter Höhe. Drei Viertel der 18 Hektar hier ist mit Sangiovese bestockt, der Rest mit Merlot. Die zweite historisch bedeutsame Lage, Siepi, liegt in der Gemeinde Castellina in Chianti an einem zum Val d'Elsa abfallenden Hang in 250 Meter Höhe. Hier wachsen auf 22 Hektar Sangiovese, Merlot und Cabernet Sauvignon. Die Trauben reifen in diesem Weinberg wesentlich früher als in den anderen Lagen. Die Lage Badiola in Radda in Chianti liegt etwa 3 Kilometer von Fonterutoli entfernt. Die Reben wachsen hier in 500 Meter Höhe. Jeweils die Hälfte der 19 Hektar großen Lage ist mit Sangiovese und Merlot bepflanzt. Die vierte und jüngste Lage, Belvedere, liegt in Castelnuovo Berardenga, in 300 Meter Höhe. Die 10 Hektar sind ausschließlich mit Sangiovese bepflanzt.

> Loc. Fonterutoli
> 53011 Castellina in Chianti
> Tel. 0577-73571
> Fax: 0577-735757
> www.fonterutoli.com
> fonterutoli@fonterutoli.it
> Besitzer: Marchesi Mazzei
> Betriebsleiter: Filippo und Francesco Mazzei
> Önologe: Carlo Ferrini
> Rebfläche: 69 Hektar
> Produktion: 500.000 Flaschen
> Besuchszeiten: nur für Gruppen nach Vereinbarung
> Agriturismo

### STRAFF STRUKTURIERTES PROGRAMM

Angesichts einer Rebfläche von 69 Hektar ist das Programm von Castello di Fonterutoli erstaunlich überschaubar: ganze vier Weine werden erzeugt. Zunächst einmal der Poggio alla Badiola als so genannter "Petit Vin" von Fonterutoli. Seit dem Jahrgang 2001 enthält er neben Sangiovese ein wenig Cabernet Sauvignon und Merlot. Diese Änderung ist ihm gut bekommen, er ist nun wesentlich eleganter und klarer als in früheren Jahrgängen. Dann kommt der Chianti Classico Fonterutoli, ein reinsortiger Sangiovese, der zwölf Monate in Barriques aus französischer Eiche ausgebaut wird. Es ist ein wunderschön fülliger Sangiovese, mit viel Frucht und feinen Vanille- und Schokoladennoten.

### PREMIER VIN

Mit der Änderung der Statuten für Chianti Classico 1996 haben Filippo und Francesco Mazzei den Auftritt der Weine von Fonterutoli geändert. Der erfolgreiche Supertuscan, Concerto genannt, wurde aus dem Programm genommen und der

Chianti Classico Castello di Fonterutoli als neues Aushängeschild des Weingutes, als "Premier Vin" etabliert. Der Castello di Fonterutoli enthält neben Sangiovese etwa zehn Prozent Cabernet Sauvignon und wird achtzehn Monate in Barriques aus französischer Eiche ausgebaut. Es ist ein herrlich kraftvoller Wein, mit viel Frucht und Konzentration. In den letzten Jahren hat er deutlich an Nachhaltigkeit gewonnen und weist faszinierende mineralische Noten auf.

## SIEPI

Diese Nachhaltigkeit und die mineralischen Noten zeichnen auch den vierten Wein von Fonterutoli aus, den Siepi. Die Trauben für den Siepi kommen ausschließlich aus der gleichnamigen Lage in Castellina in Chianti. Er besteht jeweils zur Hälfte aus Merlot und Sangiovese und wird sechzehn Monate in Barriques aus französischer Eiche ausgebaut. Der Siepi gehört zu den gelungensten Cuvées aus Merlot und Sangiovese, ist ein Jahr für Jahr faszinierender Wein.

## TENUTA BELGUARDO

1997 haben di Marchesi Mazzei ein Gut in der Maremma erworben, in der Nähe des Naturschutzgebietes Parco dell'Uccellina, etwa 15 Kilometer vom Meer entfernt. Hier, auf Tenuta Belguardo, haben sie Sangiovese, Cabernet Sauvignon, Merlot und Alicante angepflanzt, jeweils etwa 6.000 Reben je Hektar. Drei Weine erzeugen sie: zunächst einen Morellino die Scansano aus der Lage Poggio Bronzone, ein reinsortiger Sangiovese, in französischen Barriques ausgebaut. Dazu Tenuta Belguardo als Erstwein als Pendant zum Castello di Fonterutoli und Serrata di Belguardo, das Pendant zum Chianti Classico dem Fonterutoli. Beide Weine bestehen aus Cabernet Sauvignon, sowie Sangiovese und Merlot. *ge*

Bild linke Seite (links): Francesco Mazzei
Bild linke Seite (rechts): Filippo Mazzei
Bild rechte Seite: Fonterutoli

| | | |
|---|---|---|
| ★ | Poggio alla Badiola ❶ | 200.000 |
| ★★ | Chianti Classico Fonterutoli ❷ | 200.000 |
| ★★★ | Chianti Classico Fonterutoli ❷ | 100.000 |
| ★★★ | Siepi ❹ | 30.000 |
| Importeure: | D: Alpina, Stecher & Krahn, Gute Weine-Lobenberg | |
| | CH: Vintra | |
| | A: Wein & Co., Wagner | |

# FATTORIA LE FONTI
## Poggibonsi

Le Fonti ist ein 140 Hektar großes Gut bei Poggibonsi. Wein und Olivenöl wird hier erzeugt, Getreide wird angebaut und gleichzeitig wird es als Jagdrevier genutzt. 1956 hatte Vito Arturo Imberti, wohnhaft in Bergamo, Fattoria Le Fonti gekauft. Als Feriendomizil für sich und seine Familie hatte er es ursprünglich erworben. Heute gehört das Gut seinen Kindern Franca, Ferdinando und Giovanni. Sie haben beschlossen in die Qualität zu investieren und haben die alten Weinberge erneuert und neue Weinberge angelegt. Mit dem Önologen Paolo Caciorgna für den Keller und dem Agronomen Lorenzo Bernini für die Weinberge haben sie bekannte Fachleute verpflichtet, die das Weingut und die Weine voran bringen sollen. Und es hat sich ausgezahlt, die Qualität der Weine von Fattoria Le Fonti ist in den vergangenen Jahren kontinuierlich gestiegen.

> Loc. San Giorgio, Le Fonti
> 53036 Poggibonsi
> Tel. 0577-935690
> Fax: 0577-935690
> fattoria.lefonti@tin.it /
> fattoria.lefonti@libero.it
> Besitzer: Fratelli Imberti
> Betriebsleiter: Lorenzo Bernini
> Önologe: Paolo Caciorgna
> Rebfläche: 24 Hektar
> Produktion: 30.000 Flaschen
> Besuchszeiten: Mo.-Fr. 8-17 Uhr, sonst nach Vereinbarung

### VORLIEBE SANGIOVESE

Hier, in Poggibonsi, wachsen die Reben in einer Höhe von 300 Meter. Sie stehen auf lehmigen Böden, der mit Sand und Kieselsteinen durchsetzt ist. Die Geschwister Imberti sind davon überzeugt, dass Sangiovese hier am besten gedeiht. Vier Weine erzeugt Fattoria Le Fonti: zwei Chianti Classico, Annata und Riserva, dazu den Vito Arturo, ein reinsortiger Sangiovese, und schließlich einen Vin Santo aus Malvasia und Trebbiano. Die Qualitätssteigerung der letzten Jahre ist am einfachsten Wein, dem Chianti Classico, am augenfälligsten. Er enthält neben Sangiovese ein klein wenig Canaiolo. Nach der Gärung kommt etwa 30 Prozent des Weines für ungefähr ein Jahr in kleine, bereits einmal gebrauchte Holzfässer, der Rest wird in Tanks ausgebaut. Der Chianti Classico von Fattoria Le Fonti besticht in den letzten Jahren durch seine herrlich reintönige Frucht.

### KRAFTVOLLE RISERVA

Gleiches gilt für die Chianti Classico Riserva, auch sie besticht immer durch ihre Reintönigkeit. Die Riserva wird jedoch ausschließlich aus Sangiovese gemacht. Anders als beim Chianti Classico kommt nach der Gärung der gesamte Wein für – je nach Jahrgang – zwölf bis fünfzehn Monate in kleine Holzfässer. Die Riserva war schon immer herrlich kraftvoll und fruchtbetont, immer sehr reintönig und harmonisch. In den letzten Jahren hat sie zudem noch deutlich an Komplexität und Nachhaltigkeit gewonnen. Wie gesagt, die Investitionen im Weinberg haben sich gelohnt, die Weine haben deutlich an Ausdruck und Statur gewonnen.

## VITO ARTURO

Wie die Riserva besteht auch der dritte Rotwein von Fattoria Le Fonti, der Vito Arturo, ausschließlich aus Sangiovese. Es ist ein Einzellagenwein, benannt nach dem Vater der heutigen Besitzer, der diesen Weinberg anlegen ließ. Der Weinberg fällt nach Süden hin flach ab. Nur die besten Trauben aus diesem Weinberg werden für den Vito Arturo verwendet. Der Wein kommt wie die Chianti Classico Riserva nach der Gärung für mindestens ein Jahr in Barriques. Im Gegensatz zur Riserva werden für den Vito Arturo aber ausschließlich neue Fässer verwendet. Dies schlägt sich im Bouquet nieder, das von einer feinen Toastnote geprägt ist, die schön die Frucht unterstreicht. Im Mund ist er herrlich kraftvoll und strukturiert. Wie bei den beiden Chianti Classico überzeugt die faszinierend reintönige Frucht des Vito Arturo: Sangiovese pur! *ge*

Bild linke Seite: Sangiovesetrauben
Bild rechte Seite: Landschaft bei Le Fonti

| | | |
|---|---|---|
| ★★ | Chianti Classico ❶ | 15.000 |
| ★★-★★★ | Chianti Classico Riserva ❷ | 6.000 |
| ★★-★★★ | Vito Arturo ❷ | 7.000 |
| ★ | Vin Santo del Chianti Classico ❸ | 700 |
| Importeure: | D: AMC | |
| | CH: Archetti | |
| | A: Sussitz | |

59

# FONTODI
## Panzano in Chianti

Seit vielen Generationen beschäftigt sich die Familie Manetti mit der Erzeugung von Terracottawaren. Wein, der wie der braune Ton in der Toskana allgegenwärtig ist, erzeugen sie erst seit etwa dreißig Jahren, mit großem Erfolg. Treibende Kraft im Weingut ist Giovanni Manetti, der unermüdlich an der Qualität seiner Weine arbeitet und sich für die gesamte Weinregion stark macht. Als langjähriger Berater des Gallo Nero-Konsortiums hat er mitgeholfen, die Classico-Region und die eigene Unterzone Panzano bekannt zu machen.

> Via San Leolino, 89
> 50020 Panzano in Chianti
> Tel. 055-852005
> Fax: 055-852537
> www.fontodi.com
> fontodi@fontodi.com
> Besitzer: Giovanni und Marco Manetti
> Önologe: Franco Bernabei
> Betriebsleiter: Giovanni Manetti
> Rebfläche: 70 Hektar
> Produktion: 300.000 Flaschen
> Besuchszeiten: 9-13 + 14-18 Uhr
> Agriturismo

### CONCA D'ORO UND PANZANO

Derzeit besitzt das Weingut 70 Hektar Weinberge, die Teil der berühmten „Conca d'oro", dem nach Süden ausgerichteten Amphitheater in Panzano, sind. Starke Sonneneinstrahlung und warme Tagestemperaturen sind Faktoren in dieser Lage, die den Trauben beim Ausreifen zugute kommen. Im Chianti Classico ist nicht allein die Höhenlage (im Mittel 400 Meter), sondern auch die Gesteinsart, die Ausrichtung der Weinberge und ihre Windanfälligkeit für die Qualität der Trauben verantwortlich. In diesem Zusammenhang ist Panzano und seine „Conca d'oro" ein gutes Beispiel für das Terroir (Boden, Klima, Rebe und Mensch) in der Toskana. Hier können Weine von kräftiger Struktur und ausgereifter Frucht entstehen. Wie in anderen Chianti Classico-Gemeinden ist der Boden größtenteils von Galestro-Gestein (grauer Kalkmergel mit unterschiedlichem Tonanteil) durchzogen, das in seiner Kargheit, Wasserdurchlässigkeit und Wärmespeicherfähigkeit ideal für den Sangiovese ist.

### ERNEUERUNGSPROGRAMM

Wie bei vielen bekannten Weingütern im Chianti Classico wurden die meisten Weinberge im Laufe der siebziger Jahre gepflanzt, deshalb steht ein intensives Neupflanzungsprogramm an. „Bis zum Jahr 2005 werden wir 50 Prozent der Weinberge erneuert haben", berichtet Giovanni Manetti. Die vielen Neupflanzungen im Chianti Classico sind eine erfreuliche und überfällige Maßnahme, denn der Zustand der Weinberge ist teilweise erbärmlich.

## FORTSCHRITT STATT STILLSTAND

„Nach Investitionen in ein größeres Kellereigebäude und in moderne Technik sind wir in der Lage, mit der empfindlichen Rebsorte Sangiovese noch behutsamer umzugehen". sagt Manetti zufrieden, Aggressive Gerbstoffe entstehen seiner Meinung nach nicht allein durch fehlende Reife der Trauben im Weinberg, sondern sie können allzu leicht im Keller verursacht werden. Dies hat ihm Franco Bernabei, ein langjähriger Freund der Familie Manetti, von Anfang an mit auf den Weg gegeben. Der Altmeister der Weinmacher in der Toskana ist seit mehr als zwanzig Jahren für die Weine verantwortlich. Sein Name ist untrennbar mit dem Aufstieg von Fontodi in den achtziger Jahren verbunden.

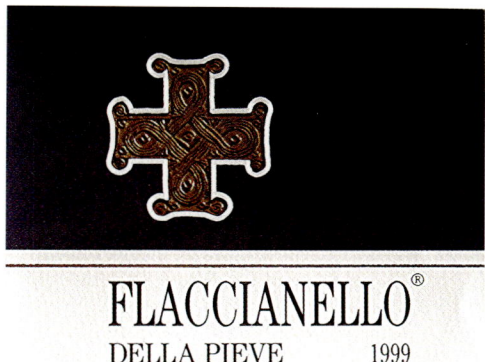

## ETABLIERTES PROGRAMM

Das umfangreiche Sortiment von Fontodi ist über die Jahre gewachsen. „Jeder Wein hat seine Berechtigung und eigene Geschichte" erklärt Manetti. Bereits seit mehr als zwanzig Jahren gibt es den Flaccianello. Der Spitzenwein von Fontodi war zu seiner Anfangszeit einer der ersten reinsortigen Sangiovese im gesamten Chianti Classico. Bis heute hat der Wein mit dem schönen Etikett nichts von seinem Charme eingebüßt.

## ABWECHSLUNGSREICHES SORTIMENT

Manetti und Bernabei arbeiten darüber hinaus auch mit den französischen Rebsorten Syrah und Pinot Nero, die Fontodi als eigenständige Weine abfüllt. Abgesehen von den kühlen und regenreichen Jahren wie 1996 gehört der Syrah zu den besten Sechs seiner Art in der Toskana. Die Riserva „Vigna del Sorbo" enthält außer Sangiovese von Beginn an einen kleinen Anteil Cabernet Sauvignon. Immer sehr zuverlässig ist zudem die Qualität des Chianti Classico, der mit 350.000 Flaschen etwa die Hälfte der Jahresproduktion beisteuert. Ein Versprechen gibt Giovanni Manetti mit auf den Weg: trotz des langjährigen Erfolges von Fontodi wird er in seinem Qualitätsstreben nicht nachlassen.   *sm*

| Bild linke Seite: | Giovanni Manetti | | |
|---|---|---|---|
| ★-★★ | Chianti Classico ❷ | | 150.000 |
| ★★-★★★★ | Chianti Classico Vigna del Sorbo ❸ | | 40.000 |
| ★★-★★★★ | Flaccianello delle Pieve ❸ | | 50.000 |
| ★ | Pinot Nero Case Via ❸ | | 5.000 |
| ★★ | Syrah Case Via ❸ | | 20.000 |
| Importeure: | D: | Vinissimo, Fischer + Trezza, Cantina Italiana | |
| | CH: | Weibel, Caratello | |
| | A: | Müller | |

# ISOLE E OLENA
### Barberino Val d'Elsa

Paolo De Marchi und der Sangiovese in der Toskana: für diejenigen, die sich über die Rebsorte und ihren Charakter im Chianti Classico ausführlich informieren möchten, ist Paolo der geeignete Ansprechpartner. Kaum ein anderer hat ein solch tiefgehendes Verständnis für den Sangiovese und seine Ansprüche.

## PAOLOS ERFAHRUNG

Ehrlich bezieht Paolo De Marchi Stellung, auch kritische Argumente wie eine verregnete Lese oder die Probleme alter Weinberge spart er nicht aus. Regelmäßig besuchen ihn auch ausländische Weinmacher während der Lese oder einfach nur zum Erfahrungsaustausch. Paolo De Marchi pflegt zudem enge Kontakte zu den bekannten Weinuniversitäten in Frankreich, Deutschland und Kalifornien. Aus dieser langjährigen Erfahrung resultieren seit Jahren überzeugende Weine. Sein Weingut Isole e Olena in der Nähe von Barberino Val d'Elsa ist seit mehr als zwanzig Jahren eines der beständigsten in der Toskana. Sein Paradewein Cepparello, ein reinsortiger Sangiovese, wurde bereits im Jahre 1980 zum ersten Mal erzeugt, als der Chianti zum großen Teil noch in Korbflaschen verkauft wurde.

> Località Isole, 1
> 50021 Barberino Val d'Elsa
> Tel. 055-8072763
> Fax: 055-8072236
> isolena@tin.it
> Besitzer: Familie De Marchi
> Önologe: Paolo De Marchi, Christian Maurer
> Betriebsleiter: Paolo De Marchi
> Rebfläche: 50 Hektar
> Produktion: 210.000 Flaschen
> Besuchszeiten: nur nach Vereinbarung

## PIEMONT UND TOSKANA

Paolo De Marchis Vater, ein Rechtsanwalt aus dem Piemont, kaufte die beiden Höfe Isole und Olena in den fünfziger Jahren und modernisierte die Anwesen. In den siebziger Jahren legte der junge Paolo dann mit konsequenter Ertragsreduzierung schon frühzeitig den Grundstein für den heutigen Erfolg. Heute geht es multikulturell auf Isole e Olena zu. Paolo De Marchi ist, wie bereits erwähnt, Piemonteser. In der Region Gattinara besitzt er seit einigen Jahren ebenfalls ein Weingut. Seine Frau Marta stammt aus Südamerika und im Weingut unterstützen der Schweizer Önologe Christian Maurer und seine Frau Madeleine die Familie De Marchi seit dem Jahrgang 2001. So wird die tägliche Arbeit im 50 Hektar großen Weingut mit einer Jahresproduktion von mehr als 200.000 Flaschen auf mehrere Schultern verteilt.

## GEWACHSENES SORTIMENT

Paolo De Marchi hat sein Sortiment klar strukturiert: auf der einen Seite steht die Tradition mit dem Chianti Classico, der auf Isole e Olena seit 1969 erzeugt wird, und der bereits legendäre Vin

Santo aus Malvasia und Trebbiano Trauben, der viele Jahre in kleinen Holzfässern auf dem Dachboden heranreift. Beim Chianti Classico unterstützt seit einigen Jahren ein kleiner Anteil Syrah den Charakter der Sangiovesefrucht. Ein teilweiser Ausbau in Edelstahltanks sorgt zusätzlich für die Fruchtigkeit des Jahrgangschiantis. An der Spitze steht keine Riserva, sondern der bereits erwähnte Cepparello. Auf der anderen Seite scheut der leidenschaftliche Winzer den Vergleich mit den Kollegen aus Frankreich und der Neuen Welt nicht: Seit Ende der achtziger Jahre hat er sein Weinangebot durch die Rebsortenweine Chardonnay, Cabernet Sauvignon und Syrah erweitert, die als „Collezione De Marchi"-Weine verkauft werden.

## SANGIOVESE IM HOLZ VERGOREN

Stetig wird auf Isole am Ausdruck und der Verbesserung des Sangiovese und der anderen Rebsorten gefeilt. Mit dem Kauf von zwölf konischen Holzbottichen à 4.000 Liter möchte Paolo De Marchi seinen Cepparello weiter verbessern. Seit der Ernte 2001 wird deshalb der Most für den Topwein darin vergoren. Nach Meinung von Paolo De Marchi und Christian Maurer beeinflusst das Holz im Gegensatz zum Edelstahl bei der Gärung die Gerbstoffstruktur und somit den Charakter des Sangiovese sehr positiv. Mit dieser Entscheidung kehrt das Weingut zu den Ursprüngen zurück, als Holzfässer und nicht Edelstahltanks, die in den siebziger Jahren in alle Kellern Einzug gehalten haben, für die Vergärung benutzt wurden. Ein Feingefühl ist beim Sangiovese besonders vonnöten, da er mit seiner dünnen Beerenhaut und der späten Reife im Weinberg viel problematischer ist als zum Beispiel der dickhäutige Cabernet Sauvignon. Langjährige Erfahrung und all sein Wissen fließen ein, damit im Keller keine spröden und unreifen Gerbstoffe extrahiert werden. Wer die Weine von Isole e Olena trinkt, der schätzt diese ehrlichen Weine, die nicht durch Tricks oder Abkürzungen ihres wahren Charakters beraubt werden.  sm

| | | | |
|---|---|---|---|
| Bild linke Seite: | Paolo De Marchi | | |
| Bild rechte Seite: | Isole e Olena | | |
| ★★ | Chardonnay Collezione De Marchi ❸ | | 20.000 |
| ★-★★ | Chianti Classico ❷ | | 120.000 |
| ★★-★★★ | Cepparello ❹ | | 40.000 |
| ★★ | Cabernet Sauvignon Collezione De Marchi ❹ | | 9.200 |
| ★★ | Syrah Collezione De Marchi ❸ | | 14.000 |
| ★ | Vin Santo ❸ | | 10.000 |
| Importeure: | D: | Bezugsquellen über das Weingut | |
| | CH: | bei Scala Vini, Canetti Vini, Cavesa | |
| | A: | Vergeiner | |

# LIVERNANO
### Livernano, Radda in Chianti

Livernano liegt im Herzen des Chianti Classico, ganz in der Nähe des Weinortes Radda. Von dort sind es nur 17 km bzw. 40 km bis zu den berühmten Städten Siena und Florenz. Über Jahrhunderte waren die Bauernhöfe ein umkämpfter Ort an der Grenzlinie zwischen diesen beiden, rivalisierenden Stadtrepubliken. Der Weiler Livernano, nachdem das Weingut benannt ist, wurde im Jahr 1953 endgültig von den Bewohnern aufgegeben. Die Aussicht auf besser bezahlte Arbeit lockte die Landbewohner in die Städte und für die jahrhundertelang praktizierte Halbpacht (Mezzadria) nahte das Ende. Bislang hatten die Bauern für die Landbesitzer das Land bewirtschaftet und erhielten im Gegenzug ein Haus und einen Anteil der Lebensmittel.

> Loc. Livernano
> 53017 Radda in Chianti
> Tel. 0577-738353
> Fax: 0577-738259
> www.livernano.it
> info@livernano.it
> Besitzer: Marco Montanari
> Betriebsleiter: Marco Montanari
> Önologe: Stefano Chioccioli
> Rebfläche: 12,5 Hektar
> Produktion: 25.000 Flaschen
> Besuchszeiten: nach Vereinbarung
> Ferienwohnungen

## ZU NEUEM LEBEN ERWECKT

Marco Montanari kaufte die Häusergruppe, den Borgo, im Jahr 1990 und erweckte sie zu neuem Leben. Er ließ die Gebäude restaurieren und begann wieder mit der Landwirtschaft. Heute ist Livernano ein Betrieb mit einigen Ferienwohnungen und eigener Wein- und Olivenölproduktion. Mit dem Respekt für die gewachsene Landwirtschaft der Toskana hat Montanari nicht nur an Wein gedacht, sondern auch den bestehenden Olivenhain auf mehr als 1000 Bäume vergrößert. Bei der Auswahl der Plätze für die Weinberge ging Montanari sehr behutsam vor. Zuerst haben er und sein Agronom Remigio Bordini sorgfältig die geeigneten Lagen mit hohen Anteilen an Alberese und Galestro ausgesucht und dann nach und nach 12 Hektar angelegt. Auf tiefes Durchpflügen der kargen Erde wurde verzichtet, um die natürliche Schichtung und damit das biologische Gleichgewicht zu erhalten. Da die Landwirtschaft hier mehr als 35 Jahren brach lag, fand er im hügeligen Gelände überwiegend alte Terrassenanlagen vor, die er soweit es ging, erhalten hat.

## ÄUßERST QUALITÄTSORIENTIERT

Handarbeit von dem Rebschnitt über die Grünlese bis zur Weinlese sind für den qualitätsbewussten Winzer eine unerlässliche Notwendigkeit für Spitzenweine. Bei der Weinbergspflege ist ihm wichtig, das natürliche Gleichgewicht der Natur zu fördern. Deshalb verzichtet Montanari auf moderne, chemische Spritzmittel, benutzt lediglich Schwefel und Kupferlösungen. Konsequent werden die Erträge auf maximal 1.000 Gramm pro Pflanze reduziert. In einigen Weinbergen nutzen Montanari und Bordini die traditionelle Buscherziehung (Albarello) mit einer niedrigen Stammhöhe von nur 35 cm, die kleine Erträge garantiert. Ansonsten setzen sie auf die klassische Bogenerziehung (Guyot). Montanari ist ein akribischer Mensch, denn er hat seine sieben Weinberge mit allen Parametern präzise aufgelistet: WEINBERG 4: Cabernet Sauvignon 0,30 Ha; Cabernet Franc 0,30 Ha; Carmenere 0,30 Ha; 410-430 m ü. NN.; Südausrichtung; Ertrag 33 hl/ha usw. Es zeigt, dass Montanari auf jedes Detail Wert legt, in der Kommunikation wie beim Weinmachen. Mit Hilfe einer Luftaufnahme lässt sich die Lage der einzelnen Weinberge zuordnen.

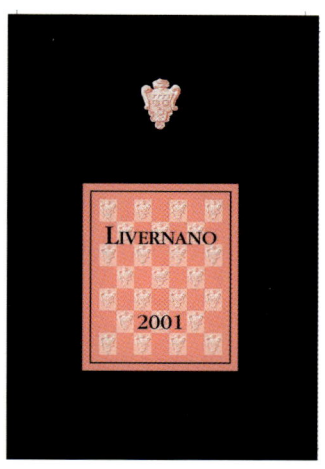

## DREI SPITZENWEINE

Neun verschiedene Rebsorten hat der Besitzer anpflanzen lassen, doch das Sortiment ist überschaubar. Es besteht aus den beiden Rotweinen Livernano (14 % Sangiovese, 43 % Merlot, 15 % Cabernet Sauvignon, 14 % Cabernet Franc, 14 % Carmenere) und Purosangue (100 % Sangiovese). Die Rotweine von Livernano sind großartige Weine, die eine eigene Seele besitzen. Sie sind in sich stimmig und überzeugen durch ihre perfekte Harmonie. Im Keller strebt Montanari möglichst wenige Interventionen an. Die Rotweine werden offen in Stahltanks von großem Durchmesser vergoren, um einen möglichst großen Kontakt zwischen Schale und Most zu erreichen. Bis 32°C wird die Gärtemperatur nicht beeinflusst. Die Milchsäuregärung und der gesamte Ausbau für 12-18 Monate geschieht in Barriques. Alle 3 bis 4 Monate wird der Wein bewegt, so dass der Wein am Ende ohne Filtration abgefüllt werden kann. Danach reifen alle Weine mindestens 12 Monate in der Flasche bevor sie verkauft werden. Eine überzeugende Vielfalt der Aromen und innere Harmonie zeichnen auch den einzigen Weißwein im Programm aus, der den Namen „L'Anima", was soviel wie Seele bedeutet, trägt. Es fällt schwer, nicht ins Schwärmen zu geraten, denn dieser Verschnitt aus den Rebsorten Chardonnay, Sauvignon Blanc, Gewürztraminer und Viognier ist einer der herausragenden Weißweine der Toskana. *sm*

| | | | |
|---|---|---|---|
| Bild linke Seite: | Livernano | | |
| Bild rechte Seite: | Marco Montanari | | |
| ★-★★ | L'Anima ❸ | | 4.000 |
| ★★ | Puro Sangue ❸ | | 8.000 |
| ★★★ | Livernano ❸ | | 8.000 |
| Importeure: | D: | Jahnke & Neumann | |
| | CH: | Caduff | |
| | A: | Stangl | |

# IL MANDORLO

**San Casciano Val di Pesa**

Ein prächtiger Mandelbaum (italienisch: Il Mandorlo) steht mitten im geschützten Innenhof des Weingutes. Dieser Baum stand Pate für den Namen des Weingutes der Brüder Conticelli und ist ebenfalls im schönen Chianti Classico-Etikett verewigt.

## VIER BRÜDER

Gianni Conticelli ist der jüngste der vier Brüder Paolo, Piero, Stefano und Gianni Conticelli, die sich die Arbeit und die Verantwortung teilen. Er vertritt das Weingut auf Veranstaltungen und wohnt wie Piero Conticelli im restaurierten Weingutsgebäude. Das Weingut ist ein Projekt, mit dem die Familie konsequent auf Qualität setzt. In den achtziger Jahren arbeitete die Familie nur mit gepachteten Weinbergen. Heute besitzt Il Mandorlo bereits 15 Hektar eigene Weinberge, weitere sollen folgen. Die neue Kellerei ist nun fertig und die Brüder geben sich mit den Anfangserfolgen noch nicht zufrieden. Bereits wenige Jahre, nachdem mit dem 95er der erste Jahrgang von Il Mandorlo abgefüllt wurde, konnten sie sich im Kreis der Chianti Classico-Winzer etablieren.

> Via Certaldese, 2/B
> 50026 San Casciano Val di Pesa
> Tel. 055-8228211
> Fax: 055-828846
> www.il-mandorlo.it
> info@il-mandorlo.it
> Besitzer/Önologen/Betriebsleiter:
> Paolo, Piero, Stefano & Gianni Conticelli
> Rebfläche: 15 Hektar
> Produktion: 50.000 Flaschen
> Besuchszeiten: 8:30-12:30 +
> 14:30-18:30 Uhr nach Vereinbarung
> Agriturismo

## FEST VERWURZELT

Die Familie Conticelli ist im Weinbau der Toskana fest verwurzelt. Sie bewirtschaften mehr als 200 Hektar im Chianti und Chianti Classico. Unabhängig von dem Weingut Il Mandorlo besitzen sie einige Kellereien, wo sie Chianti-Weine erzeugen und auch Wein im Fass an Weingüter in der Toskana verkaufen. Daher bringen alle vier Brüder eine umfangreiche Erfahrung mit ins eigene Weingut Il Mandorlo. Piero Conticelli arbeitet seit vielen Jahren als Weinberater für verschiedene Weingüter im Chianti, Stefano, Gianni und Paolo Conticelli sammelten bei anderen Weingütern im Classico ihre Erfahrungen.

## WEINE IN KLASSISCHEM STIL

Der Stil der Weine trägt die klassischen Merkmale eines Chianti Classico, wo der Sangiovese die Hauptrolle spielt. Es sind Weine mit einer klaren Sangiovesefrucht, die von einer attraktiven Saftigkeit und Aromen von roten Früchten, Kirschen, sowie Anklängen von Veilchen geprägt sind. Eine charakteristische Säure, die dem Wein Struktur, Eleganz und Länge verleiht, ist ebenfalls vorhanden. Bei den Weinen von Il Mandorlo ist an der dichten Struktur, der Reintönigkeit und der Fülle gut zu erkennen, dass allen Weinen eine strenge Traubenselektion im Weinberg zugrunde liegt. Im Sortiment sind drei Weine. Der Chianti Classico enthält außer Sangiovese ein klein wenig Merlot und die Riserva „Il Rotone" ist ein Verschnitt von Sangiovese und Colorino. Mit dem „Terrato" verlässt das Weingut dann die gesetzlichen Grenzen eines Chianti Classico, da der Wein mehr als die erlaubten 20 Prozent Cabernet Sauvignon enthält. Der IGT-Toskana-Wein besteht aus Sangiovese und Cabernet Sauvignon und wurde erstmals im sehr guten Jahrgang 1997 erzeugt. Die Familie macht keine Kompromisse und füllt von allen drei Weinen lediglich 35.000 Flaschen ab. Sie könnten die Menge leicht steigern, doch sie verkaufen die Weine, die ihrem Standard nicht genügen, im Fass an andere Weingüter. Deshalb sind alle Weine von Il Mandorlo so herrlich konzentriert, klar und saftig. Dass die Trauben reif werden, garantieren die sonnenverwöhnten Lagen in der Nähe von San Casciano, die mit 250 bis 300 Meter über Meereshöhe im Vergleich zu anderen Lagen im Chianti Classico relativ tief liegen.

## REGIONALE UNTERSCHIEDE

Dank ihrer langjährigen Erfahrung und der Beratertätigkeit wissen die Brüder ganz genau, wo der Sangiovese im Chianti Classico die besten Ergebnisse bringt. Die regionalen Unterschiede zwischen den verschiedenen Gemeinden im Chianti Classico sind für alle eine Faszination und Herausforderung zugleich. In der Gegend von Radda sind die Weine zwar weniger kraftvoll und mit einer nervigeren Säure ausgestattet als in San Casciano aber nicht selten auch etwas filigraner. Der jüngste Erfolg hat die Brüder ermutigt und sie haben Gefallen an ihren „Projekten" gefunden. Deshalb ist es gut möglich, dass sie bald in Radda, wo sie ebenfalls Weinberge besitzen, ein ähnliches Projekt wie in San Casciano initiieren. Bei vier weinbegeisterten Brüdern hat nun einmal ein jeder auch seine Vorlieben, wenn es um den Stil des Sangiovese geht. sm

Bild rechte Seite: Stefano, Piero, Gianni und Paolo Conticelli

| | | | |
|---|---|---|---|
| ★ | Chianti Classico ❷ | | 35.000 |
| ★-★★ | Chianti Classico Riserva Il Rotone ❷ | | 13.000 |
| ★★ | Terrato ❸ | | 3.500 |
| Importeure: | D: | Herrnberger, Riedl, Munzert, Strecker's, Münchow | |
| | CH: | von Salis, Ullrich, Hugi, Wenger | |
| | A: | Fröhlich | |

67

# FATTORIA LA MASSA

### Panzano in Chianti

Pauillac ist ein Name, den Weinliebhaber in aller Welt kennen und schätzen. Die Namen von Weingütern wie Château Latour, Château Mouton-Rothschild oder Château Lafitte besitzen einen magischen Klang bei Weinliebhabern in aller Welt. Sie sind selbst solchen Weinfreunden bekannt, die noch niemals einen dieser Weine verkostet haben. Pauillac liegt aber nicht in der Toskana und nicht in Italien. Pauillac liegt in Bordeaux, an der Gironde, ist einer der Crus im Médoc. Was Pauillac mit Panzano in Chianti gemeinsam hat? Auf den ersten Blick nur die beiden Anfangsbuchstaben im Namen.

> Via Case Sparse, 9
> 50020 Panzano in Chianti
> Tel. 055-852722
> Fax: 055-852722
> fattoria.lamassa@tin.it
> Besitzer: Giampaolo Motta
> Önologe: Carlo Ferrini
> Rebfläche: 27 Hektar
> Produktion: 100.000 Flaschen
> Besuchszeiten: nach Vereinbarung

## EINZIGARTIGES TERROIR

Giampaolo Motta allerdings fallen da viel mehr Gemeinsamkeiten ein. Das einzigartige Terroir vor allem, das beide Orte auszeichnet, Panzano wie Pauillac. Er kommt schnell in Begeisterung, spricht er von Panzano und dem Land dort. Das Terroir von Panzano sei einzigartig, so wie das Terroir von Pauillac einzigartig ist. Nicht die Rebsorte sei das wichtigste an einem Wein, sondern der Ort, wo der Wein herkommt, wo die Reben wachsen. Deshalb solle man nicht die Rebsorte herausstellen, sondern den Namen der Orte, den Namen des unvergleichlichen Terroir. Wie eben Panzano in Chianti.

## TERROIR SCHLÄGT REBSORTE

Das Terroir schlägt die Rebsorte. Giampaolo Motta weiß plakativ zu formulieren. Den Trend, im Chianti Classico immer mehr die Rebsorte Sangiovese in den Mittelpunkt der Vermarktungsbemühungen zu stellen, hält er für verkehrt. Er plädiert dafür, dass auch Weine die keine 80 Prozent Sangiovese enthalten – und selbst Weine, die notfalls gar keinen Sangiovese enthalten – als Chianti Classico bezeichnet werden dürfen. Oder besser noch: als lokale DOCG, wie beispielsweise „Panzano". Das System im Médoc zeige, dass so etwas funktioniert und auch akzeptiert wird. Warum sollte sich dieses System nicht auf das Chianti Classico übertragen lassen? Erste Anfänge seien ja in der Toskana schon lange gemacht, mit Montalcino und Montepulciano.

## Lehrjahre in Bordeaux und in der Toskana

Fattoria La Massa liegt auf einem Hügel bei Panzano in Chianti. Ein eineinhalb Kilometer langer, ungeteerter Weg führt hierher. Die Geschichte von La Massa lässt sich weit zurückverfolgen. Bereits im Jahre 1427 ist der Name La Massa urkundlich belegt. Damals war das Gut in kirchlichem Besitz und gehörte zu Santa Maria di Panzano. Giampaolo Motta hat La Massa 1992 gekauft. Die Jahre zuvor, nachdem ihn die Leidenschaft für die Toskana und den Wein gepackt hatte, war er bei verschiedenen Weingütern in der Toskana, aber auch in Bordeaux, hat dort gearbeitet, um herauszufinden, was große Weine ausmacht. Auf La Massa hat er dann angefangen diesen Erkenntnissen auch Taten, sprich Weine, folgen zu lassen.

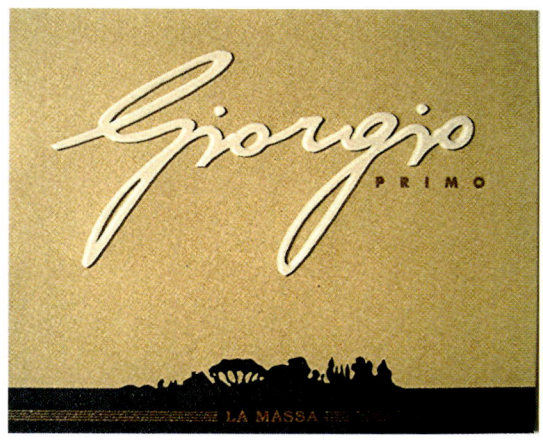

## Zweitwein La Massa

Der bekannte Önologe Carlo Ferrini hat ihn dabei von Anfang an unterstützt. Nur zwei Weine macht Giampaolo Motto von seinen heute 27 Hektar Reben. Bis zum Jahrgang 2000 trugen beide Weine das Zeichen des schwarzen Hahns. Es gab den „normalen" Chianti Classico und als Spitzenwein den Chianti Classico Giorgio Primo. Mit dem Jahrgang 2001 aber verzichtet er bei seinem Zweitwein auf die Bezeichnung Chianti Classico. So kann er flexibler sein, was die Zusammensetzung der Rebsorten betrifft, etwas mehr Merlot beifügen. Er ist davon überzeugt, dass dadurch der Charakter des Weines nicht verändert wird.

## Erstwein Giorgio Primo

Seinen Erstwein, den Giorgio Primo, will er aber weiterhin als Chianti Classico vermarkten. Er enthält neben Sangiovese 15 Prozent Merlot. Merlot hilft, den Wein noch eleganter zu machen, davon ist Giampaolo Motta überzeugt. Und Eleganz und Balance ist das, was er in seinen Weinen sucht. „Mehr Eleganz als Kraft", das ist ihm wichtig. Der Giorgio Primo fasziniert in den letzten Jahren mit seiner betörend reintönigen Frucht. Er ist elegant und doch auch kraftvoll, harmonisch und unwahrscheinlich lang. Ein herrlich fruchtbetonter und einnehmender Chianti Classico. Pardon, Panzano!   *ge*

| Bild linke Seite: | Giampaolo Motta | | |
|---|---|---|---|
| ★★ | La Massa ❷ | | 26.000 |
| ★★★ | Chianti Classico Giorgio Primo ❹ | | 65.000 |
| Importeure: | D: | Bezugsquellen über Vinum/Bozen | |
| | CH: | Cavesa, Vintra | |
| | A: | Pfanner & Gutmann, Rieger | |

# CASTELLO DI MONSANTO
## Barberino Val d'Elsa

Mode und Wein sind zwei ureigene italienische Domänen, und beide spielen eine Hauptrolle bei Familie Bianchi. Die Familie war erfolgreich in der Modebranche tätig, bevor sie 1961 das Weingut mit dem klangvollen Namen Castello di Monsanto erwarb. Mit mehr als 200 Hektar Gesamtfläche erstreckt sich der Besitz am westlichen Rand des Chianti Classico-Gebietes in der Nähe von Barberino Val d'Elsa. Der junge Fabrizio Bianchi machte sich zielstrebig daran, das Weingut zu einem der führenden Betriebe in der Toskana aufzubauen. Als einer der ersten erkannte er schon frühzeitig die Bedeutung des Terroir für jeden großen Wein. Überzeugendes Ergebnis ist der Chianti Classico Riserva Il Poggio, der erste Einzellagenwein in der Toskana und seit dem Jahr 1962 das Aushängeschild des Weingutes. "Il Poggio", was soviel wie Hügelkuppe bedeutet, ist ein 5,5 Hektar großer Weinberg, der sich neben seiner exponierten Lage vor allem durch die günstige Bodenzusammensetzung mit einem relativ hohen Anteil an leicht brüchigem Galestro-Gestein (tonhaltiger Letten) auszeichnet.

> Via Monsanto 8
> 50021 Barberino Val d'Elsa
> Tel. 055-8059000
> Fax: 055-8059049
> www.castellodimonsanto.it
> monsanto@castellodimonsanto.it
> Besitzer: Fabrizio Bianchi
> Betriebsleiter: Laura Bianchi
> Önologe: Andrea Giovannini
> Rebfläche: 72 Hektar
> Produktion: 350.000 Flaschen
> Besuchszeiten: 9-12.30 + 14-18 Uhr
> Ferienwohnungen

### GROSSE AUSWAHL ÄLTERER JAHRGÄNGE

Zur Feier des 40-jährigen Bestehens präsentierten Fabrizio und seine Tochter Laura im September 2002 zwölf Jahrgänge des legendären Weines aus verschiedenen Jahrzehnten. Anerkennend konnten die geladenen Gäste feststellen, dass auch die Weine aus den sechziger und siebziger Jahren noch zu überzeugen wussten. Eine nervige Säure zeichnet alle Weine von Fabrizio Bianchi aus. Von der Lagerfähigkeit und Langlebigkeit seiner Sangiovese können sich auch Weinliebhaber ein eigenes Bild machen, denn

Castello di Monsanto ist eines der wenigen Weingüter im Chianti, das ältere Jahrgänge bis zurück in die sechziger Jahre im Verkauf hat. Gelagert werden die Weine in den sehenswerten, langen Gewölbekellern des Weingutes. Traditionalist ist für Fabrizio Bianchi kein Schimpfwort. „Wichtig ist es, für sinnvolle Neuerungen offen zu sein und nicht jedem Trend hinterher zu laufen", weiß Fabrizio Bianchi aus langjähriger Erfahrung.

## Sinnvolle Neuerungen

Seit dem Jahrgang 1990 werden die Weine außer in traditionellen, großen Holzfässern auch in Barriques ausgebaut. Mit der Verpflichtung des Önologen Andrea Giovanini aus dem Trentino, der seit dem Jahrgang 2002 die Verantwortung im Keller übernommen hat, traf die Familie eine weitere zukunftsweisende Entscheidung. Stillstand ist ein Fremdwort: Umfangreiche Neupflanzungen und eine Ausweitung der Rebfläche auf mehr als 80 Hektar stehen auf dem Programm. Somit ist gewährleistet, dass auch weiterhin nur Trauben aus den eigenen Weinbergen verwendet werden.

## Gewachsenes Weinsortiment

Bei Castello di Monsanto prägen Stabilität das Handeln und Kontinuität das Weinangebot. Neben Chianti Classico erzeugen die Bianchi einen reinsortigen Fabrizio Bianchi Sangiovese (aus dem Sangiovese Grosso-Klon, der auch für den Brunello di Montalcino verwendet wird) und einen barriquegereiften Chardonnay, der in seinem eleganten Stil an französische Burgunder erinnert. Seit den achtziger Jahren sind zudem französische Rotweinsorten auf dem Gut heimisch, die für den Tinscvil (Tochter des Jupiter) und den Cabernet Sauvignon Nemo (abgeleitet von dem lateinischen Sprichwort "Nemo phropheta in patria") verwendet werden. Der Prophet gilt nichts im eigenen Lande, das musste auch Fabrizio Bianchi in seiner langjährigen Tätigkeit das ein ums andere Mal erfahren.   *sm*

| | | |
|---|---|---|
| Bild linke Seite: | Fabrizio und Laura Bianchi | |
| Bild recht Seite: | Blick auf Castello di Monsanto | |
| ★★ | Chardonnay Fabrizio Bianchi ❷ | 18.000 |
| ★-★★ | Chianti Classico ❷ | 70.000 |
| ★★ | Chianti Classico Riserva Il Poggio ❸ | 25.000 |
| ★★ | Sangiovese Fabrizio Bianchi ❸ | 15.000 |
| ★★-★★★ | Nemo Cabernet Sauvignon ❸ | 25.000 |
| Importeure: | D: Bacchus, Saitta, Vortkamp | |
| | CH: Riegger | |
| | A: Vinussi, Casa del Vino, Zawadil | |

# MONTECALVI
### Greve in Chianti

Viele junge Amerikaner zieht es während des Studiums im Sommer nach Europa. So auch Daniel O'Byrne. In Florenz hat er Jacqueline Bolli kennen gelernt. Manchen Amerikaner trifft man auf einem Weingut in der Toskana. Viele haben sich ein Weingut gekauft, aus Liebe zum Wein. Bei Daniel O'Byrne war nicht der Wein der Grund dafür in der Toskana zu bleiben, sondern eine Frau. Eben Jacqueline Bolli. Heute leben die beiden mit ihren Töchtern auf einem kleinen Gut in Greve bei Chianti.

## NUR DREI HEKTAR WEINBERGE

Montecalvi heißt dieses Gut. Montecalvi war früher Teil des großen Gutes Castello di Uzzano und liegt in einer bevorzugten Lage. Schon Castello di Uzzano hatte früher einen eigenen Wein aus dieser Lage gemacht, mit dem Namen Montecalvi auf dem Etikett. 1989 hat der Vater von Jacqueline Bolli, ein Computerexperte, Montecalvi mit 10 Hektar Land gekauft und in den folgenden Jahren das Gut erneuert. 1992 ließ er 1,2 Hektar mit einem Sangioveseklon anlegen, dessen Trauben besonders kleine Beeren haben. 6.500 Pflanzen wurden je Hektar gepflanzt, denn ein Rebstock soll maximal ein Kilogramm Trauben bringen. Deshalb werden im Sommer, wenn die Beeren sich rot einfärben, die Hälfte der Trauben entfernt. Nach dem Tod ihres Vaters wollte Jacqueline Bolli zunächst Montecalvi verkaufen, dann haben sie und Daniel O'Byrne sich doch entschieden, das Gut zu behalten und hier zu leben

> Via Citille, 85
> 50022 Greve in Chianti
> Tel. 055-8544665
> Fax: 055-8544289
> bollij@tin.it
> Besitzer: Jacqueline Bolli
> Betriebsleiter: Jacqueline Bolli und Daniel O'Byrne
> Önologe: Stefano Chioccioli
> Rebfläche: 3 Hektar
> Produktion: 12.000 Flaschen
> Besuchszeiten: nach Vereinbarung

## ÖNOLOGE: STEFANO CHIOCCIOLI

Önologe bei Montecalvi ist Stefano Chioccioli, einer der aufstrebenden Stars in der Toskana. Stefano Chioccioli ist in der Toskana geboren. Er hat in Florenz studiert, ist Önologe und Agronom. Nach Kursen an der Universität Bordeaux arbeitete er sieben Jahre für Ruffino. Danach macht er sich als Berater selbständig, wohnt heute in Greve. Anfangs hat er vor allem mit Vittorio Fiore und Franco Bernabei, zwei bekannten Önologen zusammengearbeitet, die beide Önologen sind und Stefano Chioccioli für die Weinberge eingesetzt haben. Montecalvi war dann sein erstes eigenständiges Projekt, das er von Anfang an betreut hat. Heute ist er bei vielen großen Weingütern als Berater gefragt, aber Montecalvi ist er treu geblieben und berät nach wie vor Jacqueline Bolli und Daniel O'Byrne.

## PATENTANWALT UND WINZER

Ganze 3 Hektar Reben gehören heute zum Gut Montecalvi, wobei der letzte Hektar erst im Sommer 2001 gepflanzt wurde. Alle Arbeiten im Weinberg macht Daniel O'Byrne zusammen mit einem siebzig Jahre alten Mitarbeiter. Nebenher ist er als Patentanwalt in einer Kanzlei tätig. Oder man kann es umgekehrt sehen, dass er Patentanwalt ist und im Nebenberuf Winzer.

## EIN WEIN: MONTECALVI

1995 wurde auf Montecalvi der erste Wein erzeugt. Vorher gab es zwar schon etwas Wein, der aber von den alten Reben von Montecalvi gemacht wurde und nicht kommerzialisiert wurde. Der Weinberg ist zwar ins Register für Chianti Classico eingetragen, aber Jacqueline Bolli und Daniel O'Byrne wollen die Bezeichnung Chianti Classico nicht nutzen und vermarkten ihn als „IGT Alta Valle della Greve". Sie machen nur einen einzigen Wein und nennen diesen wie das Weingut, Montecalvi. Er besteht überwiegend aus Sangiovese. Hinzu kommen 10 Prozent Cabernet Sauvignon und 5 Prozent Syrah und Merlot.

## FÜLLE UND VIEL REIFE SÜSSE FRUCHT

Stefano Chioccioli wichtigstes Anliegen ist, dass die Trauben reif gelesen werden, damit die Weine füllig ausfallen und keine harten, unreifen Tannine aufweisen. Der Montecalvi ist ein herrlich␣␣␣␣␣␣␣␣␣␣␣␣␣␣␣␣␣␣␣␣␣␣␣␣␣␣␣␣␣␣␣␣␣␣␣␣␣␣ fülliger Wein. Schon im Bouquet zeigt er viel reife süße Frucht, die in warmen Jahren wie 2000 auch einmal von Kaffeenoten begleitet werden kann. Im Mund ist er kraftvoll und konzentriert, die intensive Frucht wird schön unterstützt von einer merklichen Barriquenote. Der Montecalvi ist ein üppiger Wein, lang und faszinierend nachhaltig, wobei im Nachhall in manchen Jahren mineralische Noten dominieren. *ge*

Bild linke Seite: Montecalvi
Bild rechte Seite: Jacqueline Bolli und Daniel O'Byrne mit Töchtern

| ★★ | Montecalvi ❸ | | 12.000 |
|---|---|---|---|
| Importeure: | D: | Massi | |

# PANZANELLO

**Panzano in Chianti**

Wenige Kilometer vor Panzano, an der kurvenreichen Straße aus Richtung San Casciano, ist Andrea Sommaruga zuhause. Ein steiler Schotterweg führt von der Hauptstraße hinab zu seinem herrlich gelegenen Weingut, das von Olivenbäumen und Weinbergen umgeben ist. Erst in den neunziger Jahren fasste er mit seiner Familie den Entschluss, der ewigen Stadt Rom den Rücken zu kehren und ins Chianti Classico umzusiedeln. „Ich hatte den großen Wunsch, mich voll und ganz der Landwirtschaft zu widmen", sagt der studierte Agronom, der die Lebensqualität auf dem Lande im Vergleich zur hektischen Großstadt schätzt.

> Via Case Sparse, 86
> 50020 Panzano in Chianti
> Tel. 055-852470
> Fax: 055-8549090
> www.panzanello.it
> panzanello@panzanello.it
> Besitzer: Andrea Sommaruga
> Önologin: Goia Cresti
> Betriebsleiter: Andrea Sommaruga
> Rebfläche: 28 Hektar
> Produktion: 40.000 Flaschen
> Besuchszeiten: 9-13 + 14:30-18 Uhr

## BIOLOGISCHE BEWIRTSCHAFTUNG

Konsequent bearbeitet er die Weinberge und Olivenhaine nach biologischen Anbaurichtlinien. Wie viele biologisch arbeitende Winzer betreibt Andrea Sommaruga diesen Mehraufwand aus Überzeugung. Seit dem Jahr 1998 ist sein Betrieb vom italienischen Verband A.I.A.B. als Bio-Weingut anerkannt und seine Weine tragen zusätzlich zum schwarzen Hahn am Flaschenhals, dem historischen Markenzeichen des Chianti Classico-Konsortiums, die Bio-Zertifikation auf dem Rückenetikett. „Das einflussreiche Konsortium beschäftigt sich neben dem Marketing intensiv mit dem Schutz der Typizität der Weine des Gebietes, die mir als biologisch wirtschaftendem Landwirt sehr am Herzen liegt", erklärt Andrea Sommaruga.

## SANGIOVESEWEINE

Mit seinem römischen Temperament diskutiert er leidenschaftlich gerne über die augenblickliche Situation im Classico und die Vorzüge der verschiedenen Rebsorten. Obwohl die DOCG Chianti Classico einen Anteil von bis zu 20 Prozent Cabernet Sauvignon erlaubt, hat diese Rebsorte wie auch die anderen französischen Sorten für Andrea nichts im Chianti verloren. Andrea baut allein auf die traditionellen Rebsorten Sangiovese, Canaiolo Nero und Colorino.

## SOMMARUGA UND CRESTI

Panzanello ist mit 40.000 Flaschen Jahresproduktion eines der kleineren Weingüter, von denen es in den Hügeln zwischen Florenz und Siena viele gibt. Lediglich drei Weine und ein Olivenöl, ebenfalls aus biologischem Anbau, verkauft Andrea Sommaruga. Andrea ist ein Mensch, der seine eigenen Vorstellungen verwirklicht, und wenn dies bedeutet, innerhalb von drei Jahren seine Etiketten zwei Mal zu verändern, dann muss es eben so sein. „Der Besitzer müsste im Grunde genommen Landwirt, Marketingmann, Verkäufer und Kellermeister in einer Person sein", sagt der Wahltoskaner. Da dies selbst für den aktiven Andrea Sommaruga zu viel ist, wird er im Keller von der toskanischen Önologin Gioia Cresti unterstützt. Andrea Sommaruga betont jedoch, dass die Entscheidungen über Gärführung und Ausbau letztlich bei ihm liegen und nicht wie oft üblich, allein vom Weinberater entschieden werden. „Letzten Endes ist es mein Wein und er muss mir schmecken", versichert er glaubhaft.

## SCHMEICHELNDE GERBSTOFFE

Sein Jahrgangschianti (Annata) und die kräftige Riserva offenbaren den gleichen, schmeichelnden Duft nach Veilchen und Kirschenfrucht, die so typisch ist für einen Chianti aus den klassischen Rebsorten. Im Geschmack bestimmen eine feste Säurestruktur, Saftigkeit und eine angenehme, leichte Adstringenz die Weine. Die gleiche Handschrift ist bei seinem Spitzenwein Il Manuzio zu erkennen, wo Andrea zu 100 Prozent auf den Sangiovese vertraut. Sorgfältig werden im Weinberg nur die perfekt ausgereiften, gesunden Trauben geerntet. Nach dem Ausbau in kleinen Eichenholzfässern präsentiert sich ein sortentypischer und komplexer Sangiovese. Durch seine qualitätsbewusste Arbeit ist es dem Aufsteiger in wenigen Jahren gelungen, sich im Kreis der besten Panzano-Weingüter zu etablieren. Erfreulich für die Liebhaber der Weine dieser Region ist, dass er im Vergleich zu manchen bekannten Winzern in seiner Nachbarschaft wie La Massa, Castello dei Rampolla oder Fontodi nach wie vor moderate Preise hat. *sm*

Bild linke Seite: Andrea Sommaruga
Bild rechte Seite: Panzanello

| | | | |
|---|---|---|---|
| ★-★★ | Chianti Classico ❷ | | 26.000 |
| ★★ | Chianti Classico Riserva ❷ | | 4.000 |
| ★★ | Il Manuzio ❸ | | 10.000 |
| Importeure: | D: | bei Rindchen, Vino Veritalia, Falstaff, Vini del Piemonte, Hein | |
| | CH: | Werle | |

# POGGIO AL SOLE

**Tavarnelle Val di Pesa**

„Hügelkuppe in der Sonne" ist die Übersetzung des klangvollen Weingutsnamens Poggio al Sole. Johannes und Katarina Davaz zog es aus dem schweizerischen Graubünden in die Toskana, wo sie im Frühjahr 1991 ein Weingut nahe des altehrwürdigen Klosters Badia a Passignano kauften. Dort leben sie heute mit ihren vier Söhnen. Nichts außer dem Hundegebell stört die wohltuende Ruhe des Ortes, der von Weinbergen und dichtem Mischwald umgeben ist.

## SCHWEIZERISCHE PERFEKTION

> Loc. Sambuca Val di Pesa
> 50020 Tavarnelle Val di Pesa
> Tel. 055-8071504
> Fax: 055-8071504
> poggiosole@ftbcc.it
> Besitzer: Johannes Davaz
> Betriebsleiter: Johannes Davaz
> Rebfläche: 14 Hektar
> Produktion: 55.000 Flaschen
> Besuchszeiten: nach Vereinbarung
> 3 Apartments

Wie treffend der Name gewählt ist, wird einem klar, wenn man die steile Schotterstrasse hinauf zum Weingut in Angriff nimmt. Perfekt gepflegt wie es sich für die präzise Art der Schweizer gehört, bilden die Weinberge rechts und links des Weges das Spalier. Man sieht gleich auf den ersten Blick, dass der Winzer hier viel Zeit mit der Weinbergsarbeit verbringt. Johannes, den alle nur italienisch Giovanni rufen, ist ein „Selfmade"-Winzer, der sich das fundierte Wissen über Jahre im Keller und Weinberg angeeignet hat. Von seinem Freund und Winzerkollegen Aljosha Goldschmidt vom Chianti-Weingut Corzano & Paterno und Werner Stucki aus dem Tessin hat der ehrgeizige Perfektionist viel gelernt. Vom Weinberg bis zur Abfüllung der Weine ist alles bis ins Detail optimiert. Als ich Giovanni im Jahr 1998 das erste Mal besuchte, waren seine Weine zwar bereits auf den Weinkarten vieler Spitzenrestaurants in der Schweiz und Deutschland zu finden, in Italien selbst aber war er weniger bekannt. Inzwischen hat sich dies geändert und er zählt unbestritten zu den besten Winzern in der Toskana. Sein bekanntester Wein ist die Chianti Classico Riserva Casasilia, die nicht nur in den nahe gelegenen Weinhandlungen rasch ausverkauft ist. Wenn dies trotz des Preises von ca. 35 Euro der Fall ist, kann das nur bedeuten, dass der Wein sein Geld wert ist.

## MERLOT UND SYRAH SIND KEIN WIDERSPRUCH

Französische und einheimische Rebsorten genießen bei Poggio al Sole die gleichen Rechte. Keine Überraschung also, dass der Casasilia außer Sangiovese einen kleinen

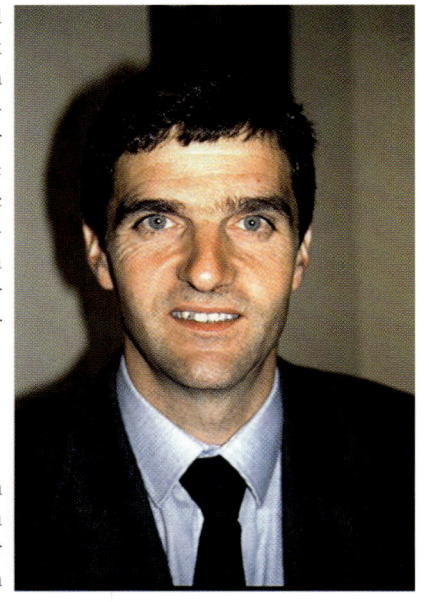

Anteil Cabernet Sauvignon enthält, welcher, behutsam eingesetzt, dem Wein die Erkennbarkeit als Sangiovese nicht nimmt. „Cabernet Sauvignon unterstützt die Struktur des Weines und verleiht ihm eine zusätzliche Nuance", begründet Giovanni Davaz seine Entscheidung. Im Jahrgangschianti setzt Giovanni auf ein klein wenig Merlot, wodurch das Bouquet des Weines profitiert und die Sangiovesegerbstoffe am Gaumen etwas abgerundet werden. Gleich nach seiner Ankunft hat Giovanni Davaz auch die in der Südschweiz verbreiteten französischen Rebsorten gepflanzt und mit der Vermählung von Merlot mit Cabernet Sauvignon den Bordeaux-Blend Serraselva geschaffen. Jahr für Jahr führt er nun den Beweis, dass solche Weine ihren eigenständigen Charakter haben, der eindeutig von der Toskana geprägt ist. „Alle Rebsorten stehen auf den gleichen, kargen Böden von Poggio al Sole, die sich durch einen großen Steinanteil im Boden und eine gute Wasserdurchlässigkeit auszeichnen", erklärt Giovanni Davaz die Unterschiede zu anderen Gegenden des Chianti Classico. In trockenen Jahren kann dies für den Sangiovese mitunter ein Problem sein, doch für die wachstumsstarke Syrahrebe von der Rhone ist dies andererseits ideal. Zehn Jahre konnte Davaz seine Erfahrungen mit der Rebsorte in der Toskana sammeln. Der Syrah von Poggio al Sole ist einer der wenigen Weine, die das Potential der Rebsorte in der Toskana jedes Jahr unter Beweis stellen. Wer den Syrah und die anderen Weine in Zukunft in einer Weinhandlung sucht, der muss nach neuen Etiketten Ausschau halten, denn beginnend mit dem Frühjahr 2003 bekommen alle Wein neue, einheitlichere Etiketten. „Glücklicherweise bleibt der farbig stilisierte Hügel auf den Etiketten nicht nur dem Chianti Classico erhalten, sondern verschönert nun alle Weine von Poggio al Sole", freut sich Katarina Davaz. *sm*

| Bild linke Seite: | Johannes Davaz | | |
|---|---|---|---|
| Bild rechte Seite: | Poggio al Sole | | |
| ★ | Chianti Classico ❷ | | 30.000 |
| ★★-★★★★ | Chianti Classico Riserva Casasilia ❸ | | 15.000 |
| ★★-★★★★ | Serraselva ❸ | | 6.500 |
| ★★-★★★★ | Syrah ❸ | | 3.000 |
| Importeure: | D: | La Vigna, Il Vinaio | |
| | CH: | von Salis (CH) | |
| | A: | Stangl (A) | |

# POGGIO SCALETTE

### Greve in Chianti

Vittorio Fiore ist einer der etablierten Önologen in der Toskana, seit vielen Jahren vertrauen Dutzende Weingüter auf seine Erfahrung. Mit dem Weingut Poggio Scalette, wo er mit seiner Frau Adriana lebt und das unweit von Greve in Chianti im Ortsteil Ruffoli liegt, besitzt er auch ein eigenes Weingut in der Toskana. Bei der täglichen Arbeit in Weinberg und Keller unterstützt ihn sein Sohn Jurij, da er als Weinberater nach wie vor viel unterwegs ist. Im zweiten Weingut der Familie (Casteluccio) in der Emilia-Romagna arbeitet sein Sohn Claudio an der Profilierung des Sangiovese di Romagna. In der Toskana erzeugt Vittorio Fiore seit dem Jahr 1992 einen einzigen Rotwein, den „Il Carbonaione". Zumindest verkauft er nur diesen einen, denn rund 1.500 Flaschen des Merlots „Piantonaia" werden exklusiv an das berühmte Restaurant Pincchiorri in Florenz geliefert.

> Loc. Ruffoli, Via Barbiano, 7
> 50022 Greve in Chianti
> Tel. 055-8549017
> Fax: 055-8547960
> j.fiore@tiscalinet.it
> Besitzer: Adriana Assjé Di Marcorà-Fiore
> Önologe: Vittorio Fiore
> Betriebsleiter: Jurij Fiore
> Rebfläche: 12,5 Hektar
> Produktion: 46.000 Flaschen
> Besuchszeiten: nach Vereinbarung

### IL CARBONAIONE

Alle Voraussetzungen für einen Spitzenwein, den Vittorio Fiore von Anfang an angestrebt hat, sind nahe Greve vorhanden. In seinen Weinbergen stehen Reben, die älter als sechzig Jahre sind, und einige der letzten Exemplare der in Vergessenheit geratenen, aber sehr hochwertigen Rebsorte Sangiovese di Lamole. Kleine Trauben und Beeren und von Haus aus relativ niedrige Erträge garantieren bei diesem Klon aromenreiche und strukturierte Weine. Bei seinen Neupflanzungen hat Vittorio Fiore deshalb darauf geachtet, dieses Rebmaterial zu erhalten. Für ihn ist die Rebsorte eines der entscheidenden Elemente, die ein „Terroir" ausmachen. Rebsorte, Klima, Boden und Mensch bestimmen demnach seinen Wein und sorgen für die Eigenständigkeit im Vergleich zu den Weinen des nördlichen Chianti Classico.

### LAGENWEIN ALS IGT

„Diejenigen Weinbergslagen des Greve-Tals (Nord-Südverlauf), auf denen die Nachmittagssonne liegt, zählen zu den besten in der ganzen Toskana", schwärmt Vittorio Fiore von der besonderen Ausrichtung seiner Weinberge und Olivenhaine. Karge Böden und eine nahezu perfekte Höhenlage von 350 bis 450 Meter sind die weiteren qualitätsfördernden Rahmenbedingungen. Oberhalb von 450 Meter kann es je nach Jahrgang schon mal zu kühl sein, darunter mitunter zu warm werden. Was liegt also näher, den Wein nach dem historischen Ort Carbonaione, wo er wächst, zu benennen. Der Wein besteht seit seiner Einführung aus 100 Prozent Sangiovese. Damals durfte Fiore ihn noch nicht Chianti Classico nennen, denn das Disziplinar erlaubte keinen reinsortigen Sangiovese. Heute möchte er ihn nicht mehr so nennen, da er das kleine, abgegrenzte Gebiet stärker in den Vordergrund stellen möchte. Deshalb ist es heute ein IGT Valle delle Greve. „Ich wünsche mir für die Zukunft einen Chianti Classico Greve oder einfach nur einen Panzano mit einem erkennbaren Profil", sagt Fiore, der darin das Terroirkonzept am ehesten verwirklicht sähe.

## Sangiovese ist einmalig

Seit mehr als 30 Jahren ist Vittorio Fiore als beratender Weinmacher in der gesamten Toskana tätig. Brunello di Montalcino und Chianti Classico entstehen unter seiner Anleitung. Anders als seine Kollegen hat sich Vittorio Fiore bei seiner Arbeit auf die Toskana und seine Lieblingsrebsorte Sangiovese konzentriert. Fiore gehört zu der ersten Generation von Weinmachern wie Franco Bernabei, Maurizio Castelli oder Giacomo Tachis, die in den siebziger Jahren den Aufschwung der Toskana maßgeblich prägten. Der agile Weinmacher ist überzeugt davon, dass nur der Sangiovese in der Lage ist, auf die unterschiedlichen Kleinklimata und Bodenstrukturen im Chianti Classico oder in anderen toskanischen Weinregionen zu reagieren.

## Von Südtirol in die Toskana

Vittorio Fiore ist in Südtirol geboren und hat an der bekannten Weinbauschule San Michele im Trentino studiert. Seit 1979 lebt er in der Toskana, die ihn, wie er sagt, magisch angezogen hat. Mit der Fattoria Le Bocce in Panzano hatte Vittorio Fiore vier Jahre zuvor sein erstes Weingut als Berater in der Toskana übernommen. Fiore hat viele junge Önologen geprägt, die jetzt auf eigenen Füßen stehen und ihrerseits beratend als Weinmacher tätig sind. Es wäre wünschenswert, wenn auch sie alles daran setzen würden, dem Sangiovese zu noch mehr Größe zu verhelfen. *sm*

| | | | | |
|---|---|---|---|---|
| Bild rechte Seite: | | Vittorio Fiore | | |
| ★★-★★★★ | | Il Carbonaione ❸ | | 45.000 |
| Importeure: | D: | Gute Weine-Lobenberg | | |
| | CH: | Bindella | | |

# FATTORIA POGGIOPIANO

### San Casciano Val di Pesa

Der Ort San Casciano liegt in der nordwestlichen Ecke des Chianti Classico. Dort im Süden von Florenz ist das Weingut Poggiopiano und die Familie Bartoli zuhause. Die Gemeinde San Casciano ist weniger bekannt als andere Gemeinden wie Greve oder Gaiole im Herzen des Anbaugebietes. Erzeuger wie Poggiopiano beweisen aber, dass San Casciano das gleiche Potenzial für Spitzenweine hat.

## Kurz entschlossen

Als die Familie Bartoli in den neunziger Jahren das alte Bauernhaus erwarb, hatte sie nicht die Absicht, Wein zu erzeugen. „Wir suchten eigentlich nur ein Haus zum Wohnen auf dem Lande", sagt Alessandro Bartoli. Es dauerte jedoch nicht lange bis die Begeisterung für den Wein so groß war, dass die Brüder Stefano und Alessandro als Winzer tätig wurden. Der Zeitpunkt war im Nachhinein sehr günstig, denn das Chianti Classico und seine Winzer waren gerade dabei, international für Furore zu sorgen. Zu den bekannten Weingütern der achtziger Jahre gesellten sich bis Ende des Jahrtausends Dutzende hinzu.

> Via di Pisignano, 28/30
> 50025 San Casciano Val di Pesa
> Tel. 055-8229629
> Fax: 055-8228256
> poggiopiano@ftbcc.it
> Besitzer: Stefano Bartoli
> Önologe: Luca d'Attoma
> Betriebsleiter: Alessandro Bartoli
> Rebfläche: 15 Hektar
> Produktion: 27.000 Flaschen
> Besuchszeiten: nach Vereinbarung

## D'Attoma-Weine

Da zum neuen Besitz auch einige Hektar Weinberge gehörten, war der Schritt zum eigenen Wein relativ klein. Ein Fasskeller und einige Zementtanks des Vorbesitzers waren ebenfalls vorhanden. Stefano und Alessandro, die beide keine Ausbildung im Weinbereich hatten, machten sich auf die Suche nach einem Önologen. Nach vielen Gesprächen konnten sie den erfahrenen Weinberater Luca d'Attoma für ihr Projekt begeistern. 1993 war dann bereits der erste Jahrgang, der zu Beginn des Jahres 1995 auf den Markt gekommen ist. Danach ging alles sehr rasch. Keine zehn Jahre später bewirtschaftet die Familie rund 16 Hektar Weinberge, ein Teil ist in Eigenbesitz und ein Teil wurde langfristig dazu gepachtet. Der bestehende Keller des Weingutes war jedoch zu klein, so dass die Erweiterung durch den Bau eines neuen Barriquekellers notwendig wurde. Die Jahresproduktion verdreifachte sich auf ca. 60.000 Flaschen und soll mittelfristig 100.000 Flaschen erreichen. „Zu groß", wie Alessandro Bartoli bemerkt, „soll das Weingut nicht werden, denn Poggiopiano soll ein Familienbetrieb bleiben." Alessandro Bartoli arbeitet hauptberuflich weiterhin als Zahnarzt in Florenz und wohnt wie Vater Guiseppe im Weingut. Bruder Stefano wohnt nur wenige Kilometer entfernt und kümmert sich seit 1995 an erster Stelle um das Weingut, nachdem er seinen früheren Beruf in der Bekleidungsindustrie aufgegeben hat.

## Weniger ist mehr

Auf Poggiopiano konzentriert man sich auf lediglich zwei Weine. Eine Riserva gibt es nicht, so dass dem Chianti Classico die volle Aufmerksamkeit gilt. Nach Stefano Bartoli ist die Riserva im Sortiment nicht zwingend notwendig, da sie zwischen Chianti Classico, der sich bei etlichen Weingütern stark verbessert zeigt, und einem Lagenwein an der Spitze an Bedeutung verliert. Um den Chianti Classico bestmöglichst herzustellen, setzten die Bartoli auf das Chateaux-Konzept mit Erst- und Zweitwein. Sie scheinen mit ihrer Einschätzung richtig zu liegen, da der Konsument im Handel immer seltener nach einer Riserva fragt. Wie früher üblich, wird der Chianti Classico in großen, ausgekleideten Zementtanks vergoren. In den gebrauchten Barriques und relativ neuen, großen Holzfässern wird er ausgebaut. „Wir nehmen unseren Chianti Classico sehr ernst, das sieht man am deutlich niedrigeren Ertrag als die erlaubten 7.500 kg/ha", sagt Alessandro Bartoli.

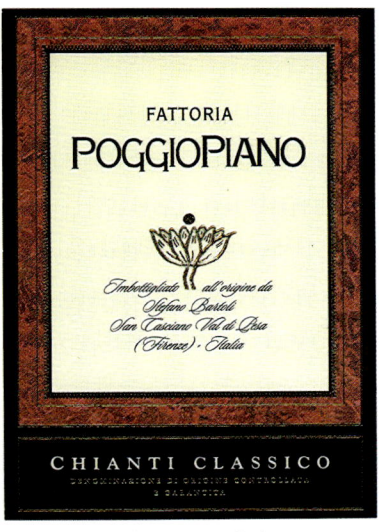

## Rosso di Sera

Der Topwein im Programm ist der „Rosso di Sera", ein Verschnitt aus Sangiovese und Colorino. Der Wein ist kein Lagenwein, sondern eine Selektion der besten Trauben aus allen Weinbergen des Weingutes. Mit diesen Voraussetzungen ist das Ergebnis nach einem Ausbau in neuen Barriques ein sehr konzentrierter und dichter Wein, der die Handschrift von Luca D'Attoma erkennen lässt. D'Attoma versteht es solche Weine zu machen: Süße Holzaromen, dichte, kompakte Frucht und eine gut gewebte und kraftvolle Struktur „Die ganze Familie ist sehr stolz auf den Rosso di Sera", sagt Alessandro Bartoli. Das Ergebnis kann sich für eine Familie, die ursprünglich keine Ambitionen hatte ins Weingeschäft einzusteigen, sehen lassen. Mit der konsequenten Auslese der Trauben und dem Wissen eines erfahrenen Önologen lassen sich, wie Poggiopiano zeigt, schon nach kurzer Zeit bemerkenswerte Erfolge erzielen.   sm

| | | | |
|---|---|---|---|
| Bild linke Seite: | Stefano und Alessandro Bartoli | | |
| Bild rechte Seite: | Weinkeller mit Zementtanks, Stahltanks und Barriques | | |
| ★★ | Chianti Classico ❶ | | 47.000 |
| ★★-★★★ | Rosso di Sera ❸ | | 10.000 |
| Importeure: | D: | Bezugsquellen über Stoppervini (CH) | |
| | CH: | Bezugsquellen über Stoppervini | |

# CASTELLO DI QUERCETO
## Greve in Chianti

Bereits seit 1897 ist das imposante Castello di Querceto in Besitz der Familie François, die sich im 18. Jahrhundert in der Toskana niedergelassen hat. Lange Zeit diente die Burg langobardischen Ursprungs als Wachtposten zur Verteidigung der Umgebung an der Via Cassia Imperiale, einer der Hauptverkehrsstraßen der Römerzeit. Einmalig ist nicht nur die Lage. Nur wenige Kilometer von Greve in Chianti entfernt, thront das Castello im hügeligen, östlichen Teil des Chianti Classico oberhalb des Örtchens Dudda.

### GESCHICHTE ZUM ANFASSEN

> Via Dudda 61, Lucolena
> 50020 Greve in Chianti
> Tel. 055-85921
> Fax: 055-8592200
> www.castellodiquerceto.it
> querceto@castellodiquerceto.it
> Besitzer: Castello di Querceto Spa
> Direktor: Alessandro François
> Önologe: Giovanni Cappelli
> Rebfläche: 50 Hektar
> Produktion: 400.000 Flaschen
> Besuchszeiten: Mo.-Fr. 9-12 + 14-17 Uhr, Sa. 14-17 Uhr
> Agriturismo 10 Apartments

Die Festung hat bis heute ihr ursprüngliches Aussehen mit der lang gestreckten, l-förmigen Gebäudestruktur und dem Wachturm in der Mitte bewahrt. Gerne erklärt Schlossherr Alessandro François den Besuchern vom hohen Uhrenturm aus die Lage der Weinberge und die bewegende Geschichte des Weingutes, das auf eine lange Tradition zurückblicken kann. Im Jahre 1924 zählte das Castello di Querceto zu den Gründungsmitgliedern des Chianti Classico-Konsortiums. In seinen Kellergewölben lagern wertvolle, alte Jahrgänge zurück bis in die Anfänge des 20. Jahrhunderts. Hier scheint die Zeit still zu stehen. Die altehrwürdigen, dicken Mauern des Schlosses strahlen eine Ruhe aus, die wohltuend wirkt in der heutigen Zeit.

### WEINGUT UND JAGDREVIER

Der Landbesitz von insgesamt 180 Hektar teilt sich in 50 Hektar Reben, 10 Hektar Olivenhaine und 120 Hektar Wald. Auf der Jagd nach Wildschweinen und Vögeln streifen zur Jagdsaison häufig Jäger durch den Besitz mit seinem dichten Eichen- und Kastanienbestand. Die Weinberge, die sich entlang beider Seiten des Dudda-Tals vom Sugame-Pass in Richtung Lucolena bis hinauf zum Monte San Michele (mittlere Höhe 450 Meter) erstrecken, sind meist von Bäumen umgeben.

### ROTE ERDE

Besondere Beachtung verdient bei Querceto die geologische Formation des Geländes, dessen Gesteinsschichten reich an alkalischen Metallen wie Mangan und Eisen sind. Diese rötliche Erde von Dudda verleiht den Weinen des Castello di Querceto die ihnen eigene Mineralität und Säurestruktur, die sich unabhängig von der Rebsorte zeigt. Sangiovese, Canaiolo, Cabernet Sauvignon, Cabernet Franc, Syrah, Colorino, Merlot, Mammolo, Ciliegiolo und Malvasia Nera, sie alle sind in den Weinbergen von Querceto zuhause. Die Traubenlese erfolgt ausschließlich von Hand, damit die Trauben sorgfältig ausgelesen werden können. Darauf achtet der Önologe Giovanni Capelli besonders genau, denn von der Selektion hängt die Qualität seiner fünfzehn verschiedenen Weine maßgeblich ab.

## Drei Sangiovese-Crus und ein Wildschwein

Im breiten Sortiment von Castello di Querceto sind es vor allem die Lagen- und Crus-Weine, die beeindrucken: Ob der Wein La Corte (ein reinsortiger Sangiovese), der Wein Il Picchio aus den traditionellen Rebsorten Sangiovese und Canaiolo Nero oder der Wein Il Querciolaia, der aus einer Mischung von Sangiovese und Cabernet Sauvignon besteht. Bei all diesen Weinen spielt der Sangiovese die Hauptrolle. Danbeben ist für viele der Kunden von Querceto der Wein „Cignale", dessen Etikett ein Wildschwein (im italienischen cinghiale) ziert, der unbestrittene Star des Hauses. Dem Wein liegt ein Verschnitt aus Cabernet Sauvignon (90 Prozent) und Merlot (10 Prozent) zugrunde, dennoch verleugnet er mit seiner vibrierenden Säurestruktur und der so eigenen Mineralität seine Herkunft aus den Weinbergen mit der roten Erde nicht. Es gibt immerhin 8.000 Flaschen von diesem begehrten Wildschwein-Wein, der als einer der wenigen Weine seine Speiseempfehlung gleich auf dem Etikett trägt. *sm*

Bild linke Seite: Alessandro François
Bild rechte Seite (oben): Uhrenturm
Bild rechte Seite (unten): Blick auf das Weingut

| | | | | |
|---|---|---|---|---|
| ★★ | Chianti Classico Riserva Il Picchio ❸ | | | 15.000 |
| ★★ | La Corte ❸ | | | 15.000 |
| ★★ | Il Quercolaia ❸ | | | 15.000 |
| ★★ | Cignale ❸ | | | 8.000 |
| Importeure: | D: | R & W | | |
| | CH: | Scherer | | |
| | A: | Döllerer | | |

# CASTELLO DEI RAMPOLLA
## Panzano in Chianti

Luca Di Napoli und seine Schwester Maurizia haben Castello dei Rampolla auf biologische Bewirtschaftung umgestellt. Alle Arbeiten werden nach den biodynamischen Richtlinien von Rudolf Steiner verrichtet, der zu Beginn des letzten Jahrhunderts bereits den „biologisch-dynamischen" Landbau propagierte. Dabei werden auch Einflüsse wie die Mondphasen berücksichtigt, zum Beispiel, wenn Reben gepflanzt werden – und Reben wurden zuletzt viele gepflanzt in den Weinbergen von Castello dei Rampolla, denn Luca und Maurizia Di Napoli haben ein umfangreiches Erneuerungsprogramm in die Wege geleitet. Mit sorgfältig ausgewählten Klonen und höherer Pflanzdichte werden die Voraussetzungen dafür geschaffen, dass auch in Zukunft erstklassige Weine auf Castello dei Rampolla erzeugt werden können.

> Via Case Sparse, 22
> 50020 Panzano in Chianti
> Tel. 055-852001
> Fax: 055-852533
> castellodeirampolla.cast@tin.it
> Besitzer: Fam. Di Napoli Rampolla
> Önologe: Giacomo Tachis
> Rebfläche: 40 Hektar
> Produktion: 100.000 Flaschen
> Besuchszeiten: nach Vereinbarung

### KEINE RISERVA MEHR

Im Programm von Castello dei Rampolla gab es mit dem Jahrgang 1999 eine einschneidende Veränderung. Seit diesem Jahrgang wird keine Chianti Classico Riserva mehr erzeugt, sondern nur noch ein einziger Chianti Classico Castello dei Rampolla. Seither gibt es nur noch vier Weine bei Castello dei Rampolla: Chianti Classico, Sammarco, Vigna d'Alceo und einen süßen, spätgelesenen Weißwein, Trebianco genannt, der neben 60 Prozent Sauvignon Blanc, noch Chardonnay und Traminer enthält.

### VIGNA D'ALCEO

Der teuerste Wein im Programm von Castello dei Rampolla ist der Vigna d'Alceo. Er ist der jüngste Wein im Programm, denn er wurde erstmals 1996 erzeugt. In diesen wenigen Jahren seines Bestehens hat er es zu Kultstatus gebracht. Er stammt aus dem Vigna d'Alceo, dem Weinberg, den Alceo Di Napoli, der Vater von Luca und Maurizia, hauptsächlich mit Cabernet Sauvignon angelegt hat. Der Vigna d'Alceo enthält neben Cabernet Sauvignon auch ein wenig Petit Verdot, meist etwa 15 Prozent. Der Vigna d'Alceo ist herrlich kraftvoll und konzentriert, dominant und eindringlich, dabei in seiner Jugend oft ein wenig verschlossen.

## CHIANTI CLASSICO

Der Chianti Classico soll nach den Vorstellungen von Luca und Maurizia Di Napoli das Aushängeschild von Castello dei Rampolla sein. Zumindest ist es der Wein, von dem die meisten Flaschen erzeugt werden. Der Chianti Classico enthält neben Sangiovese ein klein wenig Cabernet Sauvignon, meist etwa 10 Prozent. Es ist ein eleganter, wunderschön harmonischer Wein, jedoch nicht ganz so kraftvoll und dominant wie der Vigna d'Alceo. Auch im Vergleich mit dem dritten Rotwein von Castello dei Rampolla, dem Sammarco, wirkt er eher schlank und fein.

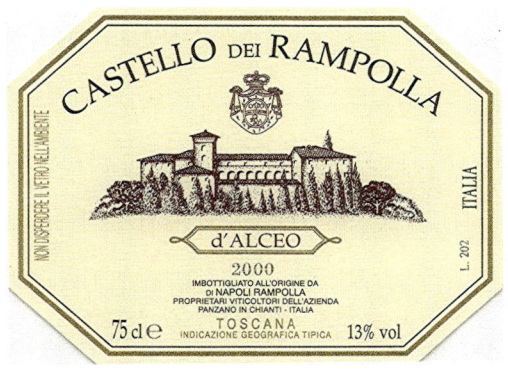

## SAMMARCO

Der Sammarco besteht wie der Vigna d'Alceo überwiegend aus Cabernet Sauvignon. Während beim Vigna d'Alceo der Cabernet mit etwas Petit Verdot ergänzt wird, wird beim Sammarco zum Cabernet etwas Sangiovese hinzugefügt. Nur wenige andere Supertuscans können auf solch eine lange Erfolgsgeschichte verweisen wie der Sammarco, den Alceo Di Napoli und Giacomo Tachis, der Weinmacher von Castello dei Rampolla, bereits vor mehr als zwanzig Jahren erschaffen haben. Bereits 1980 wurde er zum ersten Mal erzeugt. Seither hat er Jahr für Jahr überzeugt, wobei in schwächeren Jahren - 1984, 1987, 1989 und zuletzt 1992 - kein Sammarco erzeugt wurde. Ihn zeichnen die selben Vorzüge aus wie den Vigna d'Alceo: Kraft und Konzentration bestimmen den Eindruck im Mund. Wie der Vigna d'Alceo ist er in seiner Jugend verschlossen und recht tanninbetont. Aber das ändert sich schon nach wenigen Jahren. Dann zeigt der Sammarco eine erstaunliche Komplexität.  *ge*

| Bild linke Seite: | Blick auf die Weinberge und Panzano |
| Bild rechte Seite: | Maurizia Di Napoli |

| | | |
|---|---|---|
| ★-★★ | Chianti Classico ❷ | 60.000 |
| ★★-★★★ | Sammarco ❷ | 28.000 |
| ★★-★★★ | Vigna d'Alceo ❸ | 16.000 |
| ★ | Trebianco Vendemnia Tardiva ❹ | 3.000 |
| Importeure: | D: ca. 20 Importeure in Deutschland, z.B. bei Weinbastion, Blanck | |
| | CH: Caratello, Weibel | |
| | A: Dollerer | |

# BARONE RICASOLI

### Gaiole in Chianti

Bereit seit dem 12. Jahrhundert gehört Castello di Brolio der Familie Ricasoli. Bekannt wurde vor allem Bettino Ricasoli, der italienischer Ministerpräsident war und 1874 die so genannte "Eiserne Formel" für den Chianti Classico formulierte, die die Rebsortenzusammensetzung definierte, die knapp 100 Jahre später Grundlage für die gesetzlichen Statuten der Chianti Classico DOCG wurde. Heute führt Francesco Ricasoli das Gut, für die Weinbereitung ist der bekannte Önologe Carlo Ferrini verantwortlich.

## WEINBERGE KOMPLETT ERNEUERT

Über 1.200 Hektar Land erstreckt sich das Gut, das fast ganz auf dem Gebiet der Gemeinde Gaiole in Chianti liegt, nur ein kleiner Teil liegt in Castelnuovo Berardenga. Der größte Teil des Gutes besteht aus Eichen- und Kastanienwäldern. Neben 26 Hektar mit Olivenbäumen gibt es immerhin 227 Hektar mit Reben. 1994 begann Francesco Ricasoli ein umfassendes Erneuerungsprogramm: alle 227 Hektar wurden innerhalb von zehn Jahren komplett neu bepflanzt. 5.500 bis 6.200 Reben wurden dabei je Hektar gepflanzt. 156 Hektar nimmt Sangiovese ein. Es folgen

> Cantine del Castello di Brolio
> 53013 Gaiole in Chianti
> Tel. 0577-7301
> Fax: 0577-730225
> www.ricasoli.it
> barone@ricasoli.it
> Besitzer: Barone Ricasoli SpA
> Präsident: Francesco Ricasoli
> Marketingleiter: Maurizio Ghiori
> Önologe: Carlo Ferrini
> Rebfläche: 227 Hektar
> Produktion: 2.500.000 Flaschen
> Besuchszeiten: 9-17 Uhr
> Ferienwohnungen

32 Hektar mit Merlot, dann Malvasia del Chianti (zur Erzeugung des Vin Santo), Canaiolo, Cabernet Sauvignon und ein klein wenig Chardonnay.

### EXPERIMENTALWEINBERG

15 Hektar dienen als Experimentalweinberg. Hier wurden alle anerkannten Sangioveseklone gepflanzt, drei Klone dabei in Anlagen mit einer Pflanzdichte von 10.000 Reben je Hektar. Aber auch andere traditionelle Sorten des Chianti Classico wie Colorino und Malvasia Nera sind hier mit verschiedenen Klonen zu finden. Und schließlich gibt es auch Anpflanzungen mit in der Toskana fremden Sorten, wie Tempranillo, Nero d'Avola, Sagrantino oder Nielluccio.

### "GRAND VIN" CASTELLO DI BROLIO

1997 hat Ricasoli den Castello di Brolio genannten Chianti Classico als "Grand Vin" eingeführt. Auf die traditionelle Bezeichnung Riserva wird bewusst verzichtet, auch wenn der Castello di Brolio mit achtzehn Monaten Barriqueausbau diese gesetzliche Bestimmung in Anspruch nehmen könnte. Für den Castello di Brolio werden die besten Trauben aus allen Weinbergen selektioniert. Neben Sangiovese enthält er ein klein wenig Merlot und Cabernet Sauvignon. Es ist ein kraftvoller, konzentrierter Chianti, der sich in den wenigen Jahren die es ihn gibt als feste Größe im Chianti Classico etabliert hat. Der Zweitwein zum Castello di Brolio ist der "Brolio" genannte Chianti Classico. Er besteht fast ganz aus Sangiovese. Nach der Gärung wird der Wein für knapp ein Jahr in kleinen und großen Eichenholzfässern ausgebaut.

### CASALFERRO

Allerdings gibt es für den Castello di Brolio noch eine starke interne Konkurrenz um die Krone des besten Weines von Barone Ricasoli, nämlich durch den Casalferro. Der Casalferro, 1995 zum ersten Mal aufgelegt, besteht aus Sangiovese und Merlot. Er wird achtzehn Monate in Barriques ausgebaut und ist Jahr für Jahr ein betörend harmonischer, fruchtbetonter Wein, mit guter Struktur und viel Nachhall. Auch wenn die Wahl schwer fällt: der Casalferro ist mein Favorit im Programm von Barone Ricasoli.  *ge*

Bild linke Seite (oben): Ein Teil des Barriquekellers
Bild linke Seite (unten): Francesco Ricasoli
Bild rechte Seite: Castello di Brolio

| | | | |
|---|---|---|---|
| ★ | Chianti Classico Brolio ❷ | | 400.000 |
| ★★-★★★ | Chianti Classico Castello di Brolio ❸ | | 155.000 |
| ★★-★★★ | Casalferro ❸ | | 186.000 |
| Importeure: | D: | Bezugsquellen über Smart Wines | |
| | CH: | Vintra | |
| | A: | Bezugsquellen über Smart Wines | |

# Tenuta di Riseccoli

**Greve in Chianti**

Tenuta di Riseccoli erreicht man, wenn man von Greve in Chianti nach Osten fährt, Richtung Dudda. Romano Romanelli, ein bekannter Florentiner Künstler und Mitglied der Italienischen Akademie, hatte das Gut 1918 erworben und seither ist es in Familienbesitz. Noch heute kann man die Skulpturen von Romano Romanelli in Rom und Florenz, Siena oder Greve in Chianti, zu dessen Gemeindegebiet Riseccoli gehört, bewundern. Eines seiner Werke, „Herkules würgt den Löwen", steht auf der Piazza Ognissanti in Florenz. 160 Hektar Land umfasst Tenuta di Riseccoli, wovon inzwischen 25 Hektar mit Reben bepflanzt sind. Dazu gibt es Olivenbäume und Wald auf Riseccoli.

---

Via Convertoie, 9, Loc. Riseccoli
50022 Greve in Chianti
Tel. 055-853598
Fax: 055-8546575
www.riseccoli.com
info@riseccoli.com
Besitzer: Familie Romanelli
Önologe: Giorgio Marone
Betriebsleiter: Thomas Faure Romanelli
Rebfläche: 22,5 Hektar
Produktion: 70.000 Flaschen
Besuchszeiten: Apr.-Okt. 8-18:30 Uhr,
Nov.-März 8-12 + 13-17 Uhr
Agriturismo

---

## Expansion: neue Weinberge

Die Zeichen stehen auf Expansion bei Tenuta di Riseccoli. Neue Weinberge wurden angelegt, die bestehenden Anlagen werden komplett erneuert. Vor allem Sangiovese, Cabernet Sauvignon und Merlot hat man gepflanzt, aber auch etwas Syrah und Petit Verdot. Die Familie Romanelli ist sich einig darin, in das Weingut zu investieren. Dadurch wird die Jahresproduktion von bisher 70.000 Flaschen vorübergehend auf 50.000 Flaschen sinken. Sind die erneuerten Weinberge aber erst in Ertrag, wird die Jahresproduktion wieder deutlich steigen. Geführt wird Tenuta di Riseccoli heute von einem Enkel von Romano Romanelli, Thomas Faure Romanelli, dem das Gut zusammen mit seinen drei Brüdern gehört. Vier Weine werden auf Riseccoli unter Anleitung des Önologen Giorgio Marone erzeugt: Chianti Classico, Chianti Classico Riserva, Saeculum und Vin Santo. Alle Weine werden ausschließlich von Trauben der eigenen Weinberge gewonnen.

## Kraftvolle Chianti

Die beiden Chianti enthalten immer neben Sangiovese zusammen etwa 15 bis 20 Prozent Cabernet Sauvignon und Merlot. Ein Teil des Chianti Classico wird in Fässern aus französischer Eiche ausgebaut. Gleiches gilt für die Riserva, die länger im Fass bleibt als die Annata. Beide Weine sind sich recht ähnlich: sie sind kraftvoll und klar, wunderschön fruchtbetont und in ihrer Jugend von deutlichen Tanninen geprägt.

## SAECULUM UND VIN SANTO

Der Topwein von Riseccoli ist der Saeculum, der erstmals 1994 erzeugt wurde. Schon mit dem ersten Jahrgang wusste diese Cuvée aus Sangiovese, Cabernet Sauvignon und Merlot zu überzeugen. Der Wein wird achtzehn Monate in Barriques aus französischer Eiche ausgebaut. Er ist kraftvoll, in seiner Jugend oft ein wenig verschlossen und tanninbetont. Es ist ein Wein von guter Haltbarkeit. Neben den drei Rotweinen wird in kleinen Mengen noch ein Vin Santo hergestellt. Er wird aus Trebbiano und Malvasia zusammen mit ein klein wenig Sangiovese erzeugt. Die Trauben für diesen Wein werden bis Dezember, in kalten Wintern auch einmal bis Februar, getrocknet, bevor sie gepresst werden. Es ist ein Vin Santo, der mir immer wieder gefällt – was ich nicht von vielen „heiligen Weinen" behaupten kann.  *ge*

Bild linke Seite: Die Eltern der heutigen Besitzer, Signor und Signora Faure Romanelli
Bild rechte Seite: Blick auf Tenuta di Riseccoli

| | | | |
|---|---|---|---|
| ★-★★ | Chianti Classico ❶ | | 40.000 |
| ★★ | Chianti Classico Riserva ❷ | | 10.000 |
| ★★ | Saeculum ❸ | | 10.000 |
| ★★ | Vin Santo ❸ | | 1.000 |
| Importeure: | D: | Alpina | |
| | CH: | Couleur du Vin | |
| | A: | Vergeiner | |

# ROCCA DI MONTEGROSSI

### Gaiole in Chianti

Marco Ricasoli Firidolfi gehört zum toskanischen Adelsgeschlecht Ricasoli Firidolfi. Seine Jugend verbrachte er im Palazzo Ricasoli in Florenz und auf dem Landsitz der Familie, dem Castello di Cacchiano in Monti. Sein Bruder Giovanni und er sind sozusagen mit dem Wein groß geworden, denn auf Cacchiano wird seit dreißig Jahren Chianti Classico erzeugt. Im Laufe der neunziger Jahre traf Marco dann die Entscheidung, sich mit einem eigenen Weingut selbständig zu machen.

> San Marcellino, Loc. Monti in Chianti
> 53010 Gaiole in Chianti
> Tel. 0577-747977
> Fax: 0577-747836
> www.chianticlassico.com/roccadimontegrossi
> rocca_di_montegrossi@chianticlassico.com
> Besitzer: Marco Ricasoli Firidolfi
> Önologe: Attilio Pagli
> Betriebsleiter: Marco Ricasoli Firidolfi
> Rebfläche: 18 Hektar
> Produktion: 70.000 Flaschen
> Besuchszeiten: 8-12 + 13-18 Uhr
> Agriturismo

## NEUBEGINN

Giovanni Ricasoli Firidolfi führt das Familienweingut Castello di Cacchiano und Marco Ricasoli Firidolfi hat sich mit seinem neuen Weingut Rocca di Montegrossi hohe Ziele gesteckt. Sehr gute, eigenständige Weine erzeugen beide Söhne, was ihre Mutter, die Baronin Elisabetta Ricasoli Firidolfi, sicherlich am meisten freut. Direkt in Nachbarschaft des Familienweingutes und der romanischen Kirche San Romano hat Marco Ricasoli Firidolfi seine neue Kellerei gebaut. Auf bestehende Weinberge aus Familienbesitz konnte er von Beginn an zurückgreifen, so dass er bereits im Jahre 1997 seine ersten Weintrauben ernten konnte.

## AKRIBISCHE WEINBERGSARBEIT

Marco zeigt seinen Besuchern nicht etwa zuerst die neu gebaute, schmucke Kellerei, sondern er führt sie in die nahe gelegenen Weinberge. Die älteren Anlangen sind größtenteils 30 Jahre und älter; hier und da fehlen ein paar Reben in der Reihe. Das stört jedoch nicht, denn die Weinberge sind in einem sehr gut gepflegten Zustand. Die Begeisterung von Marco Ricasoli Firidolfi für seine Reben und den Wein Chianti Classico ist im Gespräch wie ein elektrisches Knistern in der Luft regelrecht zu spüren. Von seinem Lehrmeister Professor Bandinelli, einem der anerkannten Experten für die Rebsorte Sangiovese, hat er sehr viel über die Pflanze und ihre Eigenheiten gelernt. Die Reben sind nach einigen Jahren der Vorarbeit im idealen, vegetativen Gleichgewicht. Die Reben bilden ein sinnvolles Verhältnis von Blattwerk zu Trauben aus, ohne dass regulierend eingegriffen werden muss. Besonders stolz ist Marco Ricasoli Firidolfi auch auf seinen Canaiolo Nero, eine traditionelle Rebsorte im Chianti-Verschnitt, die in letzter Zeit jedoch immer seltener eingesetzt wird. Im Falle von Rocca di Montegrossi sorgt sie als Bestandteil des Chianti Classico für sein duftiges, fast blumiges Bouquet.

## Natürliche Hefen, wenig Einflussnahme

Rocca di Montegrossi erzeugt vier Weine, einen Chianti Classico, die Riserva, einen reinsortigen Sangiovese Geremia und den traditionellen Vin Santo. Die Trauben für die Riserva kommen ausschließlich aus dem Weinberg San Marcellino und ist somit ein Einzellagenwein, auf den Marco Ricasoli besonders stolz ist. Im Gegensatz zur Riserva ist der IGT-Wein Geremia eine Auslese der besten Sangiovese Trauben aus den Weinbergen von Montegrossi. Seit seiner Einführung hat sich die Zusammensetzung von Jahr zu Jahr leicht geändert, Marco Ricasoli Firidolfi hat nun mit Sangiovese und ein wenig Merlot seine vorerst abschließende Lösung gefunden. Nach den Vorstellungen von Marco Ricasoli Firidolfi soll im Keller die Qualität des Weinberges erhalten bleiben. Konsequent setzt er deshalb, unterstützt von seinem Weinberater Attilio Pagli, auf die Spontangärung, die Vergärung der Weine mit den ihnen eigenen Weinbergshefen. Dadurch allein wird das Terroir in hohem Maße respektiert. So naturbelassen wie möglich und so viele Eingriffe wie nötig sind seine Vorgaben für den Weinmacher. Beide Spitzenweine werden nach der Gärung in Eichenholzfässern (550 Liter-Tonneaux) ausgebaut, um ihnen ein festes Rückgrat zu geben und ihre Reifeentwicklung zu fördern.

## Vin Santo und die Zeit

Der Vin Santo, der heilige Wein aus getrockneten Trauben, hatte in der landwirtschaftlichen Geschichte immer einen besonderen Stellenwert. Marco Ricasoli möchte nicht nur diese Tradition pflegen, sondern einen der besten Vin Santo in der Toskana machen. Voller Enthusiasmus zeigt er den Besuchern die Netze, an denen die Malvasiatrauben getrocknet werden und die kleinen Fässer, in denen der Süßwein für viele Jahre heranreift. Seinen Vin Santo lässt der Winzer für ganze sieben Jahre in den kleinen Holzfässern, bevor er ihn in den Verkauf bringt. „Viele Winzer möchten sofort im Weinolymp ankommen, wir dagegen lassen uns nicht hetzen und gehen den vernünftigen Weg der gewachsenen Qualität", sagt Marco Ricasoli Firidolfi. sm

Bild linke Seite: Marco Ricasoli Firidolfi
Bild rechte Seite: Rocca di Montegrossi

| | | |
|---|---|---|
| ★-★★ | Chianti Classico ❷ | 40.000 |
| ★★-★★★★ | Chianti Classico Riserva Vigneto San Marcellino ❸ | 14.000 |
| ★★ | Geremia ❸ | 11.000 |

Importeure: D: bei Vinarium Zink, Wein & Mehr, La Cantina
CH: Studer, Vinoverum, Gastromatt

# SAN FABIANO CALCINAIA
## Castellina in Chianti

Guido Seria hat San Fabiano Calcinaia 1983 gekauft. In der Toskana geboren, arbeitete er in Mailand, blieb aber der Toskana stets verbunden. Er kaufte San Fabiano Calcinaia weniger um Wein zu machen, als vielmehr hier seinen Urlaub zu verbringen und zur Jagd zu gehen. 165 Hektar Land umfasst das westlich von Castellina in Chianti gelegene Gut. 34 Hektar davon sind mit Reben bepflanzt, die sich auf zwei unterschiedlich hoch gelegene Weinberge mit unterschiedlichen Böden verteilen. Ein Weinberg liegt direkt beim Weingut, wo die Reben in etwa 250 bis 300 Meter Höhe wachsen. Der zweite Weinberg, Cellole genannt und 13 Hektar groß, liegt etwa 450 Meter hoch. Dort wird unter anderem der Merlot angebaut. Guido Seria hatte eine glückliche Hand, was die Auswahl seiner Mitarbeiter betrifft. Rocco Giorgio leitet seit 1989 den Betrieb und mit Carlo Ferrini hat er den wohl renommiertesten Önologen Italiens als Berater gewonnen.

> Loc. Cellole
> 53011 Castellina in Chianti
> Tel. 0577-979232
> Fax: 0577-979455
> www.chianticlassico.com
> info@sanfabianocalcinaia.com
> Besitzer: Az. Agr. San Fabiano Calcinaia Srl
> Betriebsleiter: Rocco Giorgio
> Önologe: Carlo Ferrini
> Rebfläche: 34 Hektar
> Produktion: 150.000 Flaschen
> Besuchszeiten: 9-12 + 14-17 Uhr
> 7 Apartments

### CERVIOLO BIANCO

Im Chianti Classico ist die Versuchung nicht allzu groß, über Weißweine zu berichten. Immer mehr Erzeuger haben ihre alten Weißweinreben gerodet oder nutzen sie nur noch zur Erzeugung eines Vin Santo. Dass das Classico aber auch hervorragende Weißweine hervorbringen kann, stellt San Fabiano Calcinaia unter Beweis. Sicherlich, man kann darüber streiten, ob denn Chardonnay und Sauvignon Blanc in die Toskana gehören. Die Qualität des Cerviolo Bianco allerdings ist über alle Zweifel erhaben. 90 Prozent Chardonnay und 10 Prozent Sauvignon Blanc machen die Cuvée des Cerviolo Bianco aus, er wird im Barrique vergoren und etwa sieben Monate im Barrique ausgebaut. Es ist ein herrlich fülliger Weißwein, fruchtbetont, mit schön integrierter Barriquenote und viel Nachhall.

### CERVIOLO ROSSO

Das Pendant zum Cerviolo Bianco ist der Cerviolo Rosso, der im Jahrgang 1995 zum ersten Mal erzeugt wurde. Zur Hälfte besteht der Cerviolo Rosso aus Sangiovese, die andere Hälfte setzt sich zu etwa gleichen Teilen aus Cabernet Sauvignon und Merlot zusammen. Der Wein wird für achtzehn Monate in neuen Barriques aus französischer Eiche ausgebaut. Die Rebsorten werden getrennt ausgebaut, erst nach der Zeit im Barrique wird die endgültige Cuvée zusammengestellt. Solche Cuvées aus Sangiovese und den Bordeauxsorten findet man recht häufig in der Toskana. Nur wenige aber bestechen so wie der Cerviolo Rosso Jahr für Jahr mit Harmonie und Eleganz bei herrlich viel Frucht und Länge: ein faszinierend leckerer Wein!

## Chianti Classico und Riserva Cellole

Aber auch die beiden Chianti von San Fabiano Calcinaia gehören immer wieder zu den besten Weinen im Classico. Die Annata ist ein reinsortiger Sangiovese. Die Trauben für diesen Wein kommen aus beiden Weinbergen San Fabiano und Cellole. Er wird zwölf Monate in mittelgroßen Holzfässern und gebrauchten Barriques ausgebaut. Er ist recht kraftvoll und immer sehr klar in der Frucht. Die Riserva kommt ausschließlich aus der Lage Cellole und enthält neben Sangiovese ein klein wenig Merlot. Ausgebaut wird die Riserva wie die Annata in mittelgroßen Fässern und in Barriques. Allerdings bleibt der Wein doppelt so lange im Fass, zwei Jahre. Die Riserva Cellole ist ein herrlich konzentrierter Wein mit viel reifer süßer Frucht – obwohl er aus einer relativ hohen Lage kommt. Sie ist kraftvoll und eindringlich, wunderschön lang und nachhaltig. *ge*

Bild linke Seite: Rocco Giorgio
Bild rechte Seite (oben): Guido Seria präsentiert seine Weine
Bild rechte Seite (unten): Barriquekeller

| | | |
|---|---|---|
| ★★ | Cerviolo Bianco ❷ | 8.000 |
| ★-★★ | Chianti Classico ❷ | 90.000 |
| ★★★ | Chianti Classico Riserva Cellole ❷ | 30.000 |
| ★★★ | Cerviolo Rosso ❸ | 30.000 |
| Importeure: | D/CH/A: Bezugsquellen über Stoppervini (CH) | |

# SAN FELICE
## Castelnuovo Berardenga

San Felice ist ein sehr gut erhaltener Weiler, der ein komfortables Hotel, das Restaurant Poggio Rosso und ein Weingut beherbergt. Der „Borgo" – der Begriff für eine Häusergruppe bzw. ein kleines Dorf aus dem Mittelalter – erstrahlt seit der Renovierung in den 80er Jahren in neuem Glanz und hat durch das Hotel der „Relais & Chateaux"-Gruppe eine Aufwertung erfahren.

### SÜDLICHE TOSKANA

Eigentümer von San Felice ist die Versicherungsgesellschaft RAS, eine Tochter der deutschen Allianz. Der Konzern besitzt zudem das Weingut Campogiovanni mit 14 Hektar Weinbergen in der DOCG Brunello di Montalcino (Sant Angelo in Colle) und ca. 2000 Hektar Land in der Maremma, wo in den letzten Jahren ebenfalls neue Weinberge gepflanzt wurden. Der technische Direktor und Önologe Leonardo Bellaccini, der für alle drei Betriebe verantwortlich ist, hat also eine ganze Menge zu tun, denn auch im Chianti Classico stehen umfangreiche Neupflanzungen an. Er bewältigt dies mit toskanischer Gelassenheit und dem Vertrauen auf sein eingespieltes Team von Mitarbeitern. Mit fast 200 Hektar Weinbergsfläche in der Gemeinde Castelnuovo Berardenga ist das Weingut San Felice nicht nur hier im südlichen Chianti Classico einer der größeren Betriebe. Die Anzahl an Weinen ist dementsprechend groß, alle sind jedoch zuverlässig in ihrer Qualität und die Auslesen Vigorello, Poggio Rosso und Il Grigio zählen seit mehr als zwanzig Jahren zu den sehr guten Weinen in der Toskana.

> Frazione San Gusmè, Località San Felice
> 53010 Castelnuovo Berardegna
> Tel. 0577-3991
> Fax: 0577-359223
> www.agricolasanfelice.it
> info@agricolasanfelice.it
> Besitzer: Riunione Adriatica di Sicurta S.p.A.
> Önologe: Leonardo Bellaccini
> Betriebsleiter: Giovanni Battista Gorio
> Rebfläche: 200 Hektar
> Produktion: 1.200.000 Flaschen
> Besuchszeiten: nur nach Vereinbarung
> Agriturismo, Hotel, Restaurant

### ETABLIERTES SORTIMENT

Die Weine sind im etablierten Programm klar voneinander abgetrennt. Die Chianti Classico Riserva „Il Grigio" ist ein eher traditioneller Chianti Classico, da er komplett in großen Holzfässern ausgebaut wird. Der „Poggio Rosso" ist ebenfalls ein Chianti Classico Riserva, der jedoch in kleinen Holzfässern ausgebaut wird. Das erfolgreiche Trio vervollständigt der „Vigorello", ein Verschnitt der Rebsorten Cabernet Sauvignon und Sangiovese. Dass Cabernet Sauvignon in der Toskana sehr gute Ergebnisse liefern kann, darauf haben die Verantwortlichen von San Felice sehr früh gesetzt. Ursprünglich als reiner Sangiovese angeboten, enthält ihr Spitzenwein seit 1979 einen Anteil Cabernet Sauvignon. Mittlerweile sind es rund 40 Prozent, der Rest ist ausgelesene Sangiovesequalität. Für die Weine „Il Grigio" und „Vigorello" war schon der Jahrgang 1968 die Geburtsstunde, der Poggio Rosso folgte zehn Jahre später. Aus dieser Beständigkeit des Weinsortiment auf einen Stillstand zu schließen, wäre falsch. Leonardo Bellaccini und sein Team arbeiten stetig an der Verbesserung ihrer Weine.

## REBENFORSCHUNG UND DER PUGNITELLO

Vor allem im Weinbau haben sie in den letzten Jahren große Fortschritte erzielen können. Die kontinuierliche Arbeit und langjährige Erfahrung mit verschiedenen Rebsorten im Hause San Felice kommt mittlerweile nicht nur den eigenen Weinen zugute. Im Rahmen des Projektes „Chianti Classico 2000" des Konsortiums wurden neue Sangiovese-Klone getestet, von denen die Besten heute von vielen Betrieben intensiv genutzt werden. Ebenso wertvoll ist die intensive Arbeit an der Erhaltung von alten, teilweise in Vergessenheit geratenen Rebsorten der Toskana. Die Universität in Florenz, betreut auf San Felice einen Weinberg mit mehr als 200 toskanischen und antiken Rebsorten. „Ein Ergebnis unserer Forschungen ist die viel versprechende Sorte Pugnitello", erklärt Leonardo Bellaccini beim Besuch im Weingut. Zufrieden reicht der Weinmacher uns eine Kostprobe aus dem Barrique mit der Aufschrift „Pugnitello, nicht berühren". In ein paar Jahren, verspricht Leonardo Bellaccini, soll dann der erste Pugnitello als eigenständiger Wein auf den Markt kommen und mit seiner Qualität die Leute davon überzeugen, dass die Toskana dank längst vergessener Rebsorten noch einige positive Überraschungen bereit hält. *sm*

| | | | |
|---|---|---|---|
| Bild linke Seite: | San Felice | | |
| Bild rechte Seite: | Leonardo Bellaccini | | |
| ★-★★ | Chianti Classico Riserva Il Grigio ❷ | | 320.000 |
| ★★ | Chianti Classico Riserva Poggio Rosso ❸ | | 45.000 |
| ★★ | Vigorello ❸ | | 60.000 |
| Importeure: | D: | Domaines Schenk | |
| | CH: | Schenk | |
| | A: | Festival | |

# SAN GIUSTO A RENTENNANO
## Gaiole in Chianti

Die Familie Martini di Cigala ist Eigentümer des Weingutes San Guisto a Rentennano in der Nähe von Siena, das heute von Luca, Francesco und Elisabetta geleitet wird. Vater Enrico Martini di Cigala erwarb den historischen Besitz im Jahr 1956. Damals kaufte er das ehemalige Klosterweingut inklusive der Villa aus dem 15. Jahrhundert von der Familie Ricasoli des benachbarten Castello di Brolio. Große Waldflächen, Weizenfelder, Wiesen, Oliven und Weinberge gehören zum 173 Hektar großen Besitz, der wie viele Orte in der Toskana ereignisreiche Zeiten erlebt hat. Das alte Kloster (San Giusto alle Monache) aus dem 13. Jahrhundert wurde im Zuge der Kämpfe zwischen den Stadtrepubliken Siena und Florenz im Mittelalter sogar zur Burg umgebaut.

> Località San Giusto, 20
> 53010 Gaiole in Chianti
> Tel. 0577-747121
> Fax: 0577-747109
> www.fattoriasangiusto.it
> sangiustorentennano@chiantinet.it
> Besitzer: Fratelli Martini di Cigala
> Önologe: Francesco Martini di Cigala, Attilio Pagli
> Betriebsleiter: Luca und Francesco Martini di Cigala
> Rebfläche: 30 Hektar
> Produktion: 85.000 Flaschen
> Besuchszeiten: 9-13 + 15-19 Uhr

### IN DER RUHE LIEGT DIE KRAFT

An diesem Ort mit den alten Gemäuern, wo sich Büro und Verkaufsraum des Weingutes befinden, herrscht eine angenehme Ruhe. Möglicherweise schöpfen die Geschwister daraus ihre Kraft für ihre erfolgreiche Arbeit. Die Brüder teilen sich die Arbeit in Keller und Weinberg, und Schwester Elisabetta betreut den kaufmännischen Part inklusive des kleinen Ladenverkaufs. Die funktionierende Zusammenarbeit hat das Weingut zu einem der besten im ganzen Chianti Classico gemacht. Der Merlot (La Ricolma) ist wegen der kleinen Menge und der großen Nachfrage kaum im Verkauf zu finden, der Vin Santo gehört zum Besten, was die Toskana zu bieten hat, und der Sangiovese Percarlo bekommt beständig von den amerikanischen und italienischen Weinkritikern seit mehr als 10 Jahren die Höchstwertung. Trotz der Erfolge ihrer Weine sind die di Cigala nach wie vor bescheiden und zurückhaltend.

### KRAFT AUS DEM BODEN

Ohne sich an Modetrends zu orientieren, verfolgen die Geschwister zielstrebig ihren Weg. Oberstes Gebot ist die Erzeugung von Weinen, die das Terroir von Monti in Chianti respektieren. Insgesamt bewirtschaften sie mittlerweile stolze 30 Hektar Weinberge, die fürs Chianti Classico gesehen relativ tief (im Mittel 250 Meter über Meereshöhe) gelegen sind und vorwie-

gend mit den traditionellen roten Sorten des
Chianti bepflanzt sind. Luca di Cigala weiß
genau, wo der Sangiovese ein paar Tage früher
reif ist, denn er kennt die feinen Bodenunter-
schiede der eigenen Weinberge aus langjähriger Erfahrung. Gewiss ist die Formel, dass im
Weinberg die Qualität entsteht, ein strapazier-
ter Begriff. Für die Familie Martini di Cigala ist sie jedoch kein einfacher Marketing-
slogan, sondern eine Philosophie, die jeden Tag neu gelebt wird. Eine besonders
geeignete Stelle haben Luca und Francesco di Cigala für einige Tausend Merlotreben aus Frankreich gefunden, an der die Trauben für den reinsortigen Merlot Ricolma wachsen.

## Traditionelle Weinbereitung

Im Keller werden alle Trauben in ausgekleideten Zementtanks vergoren und die
Maische wird durch automatisches Unterstampfen des Tresterhutes intensiv bearbeitet, um den Trauben ihre wertvollen Aromen und Gerbstoffe zu entreißen. Danach wird der Wein möglichst wenig bewegt und lagert in den historischen Kellern
von San Giusto. Im Vergleich zu anderen Weinen wirken die Weine von San Giusto
a Rentennano in ihrer Jugend meist etwas kantiger, was jedoch für einen Sangiovese
nichts Ungewöhnliches ist.

## Sehr gute Annata

Schon der relativ preiswerte Chianti Classico, der im Gegensatz zum barriquegereiften Percarlo in großen Holzfässern ausgebaut wird, überzeugt in einem sehr guten
Jahr wie 1999 oder 2001 durch seine klare Sangiovesefrucht und eine herrlich rup-
pige (und ehrliche) Gerbstoffstruktur. Eine klar erkennbare Handschrift ist in allen
Weinen des Weingutes zu erkennen. „Nicht jeder steht eben auf die »soft wines«, die sich auch in der Toskana immer mehr ausbreiten" sagt Luca di Cigala und fügt hinzu: „Durch schmeicheln-
de Gerbstoffe und süße A-
romen zeichnen sich andere Rebsorten aus." sm

| | | | |
|---|---|---|---|
| Bild linke Seite: | Luca und Francesco Martini di Cigala | | |
| Bild rechte Seite: | Weinberge | | |
| ★★ | Chianti Classico ❷ | | 40.000 |
| ★★-★★★ | Chianti Classico Baroncolo ❸ | | 15.000 |
| ★★★ | La Ricolma ❸ | | 3.400 |
| ★★★ | Percarlo ❸ | | 20.000 |
| Importeure: | D: | Alpina, Cave Steines, Lorenz & Cavallo, Stratmann | |
| | CH: | bei Caratello (CH), La Cave (CH) | |
| | A: | bei Steinertor (A), Wein & Co. (A) | |

# SAN VINCENTI

### Gaiole in Chianti

Nach San Vincenti verirrt sich so leicht kein Tourist. Auf einer schlechten Straße fährt man durch Wald. Nur Bäume auf beiden Seiten. Hier soll ein Weingut sein? Dann öffnet sich der Blick, auf einer Hügelkuppe sieht man Reben stehen. Die benachbarten Hügel sind bewaldet. Um so mehr beeindrucken die Weinberge von San Vincenti. Man sieht gleich, dass ein Teil der Reben erst neu angelegt ist, dass das Weingut recht jung ist. Aber gerade die Mischung aus jungen und alten, traditionsreichen Weingütern macht den Reiz einer Weinreise in der Toskana aus.

## DIE LEIDENSCHAFT FÜR DAS LAND

Ganz im Südosten des Chianti Classico liegt San Vincenti, in 500 Meter Höhe. Höhere Berge wie der Monte Luco bieten den Reben Schutz. Hier haben sich Roberto Pucci und Roberta Vannini 1985 ein Weingut gekauft. Roberto Pucci, der den Betrieb auch führt und mit seiner Frau Marilena die meiste Zeit auf San Vincenti lebt, stammt aus der Toskana, aus einer alten, seit langem hier ansässigen Familie. Sein Geld hat er im Baugeschäft verdient. Wieso er sich San Vincenti gewählt hat? Die Leidenschaft, betont er immer wieder, die Leidenschaft für das Land und die Reben seien die Triebfeder gewesen. Die Leidenschaft für das Land. Das höre ich oft. Und manchmal frage ich mich, ob es nur kluge Marketingstrategen sind, die Winzern erklären, was sie den „Schreiberlingen" erzählen sollen. Passion und Terroir. Roberto Pucci habe ich es geglaubt. Und nicht erst nach dem Bistecca Fiorentina und der zweiten Flasche Stignano.

> Podere di Stignano, 27
> 53013 Gaiole in Chianti
> Tel. 0577-734047
> Fax: 0577-734092
> svincent@chiantinet.it
> Besitzer: Roberto Pucci
> Betriebsleiter: Roberto Pucci
> Önologe: Carlo Ferrini
> Rebfläche: 8 Hektar
> Produktion: 36.000 Flaschen
> Besuchszeiten: 9-12 + 15-17 Uhr

## SANGIOVESE UND MERLOT

Was für eine Lage! Sangiovese gibt es hier. Natürlich, wir sind hier ja in der Toskana, im Chianti Classico. Aber auch zwei Hektar mit Merlot sind inzwischen angelegt. Alle Weine enthalten neben Sangiovese auch ein klein wenig Merlot, der 1999 den ersten Ertrag gebracht hat. Erst seit Mitte der neunziger Jahre sind die Weine von San Vincenti richtig gut geworden. Mit ein Verdienst von Carlo Ferrini, der seit 1995 als Önologe bei San Vincenti im Einsatz ist. Seit dem Jahrgang 1999 aber sind die Weine ganz große Klasse. Ob es am Anteil Merlot liegt? Ich mag es nicht glauben, denn trotz des Merlotanteils sind alle Weine von San Vincenti faszinierend klar – Sangiovese pur! Sie sind kraftvoll und mineralisch und zeigen mustergültig auf, was großen Chianti Classico ausmacht.

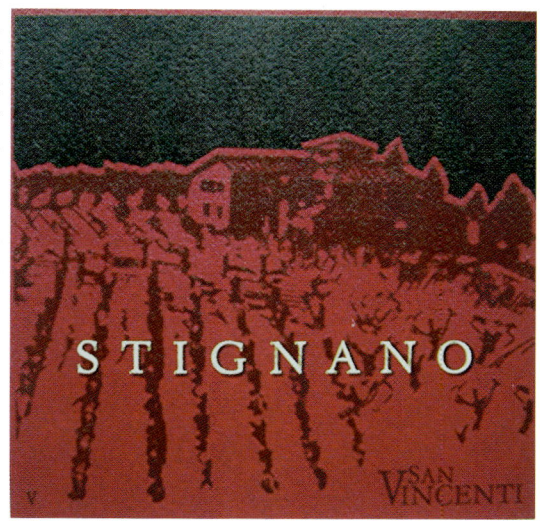

## „Einfache" Weinbereitung

Drei Weine macht San Vincenti zur Zeit: Chianti Classico, Chianti Classico Riserva und den Stignano. Vielleicht wird es in Zukunft nur noch zwei Weine geben, meint Signor Pucci. Aber eine endgültige Entscheidung ist noch nicht getroffen, fügt er hinzu. Die Weinbereitung ist überraschend einfach: die Moste werden in Zementtanks vergoren, dann in Holzfässern ausgebaut. Wobei Roberto Pucci ausschließlich Tonneaux verwendet, das sind Fässer mit 500 Liter Inhalt. Wichtiger sei eben der Boden, die Leidenschaft und das Verständnis für die Reben, sagt Robert Pucci. Auch ohne modernste Technik lassen sich dann große Weine erzeugen.

## Reintönige Weine mit mineralischem Nachhall

Seine Weine geben ihm Recht. Schon der Annata ist bestechend klar und fruchtbetont und von erstaunlicher Nachhaltigkeit. Gleiches gilt für die Riserva: ein faszinierend fruchtbetonter, reintöniger Wein, mit mineralischen Noten und einer unwahrscheinlichen Nachhaltigkeit. Wie schon gesagt, seit dem Jahrgang 1999 ist er einer der Spitzen-Chianti. Sehr ähnlich im Charakter ist der Stignano, ebenfalls kraftvoll und elegant, mit viel Frucht und erstaunlichem Nachhall. Er wirkt sehr vom Sangiovese geprägt, was sich aber in den kommenden Jahren vielleicht ändern wird, wenn die neu angelegten Merlotreben in Ertrag kommen. Anderseits gefällt mir der Stignano so wie er ist. Aber Roberto Pucci und Carlo Ferrini wissen genau, was sie tun, was das Ziel ihrer Leidenschaft ist: große Weine.  *ge*

Bild linke Seite (links): Roberto Pucci
Bild linke Seite (rechts): Blick durch winterliche Reben auf San Vincenti

| | | | |
|---|---|---|---|
| ★★ | Chianti Classico ❷ | | 20.000 |
| ★★★ | Chianti Classico Riserva ❷ | | 8.000 |
| ★★★ | Stignano ❸ | | 8.000 |
| Importeure: | D: | Assello, Il Classico, La Vigna | |
| | CH: | Il Vino, Indelicato, Squisito | |

# TORRACCIA DI PRESURA
### Strada in Chianti

Fährt man von Florenz nach Greve, so liegt in der Nähe des kleinen Ortes Strada als erstes Weingut im Chianti Classico Torraccia di Presura. Paolo Osti hat Torraccia di Presura 1989 gekauft. 44 Hektar Land umfasst das Gut, wovon 24 Hektar Weinberge sind, die er zum Teil neu angelegt hat. 11 Hektar davon befinden sich direkt am Weingut. Auf 7 Hektar des Besitzes wachsen Olivenbäume.

## AUFFÄLLIGE ETIKETTEN, ÜBERZEUGENDE WEINE

Ich muss zugeben, dass ich von Torraccia di Presura vor zehn Jahren noch nicht einmal den Namen kannte. Und ich muss gestehen, dass es die bunten Etiketten des „Il Tarocco" genannten Chianti Classico waren, die zunächst meine Aufmerksamkeit weckten. Aber genauso sicher ist auch, dass ich den Namen und die Etiketten schon lange wieder vergessen hätte, wenn die Qualität der Weine von Paolo Osti nicht mindestens ebenso interessant wäre wie die auffälligen Etiketten.

> Via della Montagnola, 130,
> 50027 Strada in Chianti,
> Greve in Chianti
> Tel. 055-8588656 / 490563
> Fax: 055-489997
> www.torracciadipresura.it
> torracciadipresura@torracciadipresura.it
> Besitzer: Torraccia di Presura srl
> Betriebsleiter: Paolo Osti
> Önologe: Giovanni Cappelli
> Rebfläche: 23 Hektar
> Produktion: 65.000 Flaschen
> Besuchszeiten: 10-18 Uhr

## CHIANTI CLASSICO: ZWEI VERSIONEN

Zwei Versionen des Chianti Classico erzeugt Paolo Osti. Beiden gemeinsam ist, dass sie zu 90 Prozent aus Sangiovese bestehen. Den Unterschied machen die restlichen 10 Prozent aus. Beim Il Tarocco bestehen diese aus Canaiolo, beim Torraccia di Presura aus Merlot. Ausgebaut werden die Weine dann gleich: beide kommen für ein halbes Jahr in kleine Holzfässer. Auch im Mund ist der Eindruck nicht allzu unterschiedlich: beide Weine sind kraftvoll und fruchtbetont, füllig und lang.

## IL TAROCCO RISERVA

Noch kraftvoller als die beiden Annata präsentiert sich die Riserva Il Tarocco. Schon im Jahr nach seinem Kauf hat Paolo Osti ihn zum ersten Mal erzeugt. Er nutzt dafür die ältesten Reben des Weingutes. Was aber im Falle von Torraccia die Presura heißt, dass diese gerade einmal gut zwanzig Jahre alt sind. Für die Riserva nimmt Paolo Osti ausschließlich Sangiovese. Nach dreiwöchiger Gärdauer kommt der Wein für ein Jahr in Barriques aus französischer Eiche. Der Wein hat Kraft und Fülle, Frucht und Struktur: es ist ein herrlich fülliger und gehaltvoller Sangiovese.

## GLÜHWÜRMCHEN

In Mainächten ist das Weingut voller Glühwürmchen, die Haus und Weinberge nachts beleuchten. Die Glühwürmchen, auf italienisch Lucciola, sind Namensgeber für den Spitzenwein von Paolo Osti, den Lucciolaio, den er im Jahrgang 1994 zum ersten Mal erzeugt hat. Zu 80 Prozent besteht der Lucciolaio aus Sangiovese, der Rest ist Cabernet Sauvignon. Der Lucciola wird drei bis vier Wochen in Edelstahltanks vergoren. Um möglichst viel Farbe und Aroma zu extrahieren, wird der Trester zwei bis dreimal am Tag untergestoßen. Nach der Gärung kommt der Lucciola dann für achtzehn Monate in Barriques aus französischer Eiche, wobei Paolo Osti Hölzer unterschiedlicher Provenienz nutzt. Der Lucciolaio ist ein guter Beweis dafür, dass Cabernet Sauvignon nicht den Charakter vom Sangiovese verfälschen muss. Es ist ein faszinierend kraftvoller und eindringlicher Wein, der in manchen Jahren klare mineralische Noten aufweist. Und immer hat er viel Frucht, Sangiovesefrucht!   *ge*

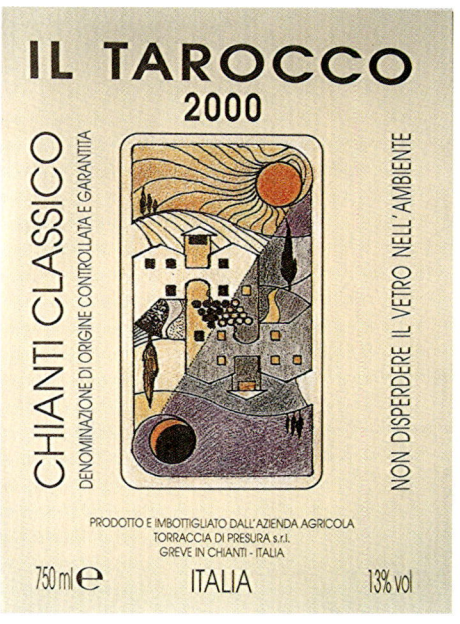

| Bild linke Seite: | Paolo Osti | | |
|---|---|---|---|
| Bild rechte Seite: | Torraccia di Presura | | |
| ★-★★ | Chianti Classico Il Tarocco ❶ | | 10.000 |
| ★-★★ | Chianti Classico Torraccia di Presura ❶ | | 3.000 |
| ★★ | Chianti Classico Riserva Il Tarocco ❷ | | 7.000 |
| ★★-★★★ | Lucciolaio ❷ | | 13.000 |
| Importeure: | CH:  Bottega del Vino | | |

# VECCHIE TERRE DI MONTEFILI
### Panzano in Chianti

Vecchie Terre di Montefili liegt auf einer Anhöhe, zwischen zwei Tälern. Alle 12 Hektar Reben liegen direkt beim Weingut, bilden einen Halbkreis um die Gutsgebäude, wie ein kleines Amphitheater. Man erreicht das Gut, wenn man von Panzano nach Mercatale Val di Pesa fährt. Es liegt auf einer Hügelkuppe, zur rechten Seite. Roccaldo Acuti, Textilfabrikant aus Prato, hat sich das Weingut 1969 gekauft und damit den Traum vom eigenen Wein verwirklicht. Seit er sich aus dem Geschäftsleben zurückgezogen hat, lebt er auch hier. Natürlich baut er vor allem Sangiovese an. Aber auch zwei Stücke mit Cabernet Sauvignon hat er anlegen lassen. Das haben viele andere im Chianti Classico auch. Ungewöhnlicher ist es da schon Chardonnay und Sauvignon Blanc zu finden, eine absolute Seltenheit im Classico-Gebiet aber ist der Traminer.

Via San Cresci, 45
50022 Panzano in Chianti
Tel. 055-853739
Fax: 055-8544684
ten.vecchie_terre_montefili@inwind.it
Besitzer: Roccaldo Acuti
Betriebsleiter: Roccaldo Acuti
Önologe: Tommaso Paglione & Vittorio Fiore
Rebfläche: 12,5 Hektar
Produktion: 62.000 Flaschen
Besuchszeiten: nach Vereinbarung

### SONNE UND STEINE

Die Lage auf der Anhöhe garantiert, dass die Reben von frühmorgens bis spätabends Sonne haben. Der Boden ist steinig, Galestro. Beides zusammen bietet beste Voraussetzungen, um große Weine zu machen. Tommaso Paglione, der Schwiegersohn von Roccaldo Acuti, hat Önologie im Piemont studiert und ist heute für den Keller bei Vecchie Terre di Montefili verantwortlich. Beraten wird er dabei vom bekannten Önologen Vittorio Fiore. Für die Bearbeitung der Weinberge wird zudem der Rat des Agronomen Remigio Bordini eingeholt.

### VIGNA REGIS

Die drei weißen Sorten gehen zusammen in den Vigna Regis genannten Weißwein ein. Chardonnay macht etwa 80 Prozent aus, Sauvignon Blanc 15 Prozent und die restlichen 5 Prozent sind Traminer. Im Bouquet aber machen sich diese 5 Prozent stark bemerkbar. Die Gewürznoten des Traminer vermischen sich mit den Toastnoten vom Barrique. Denn Tommaso Paglione und Vittorio Fiore bauen den Vigna Regis fünf Monate lang in kleinen Eichenholzfässern aus. Keine lange Zeit, könnte man denken. Aber beim Vigna Regis schlagen diese fünf Monate im Barrique durch, im Bouquet wie im Mund.

## CHIANTI CLASSICO

Der Chianti Classico ist der einzige Wein von Vecchie Terre di Montefili, der nicht im Barrique ausgebaut wird. Sein Etikett zeigt ein Motiv aus dem Kloster Badia a Pasignano. Der Wein besteht ausschließlich aus Sangiovese und wird ein Jahr lang in großen 30-Hektoliter-Fässern aus slawonischer Eiche ausgebaut. Es ist ein fülliger, sehr harmonischer Chianti mit klarer Sangiovesefrucht.

## ANFITEATRO

Noch faszinierender, noch eindringlicher kommt der Sangiovese beim Anfiteatro zur Geltung. Seinen Namen hat dieser reinsortige Sangiovese von der Lage des Weingutes und der Weinberge. Bereits 1980 wurde er zum ersten Mal erzeugt und seither, mit einer Ausnahme, 1984, jedes Jahr. Der barriqueausgebaute Anfiteatro ist wunderschön reintönig. Er ist elegant, hat viel Frucht und Kraft und in den letzten Jahrgängen weist er faszinierend mineralische Noten auf: Sangiovese par excellence.

## BRUNO DI ROCCA

Der zweite „Supertuscan" neben dem Anfiteatro ist der Bruno di Rocca. Er besteht zu 60 Prozent aus Cabernet Sauvignon und zu 40 Prozent aus Sangiovese. Der barriqueausgebaute Bruno di Rocca ist fülliger als der Anfiteatro. Der Name rührt daher, dass Roccaldo Acuti ursprünglich ein Weingut in Montalcino kaufen wollte, um Brunello zu erzeugen. Diese Cuvée nun ist eben sein Brunello, der Bruno di Rocca. International hat dieser Wein mehr Aufmerksamkeit erregt als der Anfiteatro. Mein persönlicher Favorit allerdings ist der Anfiteatro, weil es der elegantere Wein ist. Und nicht nur mein Favorit. Nach unserer Verkostung hat sich Roccaldo Acuti die angebrochene Flasche Anfiteatro unter den Arm geklemmt, um sie zum Abendessen zu leeren. Nicht den Bruno di Rocca. Er scheint die Entscheidung für Panzano anstelle von Montalcino nicht bereut zu haben.   *ge*

Bild linke Seite:   Das Ehepaar Acuti und Schwiegersohn Tommaso Paglione

| | | | | |
|---|---|---|---|---|
| ★ | Vigna Regis ❸ | | | 5.000 |
| ★ | Chianti Classico ❷ | | | 32.000 |
| ★★ | Bruno di Rocca ❹ | | | 15.000 |
| ★★-★★★ | Anfiteatro ❹ | | | 10.000 |
| Importeure: | D: | Gute Weine-Lobenberg, Stella, Kögler, Massi | | |
| | CH: | Zanini-Sulmoni | | |
| | A: | Morandell | | |

# VILLA CALCINAIA
## Greve in Chianti

Der junge Conte Sebastiano Capponi, Jahrgang 1971, hat vor einigen Jahren die Leitung des Familienweingutes Villa Calcinaia übernommen. Capponi, der mit seiner Familie im nahen Florenz lebt, fühlte sich als einziger von vier Söhnen dazu berufen, in den Weinbau einzusteigen. Der frische Wind, der durch die historischen Mauern weht, macht sich schon in der gestiegenen Weinqualität bemerkbar.

### TRADITION IN GREVE

Das große Wirtschaftsgebäude und die Villa liegen von Florenz kommend wenige Kilometer vor dem Ort Greve. Die dicken Mauern und alten Gewölbe der „Fattoria" zeugen von der langen Geschichte als Landwirtschaftsbetrieb. Bereits im Jahr 1524 werden die Vorfahren von Sebastiano Capponi als Besitzer des Anwesen geführt. Bedauerlicherweise wird heute eine ganze Reihe der großen Räume im Gebäude gar nicht mehr benutzt, denn die Instandhaltung der Gebäude kostet in der Regel mehr als sie einbringt. Ein Anwesen dieser Größenordnung zu führen, ist eine Herausforderung. Conte Sebastiano Capponi hat sich zum Ziel gesetzt, das Erbe zu einem profitablen und bekannten Weingutsbetrieb auszubauen.

> Via di Citille, 84
> 50022 Greve in Chianti
> Tel. 055-854008
> Fax: 055-854008
> www.villacalcinaia.it
> villacalcinaia@villacalcinaia.it
> Besitzer: Familie Conti Capponi
> Önologe: Federico Staderini
> Betriebsleiter: Sebastiano Capponi
> Rebfläche: 30 Hektar
> Produktion: 60.000 Flaschen
> Besuchszeiten: nach Vereinbarung
> Agriturismo

### SAFTIGER CHIANTI CLASSICO

Lediglich drei Weine erzeugt das Weingut, dabei spielt neben dem Sangiovese die Rebsorte Merlot eine besondere Rolle. Mit seinen 10 bis 20 Prozent Anteil im Chianti Classico und der Riserva sorgt der Merlot für eine Ausgewogenheit der Weine, ohne die klare Frucht des Sangiovese zu beeinträchtigen. Beide Weine werden traditionell in ausgekleideten Zementtanks vergoren und vorwiegend in großen Holzfässern ausgebaut. Um die angestrebte Qualität seiner Weine zu erreichen, benutzt Sebastiano Capponi weniger als 50% der Erntemenge für seine eigenen Weine, der Rest wird im Fass an Weinhändler verkauft. Von dieser Entscheidung profitieren die Chianti Classico. Schon der einfache Chianti Classico ist herrlich fruchtbetont und saftig.

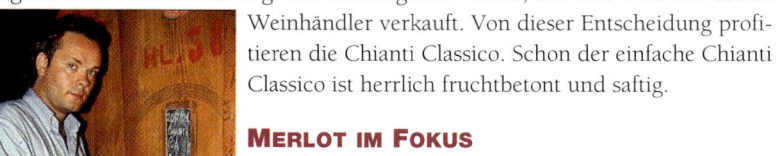

### MERLOT IM FOKUS

Der dritte Wein ist der reinsortige Merlot Casarsa, der komplett aus dem französischen Barrique kommt. Im Gegensatz zu den Classico-Weinen, die bereits seit 1967 erzeugt werden, gibt es den Casarsa erst seit dem Jahrgang 1997. Die Trauben für den Wein stammen aus den ersten Neuanlagen im Betrieb. Für Sebastiano Capponi ist der Merlot im Vergleich zum Cabernet Sauvignon der ideale Begleiter für den Sangiovese und auch reinsortig eine Rebsorte mit großem Potenzial. Wichtig ist, dass er in Lagen mit relativ schweren Böden steht, die nicht zu trocken und warm sind, damit die Vegetationsperiode der frühreifen Sorte möglichst ausgedehnt ist. Deshalb hat Sebastiano Capponi den Merlot in die höchste Weinbergslage des Weingutes pflanzen lassen. Sicher werden alle Weine von den neu angelegten Weinbergen profitieren, denn trotz aller Ertragsreduzierung sind die jungen Weinberge bei der Erzeugung von Qualität klar im Vorteil.

## WAHL DES GEEIGNETEN SANGIOVESEKLONS

Ringsherum um das Weingut ist bereits ein Teil der Weinberge erneuert worden. Bei dem Wiederaufbau des Weingutes achtet Sebastiano Capponi besonders darauf, dass die wertvollen Klone aus den ältesten Weinbergen selektiert und vervielfältigt werden. In den sechziger Jahren wurde von vielen noch die Klonselektion im Weinberg selbst durchgeführt, doch in den siebziger Jahren wurde dies von den Rebenzüchtern übernommen, was nicht immer von Vorteil für den Sangiovese gewesen ist. Nun ist der Blick nach vorne gerichtet, der Elan von Sebastiano Capponi ist ungebrochen und die schwierige Zeit längst vergessen.

## AMÜSANTE AUTOFAHRT

Äußerst unterhaltsam gestaltete sich die Autofahrt von Florenz zum Weingut. Bruder Niccolò, ein Historiker, der sich hauptsächlich mit dem 17. Jahrhundert befasst, hatte uns im Fiat Panda abgeholt. Er erzählte uns in gewähltem Englisch und sehr plakativ von der Geschichte der Adelsfamilien in Florenz. „Bedingt durch die abgeschottete Lebensweise sind die Adligen der Toskana irgendwie alle miteinander verwandt", erklärt uns Niccolò Capponi. Humorvoll und ironisch kommentiert er die exzentrische Art mancher Florentiner Familien: „Die Florentiner geben nicht gerne Geld aus". Es ist sehr angenehm, das mag überraschen, nicht andauernd über Hektarerträge und Gärtemperatur zu reden, deswegen war die amüsante Fahrt auch viel zu schnell vorüber. *sm*

| | | | |
|---|---|---|---|
| Bild linke Seite: | Sebastiano Capponi | | |
| Bild linke Seite: | Villa Calcinaia | | |
| ★ | Chianti Classico ❶ | | 45.000 |
| ★★ | Chianti Classico Riserva ❷ | | 5.500 |
| ★★ | Casarsa ❷ | | 4.000 |
| Importeure: | D: Hieber | | |
| | CH: Icnusa, Caratello | | |

# VITICCIO

## Greve in Chianti

Viticcio liegt auf einer sanften Anhöhe oberhalb von Greve in Chianti. Alle 35 Hektar Weinberge befinden sich beim Weingut. Vom Fuß des Hügels, wo die Reben in etwa 150 Meter Höhe wachsen, erstrecken sie sich hügelaufwärts. Rote Steine herrschen hier vor und der Lehmanteil im Boden ist mit 40 Prozent recht hoch (durch diesen hohen Lehmanteil sind die Weine von Viticcio auch in heißen, trockenen Jahren wie 2000 außergewöhnlich gut). 250 Meter höher dann stehen die letzten Reben von Alessandro Landini. Er ist der Mann, der das Weingut Viticcio in den letzten Jahren ganz nach oben gebracht hat. Die Qualität der Weine ist stetig und deutlich besser geworden, so dass Viticcio heute einer der Topbetriebe im Chianti Classico ist.

> Via San Cresci, 12a
> 50022 Greve in Chianti
> Tel. 055-854210
> Fax: 055-8544866
> www.fattoriaviticcio.com
> info@fattoriaviticcio.com
> Besitzer: Alessandro Landini
> Betriebsleiter: Alessandro Landini
> Önologe: Gabriella Tani
> Rebfläche: 30 Hektar
> Produktion: 200.000 Flaschen
> Besuchszeiten: 9-11 + 14-17 Uhr
> (nach Vereinbarung)
> Ferienwohnungen

### Ein Mann und fünf Frauen

Dabei ist Viticcio kein ganz neues Weingut und der Erfolg kommt weder aus dem Nichts noch von einem üppigen Bankkonto, wie sonst oft bei den Shooting Stars in der Toskana. Die Qualität ist stetig gewachsen, die Reben sind älter geworden. Lucio und Franca Landini, die Eltern von Alessandro, haben das Gut in den sechziger Jahren gekauft. 1964 haben sie ihre ersten 10.000 Flaschen Wein gemacht. 30 Jahre später ist die Produktion auf 200.000 Flaschen angewachsen. Und das gute daran: auf jede dieser 200.000 Flaschen ist Verlass. Alessandro Landini hat zunächst Wirtschaft studiert und promoviert, bevor er sich ganz seiner Leidenschaft für den Wein verschrieb. Mit seinen fünf Frauen – Mutter, Ehefrau und drei Töchter – lebt und arbeitet er auf Viticcio.

### Drei Chianti

Drei Chianti erzeugt Alessandro Landini, wobei die drei sich nicht nur im Fassausbau, sondern auch in den Rebsorten unterscheiden. Die Annata besteht ausschließlich aus Sangiovese. Der Wein wird ein Jahr in Eichenholzfässern ausgebaut. Die Riserva hingegen enthält neben Sangiovese etwa 15 Prozent Merlot und wird in gebrauchten Barriques ausgebaut. Die Riserva Beatrice enthält jeweils 10 Prozent Cabernet Sauvignon und Merlot. Der Wein wird ebenfalls in Barriques ausgebaut, wobei ein Drittel der Fässer neu, ein Drittel einmal und ein zweites Drittel bereits zweimal belegt waren. Die Riserva Beatrice ist auch der kraftvollste, eindringlichste der drei Weine – und der nachhaltigste. Aber auch Annata und Riserva gehören Jahr für Jahr zu den besten ihrer Kategorie. Wie schon gesagt, auf jeden Wein von Viticcio ist Verlass.

## PRUNAIO UND MONILE

Weitsicht haben die Landini bewiesen als sie bereits 1980 in Greve Sangiovese Grosso pflanzten. Diesen Sangioveseklon kennt man von Montalcino, aber im Chianti Classico war er kaum zu finden. Bei Viticcio aber hat man seit 1980 große Flächen mit Sangiovese Grosso bepflanzt und 1985 zum ersten Mal den Prunaio auf den Markt gebracht, den ersten reinsortigen Sangiovese Grosso im Chianti Classico. Inzwischen gibt es viele Erzeuger, die hier verstärkt auf diesen Sangioveseklon setzen. Der Prunaio wird vierzehn Monate im Barrique ausgebaut und überzeugt immer wieder mit seiner faszinierenden reintönigen Frucht und mit viel Kraft. 1988 kam dann ein zweiter Supertuscan hinzu, Monile genannt. Er enthält Cabernet Sauvignon und ein klein wenig Sangiovese Grosso und wird wie der Prunaio vierzehn Monate in Barriques ausgebaut. Wie dieser ist er kraftvoll und konzentriert, besticht mit viel Frucht und Nachhall. Und Verlass ist auf ihn wie auf alle Weine von Viticcio weil Alessandro Landini ganz auf Qualität setzt und in schlechteren Jahren wie 2002 diese Weine nicht macht: keinen Prunaio, keinen Monile, keinen Beatrice.

## INVESTITION IN BOLGHERI

Die Unternehmungslust von Alessandro Landini ist ungebremst. Ferienwohnungen wurden neu eingerichtet auf Viticcio. Noch größer aber ist die Investition in Bolgheri. Dort hat er 25 Hektar Land gekauft, I Greppi genannt, und in den Jahren 2002 und 2003 die ersten 8 von einmal insgesamt 20 Hektar Reben gepflanzt: Cabernet Sauvignon, Cabernet Franc und Merlot. „Ein Auge für die Zukunft, aber mit festen Wurzeln in der Tradition." Dies ist das Motto der Familie, erklärt Alessandro Landini. Voraussicht und Wagemut hatten sie: sehr früh haben sie Sangiovese Grosso und Cabernet Sauvignon gepflanzt, seit 1985 nutzt man auf Viticcio Barriques. Auch in Bolgheri wird Alessandro Landini mit Sicherheit keinen Alltagswein erzeugen. Aber Geduld ist angesagt, denn es dauert noch einige Jahre, bevor der erste Wein von dort auf den Markt kommt.   ge

Bild linke Seite:   Nicoletta Florio Deleuze und Alessandro Landini

| | | | |
|---|---|---|---|
| ★-★★ | Chianti Classico ❶ | | 150.000 |
| ★★-★★★ | Chianti Classico Riserva ❷ | | 22.000 |
| ★★-★★★ | Chianti Classico Riserva Beatrice ❷ | | 13.000 |
| ★★★ | Prunaio ❸ | | 22.000 |
| ★★★ | Monile ❸ | | 11.000 |
| Importeure: | D: | Kapff | |
| | CH: | Gastrovin | |
| | A: | Blaikner | |

# CASTELLO DI VOLPAIA

### Radda in Chianti

Die Weinregion Chianti Classico und der Name Volpaia sind fest miteinander verbunden. Seit mehr als zwanzig Jahren zählt das Castello di Volpaia der Familie Stianti Mascheroni zu den bekanntesten Weingütern der Toskana. Carlo Mascheroni und seine Frau Giovannella Stianti-Mascheroni leben zwar in Mailand, doch so oft wie möglich verbringt das Paar seine Zeit in der Toskana.

## ENGAGIERTE BESITZER

Der Erfolg hat viele Gründe, doch der kontinuierliche Einsatz von Giovannella Stianti Mascheroni, die das Weingut leitet und die zahlreichen Weinkunden betreut, hat einen erheblichen Anteil daran. Mit einer fast deutschen Gründlichkeit plant sie Jahr für Jahr ihren Messeauftritt in Verona. Konzentration auf das Wesentliche, auf die neuen Jahrgänge und die Vertriebspartner, lautet das Motto. Die langjährige Arbeit zahlt sich aus, denn die Produkte sind in vielen Auslandsmärkten sehr gut eingeführt. Jedes Jahr möchten zahlreiche Weintouristen aus allen Ländern sehen, wo die Trauben für die verschiedenen Weine wachsen. Sie besuchen das Weingut, probieren die Weine, das Olivenöl und die sehr guten Weinessigsorten oder genießen einfach nur die abgeschiedene Ruhe in diesem Teil des Chianti Classico. Volpaia ist ein Weingut mit einer langen Geschichte. Als Teil eines Weilers, der in unruhigeren Zeiten im kriegerischen Mittelalter zur Burg umgebaut wurde, erhebt es sich auf einem hochgelegenen Hügel über den eigenen Weinbergen.

> Loc. Volpaia
> 53017 Radda in Chianti
> Tel. 0577-738066
> Fax: 0577-738619
> www.volpaia.com
> info@volpaia.com
> Besitzer: Giovannella Stianti Mascheroni
> Önologen: Lorenzo Regoli,
> Riccardo Cotarella
> Rebfläche: 45 Hektar
> Produktion: 235.000 Flaschen
> Besuchszeiten: 9:30-12:30 + 14:30-17 Uhr

## IHRER ZEIT VORAUS

Anfang der neunziger Jahre hat man auf Volpaia damit begonnen, die Weinberge zu erneuern. Als die große Neupflanzungswelle im Chianti Classico gegen Ende des Jahrzehntes so richtig ins Rollen kam, hatte Volpaia bereits ein Drittel seiner Weinberge erneuert. Mittlerweile sind zwei Drittel auf höhere Pflanzdichte und modernes Weinbergsmanagement umgestellt worden. Mit Sangiovese, Mammolo, Cabernet Sauvignon, Merlot, Syrah, Trebbiano, Malvasia, Chardonnay und Sauvignon Blanc gibt es eine Vielzahl von Rebsorten. Vor allem den Syrah und den Merlot, die in Chianti Classico-Weinen neuerdings bis zu 20 Prozent enthalten sein dürfen, schätzt Giovannella Stianti Mascheroni als Partner des Sangiovese sehr.

## NEUES TEAM IM KELLER

Mitte der neunziger Jahre, im Zuge der aufwendigen Umstrukturierung, konnten die Weine nicht in jedem Jahr völlig überzeugen. Diese Schwächephase ist jedoch überwunden und mit den jungen Weinbergen und einem neuen Team im Keller hat sich Volpaia im neuen Jahrtausend wieder unter den Besten im Chianti Classico eingereiht. Große Stücke hält die Besitzerin auf ihren jungen Önologen Lorenzo Regoli, der seit dem Jahrgang 2001 als technischer Direktor für die Weine verantwortlich ist. „Die Trennung von unserem langjährigen Freund und Berater Maurizio Castelli war ein schmerzhafter Schritt, doch wir wollten einen Neuanfang wagen", begründet sie ihre Entscheidung. Unterstützt wird Regoli von dem erfolgreichen Önologen Riccardo Cotarella. Warum hat sich die Familie gerade für Cotarella entschieden? „Zum einen hat uns der Stil der Weine von Riccardo gefallen und zum anderen ist er ein Weinmacher, der bislang nicht zehn oder mehr Weingüter im Chianti Classico berät", erklärt uns Giovannella Stianti ihre Beweggründe. Enttäuscht sei sie von der Uniformität vieler Weine in der Toskana, bei denen der Einfluss des Önologen allzu deutlich spürbar ist.

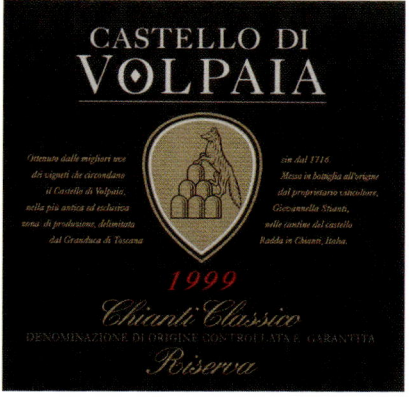

## KONZENTRIERTER UND STRUKTURIERTER

Die Arbeit des neuen Teams macht sich bereits positiv bemerkbar. Der Chianti Classico 2001, die Riserva 2000, sowie der Coltassala (Sangiovese/Mammolo) und der Balifico (Sangiovese/Cabernet) aus dem gleichen Jahrgang sind strukturiert und mit einer üppigen Frucht ausgestattet, ohne dass sie jedoch die den Volpaia-Weinen eigene Eleganz verloren hätten. Bedingt durch die relativ hohe Lage (500 Meter im Mittel) der Weinberge zeichneten sich die Weine eher durch Eleganz und eine von der Sauerkirsche geprägten Frucht aus als durch die Konzentration und reife Frucht tieferer Lagen aus. Der eingeschlagene Weg führt zweifelsohne nach oben, dafür steht Giovannella Stianti Mascheroni mit all ihrem Einsatz. *sm*

| | | | |
|---|---|---|---|
| Bild linke Seite: | Castello di Volpaia | | |
| Bild rechte Seite: | Giovannella Stianti Mascheroni | | |
| ★-★★ | Chianti Classico ❷ | | 150.000 |
| ★★ | Chianti Classico Riserva ❷ | | 60.000 |
| ★★ | Chianti Classico Riserva Coltassala ❸ | | 13.000 |
| ★★ | Balifico ❸ | | 13.000 |
| Importeure: | D: AMC, Ars et Vinum, Castell Laupendahl, Francimport, Clüsserath, Schelte, Vini del Piemonte, Stratmann, Medolago, Hack | | |
| | CH: Zanini & Sulmoni | | |

## DIESE WEINGÜTER SOLLTE MAN BEOBACHTEN

Es folgen Kurzbeschreibungen einiger Weingüter, die sich in letzter Zeit stark gesteigert haben. Darunter sind junge Weingüter, die schon mit ihren ersten Weinen aufhorchen ließen, aber auch ältere, bekannte Güter, bei denen ein deutlicher Aufwärtstrend zu bemerken ist. *ge*

**Buondonno,** *Castellina in Chianti.* Gabriele Buondonno baut neben Sangiovese ein klein wenig Merlot, Syrah und Trebbiano an. Die Weinberge werden kontrolliert ökologisch bewirtschaftet. Seine beiden Chianti Classico, Annata wie Reserva, bestechen mit ihrer wunderschön reintönigen Frucht.
*Località Casavecchia alla Piazza, 37, 53011 Castellina in Chianti, Tel. 0577-749754; Besitzer: Gabriele Buondonno, Rebfläche: 7,5 ha.*

**Podere La Cappella,** *San Donato in Poggio.* Bruno Rossini hat in den letzten Jahren stark zugelegt. Herrlich reintönig und kraftvoll ist seine Chianti Classico Riserva Querciolo. Es ist ein reinsortiger Sangiovese, der ein Jahr im Barrique ausgebaut wird. Auch seine beiden Toscana IGT, Corbezzolo und Cantico, werden im Barrique ausgebaut und sind in ihrer Jugend recht tanningeprägt. Der Corbezzolo besteht aus 80 Prozent Sangiovese und 20 Prozent Merlot, der Cantico ist ein reinsortiger Merlot.
*Strada Cerbaia, 10, 50020 San Donato in Poggio, Tel. 055-8072727; Besitzer: Bruno Rossini, Rebfläche: 6 ha*

**Casale dello Sparviero,** *Castellina in Chianti.* Casale dello Sparviero ist ein 90 Hektar großes Gut bei Castellina in Chianti. 50 Hektar wurden in den letzten Jahren neu angelegt. Neben Sangiovese wird Canaiolo, Merlot und Cabernet Sauvignon angebaut. Bisher werden nur zwei Weine erzeugt, Chianti Classico und Chianti Classico Riserva, zusammen etwa 40.000 Flaschen im Jahr. Önologischer Berater ist Attilio Pagli.
*Fattoria Campoperi, Loc. Casale, 93, 53011 Castellina in Chianti, Tel. 0577-743228 / 743062; Besitzer: Fattoria Campoperi Srl, Rebfläche: 90 ha.*

**Cerbaia,** *San Donato in Poggio.* Das Ärzteehepaar Barbier, aus der Schweiz, hat 1997 diese Gut gekauft. Die Vorbesitzer hatten den Ertrag der 20- bis 30-jährigen Reben verkauft. 11 Hektar des 63 Hektar großen Gutes sind mit Reben bepflanzt. Önologe ist Piero Masi, ehemaliger Chefönologe bei Isole e Olena. 1999 wurden neue Weinberge mit Cabernet Sauvignon und Merlot angelegt. Zur Zeit werden zwei Weine erzeugt, ein herrlich kraftvoller Chianti Classico und der Rosso Classico, ein im Barrique ausgebauter, reinsortiger Sangiovese.
*Strada Cerbaia, 16, 5o020 San Donato in Poggio, Tel. 055-8059198; Besitzer: Peter und Ayse Barbier, Rebfläche: 11 ha.*

**Concadoro,** *Castellina in Chianti.* Concadoro liegt in etwa 430 Meter Höhe bei Castellina in Chianti. 18,5 Hektar Reben gehören hier den Brüdern Cerasi, dazu 40 Hektar mit Olivenbäumen und 70 Hektar Wald. Neben Sangiovese bauen sie ein wenig Canaiolo und Cabernet Sauvignon an. Die durchschnittliche Produktion beträgt 90.000 Flaschen im Jahr. Sie erzeugen drei wunderschön füllige Chianti Classico: Annata, Vigna di Gaversa und Riserva. Die Weinberge werden ökologisch bewirtschaftet (A.I.A.B.).
*Loc. Concadoro, 67, 53011 Castellina in Chianti, Tel. 0577-741285; Besitzer: Adriano Cerasi, Claudio Cerasi, Rebfläche: 18,5 ha.*

**Fattoria Le Fonti,** *Panzano in Chianti.* Conrad M. Schmitt besitzt 8,5 Hektar Weinberge, von denen zur Zeit 6,3 Hektar in Produktion sind. Davon werden jährlich etwa 26.000 bis 28.000 Flaschen Wein erzeugt. Önologischer Berater ist Stefano Chioccioli. Die Weine von Fattoria Le Fonti sind alle wunderschön fruchtbetont und füllig. Das gilt für den Chianti Classico ebenso wie für die füllige Chianti Classico Riserva, die beide neben Sangiovese ein klein wenig Cabernet Sauvignon und Merlot enthalten. Herrlich konzentriert und füllig ist auch der Fontissimo, eine Cuvée aus 65 Prozent Sangiovese und 35 Prozent Cabernet Sauvignon.
*Loc. Le Fonti, 50020 Panzano in Chianti, Tel. 055-852194; Besitzer: Conrad M. Schmitt, Rebfläche: 8,5 ha.*

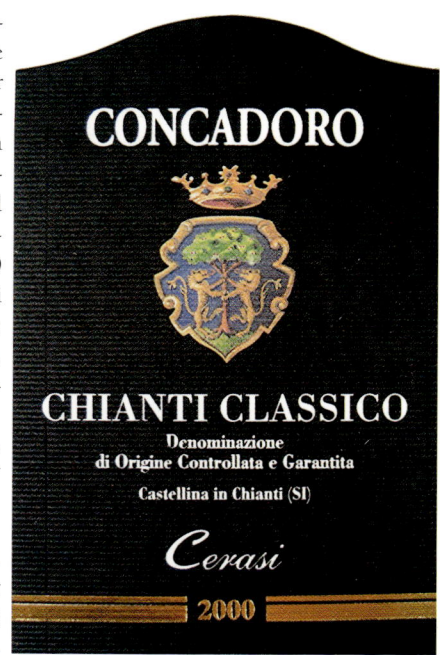

**Castello di Lucignano,** *Gaiole in Chianti.* Castello di Lucignano hat viele Jahre seine Trauben an die Genossenschaft Agricoltori del Chianti Geografico abgeliefert. Mit dem Jahrgang 1997 hat der neue Besitzer, Gerd K. Schué, der das Weingut 1994 erworben hat, mit der Selbstvermarktung begonnen. 15 Hektar des 52 Hektar großen Gutes sind mit Reben bestockt. Seit 2001 werden die Weine im neuen Keller unter der Leitung des Önologen Fabrizio Ciufoli vinifiziert. Zwei Chianti gibt es bei Castello di Lucignano: Annata und die herrlich kraftvolle Riserva, dazu die Il Solissimo genannte Cuvée aus Sangiovese und Cabernet Sauvignon.
*Loc. Lucignano, 53013 Gaiole in Chianti, Tel. 0577-747810; Besitzer: Az. Agr. Castello di Lucignano srl, Rebfläche: 15 ha.*

**Fattoria di Petroio,** *Quercegrossa.* Fattoria di Petroio liegt nordöstlich von Quercegrossa. Die Produktion beträgt etwa 45.000 Flaschen Wein im Jahr. Das Weingut ist seit dem frühen 18. Jahrhundert im Familienbesitz und wird heute von Gian Luigi Lenzi und seiner Frau Pamela geführt, Önologe ist Carlo Ferrini. Beide Chianti Classico, Annata wie Riserva, sind in den letzten Jahrgängen herrlich füllig und fruchtbetont und haben deutlich an Struktur gewonnen.
*Via di Mocenni, 7, 53033 Quercegrossa, Tel. 0577-328045,06-6798583; Besitzer: Gian Luigi Lenzi, Rebfläche: 14 ha.*

**Poggio Bonelli,** *Castelnuovo Berardenga.* Seit dem Jahr 2000 gehört Poggio Bonelli der Bank Monte Paschi dei Siena, die auch das benachbarte Gut Chigi Saracini besitzt. Unter der Anleitung von Carlo Ferrini werden zwei Weine erzeugt: ein kraftvoller, im Barrique ausgebauter Chianti Classico und ein Rosso Toscana IGT, Tramonto d'Oca genannt, der neben Sangiovese ein wenig Merlot enthält und eineinhalb Jahre in französischen Barriques ausgebaut wird.
*Loc. Poggio Bonelli, 53019 Castelnuovo Berardenga, Tel. 0577-355382; Besitzer: Monte Paschi dei Siena, Rebfläche: 18 ha.*

**Querceto di Castellina,** *Castellina in Chianti.* Querceto di Castellina umfasst 83 Hektar Land, von denen 11 Hektar mit Reben bepflanzt sind. Der Vater des heutigen Besitzers hatte das Weingut in den vierziger Jahren gekauft, aber erst mit dem Jahrgang 1998 wurde der erste Wein erzeugt. Die Weinberge wurden erst in den letzten Jahren angelegt, der Keller 2003 fertig gestellt. Erzeugt wird ein fülliger, im Barrique ausgebauter Chianti Classico, L'Aura genannt, sowie der Podalirio, eine Cuvée aus 80 Prozent Sangiovese und 20 Prozent Merlot, die achtzehn Monate in Barriques aus französischer Eiche ausgebaut wird.
*Loc. Querceto, 9, 53011 Castellina in Chianti, Tel. 0577-733590; Besitzer: Castellina di Querceto Srl, Rebfläche: 11,3 ha.*

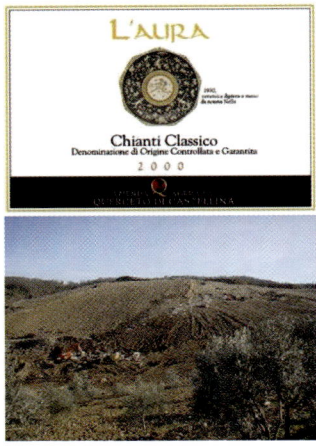

**Fattoria La Ripa,** *San Donato in Poggio.* Bei diesem 140 Hektar großen Gut bei San Donato in Poggio sind 20 Hektar mit Reben bepflanzt. Die Reben wachsen hier in 420 Meter Höhe. Neben dem fruchtigen Annata gibt es eine kraftvolle Riserva. Beide Chianti enthalten neben Sangiovese etwas Canaiolo. Sie sind wunderschön fruchtbetont und reintönig, harmonisch und lang. Hinzu kommt die Santa Brigida genannte Cuvée aus drei Viertel Sangiovese und einem Viertel Cabernet Sauvignon, kraftvoll und fruchtbetont wie die beiden Chianti.
*Loc. La Ripa, 50020 San Donato in Poggio, Tel. 055-8072948; Besitzer: Santa Brigida Srl, Rebfläche: 20 ha.*

**Santo Stefano,** *Greve in Chianti.* Santo Stefano ist ein Gut mit 16,5 Hektar Weinbergen bei Greve in Chianti. Es gehört Mauro Bendinelli. Önologe bei Santo Stefano ist Stefano Chioccioli, Betriebsleiterin Elena Bendinelli. Santo Stefano erzeugt vier Weine, zur Zeit etwa 20.000 Flaschen im Jahr. Die Weine von Santo Stefano sind herrlich füllig und von reifen süßen Fruchtnoten geprägt. Dies gilt schon für den Chianti Classico aus 90 Prozent Sangiovese und 10 Prozent Cabernet Sauvignon. Eine Steigerung hinsichtlich Konzentration und Fülle bietet der Chianti Classico Drugo, ein reinsortiger Cabernet Sauvignon. Santo Stefano vermietet Apartments.
*Santo Stefano, Via di Collegalle, 3, 50022 Greve in Chianti, Tel. 055-8572298; Besitzer: Mauro Bendinelli, Rebfläche: 16,5 ha.*

**Terrabianca,** *Radda in Chianti.* 1988 hat Roberto Guldener das 230 Hektar große Gut Terrabianca erworben. 52 Hektar sind mir Reben bepflanzt, von denen 350.000 Flaschen Wein im Jahr erzeugt werden. Entsprechend umfangreich ist das Sortiment: Chianti Classico (Scassino und Riserva Croce), Piano del Cipresso (ein reinsortiger Sangiovese), Campaccio (Sangiovese und Cabernet Sauvignon) und Ceppate (Cabernet Sauvignon und Merlot) sind die Namen der Jahr für Jahr überzeugenden Rotweine von Terrabianca. Zu Terrabianca gehört auch Il Tesoro bei Massa Marittima in der Maremma mit Hotel, Gästehaus und Weingut, wo ein fülliger, reinsortiger Merlot erzeugt wird.
*Loc. San Fedele a Paterno, 53017 Radda in Chianti, Tel. 0577-738544; Besitzer: Terrabianca srl di Roberto Guldener, Rebfläche: 52 ha.*

**Terreno,** *Greve in Chianti.* Terreno ist ein 120 Hektar großes Gut bei Greve in Chianti, das der schwedischen Familie Ruhne gehört. Önologe bei Terreno ist Federico Staderini. Die Chianti Classico enthalten neben Sangiovese alle ein wenig Merlot und Cabernet Sauvignon. Sie zeigen alle gute Frucht und Struktur, egal ob Annata, Riserva oder Riserva Lignanello.
*Via Citille, 4, 50022 Greve in Chianti, Tel. 055-854001; Besitzer: Familie Ruhne, Rebfläche: 15 ha.*

**Villa Cafaggio,** *Panzano in Chianti.* Villa Cafaggio gehört mit einer Jahresproduktion von 300.000 bis 400.000 Flaschen zu den größeren Erzeugern in Panzano in Chianti. Ausschließlich rote Sorten baut Stefano Farkas an: Sangiovese, Cabernet Sauvignon und ein klein wenig Merlot, von denen er vier Weine erzeugt. Chianti Classico und Chianti Classico Riserva sind reinsortige Sangiovese. Hinzu kommt der San Martino, ein weiterer reinsortiger Sangiovese, der erstmals 1985 erzeugt wurde. Im Jahr 1989 kam der Cabernet Sauvignon Cortaccio neu ins Programm.
*Via San Martino in Cecione, 5, 50020 Panzano in Chianti, Tel. 055-8549094; Besitzer: S.R.Rl. Basilica Cafaggio, Rebfläche: 35 ha.*

**Villa Casale,** *Greve in Chianti.* 1991 hat Heinz Eichler Villa Casale gekauft. Er hat die Gebäude restauriert und neue Weinberge angelegt. Die Trauben der damals 2,5 Hektar Weinberge wurden verkauft, bis 1997 der erste Jahrgang des eigenen Weines auf den Markt kam. Inzwischen sind 7 Hektar in Ertrag. Bisher erzeugt Villa Casale unter der Leitung von Lawrence d'Almeida zwei Weine, einen Chianti Classico, sowie den Chianti Classico La Capella von den ältesten Reben des Weinguts. Beide Weine sind enorm füllig und geprägt von reifer Frucht. Zukünftig soll der La Capella als Riserva auf den Markt kommen.
*Loc. Greti, 50022 Greve in Chianti, Tel. 055-8544859; Besitzer: Villa Casale Srl, Rebfläche: 7 ha.*

**Villa Trasqua,** *Castellina in Chianti.* Villa Trasqua ist ein 120 Hektar großes Gut bei Castellina in Chianti, 55 Hektar sind mit Reben bestockt. Önologe bei Villa Trasqua ist Stefano Chioccioli. Neben Chianti Classico Annata und Riserva gibt drei weitere Rotweine: Solaris aus Sangiovese und Merlot, Trasgaia aus Sangiovese und Cabernet Sauvignon, sowie einen reinsortigen, wunderschön reintönigen Sangiovese namens Tranobile.
*Via Citille, 4, 50022 Greve in Chianti, Tel. 055-854001; Besitzer: Villa Trasqua srl, Rebfläche: 55 ha.*

Villa Cafaggio

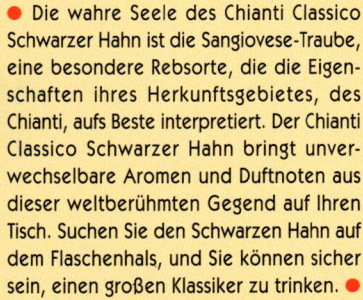

● Die wahre Seele des Chianti Classico Schwarzer Hahn ist die Sangiovese-Traube, eine besondere Rebsorte, die die Eigenschaften ihres Herkunftsgebietes, des Chianti, aufs Beste interpretiert. Der Chianti Classico Schwarzer Hahn bringt unverwechselbare Aromen und Duftnoten aus dieser weltberühmten Gegend auf Ihren Tisch. Suchen Sie den Schwarzen Hahn auf dem Flaschenhals, und Sie können sicher sein, einen großen Klassiker zu trinken. ●

**Der Unterschied liegt in der Herkunft**

# NUR IM CHIANTI
# GEDEIHT DIESER CLASSICO

www.chianticlassico.com

# Toskana: „Randgebiete"

Fast überall in der Toskana wächst Wein, an der Küste wie im Hinterland. Nur wenige Bereiche aber haben eine solche Bekanntheit erreicht, dass man über den Namen des Bereichs den Wein ohne weiteren Erklärungsbedarf vermarkten kann. Chianti Classico, Brunello di Montalcino und Vino Nobile di Montepulciano zählen dazu. Was aber machen die Weingüter, die ihre Weinberge außerhalb dieser Bereiche haben? Was machen diejenigen, die einfach das Pech haben, dass ihre Weinberge auf der „falschen" Seite der DOCG-Grenze liegen? Sollen sie sich damit abfinden immer nur die zweite Geige zu spielen? Auch dann, wenn sie schon bewiesen haben, dass man auch im „Niemandsland" hervorragende Weine erzeugen kann?

## Was tun in den „Randgebieten"?

Die Bereiche an der Küste haben eine Lösung gefunden. Sie setzen verstärkt auf „Costa Toscana" als Trumpfkarte und verbinden die touristischen Attraktionen geschickt mit Wein und Gastronomie. Selbst die Weingüter in den Provinzen Pisa und Lucca schließen sich an, auch wenn bei vielen kein Einfluss vom Meeresklima festzustellen ist und sie traditionell zum Chiantiland zählen, wie die Weinberge in den Hügeln bei Pisa, den Colline Pisane. Was bleibt aber den Weingütern aus den anderen Zonen? Welche Strategien können sie entwickeln, um die Aufmerksamkeit der Öffentlichkeit zu gewinnen? Selbst altbekannte Regionen wie Chianti Rufina oder Carmignano haben es schwer. Den meisten Weingütern in diesen „Randgebieten" bleibt allein der Weg sich über den eignen Namen zu profilieren.

## Gemeinsamkeit: Chianti

Die meisten dieser Weingüter sind auf sich gestellt, wobei sie doch eine Gemeinsamkeit haben: die meisten könnten Weine unter dem Namen Chianti verkaufen. Und sie dürfen wählen, ob sie nur „Chianti" auf das Etikett schreiben oder aber den Namen der Teilbereiche anfügen: Rufina, Colli Fiorentini, Colli Aretini, Colli Senesi, Montespertoli, Montalbano oder Colline Pisane. Aber viele Weingüter wollen das gar nicht mehr, denn beim Verbraucher hat sich zu sehr der Eindruck festgesetzt, dass Chianti Classico das Beste sei und alle anderen Chianti, die nicht das „Classico" auf dem Etikett tragen, nur zweite Wahl sind. Dieses Bewusstsein beim Verbraucher zu ändern ist schwer. Vor allem, wenn man sich auf keine gemeinsame Strategie verständigen kann und eine klare Identität in den meisten dieser Teilbereiche fehlt. Vielen großen Kellereien liegt gar nichts daran, dass beispielsweise der Chianti Colli Senesi eine eigene Identität entwickelt. Sie kaufen große Mengen Wein aus verschiedenen Teilbereichen zusammen und verkaufen sie einfach als „Chianti" an den Lebensmittelhandel im In- und Ausland.

## Chianti Rufina

Eine Strategie, die eigene Region herauszustellen, besteht darin, den Tourismus einzubinden. Kunstgeschichte und Landschaft, Kultur und Küche interessieren die vielen Besucher, die jährlich in die Toskana kommen, oft gleichermaßen. Seit Jahren bieten die Konsortien, gefördert von der EU und vom italienischen Staat, Konzepte, die allen Beteiligten zu Gute kommen sollen. Weinstraße – Strada del Vino –

ist dabei oft das Zauberwort. Auch Chianti Rufina hat eine solche Weinstraße zu bieten. Bereits vor 200 Jahren zog sich der Klerus vor der Sommerhitze in Florenz in die kühlere, ruhige Region im schmalen Tal des Sieve zurück. Pontassieve, Pelago und Rufina sind die wichtigsten Weinbauorte in dieser waldreichen, hochgelegenen Region. Innerhalb der DOCG Chianti Rufina gibt es die eigenständige DOC Pomino. Pomino ist bereits seit dem 19. Jahrhundert bekannt und ist heute noch vielen Weinfreunden geläufig durch die Weine von Frescobaldi. Die Weine aus Rufina zeichnet oft eine kräftige Säure aus, was ihrer Haltbarkeit zu Gute kommt. Neben Frescobaldi ist das Weingut Selvapiana seit vielen Jahrzehnten eine feste Größe in Rufina. Im gleichnamigen Ort befindet sich in der Villa di Poggio Reale neben dem Sitz des Konsortiums und einem Weinmuseum auch eine Enothek mit den Weinen aus der Region.

## Chianti Colli Fiorentini

Florenz kann nicht nur als Stadt der Kunst auf eine lange und bewegte Geschichte zurückblicken. Die Stadt am Arno war über Jahrhunderte ein Zentrum des Weinhandels und ist heute Mittelpunkt der Chianti Colli Fiorentini. Die Weine von achtzehn Gemeinden in den Hügeln um Florenz dürfen diese Bezeichnung führen. Markenzeichen des Konsortiums ist ein schwarzer Löwe mit einem Weinglas. Vorbild für den Löwen ist der Löwe vom Palazzo Vecchio, dem Rathaus von Florenz. Lange Jahre haben viele Erzeuger den Namen Chianti in den Vordergrund gestellt, das „Colli Fiorentini" war ihnen meist weniger wichtig. Das hat sich geändert, nicht zuletzt auch durch den Erfolg der Strada del Vino. Einige der aufstrebenden Weingüter setzen auf den Chianti Colli Fiorentini, wie Fattoria La Querce in Impruneta, auch wenn man noch einen La Querce genannten IGT-Wein aus Sangiovese und Colorino im Programm hat. Anders Bibi Graetz in Fiesole, der seinen Wein unter dem Namen Testamatta als IGT vermarktet.

## Carmignano und Chianti Montalbano

In der Provinz Prato, westlich von Florenz, liegt die DOCG Carmignano. Sie umfasst die Hügel um die Gemeinden Carmignano und Poggio Caiano. Carmignano war der erste Bereich in Italien, in dem Cabernet Sauvignon als Bestandteil der Cuvée zugelassen wurde. Die Weine haben ein klares Profil, aber lange Jahre zeigten die Weingüter wenig Ambitionen. Das hat sich mit dem Weingut Piaggia in Poggio Caiano geändert, das bewiesen hat, dass Weine aus Carmignano mit den allerbesten in der Toskana mithalten können. Wenig Beachtung findet der Barco Reale di Carmignano, der als Zweitwein einen leichten Rotweintyp verkörpert. Auf der anderen Seite des kleinen, dem Apennin vorgelagerten Hügelzug Montalbano liegen die Weinberge des Chianti Montalbano. Die Gegend des Montalbano ist durch Leonardo da Vinci bekannt, der in Vinci geboren und hier aufgewachsen ist. Bisher nutzen aber die meisten Erzeuger nur den Namen Chianti auf dem Etikett, ohne den Zusatz Montalbano. So auch die Genossenschaft Leonardo da Vinci, der größte Erzeuger in der Region.

## Chianti Montespertoli

Südlich des Arno, südwestlich von Florenz, liegt Montespertoli, Mittelpunkt der gleichnamigen Chiantizone. Ein Teil des Gemeindegebietes von Montespertoli gehört jedoch zum Bereich Chianti Colli Fiorentini. Auch in Montespertoli sind seit kurzem klare Fortschritte festzustellen. Nicht alle Weingüter nutzen die Bezeichnung Montespertoli auf dem Etikett. Aber alle haben auch IGT-Weine im Programm, für die sie die internationalen Rebsorten wie Cabernet Sauvignon, Merlot und Syrah nutzen.

## AREZZO

Seit einigen Jahren stellen immer mehr Weingüter unter Beweis, dass man auch in der Provinz Arezzo hervorragende Weine erzeugen kann. Petrolo mit seinem Galatrona, einem reinsortigen Merlot, Sette Ponti mit Crognolo und Oreno oder Tenimenti d'Alessandro mit seinem Il Bosco, einem reinsortigen Syrah, haben das Potenzial dieser Region eindrucksvoll aufgezeigt. Diese Weine wurden alle erstmals in den neunziger Jahren erzeugt. Von Null auf Hundert in kürzester Zeit. Was zeigt, dass man Erfolg, sprich gute Weine, planen kann. Mit viel Geld und renommierten Önologen wie Carlo Ferrini, der bei Sette Ponti und inzwischen auch bei Petrolo im Einsatz ist, oder Stefano Chioccioli, der für die Weine der Brüder d'Alessandro die Verantwortung trägt. Petrolo und Sette Ponti liegen im Chianti-Land. Aber mit Chianti Colli Aretini auf dem Etikett ist heute nicht viel Renommee zu erzielen. Weshalb die besten Weine in Arezzo als IGT auf den Markt kommen, und das nicht nur bei diesen beiden Weingütern, die die DOCG Chianti überhaupt nicht nutzen.

Auch bei anderen aufstrebenden Betrieben spielt der Chianti Colli Aretini meist nur eine Nebenrolle. Sangiovese ist zwar bei vielen dieser Betriebe nach wie vor wichtig, aber er wird als IGT auf den Markt gebracht, nicht als Chianti. Und häufig findet man Cuvées aus Sangiovese und Cabernet Sauvignon (manchmal auch noch mit Merlot), wie beispielsweise bei Fattoria Santa Vittoria (Scannagallo), La Rendola (L'Incanto), Fattoria di Romignano (Sabòt), Mannucci Droandi (Campolucci) oder Iesolana (Folco Rosso). Andere setzen ganz auf die Bordeauxsorten Merlot und Cabernet Sauvignon, wie beispielsweise die Tenuta Il Borro, wo die Familie Ferragamo groß investiert hat, oder La Rendola, das mit einem reinsortigen Merlot auf sich aufmerksam gemacht hat.

## CORTONA

In der Provinz Arezzo liegt auch die DOC Cortona, wo Tenimenti d'Alessandro zu Hause ist. Cortona wurde in Weinkreisen erstmals dadurch bekannt, dass große Weingüter aus Montepulciano hier investierten. Avignonesi ist hier schon lange vertreten, aber auch La Braccesca (Antinori), La Calonica oder Lodola Nuova (Ruffino), das ein ganz neues Projekt unter der Leitung von Carlo Ferrini initiiert hat. Sangiovese wird in Cortona bei allen Weingütern angebaut, die Hauptdarsteller sind jedoch oft Syrah und Merlot.

## SIENA

Die Provinz Siena ist die Heimat der großen, weithin bekannten Weine der Toskana, des Brunello di Montalcino und des Vino Nobile di Montepulciano. Und natürlich des Chianti Classico, der zum Teil aber auch in der Provinz Florenz zuhause ist. Auch außerhalb dieser drei Bereiche gibt es reichlich Wein. Der größte Teil davon kann als Chianti Colli Senesi vermarktet werden, was aber nicht alle Erzeuger tun, denn zu wenig Renommee haftet an diesem Namen. Vor allem die großen Betriebe bringen ihre Weine einfach als „Chianti" auf den Markt und verzichten darauf, mit dem Namen auf die Hügel von Siena hinzuweisen.

## SAN GIMIGNANO: WEIN UND TOURISMUS

Bekannt ist Siena nicht nur für Rotwein, sondern auch für einen Weißwein, den Vernaccia, der in der Umgebung der Stadt San Gimignano die besten Ergebnisse bringt. Der Vernaccia di San Gimignano war der erste italienische Weißwein, dem der DOC-Status zuerkannt wurde. Dies war 1966 und seit 1993 darf dem DOC das „G" angefügt werden, die höchste Weihe, die das italienische Weinsystem vorsieht. Der Name rührt wohl von dem ligurischen Städtchen Vernazza her. Von dort kam die Rebe vor vielen hundert Jahren nach San Gimignano, wo sie bereits – wie alte Dokumente belegen - mindestens seit dem 13. Jahrhundert angebaut wird. Heute gibt es 2.500 Hektar Weinberge in der Umgebung von San Gimignano und 320 Weinbaubetriebe. San Gimignano ist einer der touristischen Höhepunkte in der Toskana. Die Verbindung von Tourismus und Wein funktioniert gut und das nicht erst seit 1999 die Strada del Vino Vernaccia di San Gimignano eingerichtet wurde. Neben Wein wird Olivenöl und Schafskäse verkauft, Wildschweinsalami und Safran, für den San Gimignano berühmt ist.

## BARRIQUEAUSBAU FÜR VERNACCIA?

Bei vielen Betrieben ist der Wein aus der Vernacciatraube zwar ein sauber gemachter, doch relativ neutraler Alltagswein. Einige ambitionierte Erzeuger aber zeigen, dass man mit Engagement und niedrigen Erträgen ausdrucksstarke Weißweine erzeugen kann, für die eine Mandelnote im Geschmack typisch ist. Eine gute Figur machen selbst barriqueausgebaute Vernaccia, wie beispielsweise bei Montenidoli

San Gimignano

oder Vincenzo Cesani. Doch selbst mit barriqueausgebautem Vernaccia ist heute nicht viel Staat zu machen, weshalb fast alle Erzeuger verstärkt auf Rotwein setzen.

### ZUKUNFT ROTWEIN?

Wie in der Provinz Arezzo ist der Chianti wenig gefragt, auch wenn die meisten Erzeuger weiterhin Chianti Colli Senesi anbieten. Viele setzen auf internationale Rebsorten und vermarkten ihre Spitzenweine als IGT. Selbst dann, wenn sie auf Sangiovese vertrauen, ist ihnen ein Markenname und die Bezeichnung IGT lieber als Chianti oder Chianti Colli Senesi. Vincenzo Cesani zum Beispiel, bei den Rebsorten ganz Traditionalist, bietet seinen Luenzo, der regelmäßig zu den besten Rotweinen aus San Gimignano zählt, als IGT an. Weitere Spitzen-Rotweine hier sind Gisèle von La Rampa di Fugnano und Cruter von Cà del Vispo, beides reinsortige Merlot, Saxa Calida von Il Paradiso, der aus Merlot und Cabernet Sauvignon besteht, oder der reinsortige Ciliegiolo von Tre Stelle. Die für Rotwein neu geschaffene DOC Rosso di San Gimignano ist bisher wenig bekannt und wird es schwer haben sich durchzusetzen. Der Name San Gimignano ist eben zu sehr mit Weißwein besetzt.

### AUSSERHALB DES CLASSICO: WAS TUN?

Eine Reihe aufstrebender Betriebe findet man auch unmittelbar im Süden des Chianti Classico. Oft liegen die Weinberge nur wenige Kilometer oder gar Meter vom Classico-Gebiet entfernt, wie beispielsweise bei Chigi Saracini oder Pacina. Was aber nichts an der Tatsache ändert, dass man sich mit IGT-Weinen zu profilieren versucht und nicht mit Chianti. Ob der Spitzenwein dann ein Sangiovese mit ein klein wenig Cabernet Sauvignon ist, wie der Poggioassai von Chigi Saracini, oder ein Syrah mit etwas Sangiovese, wie der La Malena von Pacina, spielt keine Rolle.

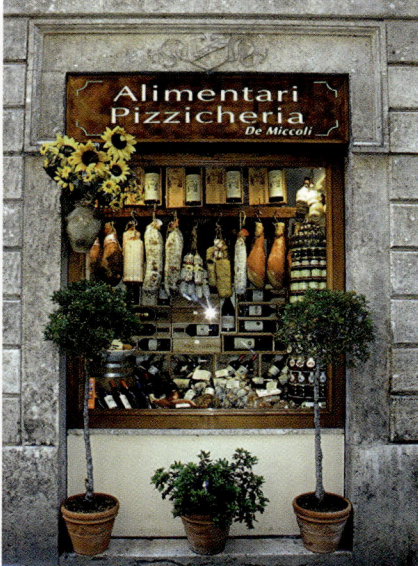

Verkauf von Wildschweinsalami, San Gimignano

Alimenteri Pizzicheria, Siena

Wie im benachbarten südlichen Teil des Classico zeichnen sich die Weine durch ihre Fülle und ihre reife Frucht aus.

## Sienas Süden und Norden

Die Weinberge zwischen Siena und Montalcino wurden mit einer neuen DOC bedacht: Orcia. Denkwürdige Weine sind hier bisher noch nicht entstanden, aber vielleicht hilft ja die neue DOC, dass engagierte Winzer die Qualität steigern und dann auch Aufmerksamkeit finden. Wobei der Weg meist der umgekehrte war: erst entstehen herausragende Weine, dann folgt eine neue DOC. Solche herausragenden Weine gibt es vereinzelt schon ganz im Süden der Provinz Siena, an der Grenze zu Umbrien. Hier gibt es zwar keine DOC (außer Chianti), was aber dem Erfolg der Weine keinen Abbruch tut. Die Tenuta di Trinoro in Sarteano und Colle Santa Mustiola in Chiusi sind zwei Weingüter, die ganz Beachtliches zustande bringen. Wobei Colle Santa Mustiola bei seinem Poggio ai Chiari ganz auf Sangiovese setzt, während Tenuta di Trinoro zwei Cuvées erzeugt, die jeweils zur Hälfte aus Cabernet Franc bestehen. Ganz im Norden der Provinz Siena scheint man sich noch nicht ganz einig darüber, wohin die Reise gehen soll. Manche Erzeuger wie Giacomo Mori in San Casciano dei Bagni bauen weiterhin auf den Chianti. Andere, wie Podere San Luigi in Colle Val d'Elsa, vermarkten alle Weine konsequent als IGT, auch wenn Sangiovese die Hauptrolle spielt. *ge*

Castelnuovo Berardenga, unmittelbar außerhalb des Chianti Classico: Pacina

# TENIMENTI D'ALESSANDRO

**Cortona**

Wie erzeugt man große Weine? Kann man dies planen? Oder ist es ein mehr oder weniger zufälliges Zusammenspiel verschiedener Faktoren wie Boden, Klima, Rebsorten? Dass es planbar ist, zeigten im letzten Jahrzehnt eine Reihe neuer Weingüter in der Toskana, die schon mit dem ersten Jahrgang hervorragende Weine zustande brachten. Vor allem aber haben sie gezeigt, dass man nichts dem Zufall überlassen darf.

## FAVORIT SYRAH

Tenimenti d'Alessandro ist ein Beispiel für eine solche Erfolgsgeschichte. 1967 hatte Luigi d'Alessandro das Kernstück einer der ehemals größten Landgüter im Val di Chiana erworben, 140 Hektar groß. 1988 ließen Massimo und Francesco d'Alessandro dann mit Hilfe des bekannten Wissenschaftlers Attilio Scienza einen fünf Hektar großen Experimentalweinberg anlegen. Verschiedene Rebsorten, Klone und Unterlagen wurden genau auf ihre Eignung hin untersucht, inwieweit sie erstklassige Ergebnisse auf dem Gut bei Cortona erbringen könnten. Die Experimente brachten einen eindeutigen Favoriten: Syrah. Zunächst einmal mussten aber die bestehenden 62 Hektar Weinberge – mit Sangiovese- und Trebbianoklonen, die auf hohe Erträge hin gezüchtet worden waren – komplett gerodet werden. Dann konnten neue Weinberge angelegt werden, 50 Hektar insgesamt. Syrah, der eindeutige Sieger aus den Experimenten, wurde auf 90 Prozent dieser Fläche gepflanzt. Diese neuen Weinberge wurden sehr dicht bepflanzt: zunächst mit 7.000 Reben je Hektar, bei den zuletzt angelegten Weinbergen hat man die Pflanzdichte dann noch weiter erhöht auf 8.500 Reben je Hektar.

> Via Manzano, 15, Loc. Camucia
> 52044 Cortona
> Tel. 0575-618667
> Fax: 0575-618411
> tenimenti.dalessandro@flashnet.it
> Besitzer: Familie d'Alessandro
> Betriebsleiter: Massimo d'Alessandro
> Önologe: Stefano Chioccioli
> Rebfläche: 50 Hektar
> Produktion: 150.000 Flaschen
> Besuchszeiten: nur nach Vereinbarung

## MODERNER KELLER

Planbar ist aber nicht nur die optimale Gestaltung der Weinberge. Für den Keller gilt gleiches. Ein Keller wurde gebaut, der mit modernster Technik ausgestattet ist und ganz nach dem Prinzip der Schwerkraft funktioniert. Von der Traubenannahme bis zur Abfüllung der Weine erfolgt jeder Verarbeitungsschritt, jede Bewegung von Trauben, Most und Wein, ausschließlich mittels der Schwerkraft. Dass man dazu noch bekannte Experten als Berater für die Arbeiten in Weinberg und Keller verpflichtet ist nur die logische Konsequenz. Mit Attilio Scienza fing es an. Zwei bekannte Agronomen, Andrea Paoletti und Laura Bernini, sind als Berater für die Arbeiten in den Weinbergen engagiert, und Stefano

Chioccioli, einer der aufstrebenden Stars in der italienischen Önologenszene, ist - unterstützt von Silvano Acquarelli und Crescenzo Sepe - für den Keller verantwortlich.

## Kraftvoller Weisswein: Fontarca

Man mag skeptisch sein angesichts solch akribisch geplanter Weine. Aber sollte man diese Weine nur deswegen ablehnen, weil sie „auf dem Reißbrett" entstanden sind? Was letztendlich zählt ist die Qualität im Glas. Und die stimmt bei Tenimenti d'Alessandro, nicht nur beim Syrah. Neben Syrah gibt es ein klein wenig Sangiovese, sowie Chardonnay und Viognier. Aus diesen beiden weißen Sorten wird der Fontarca genannte Weißwein erzeugt, ein herrlich kraftvoller, fruchtbetonter Weißwein, einer der besten Weißweine in der Toskana.

## „Il Bosco"

Neben dem Fontarca, als einzigen Weißwein von Tenimenti d'Alessandro, werden einige wenige tausend Flaschen Vin Santo erzeugt. Das Gros der Produktion aber machen die beiden Syrah aus, der „Il Bosco" genannte Erstwein und der „Cortona Syrah" – bis zum Jahrgang 2001 hieß dieser Wein „Il Vescovo Due" – als Zweitwein, wobei der „Il Bosco" ebenfalls die DOC-Bezeichnung „Cortona Syrah" trägt. Der Zweitwein ist ein wunderschön fruchtbetonter, sehr reintöniger Syrah, der in der Aromatik mehr an Rhoneweine erinnert als an australischen Shiraz. Gleiches gilt für den Erstwein, den „Il Bosco". Er ist bestechend klar in der Frucht, harmonisch und konzentriert, er hat Struktur und ist von einer erstaunlichen Nachhaltigkeit. Er ist ein herrlich reintöniger Syrah, wie man nur wenige in Italien findet. *ge*

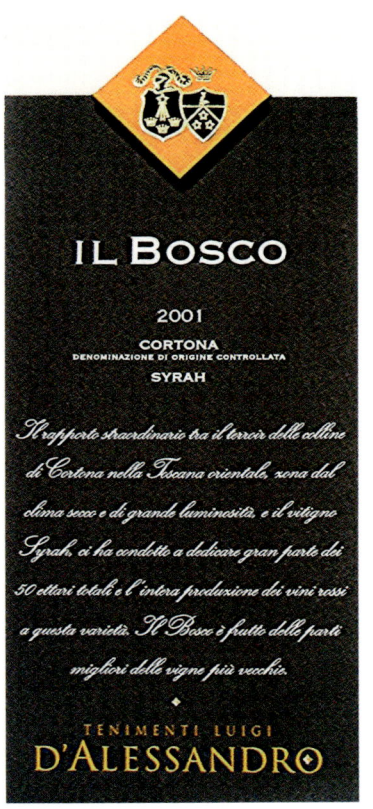

| | | | |
|---|---|---|---|
| Bild linke Seite: | Im Weinberg | | |
| Bild rechte Seite: | Massimo d'Alessandro und Francesco d'Alessandro | | |
| ★★ | Fontarca ❸ | | 15.000 |
| ★-★★ | Cortona Syrah ❷ | | 85.000 |
| ★★ | Cortona Syrah Il Bosco ❸ | | 85.000 |
| ★★ | Vin Santo ❸ | | 3.000 |
| Importeure: | D: | Abayan | |
| | CH: | Archetti | |
| | A: | Mounier | |

# FATTORIA CORZANO E PATERNO

### San Pancrazio, San Casciano

Die Familie Gelpke besitzt rund 140 Hektar eines Höhenzuges in der Nähe von San Casciano Val di Pesa. Als der Schweizer Wendelin Gelpke die beiden Bauernhöfe Corzano und Paterno erwarb, beschloss er, sie zu einer Fattoria zu vereinigen und selbst in die Landwirtschaft einzusteigen.

## WEIN UND PECORINO

Heute ist Corzano & Paterno ein vorbildlich geführter Landwirtschaftsbetrieb, der Wein, Olivenöl und Käse erzeugt und einige Ferienwohnungen anbietet. Aus eigenen Trauben keltert das Weingut zwei Weißweine, einen Passito nach Vin Santo-Art, zwei vorbildliche Chianti und den IGT-Rotwein „Il Corzano" aus Sangiovese und Cabernet Sauvignon. Aus kulinarischer Sicht sind die etwa 600 Schafe des Betriebes ebenso wichtig wie die Weinberge. Die verschiedenen Pecorino-Sorten der Fattoria werden auch von Spitzenrestaurants wegen ihrer ausgezeichneten Qualität sehr geschätzt.

> Via Paterno, 8
> 50020 San Pancrazo,
> San Casciano Val di Pesa
> Tel. 055-8248179 / 8249114
> Fax: 055-8248178 / 8249066
> www.corzanoepaterno.it
> corzpaterno@ftbcc.it
> Besitzer: Eredi Wendelin Gelpke
> Betriebsleiter: Aljoscha Goldschmidt
> Önologe: Aljoscha Goldschmidt
> Rebfläche: 15 Hektar
> Produktion: 70.000 Flaschen
> Besuchszeiten: nur nach Vereinbarung
> Ferienwohnungen

## CHIANTI AUF HOHEM NIVEAU

Gutsleiter und Mitbesitzer Aljosha Goldschmidt ist glücklich darüber, mit seiner Frau Antonia Ballarin und den fünf Söhnen in diesem ruhigen Teil des Chianti zu leben. Ihr Wohnhaus liegt am Ende einer kilometerlangen Schotterstraße, und bis hierhin fahren wirklich nur diejenigen, die den Wein oder Käse direkt beim Erzeuger kaufen möchten. Wenn die Besucher die Weine am wettergegerbten Holztisch vor dem Haupthaus probieren und das Panorama von San Casciano vor Augen haben, dann hat sich der lange Weg gelohnt.

## QUALITÄT SETZT SICH DURCH

Selbstbewusst präsentiert Aljosha Goldschmidt die Weine. Sein Chianti braucht den Vergleich mit einem Chianti der Classico-Zone nicht zu scheuen. „Wenn wir unser Weingut nur wenige Kilometer weiter innerhalb der DOCG Chianti Classico hätten, könnten wir unsere Weine noch leichter verkaufen", ärgert er sich ein bisschen über die Willkür von Gebietsgrenzen. Die Voraussetzungen hier – Boden, Klima – unterscheiden sich von denen des benachbarten Hügelzuges, der innerhalb des Chianti Classico liegt, nicht wesentlich. Wie auch immer, Qualität setzt sich durch und Corzano & Paterno ist mittlerweile ein weithin bekannter Name, Classico hin oder her.

## CHARAKTERVOLLE WEINE

In den sehr traditionell erzeugten Weinen zeigt sich die ganze Kraft der tiefgründigen Böden mit relativ hohem Lehmanteil. Der Chianti, die Riserva „Tre Borri" aus den älteren Sangiovese-Weinbergen und der „Corzano" sind alle herrlich klar. Aljoscha Goldschmidt ist in der Toskana aufgewachsen und dort fest verwurzelt. Vielleicht haben seine Rotweine deshalb eine Seele. Sie heben sich wohltuend von den modernen Einheitsweinen ab, die ihre Herkunft kaum erkennen lassen. Dass Aljosha sein Handwerk versteht, beweist er auch mit einem der besten Süßweine in der ganzen Toskana. Nach Vin Santo-Methode aus getrockneten Weißweintrauben gekeltert, besticht der Passito di Corzano durch eine Konzentration und Nachhaltigkeit, die viele Vin Santo-Weine wie eine schlechte Karikatur erscheinen lässt.

## GRÖSSTES VERGNÜGEN WEINBERGSARBEIT

Um sich weiterzubilden schaut Aljosha gerne über den eigenen Tellerrand hinweg, probiert regelmäßig Weine aus der Neuen Welt oder aus anderen Weinregionen Europas. Im Vergleich traut er den Weinen aus der Toskana noch einiges zu, schränkt aber gleichzeitig ein, dass es, im Unterschied zur Situation noch vor fünf Jahren, nicht mehr ohne Anstrengungen im Verkauf und der Kommunikation weiter voran geht. Wie für fast alle Winzer ist die alljährliche Weinmesse Vinitaly in Verona, die größte Nabelschau des italienischen Weines, deshalb ein Muss für Aljosha Goldschmidt. Die Messe ist jedoch eher eine Pflichtaufgabe, denn am liebsten ist er in den eigenen Weinbergen zuhause. sm

| Bild rechte Seite: | Aljoscha Goldschmidt | | |
|---|---|---|---|
| ★-★★ | Chianti Terre di Corzano ❶ | | 27.000 |
| ★★ | Passito di Corzano ❷ | | 2.500 |
| ★★-★★★ | Chianti Riserva I Tre Borri ❸ | | 9.000 |
| ★★-★★★ | IL Corzano ❸ | | 12.000 |
| Importeure: | D: | La Vigna Weine, Il Vinaio | |
| | CH: | Liechti, von Salis, Vini Toscani | |
| | A: | Vin de Mem, Fohringer | |

# MARCHESI DE' FRESCOBALDI

**Florenz**

Lässt man sich bei „Herrn Frescobaldi" anmelden, wird man höflich, aber sehr bestimmt korrigiert: „Sie möchten zum Herrn Marchese?" Über 700 Jahre lässt sich das Wirken der Frescobaldi in der Toskana zurückverfolgen. Und immer hatten sie mit Landwirtschaft und Weinbau zu tun. Wer nun aber denken könnte, man habe es bei Frescobaldi angesichts der 700 Jahre Geschichte mit einem etwas altmodischen, behäbigen Unternehmen zu tun, der irrt gewaltig.

## MODERNES UNTERNEHMEN MIT LANGER GESCHICHTE

Via S. Spirito, 11
50125 Firenze
Tel. 055-27141
Fax: 055-211527
www.frescobaldi.it
info@frescobaldi.it
Besitzer: Familie Marchesi de' Frescobaldi
Präsident: Vittorio Frescobaldi
Önologe: Lamberto Frescobaldi
Rebfläche: 1.000 Hektar
Produktion: 7.000.000 Flaschen
Besuchszeiten: Castello di Nipozzano
Di.-Sa. 10:30-13 + 14-18:30 Uhr

Heute sind die Frescobaldi eine der festen Größen in der internationalen Weinwirtschaft. Über 1.000 Hektar Weinberge besitzen sie, verteilt auf viele Güter in der gesamten Toskana. 1995 haben sie ein Joint Venture mit Robert Mondavi aus Kalifornien gegründet, Luce delle Vite genannt, das erste Joint Venture zwischen einem italienischen und einem ausländischen Weingut. Und seither haben sie, wieder gemeinsam mit Mondavi, das Weingut Tenuta dell'Ornellaia in Bolgheri übernommen. Auch in der Maremma haben sie ein Gut gekauft. Kaum ein Jahr vergeht, in dem man nicht von neuen Investitionen und Projekten der Frescobaldi liest. Von Behäbigkeit keine Spur.

## KEIMZELLE DES WEINIMPERIUMS: CASTIGLIONI

Die wichtigsten Weingüter im Besitz der Frescobaldi sind Castello di Nipozzano, Castello di Pomino, Castel Giocondo und Castiglioni. Hier, in Montespertoli, in den Chianti Colli Fiorentini, liegt die Keimzelle des Weinimperiums der Frescobaldi.

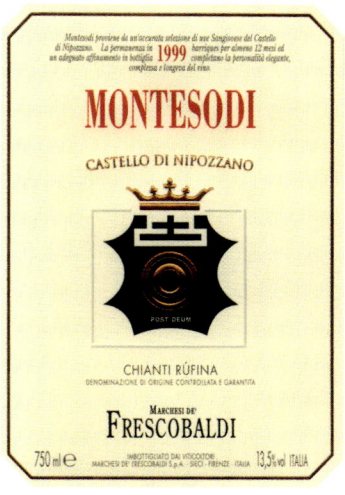

1331 hinterließ Messer Berto Frescobaldi seinen Nachkommen den Landbesitz der Pfarrei San Michele a Castiglioni, darunter „Häuser, Mühlen, Gutshöfe und Weinberge". Aber auch in Castiglioni von Behäbigkeit keine Spur: in den neunziger Jahren wurden die Weinberge erneuert und vor allem Sangiovese, in hoher Stockdichte, gepflanzt. Dazu Merlot und Cabernet Sauvignon. Die Weine zeigen, dass sie denen aus anderen Frescobaldi-Gütern ebenbürtig sind.

## Rufina und Pomino

Von Castello di Nipozzano kommen Jahr für Jahr die besten Weine der etwas ins Hintertreffen geratenen DOCG Chianti Rufina. Dazu zählen die Riserva und die Crus Montesodi und Mormoreto, wobei der Mormoreto ein Cabernet Sauvignon ist. Nicht weit von Castello di Nipozzano entfernt liegt Castello di Pomino, in der kleinen DOC Pomino. Hier werden seit 150 Jahren französische Rebsorten wie Chardonnay, Cabernet Sauvignon, Merlot oder Pinot Noir angebaut. Knapp 100 Hektar Weinberge umfasst das Gut heute, wobei der gesamte Besitz 1.458 Hektar groß ist. Von den Dimensionen her sind nur wenige andere italienische Weingüter mit Frescobaldi vergleichbar.

## Castel Giocondo in Montalcino

Das gilt auch in Montalcino. 1989 hat Frescobaldi das große Brunello-Weingut Castel Giocondo, mit über 800 Hektar Land und 151 Hektar für die Erzeugung von Brunello zugelassenen Weinbergen, gekauft. Nicht nur Rosso di Montalcino und Brunello di Montalcino wird hier erzeugt, auch der Lamaione, ein Merlot, kommt von Castel Giocondo. In der unmittelbaren Nachbarschaft von Castel Giocondo liegt Luce delle Vite, das gemeinsame Projekt von Frescobaldi und Mondavi. Von Behäbigkeit keine Spur.  *ge*

Bild linke Seite: Castello di Nipozzano
Bild rechte Seite (links): Vittorio Frescobaldi
Bild rechte Seite (rechts): Lamberto Frescobaldi

| | | |
|---|---|---|
| ★ | Pomino Rosso ❷ | 145.000 |
| ★★-★★★★ | Chianti Rufina Montesodi ❸ | 42.000 |
| ★-★★ | Brunello di Montalcino Castelgiocondo ❸ | 200.000 |
| ★★ | Lamaione ❹ | 30.000 |
| ★★ | Mormoreto ❹ | 37.000 |
| Importeure: | D: Schlumberger | |
| | CH: Mövenpick | |
| | A: Mounier | |

# MONTENIDOLI

### San Gimignano

„Ich bin Montenidoli. Ich bin die Erde." Maria Elisabetta Fagiuoli erklärt dies mit einer Bestimmtheit, die keinerlei Zweifel an ihren Worten aufkommen lässt. Sie zeigt die Steine, die Erde, ihr Gut Montenidoli in San Gimignano. Es tut gut, solche einfachen Sätze zu hören. Nicht hehre Worte über Terroir, weil das gerade so in Mode ist. Oft von Leuten, die weder das Wort richtig aussprechen können noch wissen, was es eigentlich bedeutet. Maria Elisabetta Fagiuoli überzeugt da mehr. Ich bin die Erde. Basta. Damit ist alles gesagt. „Sono Montenidoli."

## GERADLINIGE, EHRLICHE WEINE

Und wie Maria Elisabetta Fagiuoli sind ihre Weine. Geradlinig, ehrlich, keine Blender. Das gilt für alle ihre Weine. San Gimignano ist berühmt für den Vernaccia. Ein Wein, der es zur Zeit schwer hat am Markt. Denn Weißwein ist heute nicht allzu gefragt. Dass die Preise für Vernaccia als Fasswein trotzdem stark gestiegen sind, hat wohl eher damit zu tun, dass Abfüller in anderen Regionen ihre Weißweine ein wenig mit Vernaccia aufpäppeln. So wie umgekehrt immer mehr Weingüter in San Gimignano ein wenig Chardonnay oder andere Rebsorten dem Vernaccia beifügen. Nicht so Maria Elisabetta Fagiuoli. In ihrem Vernaccia ist nur Vernaccia drin, nichts anderes. Und alle Trauben kommen nur von den eigenen Weinbergen.

> Località Montenidoli
> 53037 San Gimignano
> Tel. 0577-941565
> Fax: 0577-941576
> www.montenidoli.com
> montenidoli@valdelsa.net
> Besitzer: Maria Elisabetta Fagiuoli
> Önologe:
> Rebfläche: 24 Hektar
> Produktion: 150.000 Flaschen
> Besuchszeiten: nach Vereinbarung
> Ferienwohnungen

## DER BERG DER VOGELNESTER

Von Montenidoli aus, dem Berg der Vogelnester, blickt man auf San Gimignano mit seinen mittelalterlichen Türmen. Weinreben und Olivenbäume gab es schon zu Zeiten der Etrusker hier. 1965 kamen Maria Elisabetta Fagiuoli und ihr Ehemann Sergio hierher und haben sich in das Land verliebt. 1971 haben sie ihren ersten Rotwein gemacht, Sono Montenidoli genannt. Später erst folgten Weißweine und Rosé.

Die Erde besteht aus Meeresablagerungen, ist reich an Fossilien und stark kalkhaltig. Die Vernacciarebe ist hier seit langem zu Hause und bringt ausdrucksstärkere Weine hervor als anderswo, wenn man versteht, mit ihr umzugehen. Niedrige Erträge sollten eine Selbstverständlichkeit sein. Die Aromen zu extrahieren ist wichtig. Deshalb lässt man auf Montenidoli die Maische zwei bis drei Tage auf den Schalen, bevor abgepresst wird. Drei Versionen des Vernaccia di San Gimignano gibt es bei Montenidoli: „Tradizionale", „Fiore", für den nur der Vorlaufmost verwendet wird, und „Carato", der zwölf Monate in Barriques ausgebaut wird. Dazu kommt als vierter Weißwein der „Il Templare", der außer Vernaccia noch andere weiße Trauben wie Trebbiano und Malvasia enthält.

## SONO MONTENIDOLI

Aus Canaiolo macht Maria Elisabetta Fagiuoli einen Rosato – frisch, klar, zupackend. Aus Sangiovese und etwas Canaiolo entsteht der Chianti Colli Senesi von Montenidoli. Es ist ein wunderschön reintöniger, fruchtbetonter Wein, der viel Spaß macht. Der bekannteste und beste Rotwein von Montenidoli aber ist ein reinsortiger Sangiovese, „Sono Montenidoli" genannt. Er wird in neuen Barriques aus französischer Eiche ausgebaut. Reintönigkeit und Eleganz zeichnen ihn aus.   ge

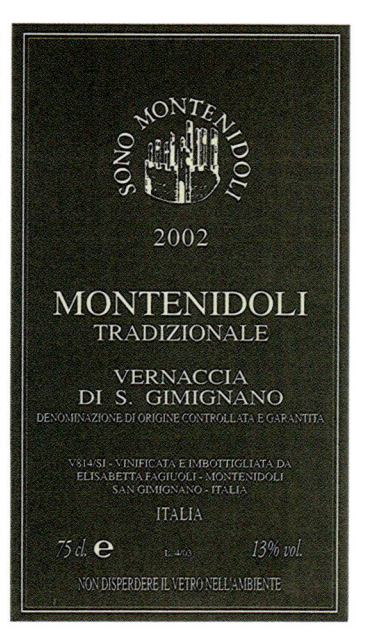

Bild linke Seite (links): Alte Weinrebe
Bild linke Seite (rechts): Maria Elisabetta Fagiuoli
Bild rechte Seite: Blick auf San Gimignano

| | | | |
|---|---|---|---|
| ★ | Vernaccia di San Gimignano Tradizionale ❶ | | 25.000 |
| ★-★★ | Vernaccia di San Gimignano Fiore ❶ | | 25.000 |
| ★-★★ | Vernaccia di San Gimignano Carato ❷ | | 20.000 |
| ★ | Il Templare ❶ | | 20.000 |
| ★ | Canaiuolo Rosato ❶ | | 20.000 |
| ★ | Chianti Colli Senesi ❶ | | 25.000 |
| ★★ | Sono Montenidoli ❷ | | 20.000 |
| Importeure: | D/CH/A: | Bezugsquellen über das Weingut | |

# PETROLO
## Mercatale Valdarno

Die Tenuta di Petrolo umfasst einen Teil des mittelalterlichen Gutes Galatrona. Von diesem ist nur noch der Turm erhalten, der auf römischen Fundamenten ruht. In den vierziger Jahren hat die Familie Bazzocchi das Gut erworben, aber erst in der zweiten Hälfte der achtziger Jahre mit der Umwandlung des Gutes in einen landwirtschaftlichen Betrieb begonnen. Wein wurde zwar schon zuvor hier angebaut, aber erst mit der Umstrukturierung des Gutes und der Anlage neuer Weinberge wurden die Voraussetzungen geschaffen, um außergewöhnliche, große Weine zu erzeugen. Denn dies ist das erklärte Ziel der Besitzer. 30 Hektar des 272 Hektar großen Besitzes sind heute mit Reben bepflanzt, auf 19 Hektar stehen Olivenbäume. Den größten Teil des Gutes nehmen Eichen und Steineichen ein.

> Via Petrolo, 30
> 52020 Mercatale Valdarno
> Tel. 055-9911322
> Fax: 055-992749
> www.petrolo.it
> petrolo@petrolo.it
> Besitzer: Lucia Bazzocchi Sanjust,
> Luca Sanjust, Maria Sanjust
> Betriebsleiter: Carlo Nesterini
> Önologe: Carlo Ferrini,
> Giulio Gambelli
> Rebfläche: 30 Hektar
> Produktion: 110.000 Flaschen
> Besuchszeiten: nur nach Vereinbarung
> Ferienwohnungen

### MAXIMAL EIN KILO TRAUBEN JE REBSTOCK

Petrolo liegt unmittelbar außerhalb des Chianti Classico, nicht weit entfernt von den Städtchen Mercatale Valdarno und Bucine. Zwischen 250 und 400 Meter Höhe stehen die Reben hier auf steinigen Böden, Galestro genannt. Merlot und Sangiovese sind die beiden Rebsorten, auf die man bei Fattoria Petrolo setzt. Und auf das Know-how von Experten. Carlo Nesterini ist der technische Betriebsleiter und seit Juni 2002 ist Carlo Ferrini als beratender Önologe bei Petrolo im Einsatz. Bei Petrolo wird alles getan, um Spitzenweine zu erzeugen. Das beginnt im Weinberg mit rigoroser Ertragsbeschränkung. Maximal ein Kilo Trauben soll ein Rebstock bringen. Die Trauben werden dann gesondert nach Rebsorte und Einzellage in großen Zementtanks vergoren. Bei der weiteren Verarbeitung der Weine hören dann jedoch die Gemeinsamkeiten auf.

### TERRE DI GALATRONA UND TORRIONE

Lediglich drei Weine werden auf Petrolo gemacht, sieht man einmal von dem in sehr kleinen Mengen erzeugten Vinsanto aus Malvasia mit ein klein wenig Trebbiano ab. Der Basiswein, der Terre di Galatrona, besteht zu 70 Prozent aus Sangiovese und zu 30 Prozent aus Merlot. Es ist ein unkomplizierter, fruchtbetonter Alltagswein. Wesentlich interessanter ist da schon der Torrione. Der Torrione, benannt nach dem mittelalterlichen Turm, ist ein reinsortiger Sangiovese. Er kommt von den ältesten, bereits in den siebziger Jahren angelegten Sangioveseweinbergen. Der Wein durchläuft die malolaktische Gärung in den Zementtanks und wird erst danach in Barriques umgefüllt, wo er fünfzehn Monate bleibt. Nur Fässer aus französischer Eiche werden benutzt, ein Drittel der Fässer wird jedes Jahr erneuert. Der Torrione ist ein kraftvoller Sangiovese, der in der Nase viel Frucht aber ganz klar auch den Ausbau im Barrique erkennen lässt. Im Mund zeigt er viel Frucht und Struktur und ist wunderschön nachhaltig.

## MERLOT DER EXTRAKLASSE: GALATRONA

Der zweite Wein von Petrolo, der Galatrona, benannt nach dem mittelalterlichen Ort, ist ein reinsortiger Merlot. Anders als der Torrione durchläuft er seine malolaktische Gärung bereits in Barriques. Nach der malolaktischen Gärung wird er dann umgefüllt und kommt in neue Barriques aus französischer Eiche, wo er weitere achtzehn Monate bleibt. Es ist ein Wein mit betörender Frucht, schmeichelnd und konzentriert, faszinierend harmonisch und lang. Leider gibt es – bisher – nur einige Tausend Flaschen von ihm, die Nachfrage nach diesem Wein ist immens. Wer ihn verkostet hat, kann dies verstehen, denn der Galatrona ist einer der großen Merlot Italiens. *ge*

Bild linke Seite: Blick auf Petrolo
Bild rechte Seite (oben): Luca Sanjust, im Hintergrund der Torre Galatrona
Bild rechte Seite (unten): Die Kirche von Petrolo

|  |  |  |  |  |
|---|---|---|---|---|
| ★★ | | Vin Santo del Chianti ❸ | | 300 |
| ★ | | Terre di Galatrona ❷ | | 60.000 |
| ★★ | | Torrione ❸ | | 40.000 |
| ★★★ | | Galatrona ❹ | | 6.600 |
| Importeure: | D: | Abayan | | |
| | CH: | Scherer & Bühler | | |
| | A: | Morandell | | |

# PIAGGIA
### Poggio a Caiano

Mauro Vanucci ist ein Quereinsteiger. Bevor er sich entschloss, seine ganze Energie in sein Weingut zu stecken, arbeitete er in der Textilbranche in Prato bei Florenz. Ganz in der Nähe kaufte Mauro Vanucci sich bereits in den siebziger Jahren die ersten Weinberge. Von seinem Wohnhaus im Ortsteil Piaggia konnte er diese Weinberge während des ganzen Jahres beobachten, Sonneneinstrahlung und Reifegrad der Trauben beurteilen. Schon damals war der Unternehmer überzeugt, dass die tonhaltigen Böden für die Erzeugung hochwertiger Weine bestens geeignet sind.

## VOM HAUSWEIN ZUM SPITZENWEIN

In den achtziger Jahren erzeugte der passionierte Weinliebhaber dann erstmals eigenen Wein für den Hausgebrauch und Anfang der neunziger Jahre wagte er sich, angesteckt von der aufkommenden Euphorie für die toskanischen Weine, damit an die Öffentlichkeit. Seit dem ersten Jahrgang 1991 hat seine Leidenschaft für den Wein noch zugenommen. Den Besitz hat Mauro Vanucci mittlerweile seiner Tochter Silvia überschrieben, aber er widmet sich weiter dem Ausbau des Betriebes. Noch sind nicht alle Weinberge angelegt beziehungsweise in Produktion, aber in einigen Jahren wird das Weingut auf 15 Hektar eigene Weinberge zurückgreifen können. Zusammen mit der neuen Kellerei, die im Jahr 1998 fertig gestellt wurde, hat er optimale Voraussetzungen für die Erzeugung von Spitzenweinen geschaffen. Fehlte nur noch ein fähiger Önologe von Weltformat, der den Aufstieg des Weingutes zum Spitzenerzeuger beschleunigen würde. Von Anfang an arbeitete Mauro Vanucci deshalb mit Alberto Antonini zusammen, der ganz in der Nähe zu Hause ist. Der geplante Erfolg stellte sich mit dem Jahrgang 1997 seines Carmignano Riserva ein, mit dem er die Phalanx der etablierten Spitzenweine der Toskana durchbrechen konnte. Heute ist das Weingut Piaggia der führende Erzeuger in Carmignano und zählt zu den besten der Toskana.

> Via Cegoli, 47
> 59016 Poggio a Caiano
> Tel. 055-8705401
> Fax: 055-8705833
> aziendapiaggia@virgilio.it
> Besitzer: Silvia Vanucci
> Betriebsleiter: Mauro Vannucci
> Önologe: Alberto Antonini
> Rebfläche: 6 Hektar
> Produktion: 45.000 Flaschen
> Besuchszeiten: nach Vereinbarung

## KLEINES SORTIMENT

Mit der Carmignano Riserva und dem Zweitwein „Il Sasso" erzeugt das Weingut lediglich zwei Weine. Sangiovese, Cabernet Sauvignon und ein wenig Merlot sind die verwendeten Rebsorten in beiden Weinen. Mauro Vanucci hat sich entschieden,

den zweiten Wein zur besseren Unterscheidung als IGT-Wein abzufüllen. Der einzige Unterschied ist, dass der „Il Sasso" eine kürzere Zeit in den kleinen Holzfässern verbringt und früher als der Carmignano Riserva in den Verkauf gebracht wird. Alberto Antonini gelingt es in beiden Weinen sehr gut, die Rebsorten Sangiovese und Cabernet Sauvignon harmonisch miteinander zu verschmelzen.

## CARMIGNANO AUFWERTEN

Alle Weinberge von Piaggia liegen innerhalb der Gemeinden Poggio a Caiano und Carmignano, die beide Teil der historischen DOCG Carmignano sind. Heute entscheiden sich immer mehr Weingüter in verschiedenen Regionen der Toskana gegen die Nutzung der möglichen DOC(G) und bevorzugen stattdessen die weitläufige Herkunftsbezeichnung „IGT Toscana", bei der ihnen die Produktionsvorschriften mehr Freiheiten lassen. Mauro Vanucci füllt den „Il Sasso" deshalb als IGT-Wein ab, um so seinen Hauptwein, den Carmignano Riserva, besser hervorzuheben. Er will die DOCG Carmignano bekannter machen und die enge Verbindung zum Territorium dokumentieren, weshalb Mauro Vanucci auch Mitglied im Konsortium geworden ist. Carmignano war die erste Weinregion in Italien, die den Cabernet Sauvignon offiziell zugelassen hat. Im Jahr 1975 erhielt Carmignano den DOC-Status und im Jahr 1990 wurde die kleine Region mit der Anerkennung der DOCG geadelt. Die Region über die Landesgrenzen hinaus bekannter zu machen, ist jedoch nicht einfach, denn in Carmignano gibt es gerade einmal zwanzig Weingüter. sm

| | | | |
|---|---|---|---|
| Bild linke Seite (links): | Neues Kellergebäude | | |
| Bild linke Seite (links): | Barriquekeller | | |
| Bild rechte Seite: | Mauro Vanucci | | |
| ★ | Il Sasso ❸ | | 10.000 |
| ★★★ | Carmignano Riserva ❸ | | 32.000 |
| Importeure: | D: | Giovo | |
| | CH: | Vergani | |
| | A: | Gottardi | |

# LA RAMPA DI FUGNANO

### San Gimignano

Nur wenige Kilometer entfernt vom historischen Städtchen San Gimignano mit seinen zahlreichen Geschlechtertürmen liegt das junge Weingut Rampa di Fugnano. Vor knapp 15 Jahren haben sich die Schweizer Gisela Traxler und Herbert Ehrenbold dazu entschlossen 22 Hektar Land und ein Weingut zu übernehmen. „Als wir im Jahre1990 in der Toskana gelandet sind, hatten wir keineswegs geplant, hier zu leben", berichtet Gisela Traxler. Eigentlich wollten die Besitzer das Weingut fremd bewirtschaften lassen und dort ihre Ferien verbringen. Bereits kurze Zeit später stellte sich dies als Illusion heraus. „Deshalb haben wir unsere Zelte in der Schweiz abgebrochen und sind nach San Gimignano umgezogen, um selber Hand anzulegen", erzählt Gisela von den Anfangsschwierigkeiten.

> Fugnano, 55
> 53057 San Gimignano
> Tel. 0577-941655
> Fax: 0577-941655
> www.rampadifugnano.it
> info@rampadifugnano.it
> Besitzer / Betriebsleiter:
> Gisela Traxler und Herbert Ehrenbold
> Önologe: Paolo Caciorgna
> Rebfläche: 10 Hektar
> Produktion: 65.000 Flaschen
> Besuchszeiten: täglich nach Vereinbarung
> 1 Apartment

### VERNACCIA UND VIOGNIER

Über die Hügel der nahen Umgebung sind die knapp zehn Hektar Weinberge verteilt, die hauptsächlich mit der weißen Vernaccia und dem roten Sangiovese bepflanzt sind. Etwa ein Drittel gehört dem Merlot und dem Viognier, einer in der Toskana eher ungewöhnlichen Weißweinsorte. Im Fugnano-Tal herrscht ein besonderes Mikroklima, dass die Aromen in der Traube günstig beeinflusst. Seit einigen Jahren werden die Weinberge von La Rampa di Fugnano biologisch bewirtschaftet. Wichtigster Wein ist der Vernaccia di San Gimignano. Neben dem Vernaccia Alata und der Riserva Privato beweist La Rampa di Fugnano mit dem reinsortigen Viognier (Viogniè), dass sie ihren Winzerberuf sehr ernst nehmen. Im Keller und Weinberg werden die Schweizer seit einigen Jahren von Paolo Caciorgna beraten, einem jungen Weinmacher, der, wie viele andere auch, für die Matura-Gruppe arbeitet.

### SANGIOVESE UND MERLOT

Der reinsortige Sangiovese Bombereto, der Chianti Colli Senesi Via dei Franchi und der Merlot Gisèle ergänzen das Angebot im roten Bereich. Herbert Ehrenbold ist für den Keller und die Weinberge, sowie für die Pflege der deutschsprachigen Kunden zuständig, Gisela Traxler kümmert sich um die Verwaltung, sowie um das Marketing und die Händlerkontakte. Trotz aller Verpflichtungen möchten sie nicht auf das eigene Olivenöl, den Vinsanto, den Gemüsegarten und die achtzig Obstbäume verzichten. „Der Reiz eines Landwirtschaftsbetriebes liegt in seiner Vielfalt,", ist Gisela Traxler überzeugt.

## FARBENFREUDE

Positiv abheben, möchten sich die Besitzer auch mit ihren künstlerischen Etiketten in den erfrischenden Farben. Als die Schweizer im Jahre 1992 mit ihrem ersten Wein auf den Markt kommen wollten, beauftragten sie eine bekannte Schweizer Aquarellmalerin, die großen Blumenetiketten zu entwerfen. Stiefmütterchen in blau und gelb für den Vernaccia, Mohnblumen für den Chianti Colli Senesi, Iris für den Bombereto (Sangiovese), Cyklame für einen Rosé und Kapuziner für den Vinsanto.

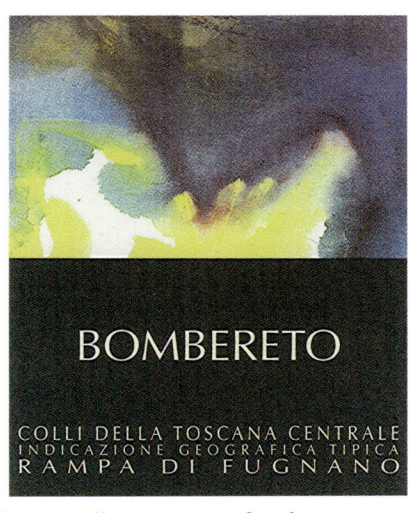

## MODERNE ETIKETTEN, ALTE GEBÄUDE

Den modernen Etiketten steht eine lange Geschichte gegenüber, die bis ins 12. Jahrhundert zurückverfolgt werden kann. Gesichert ist, dass das Hauptgebäude mit seiner integrierten Kapelle bis Ende der vierziger Jahre des letzten Jahrhunderts ein kleines Kloster beherbergte. Im Mittelalter war der Ort ein wichtiger Schnittpunkt historischer Straßen. Die „Via Francigena", einst Verbindung zwischen Frankenreich und Kirchenstaat, war Teil der Pilgerstrasse nach Rom und ins heilige Land. Jahrhunderte später sollte die so genannte Salzstrasse Florenz mit den Salinen von Volterra verbinden. Natürlich ist heute die Straße aus der Schweiz in die Toskana für die Besitzer die wichtigste von allen. *sm*

Bild linke Seite: La Rampa di Fugnano
Bild rechte Seite (links): Gisela Traxler und Herbert Ehrenbold
Bild rechte Seite (rechts): La Rampa di Fugnano

| | | | |
|---|---|---|---|
| ★ | Vernaccia di San Gimignano Alata ❶ | | 25.000 |
| ★ | Vernaccia di San Gimignano Riserva Privato ❷ | | 4.000 |
| ★ | Viogniè ❷ | | 4.000 |
| ★ | Chianti Colli Senesi Via dei Franchi ❶ | | 15.000 |
| ★★ | Bombereto ❸ | | 6.000 |
| ★★-★★★ | Gisèle ❸ | | 6.000 |
| Importeure: | CH: Martel, Terravigna, Ehrenbold | | |

# FATTORIA SELVAPIANA
## Rufina

Selvapiana und Rufina sind zwei untrennbar miteinander verbundene Namen. Die kleine Chianti-Region Rufina in den Hügeln südlich von Florenz ist heute aufgrund der kontinuierlichen Arbeit zweier Adelsfamilien eine feste Größe im Kreis der toskanischen Weinregionen. Francesco Giuntini Antinori, der Besitzer von Selvapiana, hat sich mit großer Beharrlichkeit für die Aufwertung und den Ruf dieser etwas abgelegenen Weinregion eingesetzt. Der Pomino Rosso zählte zwar im 18. Jahrhundert bereits zu den wichtigsten Weinen der Toskana, geriet aber zu Beginn des 20. Jahrhunderts fast völlig in Vergessenheit. Heute kann Francesco Giuntini Antinori auf eine erfolgreiche Vergangenheit mit über 30 Jahrgängen zurückblicken, die seit 1965 unter seiner Regie entstanden sind. Zusammen mit den Marchesi Frescobaldi, denen das Castello di Nipozzano gehört, hat er die Weinorte Pontassieve, Rufina und Pomino auf die Weinkarte gesetzt und andere Weingüter animiert, ihm nachzueifern.

> Loc. Selvapiana, 43
> 50068 Rufina
> Tel. 055-8369848
> Fax: 055-8316840
> www.selvapiana.it
> selvapiana@tin.it
> Besitzer: Francesco Giuntini Antinori
> Betriebsleiter: Federico Giuntini Antinori
> Önologe: Franco Bernabei (Berater)
> Rebfläche: 55 Hektar
> Produktion: 200.000 Flaschen
> Besuchszeiten: 9-13 + 15-19 Uhr

### DER TRADITION VERBUNDEN

Für lange Zeit war Selvapiana der Sommersitz der Bischöfe von Florenz, die vor der drückenden Hitze der Stadt in die waldigen und hochgelegenen Hügel geflohen sind. In den letzten Jahrhunderten wechselte der Besitz einige Male den Eigentümer bis die Familie Giuntini das weitläufige Anwesen im Jahre 1827 erwarb. Selvapiana ist eine typische Fattoria der Toskana, die aus einer zentralen Villa, der Kellerei, einer Ölmühle und einem Getreidespeicher besteht. Selvapiana, das sind 240 Hektar Land, von denen mehr als 50 Hektar mit Weinbergen bepflanzt sind. Daneben ist das Olivenöl (31 Hektar Olivenbäume) ein sehr wichtiges Standbein für das Gut.

## BESTÄNDIGKEIT

Kontinuität ist wichtig im Hause Selvapiana. Sowohl den Chianti Rufina als auch die Riserva Bucerchiale gibt es seit mehr als zwanzig Jahren. Mit seinen 15 Hektar ist der Weinberg Bucerchiale, aus dem die Trauben für die Riserva stammen, das Herzstück des Betriebes. Dort stehen teilweise noch Reben, die im Jahr 1968 gepflanzt wurden. „Für die Qualität der Weine sind diese älteren Reben von großer Bedeutung", sagt Federico Giuntini Masseti, der Neffe von Francesco. Die Trauben aus den jüngeren Weinbergen, die in den neunziger Jahren gepflanzt wurden, werden erst einmal für den normalen Chianti Rufina und noch nicht für die Riserva benutzt. Im Jahr 1993 erweiterte die Familie das Programm um den Wein „Fornace", der ein Verschnitt aus den Rebsorten Merlot, Cabernet Sauvignon und Sangiovese ist. Auf Anraten ihres Önologen Franco Bernabei, der das Weingut seit 1978 betreut, hatten sie in den achtziger Jahren die französischen Rebsorten gepflanzt.

## ÄLTERE JAHRGÄNGE

Eine Besonderheit im Hause Selvapiana ist die Verfügbarkeit verschiedener, älterer Jahrgänge der Riserva. Beeindruckend ist die lebendige Säure und das tolle Mundgefühl der Riserva Bucerchiale aus dem Jahrgang 1985 und 1990, die ich im Jahr 2003 probieren konnte. Dass sich die Weine in der Flasche sehr positiv entwickelt haben, liegt zum einen an der traditionellen Machart der Weine, zum anderen am speziellen Mikroklima der Region. Die Weinberge von Rufina sind von dichtem Wald umgeben und liegen höher als die meisten der benachbarten Chianti-Gebiete. In ihrer Jugend heben sie sich durch eine ausgeprägtere Säure, die natürlich der Lagerfähigkeit zugute kommt, von anderen Chianti deutlich ab.

## JUNGE GENERATION

Francesco Giuntini Antinori hat sich im Jahr 1997 aus dem Weingut zurückgezogen. Die junge Generation trägt nun die Verantwortung. Sein Neffe Federico Giuntini Antinori leitet das Weingut, Schwester Silvia und Frau Martina kümmert sich um die Verwaltung und den Verkauf. Die Notwendigkeit, in die bestehenden Strukturen zu investieren, haben alle bereits in den neunziger Jahren erkannt. Weinberge wurden erneuert und geeignetes Land für neue Weinberge hinzu gekauft. Mit dem Jahrgang 2003 wird dann der neue Lagerkeller und ein Jahr später der große Gärkeller auf Selvapiana fertig gestellt sein.   sm

| | | | |
|---|---|---|---|
| Bild linke Seite: | Selvapiana | | |
| ★ | Chianti Rufina ❶ | | 130.000 |
| ★★ | Chianti Rufina Riserva Bucerchiale ❷ | | 38.000 |
| ★★ | Fornace ❸ | | 8.500 |
| ★★ | Vin Santo del Chianti Rufina ❸ | | 4.400 |
| Importeure: | D: | Vinum Bonum, Garibaldi, Weinvision, Wein & Glas | |
| | CH: | Liechti | |
| | A: | St. Stephan | |

# TENUTA SETTE PONTI

### San Giustino Valdarno

Via dei Setti Ponti heißt die alte Straße von Arezzo nach Florenz bei den Einheimischen. Denn entlang dieser Straße überqueren sieben Brücken den Arno. Die erste davon, Ponte Buriano, liegt in unmittelbarer Nachbarschaft der Tenuta Sette Ponti. Im 13. Jahrhundert hat es fast vierzig Jahre gedauert bis diese Brücke erbaut war. Ungefähr genauso lange brauchte es, bis die Familie Moretti aus Sette Ponti ein Weingut machte.

## RINDER, SCHWEINE, RENNPFERDE

In den fünfziger Jahren hatte der Architekt Alberto Moretti das Gut erworben. Vor allem, um dort zur Jagd zu gehen. Die alte, seltene Schweinrasse Cinta Senese wird dort gezogen und Chiana-Rinder, die das Fleisch für das berühmte Bistecca Fiorentina liefern. Sonnenblumen und Mais werden angebaut und Rennpferde werden gezüchtet auf Sette Ponti. Wein ist das jüngste Produkt von Sette Ponti. Vom vorherigen Besitzer, dem Herzog von Turin, wurde bereits 1935 ein zwei Hektar großer Weinberg angelegt, der noch heute existiert. Vigna dell'Impero wurde dieser Weinberg genannt, zum Gedenken an die erfolgreiche Eroberung Abessiniens. Die eigentliche Geschichte von Sette Ponti als Weingut beginnt jedoch erst viel später, in den neunziger Jahren.

> Loc. Oreno
> 52020 San Giustino Valdarno -
> Terranuova Bracciolini
> Tel. 055-977443
> Fax: 055-9772977
> www.tenutasetteponti.com
> tenutasetteponti@tenutasetteponti.it
> Besitzer: Tenuta Sette Ponti
> Betriebsleiter: Gioia Cresti
> Önologe: Carlo Ferrini
> Rebfläche: 65 Hektar
> Produktion: 80.000 Flaschen
> Besuchszeiten: 8-13 + 14-17 Uhr

## ERFOLGSREZEPT: EXPERTENWISSEN

Francesco Moretti, der Sohn von Alberto Moretti, beschloss auf Sette Ponti Wein zu machen. Er hat viel Geld verdient, allerdings nicht mit Wein, sondern mit Bekleidungsgeschäften, mit Leder und Schuhen. Francesco Moretti weiß, was man für jede Art von Business braucht: Experten. Aus Bordeaux ließ er Gilbert Bouvet kommen, der die Böden analysierte und für die Lagen von Sette Ponti die besten Unterlagsreben und Klone auswählte. Seine Experten für die Arbeit im Keller hat Francesco Moretti in Italien gefunden: der berühmte Önologe Carlo Ferrini und seine Assistentin Goia Cresti waren von Anfang an für den Weinausbau verantwortlich.

## CROGNOLO

Der Schwerpunkt der Produktion von Sette Ponti liegt auf zwei Weinen, Crognolo und Oreno. Dazu gibt es noch den Vigna di Pallino, einen reinsortigen Sangiovese, der in Edelstahl ausgebaut wird. Gelegentlich wird ein Passito aus Malvasia und Trebbiano, Grisoglia genannt, erzeugt. Auch der Crognolo besteht wie der Vigna di Pallino hauptsächlich aus Sangiovese. Crognolo ist der Name eines Busches, den man häufig auf dem Gut findet. Nach drei Wochen Maceration wird der Wein sechzehn Monate in Fässern aus französischer Eiche ausgebaut, wobei neben Barriques mit 225 Liter Inhalt auch größere Fässer mit 500 Liter Inhalt verwendet werden. Beim Crognolo soll die Betonung auf Eleganz und Harmonie liegen, und im Wein soll das Holz nicht allzu präsent sein. So präsentiert sich der Crognolo dann auch: schmeichelnd und fruchtbetont, harmonisch und elegant.

## ORENO

Der Erstwein von Sette Ponti, der Oreno, ist nach einem Fluss benannt, der durch das Gut fließt. Für den Oreno werden nur die besten Trauben des Gutes selektiert. Zur Hälfte besteht er aus Sangiovese, die andere Hälfte besteht zu etwa gleichen Teilen aus Cabernet Sauvignon und Merlot. Nach 25 Tagen Maceration in oben offenen Gärtanks kommt der Wein für zwanzig Monate ins Barrique. Wobei für den Oreno ausschließlich neue Fässer aus französischer Eiche und kleine Fässer mit 225 Liter Inhalt verwendet werden. Der Oreno ist ein körperreicher, wunderschön fruchtbetonter Wein. Er ist harmonisch und konzentriert, enorm füllig und sehr lang.

## SETTE PONTI WAR NUR DER ANFANG

Francesco Moretti scheint mit dem Erfolg von Sette Ponti noch nicht zufrieden gestellt zu sein. Ob er ein eigenes Weinimperium errichten will? Inzwischen gehören ihm zwei weitere große Güter: Feudo Maccari in Sizilien mit 80 Hektar Weinbergen, wo er im Jahrgang 2002 mit einen faszinierenden, reinsortigen Nero d'Avola debütierte. Sowie ein 40 Hektar großes Gut bei Scansano in der Maremma. Dort brachte er auch im Jahrgang 2002 seinen ersten Wein heraus, Poggio al Lupo genannt, eine fruchtbetonte Cuvée aus 60 Prozent Cabernet Sauvignon und 40 Prozent Merlot. *ge*

| Bild linke Seite: | | Antonio Moretti (links) und Carlo Ferrini | | |
|---|---|---|---|---|
| ★★-★★★ | | Crognolo ❸ | | 45.000 |
| ★★-★★★ | | Oreno ❹ | | 34.000 |
| Importeure: | D: | Abayan | | |
| | CH: | Archetti | | |
| | A: | Morandell | | |

## DIESE WEINGÜTER SOLLTE MAN BEOBACHTEN

Es folgen Kurzbeschreibungen einiger Weingüter, die sich in letzter Zeit stark gesteigert haben. Es sind meist junge Weingüter, die schon mit ihren ersten Weinen aufhorchen ließen, aber auch ältere, bekannte Güter, bei denen ein deutlicher Aufwärtstrend festzustellen ist. Die Kürzel hinter den Ortsnamen zeigen in welcher Provinz das Weingut zuhause ist (AR: Arezzo; FI: Firenze; SI: Siena) *ge*

**Fattoria di Bagnolo,** *Impruneta (FI).* Fattoria di Bagnolo ist ein 76 Hektar großes Gut bei Impruneta, südlich von Florenz. 10 Hektar sind mit Reben bepflanzt, von denen etwa 25.000 Flaschen Wein im Jahr erzeugt werden. Fattoria di Bagnolo wird geführt von Marco Bartolini Baldelli, Önologe ist Lorenzo Landi. Unter gleicher Führung stehen auch Castello di Montozzi bei Arezzo und Fattoria di Scaletta bei San Miniato, wo jeweils Apartments bzw. Ferienhäuser vermietet werden. Wunderschön fruchtbetont und reintönig sind die Weine von Fattoria di Bagnolo, wie der Capro Rosso oder die Chianti Colli Fiorentino Riserva beweisen, die beide überwiegend aus Sangiovese bestehen.

*Via Imprunetana per Tavarnuzze, 48, 50023 Impruneta, Tel. 055-2313403; Besitzer: Marchesi Bartolini Baldelli, Rebfläche: 10 ha.*

**Borgo Casignano,** *Cavriglia (AR).* Der Besitz von Borgo Casignano reicht von 300 Meter bis 560 Meter Höhe. Seit 1993 wird das Gut biologisch bewirtschaftet. Neben einem wunderschön fruchtbetonten Chianti aus Sangiovese mit etwas Canaiolo und Malvasia Nera gibt es einen Sekt, einen reinsortigen Chardonnay (Ghiandaia), sowie den Solatìo, einen reinsortigen Sangiovese. Die Jahresproduktion beträgt 25.000 Flaschen, Önologe ist Fabio Signorini.

*Loc. Casignano, 212, 52020 Cavriglia, Tel. 055-967090; Besitzer: Giovanni Luca Zappa, Rebfläche: 8 ha.*

**Tenuta Il Borro,** *San Giustino Valdarno (AR).* Tenuta Il Borro ist ein 700 Hektar großes Gut nordwestlich von Arezzo, auf dem schon seit 1760 Wein angebaut wird. 1993 haben Ferruccio Ferragamo und Sohn Salvatore – Modeinteressierten sagt der Name mehr als Weinfreunden – das Gut vom Duca Amadeo d'Aosta gekauft. Tenuta Il Borro wurde komplett restauriert, Weinberge angelegt und der Keller erneuert. Unter der Aufsicht des Önologen Nicolò d'Afflitto wurden 40 Hektar mit Reben bepflanzt. Die avisierte Jahresproduktion beträgt 200.000 Flaschen. Der „Il Borro" genannte Wein besteht aus Merlot und Cabernet Sauvignon, sowie ein klein wenig Syrah. Er wird zwölf Monate in Barriques aus französischer und amerikanischer Eiche ausgebaut und weist im Bouquet viel süße Frucht und eine leichte Schokoladennote auf. Im Mund ist er wunderschön füllig und lang bei reifer süßer Frucht.

*Loc. Borro, 1/A, 52020 San Giustino Valdarno, Tel. 055-977053; Besitzer: Ferruccio und Salvatore Ferragamo, Rebfläche: 40 ha.*

**Ca' del Vispo,** *San Gimignano (SI).* Das erst 1994 gegründete Weingut gehört heute zu den besten in San Gimignano. Wobei sich Ca' del Vispo mehr über Rotwein, denn über Vernaccia profiliert hat. Vor allem mit dem Cruter, einem reinsortigen, wunderschön eleganten Merlot. Daneben überzeugen im guten Gesamtprogramm besonders der Colle Leone aus Sangiovese und Merlot und der recht vanillige, im Barrique ausgebaute Vernaccia di San Gimignano Vigna in Fiore.
*Loc. Le Vigne, Via di Fugnano, 31, 53037 San Gimignano, Tel. 0577-943053; Besitzer: Roberto Vispi, Marco und Massimo Daldin, Rebfläche: 24 ha.*

**Vincenzo Cesani,** *San Gimignano (SI).* Die Weinberge von Vincenzo Cesani liegen in Pancole, einem kleinen Dorf bei San Gimignano, auf 250 bis 300 Meter Höhe. Er konzentriert sich ganz auf die autochthonen Sorten der Toskana, wie Vernaccia für Weißwein, bzw. Sangiovese und Colorino für Rotwein. Beratender Önologe ist Luca d'Attoma. Zwei Vernaccia di San Gimignano erzeugt Vincenzo Cesani, einer davon, Sanice genannt, ist im Barrique ausgebaut. Es ist ein wunderschön kraftvoller, klarer Wein. Dazu gibt es zwei Rotweine, einen fruchtbetonten Chianti Colli Senesi und als Spitzenwein den „Luenzo" aus 90 Prozent Sangiovese und 19 Prozent Colorino. Der Luenzo ist wunderschön elegant und reintönig und gehört zu den Spitzenweinen in San Gimignano.
*Loc. Pancole, Via Piazzetta, 82/D, 53057 San Gimignano, Tel. 0577-955084; Besitzer: Vincenzo Cesani, Rebfläche: 14,3 ha.*

**Chigi Saracini,** *Castelnuovo Berardenga (SI).* Seit 1985 gehört dieses Gut in Castelnuovo Berardenga, unmittelbar außerhalb des Chianti Classico-Gebietes, der Bank Monte Paschi dei Siena. Unter der Anleitung von Carlo Ferrini werden zwei Weine erzeugt: ein wunderschön reintöniger Chianti Villa Chigi, sowie ein kraftvoller Rosso Toscana IGT, Poggioassai genannt, der neben Sangiovese ein wenig Cabernet Sauvignon enthält und eineinhalb Jahre in französischen Barriques ausgebaut wird.
*Via dell'Arbia, 2, 53019 Castelnuovo Berardenga, Tel. 0577-355113; Besitzer: Monte Paschi dei Siena, Rebfläche: 59 ha.*

**Colle Santa Mustiola,** *Chiusi (SI).* Colle Santa Mustiola liegt bei Chiusi, unmittelbar an der Grenze zu Umbrien. Bereits seit 1875 wird Wein auf Colle Santa Mustiola erzeugt, aber der heutige Besitzer, Fabio Cenni, hat seinen ersten Jahrgang 1992 gemacht. Seine Leidenschaft gilt dem Sangiovese, von dem er eigene Klone selektioniert hat. Önologischer Berater bei Colle Santa Mustiola ist Attilio Pagli. Der Poggio ai Chiari ist ein reinsortiger, wunderschön reintöniger Sangiovese, der teils in Barriques aus französischer Eiche, teils in großen Fässern aus slawonischer Eiche ausgebaut wird.
*Via delle Torri, 86/A, 53043 Chiusi, Tel. 0578-63462; Besitzer: Fabio Cenni, Rebfläche: 4 ha.*

**Fattoria di Gratena,** *Arezzo (AR).* Die Fattoria di Gratena (rechts) geht auf ein von Mönchen im 13. Jahrhundert gegründetes Gut zurück. 1968 hat die Familie Sieni das Gut übernommen. Seit 2001 werden auch Apartments vermietet. Betriebsleiter ist Fabio de Ambrogi und Önologe ist Frank Peluso. Das Gut umfasst 15 Hektar Weinberge, von denen etwa 30.000 Flaschen Wein im Jahr erzeugt werden. Die Weinberge, in 400 Meter Höhe gelegen, werden kontrolliert biologisch bewirtschaftet. Es werden nur die traditionellen Rebsorten der Toskana angebaut: Sangiovese, Canaiolo, Colorino und Malvasia Nera. Neben Reben gibt es 2.000 Olivenbäume auf Gratena. Neben einem feinen Chianti gibt es den kraftvollen, barriqueausgebauten Rapozzo da Maiano Rosso aus Sangiovese und Canaiolo, sowie einen faszinierenden reinsortigen Sangiovese, Siro genannt, von dem es leider nur 1.000 Flaschen gibt. Zur Hälfte besteht der Siro aus einem speziellen auf dem Gut gefundenen Sangioveseklon.

Soc. Miglioramenti Fondiari srl, Loc. Pieve a Maiano, 52100 Arezzo, Tel. 0575-368664; Besitzer: Fratelli Sieni, Rebfläche: 15 ha.

**Iesolana,** *Bucine (AR)*. Giovanni Toscana besitzt 11 Hektar Weinberge bei Bucine, westlich von Arezzo, wovon die Hälfte neu angelegt wurden. Die Reben stehen hier in 300 Meter Höhe. Der alte Weiler wurde restauriert, in den Gebäuden sind heute acht Ferienwohnungen untergebracht. Neben Chianti und Vin Santo erzeugt Iesolana als Spitzenwein den kraftvollen Folco Rosso, eine zwölf Monate in Barriques aus französischer Eiche ausgebaute Cuvée aus Sangiovese und ein klein wenig Merlot.

Loc. Iesolana, 52010 Bucine, Tel. 055-992988; Besitzer: Giovanni Toscano, Rebfläche: 11 ha.

**Cantine Leonardo da Vinci,** *Vinci (FI)*. Die Weinberge der Mitglieder der 1961 gegründeten Genossenschaft Leonardo da Vinci liegen in Vinci und Cerreto Guidi, aber auch in Limite e Capraia, Gambassi und Montespertoli. Zwei Mikrozonen wurden als die besten identifiziert: San Zio, von wo der gleichnamige, herrlich füllige Sangiovese kommt, sowie Santo Ippolito. Unter diesem Namen vermarktet die Genossenschaft einen faszinierend fülligen und konzentrierten Wein aus Merlot und Syrah. Die Qualitätssteigerungen der letzten Jahren sind sicherlich auch dem Önologen Alberto Antonini zu verdanken.

Bivio di Streda, Via Provinciale Mercatale, 291, 50059 Vinci, Tel. 0571-902444; Genossenschaft, Rebfläche: 500 ha.

**Fattoria Lilliano,** *Antella (FI)*. Das traditionsreiche Gut unweit von Florenz gehört seit 1830 der Familie Malenchini. Neben einem Chianti Colli Fiorentini und einem Bianco aus Trebbiano und Malvasia erzeugt es den Bruzzico, einen wunderschön fruchtbetonten und eleganten Wein aus Cabernet Sauvignon und Sangiovese.

Via Lilliano e Meoli, 82, 50011 Antella, Tel. 055-642602; Besitzer: Familie Malenchini, Rebfläche: 16 ha.

**Mannucci Droandi,** *Mercatale Valdarno (AR).* Das Weingut Mannucci Droandi besteht aus zwei Betrieben. Podere Campolucci, seit 1929 in Familienbesitz, liegt westlich von Arezzo an den Osthängen der Monti del Chianti in etwa 250 Meter Höhe. Hier, in der Zone Chianti Colli Aretini, besitzt Roberto Giulio Droandi 35 Hektar mit Reben. Erst in den neunziger Jahren hat er selbst mit dem Ausbau der Weine begonnen, mit dem Jahrgang 1998 dann – unter Mitarbeit des Önologen Giorgio Marone – seinen ersten Wein auf den Markt gebracht. Er erzeugt hier einen Chianti Colli Aretini, sowie einen Campolucci genannten IGT aus Sangiovese und etwas Cabernet Sauvignon. Bei Podere Campolucci gibt es auch einen Versuchsweinberg mit vielen alten, einst in der Toskana verbreiteten Rebsorten, die heute vom Aussterben bedroht sind. Erst kürzlich erworben wurde Podere Ceppeto bei Starda, südöstlich von Gaiole in Chianti, im äußersten Südosten des Classico-Gebietes, mit 6 Hektar Weinbergen in etwa 450 Meter Höhe. Mit dem Jahrgang 2000 hat Roberto Giulio Droandi hier seinen ersten Wein erzeugt.
*Fraz. Caposelvi, 61, 52020 Mercatale Valdarno, Tel. 055-9707276; Besitzer: Roberto Giulio Droandi, Rebfläche: 41 ha.*

**Giacomo Mori,** *San Casciano dei Bagni (FI).* Giacomo Mori besitzt 6 Hektar Weinberge bei San Casciano dei Bagni, in der nordöstlichen Ecke der Provinz Siena. Önologischer Berater ist Alberto Antonini. Giacomo Mori erzeugt zwei Weine, beides Chianti: einen „einfachen", süffigen Wein, sowie den Chianti Castelrotto, der herrlich kraftvoll und harmonisch ist.
*Piazza Sandro Perini, 8, Fraz. Palazzone, 53040 San Casciano dei Bagni, Tel. 0578-227005; Besitzer: Giacomo Mori, Rebfläche: 6 ha.*

**Pacina (SI),** *Castelnuovo Berardenga (SI)* Giovanna Tiezzi besitzt 10 Hektar Weinberge mit Sangiovese, Syrah (ein halber Hektar, 1992 gepflanzt), sowie ein klein wenig Canaiolo und Ciliegiolo. 6 Hektar wurden bereits in den sechziger Jahren angelegt. Das Weingut liegt unmittelbar außerhalb des Chianti Classico (der Fluss Malena bildet die südliche Grenze des Classico-Gebietes) und gehört der Familie seit fünf Generationen. Es wurde schon immer Wein angebaut, aber erst 1988 wurde der erste Wein unter eigenem Etikett vermarktet. Neben dem wunderschön fruchtbetonten Chianti Colli Senesi gibt es als Spitzenwein den La Malena, eine Cuvée aus 75 Prozent Syrah und 25 Prozent Sangiovese. Es ist ein betörend fruchtbetonter, konzentrierter Wein mit viel Nachhall. Die Weinberge von Pacina werden biologisch bewirtschaftet.
*Loc. Pacina, 53010 Castelnuovo Berardenga, Tel. 0577-355044; Besitzer: Giovanna Tiezzi, Rebfläche: 10 ha.*

**Podere Il Paradiso,** *San Gimignano (SI).* Podere Il Paradiso erzeugt von 27 Hektar Weinbergen 150.000 Flaschen Wein im Jahr. Der Spitzenwein ist der Saxa Calida, der jeweils zur Hälfte aus Cabernet Sauvignon und Merlot besteht und achtzehn Monate in neuen Barriques ausgebaut wird. Er ist wunderschön elegant und fruchtbetont. Önologe bei Il Paradiso ist Paolo Caciorgna.
*Loc. Strada, 21/A, 53037 San Gimignano, Tel. 0577-941500; Besitzer: Graziella Cappelli Cetti, Rebfläche: 27 ha.*

**Fattoria di Piazzano,** *Empoli* **(FI).** 34 Hektar des 64 Hektar großen Gutes Fattoria di Piazzano in Empoli, westlich von Florenz, sind mit Reben bepflanzt. Rolandio und Ilaria Bettarini erzeugen zur Zeit drei Weine, zusammen etwa 60.000 Flaschen im Jahr. Önologischer Berater ist Attilio Pagli. Die Chianti Riserva Rio Camerata besticht mit guter Fülle und Harmonie. Herrlich klar und konzentriert ist auch der Vin Santo Bianco dell'Empolese aus Sancolombana, Trebbiano und Malvasia.

*Via di Piazzano, 5, 50053 Empoli, Tel. 0571-994032; Besitzer: Rolando und Ilaria Bettarini, Rebfläche: 34 ha.*

**Fattoria La Querce,** *Impruneta* **(SI).** Das Weingut La Querce liegt bei Impruneta, südlich von Florenz. Önologischer Berater von Fattoria La Querce ist Alberto Antonini, der seit dem Jahr 2000 hier tätig ist und den Ausbau der Weine komplett auf Barrique umgestellt hat. La Querce erzeugt zwei Chianti Colli Fiorentini, Sorrettole und La Toretta, wobei La Toretta der kraftvollere Wein ist. Hinzu kommt als Topwein die einfach La Querce genannte Cuvée aus Sangiovese und Colorino, herrlich füllig und kraftvoll und mit enormer Nachhaltigkeit.

*Via Imprunetana per Tavarnuzze, 41, 50023 Impruneta, Tel. 055-2011380; Besitzer: Massimo Marchi, Rebfläche: 7,6 ha.*

**La Rendola,** *Montevarchi* **(AR).** La Rendola, einst im Besitz der Familie Ricasoli, gehört heute Vahe Keushgarian. Neben Sangiovese, Cabernet Sauvignon und Merlot baut er auch Pinot Bianco und Chardonnay an. Weinmacher bei La Rendola ist Fabrizio Moltard. Der Rendola ist ein reinsortiger Merlot. Die L'Incanto genannte Cuvée besteht zu 70 Prozent aus Sangiovese, hinzu kommen Cabernet Sauvignon und Merlot. Vahe Keushgarian gehört auch das Weingut Karashar in Armenien, sowie – seit 1998 – das Weingut La Corte in Apulien.

*Loc. Rendola, 85, 52025 Montevarchi, Tel. 055-9707494; Besitzer: Poggio il Pino srl, Rebfläche: 19 ha.*

**Fattoria di Romignano,** *Loro Ciuffena* **(AR).** Fattoria di Romignano ist ein 50 Hektar großes Gut nordwestlich von Arezzo. 11 Hektar sind mit Reben und 10 Hektar mit Olivenbäumen bestockt. Die Weinberge werden ökologisch bewirtschaft (A.I.A.B.). Der Spitzenwein von Fattoria di Romignano ist die Sabòt genannte Cuvée aus Sangiovese und etwas Cabernet Sauvignon, die erstmals 1999 erzeugt wurde. Es ist ein kraftvoller, konzentrierter Wein, der durch die zwölf Monate im Barrique eine gute Struktur erhält.

*Via Setteponti Levante, 30, 52024 Loro Ciuffena, Tel. 055-977635; Besitzer: Riccardo Rossi, Rebfläche: 11 ha.*

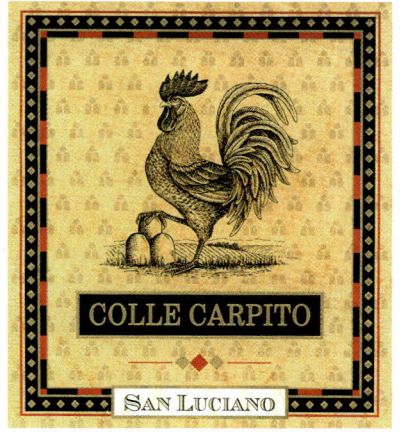

**Fattoria San Luciano, *Monte San Savino (AR)*.** Die Familie Ziantoni kam 1972 aus Latium nach Arezzo und kaufte das Gut San Luciano bei Monte San Savino. Das Gut ist 100 Hektar groß, 63 Hektar sind mit Reben bepflanzt. Ovidio Ziantoni erzeugt etwa 350.000 Flaschen Wein im Jahr. Önologischer Berater ist Fabrizio Ciufoli. Gute Qualität, weiß wie rot, mit feinem Resico (Chardonnay mit Vermentino und Trebbiano), Colle Carpito (Sangiovese mit etwas Montepulciano) und kraftvollem Boschi Salviati auf Basis von Sangiovese. Spitzenwein ist der D'Ovidio, der neben Sangiovese und Montepulciano ein wenig Cabernet Sauvignon und Merlot enthält.
*Via Setteponti Levante, 30, 52024 Loro Ciuffena, Tel. 055-977635; Besitzer: Riccardo Rossi, Rebfläche: 11 ha.*

**Podere San Luigi, *Colle Val d'Elsa (SI)*.** John Morace lebt in New York und kommt zweimal im Jahr in die Toskana, um nach seinem Weingut zu sehen. Von Anfang an, seit er das Gut 1988 gekauft hat, arbeitet er mit dem Önologen Paolo Caciorgna. Erster kommerzieller Jahrgang von Podere San Luigi war 1993. John Morace bringt seine Weine relativ spät, erst nach einer gewissen Flaschenreife auf den Markt. Der Zweitwein wird Aprelis genannt. Er enthält neben Sangiovese ein wenig Cabernet Sauvignon und Colorino. Der Erstwein, San Luigi, besteht aus Sangiovese und etwa 15 Prozent Cabernet Sauvignon. Es ist ein herrlich kraftvoller, strukturierter Wein mit gutem Nachhall. Alle Reben von Podere San Luigi werden in den kommenden Jahren nach und nach erneuert. 
*Podere San Luigi, 59 Località Mugnano, 59. 53034 Colle Val d'Elsa, Tel. 0577-959724; Besitzer: John Morace, Rebfläche: 5 ha.*

**Fattoria Santa Vittoria, *Foiano della Chiana (AR)*.** Marta Niccolai besitzt 35 Hektar Weinberge bei Foiano della Chiana im Süden der Provinz Arezzo. Neben Sangiovese baut sie Canaiolo, Trebbiano und Grechetto an. In den neuen Weinbergen wurden internationale Rebsorten wie Chardonnay, Pinot Bianco, Cabernet Sauvignon und Merlot angelegt. Der Spitzenwein von Santa Vittoria ist die Scannagallo genannte Cuvée aus Sangiovese und Cabernet Sauvignon. Der Scannagallo wird zwölf Monate in Barriques aus französischer Eiche ausgebaut. Er ist kraftvoll im Mund, fruchtbetont und von guter Nachhaltigkeit.
*Via Piana, 43, Loc. Pozzo, 52040 Foiano della Chiana, Tel. 0575-66807; Besitzer: Marta Niccolai, Rebfläche: 35 ha.*

Toskana: „Randgebiete"

**Fattoria Castello Sonnino, *Montespertoli (FI)*.** Castello Sonnino, auch als Castello Montespertoli bekannt, gehört seit Anfang des 19. Jahrhunderts der Familie Sonnino. Das Gut ist 200 Hektar groß. Alessandro De Ranzis Sonnino, der heutige Inhaber, besitzt 45 Hektar Weinberge, von denen er je nach Jahrgang zwischen 220.000 und 250.000 Flaschen Wein erzeugt. Önologischer Berater ist Stefano Chioccioli. Der Spitzenwein ist der San Leone aus Merlot und ein wenig Sangiovese und Petit Verdot. Wunderschön reintönig und elegant ist auch der Cantinino, ein reinsortiger Sangiovese.

*Via Volterrana Nord, 10, 50025 Montespertoli, Tel. 0571-609198; Besitzer: Alessandro De Ranzis Sonnino, Rebfläche: 45 ha.*

**Le Tre Stelle, *San Gimignano (SI)*.** Le Tre Stelle ist ein 20 Hektar großes Gut in Certaldo bei San Gimignano. Neben Chianti, Vernaccia di San Gimignano und Vin Santo wird seit dem Jahrgang 2000 ein faszinierender reinsortiger Ciliegiolo erzeugt. Für den Weinausbau verantwortlich ist die Beratergruppe Matura.

*Via Fonte di Campaino, 17/B, 53037 San Gimignano, Tel. 0577-944406; Besitzer: A. und D. Rubicini, Rebfläche: 20 ha.*

**Tenuta di Trinoro, *Sarteano (SI)*.** Tenuta di Trinoro ist ein 300 Hektar großes Gut im Val d'Orcia, südlich von Montepulciano an der Grenze zu Umbrien gelegen. Anfang der neunziger Jahre hat Andrea Franchetti begonnen hier Reben zu pflanzen. 25 Hektar Weinberge besitzt er heute, die mit einer Pflanzdichte von 9.400 Stock je Hektar angelegt wurden. Er erzeugt zwei Weine: den „Cupole" als Zweitwein, sowie den „Tenuta di Trinoro". Beide enthalten etwa zur Hälfte Cabernet Franc, hinzu kommen Merlot und Cabernet Sauvignon, sowie ein wenig Petit Verdot beim Tenuta di Trinoro bzw. Cesanese d'Affile beim Cupole. Die Weine werden mit den natürlichen Hefen vergoren (einzelne Partien bis zu drei Monate lang). Erster Jahrgang war 1997.

*Via Val d'Orcia, 15, 53047 Sarteano, Tel. 0578-267110; Besitzer: Andrea Franchetti, Rebfläche: 25 ha.*

**Vignano, *Marcialla (SI)*.** Das Schweizer Ehepaar Fromm hat vor wenigen Jahren das Weingut Vignano übernommen. Vignano liegt etwa auf halbem Weg zwischen Florenz und Siena. Walter und Natalie Fromm-Mola erzeugen von ihren 12 Hektar Weinbergen etwa 23.000 Flaschen Wein im Jahr. Die Weinberge werden ökologisch bewirtschaftet (A.I.A.B.). Neben einem Pinot Nero erzeugt Vignano einen wunderschön fruchtbetonten Sangiovese, Tosca genannt, sowie als Spitzenwein den kraftvollen Chianti Superiore Il Primo. Den Pinot Nero hat Walter Fromm inzwischen ausgerissen und stattdessen Merlot gepflanzt.

*Loc. Vignano, 304, 50020 Marcialla, Tel. 0571-660891; Besitzer: Walter und Natalie Fromm-Mola, Rebfläche: 12 ha.*

**Villa Pillo, *Gambassi Terme (FI)*.** Villa Pillo ist ein traditioneller landwirtschaftlicher Betrieb mit etwa 500 Hektar Land bei Gambassi Terme (nördlich von San Gimignano). Seit 1989 gehört Villa Pillo dem Amerikaner John Dyson. Er hat das Gut ebenso restauriert wie den dazugehörigen, im 18. Jahrhundert angelegten Park. Neue Weinberge und Olivenhaine wurden angelegt. Zur Zeit sind 34 Hektar Weinberge bepflanzt (insgesamt sollen 50 Hektar angelegt werden). Hinzu kommen 21 Hektar mit Olivenbäumen. Villa Pillo konzentriert sich auf fünf Rebsorten: Sangiovese, Cabernet Sauvignon, Merlot, Syrah und Cabernet Franc. Neben drei sortenreinen Weinen – Merlot (Sant'Adele), Cabernet Franc (Vivaldaia) und Syrah – gibt es eine Borgoforte genannte Cuvée aus Sangiovese, Cabernet Sauvignon und Merlot. Die Weine werden in französischen Barriques ausgebaut, teils neue Fässer, teils einjährige Fässer, die von Château Cos d'Estournel bezogen werden. Die Weine sind allesamt wunderschön klar und harmonisch.
*Via Volterranan, 26, 50050 Gambassi Terme, Tel. 0571-680212; Besitzer: John Dyson, Rebfläche: 34 ha.*

Landschaft: Colli Fiorentini

# MONTALCINO

Montalcino liegt 40 Kilometer südlich von Siena und genauso weit auch vom Meer entfernt. Das Städtchen thront auf einem Hügel, 564 Meter über Meereshöhe. Es ist ein hügeliges Gebiet, durchzogen von den Flüssen Orcia, Asso und Ombrone. Im Südwesten wird es begrenzt von den über 1.700 Meter hohen Monte Amiata. Es ist ein Gebiet mit sehr unterschiedlichen Teilzonen. Unterschiedlich, was die Höhenlage betrifft (von gut 200 Meter bis über 500 Meter), unterschiedlich aber auch hinsichtlich der Ausrichtung der Weinberge, der Böden und der jährlichen Niederschlagsmenge.

## HÖHENLAGE PRÄGT DIE WEINE

Die unterschiedliche Höhenlage hat ebenso wie die unterschiedliche Exposition großen Einfluss auf den Charakter der Weine. Manche der höher gelegenen Weinberge werden ständig vom Wind durchweht. Dadurch gibt es hier keinerlei Probleme mit Fäulnis, die Trauben bleiben gesund. Die höher gelegenen Weinberge bleiben von Nebel und Spätfrösten verschont. Die Weine aus diesen Weinbergen betonen mehr die Eleganz und Finesse, während Weine aus tiefer gelegenen Weinbergen oft fleischiger und fülliger ausfallen.

## REVOLUTIONÄRE IDEE: REINSORTIGE WEINE

Entstanden ist der Brunello di Montalcino im Jahr 1866. Natürlich wurde schon vorher Wein in Montalcino erzeugt. Aber der bestand wie überall in der Toskana nicht aus einer einzigen Rebsorte, sondern aus vielen, weiß wie rot. Hier in Montalcino aber entstand die Idee einen reinsortigen Wein zu machen, und zwar ausschließlich aus der Rebsorte Sangiovese. Der Name Brunello rührt wohl daher, dass Sangiovese aus Montalcino im Alter eine bräunliche Farbe annimmt.

## Sangiovese Grosso

Brunello di Montalcino wird, und das ist eine Besonderheit in der Toskana, ausschließlich von einer einzigen Rebsorte erzeugt, dem Sangiovese. Einem besonderen Klon des Sangiovese genau genommen, dem Sangiovese Grosso, der ursprünglich nur in Montalcino zu finden war, heute aber immer häufiger auch im Chianti Classico angebaut wird.

## Rosso di Montalcino

Wesentlich jüngeren Datums ist die Geburtsstunde des Rosso di Montalcino. Diese Idee wurde aus der Not geboren. Viele Winzer konnten sich in den sechziger Jahren den langen Ausbau und die damit verbundenen Kosten nicht mehr leisten und wollten den Wein jung verkaufen, schon nach einem Jahr. Damit dieser Wein nicht mit Brunello verwechselt wird und doch vom Namen Brunello profitiert, nannten sie diesen Wein „Vino Rosso dai Vigneti di Brunello". 1979 wurde dann daraus die DOC „Rosso di Montalcino".

## Lagenweine, Verkürzung des Fassausbaus

Eine wichtige Änderung kam im Jahr 1996 durch die Möglichkeit, Einzellagen im Lagenregister verzeichnen zu lassen und diese dann auf dem Etikett zu verwenden. Im gleichen Jahr wurde auch die vorgeschriebene Flaschenreife geändert: seit 1996 darf ein Brunello erst nach mindestens vier Monaten Ausbau auf der Flasche verkauft werden, eine Riserva nach sechs Monaten. Noch einschneidender aber war die Veränderung, die zwei Jahre später kam: die Verkürzung der vorgeschriebenen Dauer des Fassausbaus von drei auf zwei Jahre. Sie kam als Reaktion auf die zunehmende Zahl an Weinen, die ohne DOCG angeboten wurden, weil Winzer Partien ihres Brunello im Barrique ausbauten, die Weine aber nicht so lange im Fass ließen wie es für Brunello vorgeschrieben war.

## 3.000 Hektar Reben

Es gibt 3.000 Hektar mit Reben in Montalcino, aber nur gut die Hälfte davon ist für die Produktion von Brunello zugelassen. Die restliche Produktion wird als Rosso di Montalcino, als roter oder weißer Sant'Antimo oder als so genannte IGT-Weine vermarktet. Die DOC Sant'Antimo wurde vor einigen Jahren geschaffen, damit die Winzer ihre Weine aus anderen Rebsorten wie Cabernet Sauvignon oder Syrah nicht als anonyme IGT-Weine, sondern als DOC-Weine mit definierter Herkunft aus Montalcino anbieten können. Ihren Namen erhielt die DOC Sant'Antimo von der gleichnamigen Klosterkirche am Dorfrand von Castelnuovo Abate. Hinzu kommen 100.000 Flaschen des traditionellen Dessertweines Moscadello di Montalcino, der fast in Vergessenheit geraten wäre und mit dem sich in jüngster Zeit wieder mehr Erzeuger auseinandersetzen. Die Produktion ist inzwischen angewachsen auf durchschnittlich 5,5 Millionen Flaschen im Jahr, und sie nimmt stetig zu, denn ständig kommen neue Anlagen in Ertrag. Fast zwei Drittel dieser Produktion wird exportiert. Hauptabnehmer sind die Vereinigten Staaten, gefolgt von der Schweiz und Deutschland.

## Zahl der Weingüter in zehn Jahren verdoppelt

In den letzten zehn Jahren hat sich die Zahl der Weingüter, die selbst Brunello vermarkten, mehr als verdoppelt. Familien, die ihre Trauben traditionell an die etablierten Erzeuger verkauft haben, begannen Wein zu erzeugen. Sie wurden durch das große Interesse in aller Welt und die steigenden Preise in den neunziger Jahren in ihrer Entscheidung bestärkt. Dazu zog die Bekanntheit des Brunello di Montalcino zahlreiche Investoren von außerhalb an, die ein eigenes Weingut oder ein zweites Zuhause suchten. Wie überall in der Toskana erzeugen manche dieser neuen Weingüter schon nach kurzer Zeit hervorragende Weine, meist mit Hilfe eines externen Beraters. Einer von diesen, Paolo Vagaggini, ist besonders stark in Montalcino aktiv, wo er Dutzende von Weingütern betreut.   *ge*

# PAOLO VAGAGGINI

Paolo Vagaggini sind Starallüren völlig fremd, obwohl er der bekannteste Weinberater in Montalcino und Umgebung ist. Er betreut mehr als fünfzig Weingüter, untersucht mit modernen Messmethoden die Reifekurven der Trauben und bestimmt die Analysewerte der Weine im Keller. 1974 übernahm der studierte Pharmazeut und Biologe das Labor seines Vaters in Siena, wo er mit seiner Familie lebt.

## SENSORIK UND ANALYSE

Anfangs war er sehr auf Analysemethoden fixiert, aber im Laufe der Jahre hat er die Bedeutung der Sensorik für die Beratung erkannt, ebenso die Bedeutung der Weinbergsarbeit für die Erzeugung von Spitzenweinen. Sensorik ist wichtig, zum Beispiel bei der Bestimmung des optimalen Erntetermins, wo an erster Stelle das Probieren der Beeren steht. Genauso wichtig aber ist es den sensorischen Eindruck durch Messwerte zu bestätigen. Wichtigster Wert für ihn ist die Phenolreife der Trauben, die besagt, wann die Gerbstoffe in den Trauben ausgereift sind und keine ungewollten Bitterstoffe mehr an den zukünftigen Wein abgeben. Auch bei der Gärung hilft die Analyse des Phenolwerts den richtigen Zeitpunkt zu bestimmen, wann der Saft von der Maische abgezogen werden muss.

## EINZIGARTIGES TERROIR, GROSSE ZUKUNFT

Bei der Betreuung seiner Weingüter verfolgt Paolo Vagaggini einen Ansatz, der sich von vielen seiner Kollegen unterscheidet. Er macht weniger strikte Vorgaben, spricht Empfehlungen aus und lässt seinen Kunden den notwendigen Entfaltungsspielraum, „lässt den Dingen seinen Lauf". Auch in zehn Jahren wird der Brunello in aller Munde sein, verspricht Vagaggini, denn die meisten Winzer nutzen die Gunst der Stunde und investieren in Qualität. Ob sich jedoch die zahlreichen, kleinen Erzeuger alle behaupten können, bleibt abzuwarten. Aber wer Qualität liefert, wird bestehen – und das einzigartige Terroir von Montalcino bietet die allerbesten Voraussetzungen dafür, Weine von Weltformat zu erzeugen.  *sm*

# BANFI

## S. Angelo in Colle

Die Größe beeindruckt. Kein anderes Weingut in Montalcino besitzt so viel Land, und so viele Weinberge: 2.830 Hektar Land, 800 Hektar Weinberge. Damit gehört Banfi mehr als ein Viertel der gesamten Rebfläche in Montalcino. Davon werden 9 Millionen Flaschen Wein im Jahr erzeugt. Ob sich die beiden Italoamerikaner John und Harry Mariani, erfolgreiche Weinimporteure, dies jemals hatten träumen lassen, als sie 1978 Castello Banfi gründeten?

### Forschungsarbeit: Klonenselektion

> 53024 S. Angelo in Colle
> Tel. 0577-840111
> Fax: 0577-840444
> www.castellobanfi.com
> banfi@banfi.it
> Besitzer: Familie Mariani
> Betriebsleiter: Enrico Viglierchio
> Önologe: Rudi Buratti
> Rebfläche: 800 Hektar
> Produktion: 9.000.000 Flaschen
> Besuchszeiten: nach Vereinbarung
> Mo.-Fr. (bis 15:30 Uhr)

Aber Banfi hat sich nicht nur kontinuierlich vergrößert, sondern arbeitet auch stetig an der Verbesserung der Qualität. Eine Vielzahl an Sangioveseklonen wurden untersucht, bis man schließlich aus über 100 Klonen diejenigen selektioniert hat, die für die Böden bei S. Angelo in Colle am besten geeignet erschienen. Aber auch andere, internationale Rebsorten wurden schön früh gepflanzt: Chardonnay und Sauvignon Blanc, Pinot Grigio und Pinot Nero, Syrah, Merlot und Cabernet Sauvignon. Wie in den Weinbergen wird auch im Keller nichts dem Zufall überlassen: modernste Technik findet sich hier, die Fässer werden selbst hergestellt, nachdem die Küfer von Banfi die besten Hölzer in Frankreich ausgesucht haben.

### Grosses Programm: 36 Weine

36 Weine werden bei Banfi erzeugt – zu viele, um sie alle vorzustellen. Das Herzstück der Produktion ist der Brunello di Montalcino und sein kleiner Bruder, der Rosso. Von diesen beiden Weinen werden jeweils 500.000 Flaschen im Jahr er-

zeugt. Beide sind Jahr für Jahr zuverlässig gut. In der betriebsinternen Qualitätshierarchie gibt es darüber jedoch noch zwei weitere Brunello di Montalcino, die Riserva Poggio all'Oro, und den Poggio alle Mura, beides Weine aus einer Einzellage. Die Riserva vom Goldhügel (Poggio all'Oro) wird nur in den besten Jahren erzeugt, erstmals 1985. Der Wein wird zweieinhalb Jahre in Barriques aus französischer Eiche ausgebaut. Es ist ein opulenter, betörend fülliger Brunello mit reifer süßer Frucht. Seit dem Jahrgang 1997 gibt es mit dem Poggio alle Mura einen zweiten Einzellagenwein bei Banfi. Die Trauben für diesen Wein kommen von den Hängen direkt am Castello Poggio alle Mura, dem Mittelpunkt des Besitzes von Banfi. Diese Weinberge wurden 1992 neu angelegt, wobei hier doppelt so viele Reben je Hektar gepflanzt wurden wie im Weinberg Poggio all'Oro. 90 Prozent des Weines wird für zwei Jahre in Barriques ausgebaut, 10 Prozent in großen Fässern aus slawonischer Eiche.

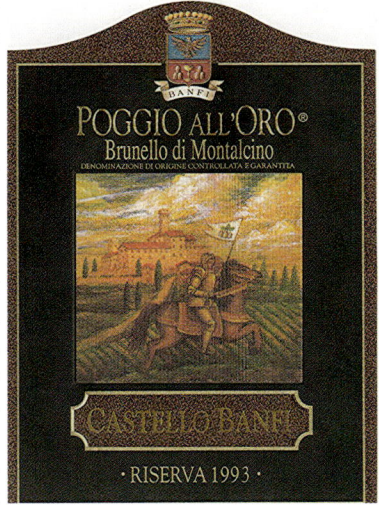

## SUPERTUSCANS AUS MONTALCINO

Im Programm von Banfi finden sich natürlich auch Supertuscans. Die bekanntesten sind Excelsus aus Cabernet Sauvignon und Merlot, Summus aus Sangiovese, Cabernet Sauvignon und Syrah, sowie Cum Laude, eine Cuvée aus Cabernet Sauvignon, Sangiovese, Merlot und Syrah. Bei diesen drei Weinen werden die einzelnen Rebsorten zunächst gesondert in Barriques aus französischer Eiche ausgebaut. Nach sechs oder zwölf Monaten wird die endgültige Cuvée zusammengestellt und die Weine kommen nochmals für einige Monate in Barriques. Neben diesen Cuvées gibt es auch eine Reihe reinsortiger Weine: Merlot und Syrah, Cabernet Sauvignon und Chardonnay, Sauvignon Blanc und Pinot Grigio. Diese Weine sind alle von zuverlässiger Qualität und es gibt sie in beträchtlichen Mengen. Das ist eben Banfi: Größe und Qualität, beides beeindruckt. *ge*

| | | | |
|---|---|---|---|
| Bild linke Seite: | Blick auf Weinberge und Castello | | |
| Bild rechte Seite: | Balsameria | | |
| ★ | Chardonnay Fontanelle ❷ | | 48.000 |
| ★ | Rosso di Montalcino ❷ | | 500.000 |
| ★★ | Excelsus ❹ | | 78.000 |
| ★-★★ | Brunello di Montalcino Castello Banfi ❸ | | 500.000 |
| ★★ | Brunello di Montalcino Poggio alla Mura ❹ | | 100.000 |
| ★★-★★★ | Brunello di Montalcino Riserva Poggio all'Oro ❹ | | 60.000 |
| Importeure: | D: | verschiedene Importeure, Bezugsquellen über Banfi | |
| | CH: | Bindella | |
| | A: | Weinwolf | |

# CAPRILI
## Montalcino

Die Weinregion des Brunello di Montalcino hat sich in den letzten zwanzig Jahren enorm gewandelt und die Familie Bartolommei war von Anfang an dabei.

### DYNAMISCHE SITUATION

Die Weinbergsfläche ist stark gewachsen und dadurch hat sich die Menge auf mehr als 5 Millionen Flaschen Brunello pro Jahr erhöht. Die Zahl der Erzeuger hat sich mehr als verdoppelt. Heute sind es mehr als 150 Weingüter. Nicht wenige füllen lediglich einige tausend Flaschen Brunello pro Jahr ab. Caprili, das Gut der Familie Bartolommei, gehört dagegen mit 47.000 Flaschen zu den größeren Betrieben im Montalcino. Dem allgemeinen Trend folgend hat auch die Familie Bartolommei ihren Weinbergsbesitz um ein paar Hektar vergrößert und eine neue Lagerhalle nahe des Weingutes errichtet.

> Loc. Caprili
> 53024 Montalcino
> Tel. 0577-848566
> Fax: 0577-848321
> www.caprili.it
> bartolommei@caprili.it
> Besitzer: Alfo Bartolommei
> Önologe: Paolo Vagaggini
> Rebfläche: 14,5 Hektar
> Produktion: 47.000 Flaschen
> Besuchszeiten: 9-13 + 15-18 Uhr
> Agriturismo

### ZWEI GENERATIONEN

Alfo Bartolommei hat seinen ersten Brunello bereits im Jahr 1978 abgefüllt und war damit, wie sein bekannter Nachbar Gianfranco Soldera, einer der Pioniere der Region, die dem großen Biondi-Santi nachgefolgt sind. Heute arbeiten zwei Generationen erfolgreich im Weingut. Im Keller und für die Weinberge hat Paolo die Verantwortung übernommen, Bruder Manuele unterstützt ihn dabei und seine Schwester Paola erledigt die Arbeit im Büro, denn Vater Alfo Bartolommei arbeitet am liebsten in den Weinbergen.

### HERVORRAGENDE LAGEN

Das Weingut und die Weinberge der Familie Bartolommei liegen in einer Region, die von vielen als eine der besten von ganz Montalcino angesehen wird. Was ist so besonderes an diesen Weinbergslagen im Südwesten von Montalcino? Sie werden einerseits den ganzen Tag von der Sonne verwöhnt und es gibt im gesamten Jahr kaum Nebeltage. Andererseits wirken sich die Ausrichtung der Weinberge nach Südosten, ein trockenes, belüftetes Klima und die günstige Höhenlage von 320 Meter im Mittel sehr positiv auf die Reben aus. All dies sind Parameter, die dem Sangiovese Grosso von Montalcino sehr zu gefallen scheinen.

### MINERALISCHE WEINE

Darüber hinaus ist auch die Bodenzusammensetzung für die Abgrenzung zu anderen Lagen wichtig. Der steinreiche, karge Boden verlangt der Rebe alles ab, vor allem der Felsanteil in der Tiefe fördert eine Mineralität in den Weinen, welche die Weine nachhaltig prägt. Dieser mineralische Charakter und eine daraus resultierende Klarheit der Aromen ist in den Weinen von Caprili zu spüren: im fruchtigen

Rosso di Montalcino, dem gehaltvollen Brunello di Montalcino und der strukturierten Riserva, welche die Familie, abgesehen von den ganz schwachen Jahren, regelmäßig erzeugt. Önologisch betreut wird das Weingut seit über 20 Jahren von der Familie Vagaggini. Das Argument, dass die Verwendung der besten Partien für die Riserva den normalen Brunello schwächt, lässt Paolo Bartolommei nicht gelten. Er entgegnet, dass fast die Hälfte des Weinproduktion für den Rosso di Montalcino verwendet werde. Paolo erzeugt demnach deutlich weniger Brunello als theoretisch (nach der Weinbergsgröße) möglich und hält mit dieser Maßnahme die Qualität des Brunello hoch.

## GROSSE HOLZFÄSSER

Traditionell werden große Holzfässer für den Ausbau aller Weine eingesetzt. Viele seiner Winzerkollegen haben die alten, großen Fässer aus dem Keller verbannt und sind in den neunziger Jahren auf die wesentlich kleineren Barriques umgestiegen. Die Familie Bartolommei dagegen hat sich dafür entschieden, die alten gegen neue Holzfässer auszutauschen. Paolo Bartolommei ist der Meinung, dass der Sangiovese nur im großen Gebinde die notwendige Zeit erhält, sich zu verfeinern und zu einem großen Wein heranzuwachsen kann. Als ein Traditionalist bezeichnet zu werden, stört Paolo Bartolommei nicht, denn seine Weine sind ja weit davon entfernt altmodisch zu sein.

## MOSCADELLO

Stolz ist die Familie Bartolommei auch auf ihren Dessertwein, den Moscadello. Es ist ein Wein, der im Zuge der Rotweineuphorie fast in Vergessenheit geraten wäre. Einige Erzeuger schenken diesem Süßwein heute wieder mehr Aufmerksamkeit. Caprili ist einer von diesen, er erzeugt einige Tausend Flaschen dieser regional beliebten Spezialität. *sm*

Bild rechte Seite: Familie Bartolomei: Paolo, Paola und Manuele

| | | | |
|---|---|---|---|
| ★ | Rosso di Montalcino ❷ | | 20.000 |
| ★★ | Brunello di Montalcino ❸ | | 14.700 |
| ★ | Brunello di Montalcino Riserva ❹ | | 5.300 |
| Importeure: | D: | Garibaldi, Bremer | |
| | CH: | Chiericati | |
| | A: | I Nostri Vini | |

# CASANUOVA DELLE CERBAIE
## Montalcino

Von Montalcino hinunter auf die Weinberge und die ockerfarbenen Felder zu schauen und die Weite des Landes zu genießen ist einer der unvergesslichen Momente eines Toskanabesuches. Blickt man von einem der Aussichtspunkte in Richtung Norden, liegt das Weingut Casanuova delle Cerbaie am linken Rand des einzigartigen Panoramablickes. Die Eignung dieser historischen Zone Cerbaia für den Weinbau wurde frühzeitig erkannt, ein Grund, warum heute viele Weingüter dort zuhause sind.

> Loc. Casanuova delle Cerbaie
> 53024 Montalcino
> Tel. 0577-849284
> Fax: 0577-849284
> casanuovacerbaie@jumpy.it
> Besitzer: Familie Morandini
> Betriebsleiter: Maurizio Grasso
> Önologe: Paolo Vagaggini
> Rebfläche: 10 Hektar
> Produktion: 30.000 Flaschen
> Besuchszeiten: kein Besuch möglich

### NORDWESTLICHE LAGEN

Der Besucher erreicht das Weingut, wenn er von Montalcino in Richtung Buonconvento fährt und nach dem Weingut Tenimenti Angelini und dem kleinen, künstlich angelegten See links abbiegt. Eine große Schildertafel weist an dieser Stelle den Weg zu den einzelnen Weingütern in diesem Teil Montalcinos. Alle Weinberge von Casanuova delle Cerbaie liegen nordwestlich des Ortes und erstrecken sich auf dem Hügelrücken Montosoli von 250 bis 350 Meter, der nicht nur wegen seiner tiefgründigen Böden von den Weinbauern sehr geschätzt wird. Die Lagen zeichnen sich durch ein besonders mildes Klima aus, da von Norden und Westen natürliche Barrieren den kalten Tramontana und den heißen Scirocco abhalten. An der komplexen, feinen Art der Weine dieser Zone lässt sich das besondere Mikroklima ablesen: „Im Gegensatz zu den Lagen im Süden präsentieren sich die Weine in der Regel mit einer leicht herben Sangiovesefrucht, die an Sauerkirschen, Veilchen und Wiesenkräuter erinnert", sagt Betriebsleiter Maurizio Grasso. Typisch für den Sangiovese aus diesen geschützten Weinbergslagen sind Gerbstoffe, die anfangs noch etwas kantig wirken können. Die Aussage, dass im Norden weniger reife Fruchtaromen die Weine im Vergleich zum Süden von Montalcino charakterisieren, ist eine zulässige Verallgemeinerung. Natürlich beeinflussen Lesezeitpunkt und der Ertrag pro Stock die Aromen in ebenso großem Maße.

### ERTRAGSREDUZIERUNG

„Die Südostausrichtung unserer Weinberge ist ausgezeichnet für den Brunello", erklärt Maurizio Grasso. Wie mittlerweile fast überall in Montalcino sorgt die Erziehungsform „Cordone Speronato" (Pfropfenschnitt) mit einem kurzen Anschnitt von maximal zwei Augen dafür, dass die Reben wenig Trauben produzieren und diese optimal versorgt werden können. Wie auch bei anderen Weingütern werden ein Rosso, ein Brunello und in sehr guten Jahren auch eine Riserva erzeugt. „Selbst in einem hervorragenden Jahr wie 1997 haben wir lediglich 2300 Flaschen davon erzeugt", sagt Grasso, der auch in Zeiten einer lebhaften Nachfrage seiner Linie treu bleibt. Die Kraft der Riserva wird in Barriques gebändigt, hingegen reifen der Brunello und der Rosso di Montalcino in neuen großen Holzfässern. Allen Weinen ist eine herrliche Fruchtkonzentration und glasklare Brunellofrucht eigen, die sie zu einem exzellenten Vertreter für die Weine aus dieser Region von Montalcino macht.

## Neuer Besitzer

Im Mai 2001 hat die Deutsche Rosemarie Stumpp ihr 3 Hektar kleines Weingut an die Familie Morandini aus Florenz verkauft. Maurizio Grasso, der seit vielen Jahren das Weingut mit Sorgfalt leitet, blieb in seiner Funktion als verantwortlicher Betriebsleiter dem Weingut ebenso wie Paolo Vagaggini als beratender Önologe erhalten. Am bewährten Stil der Weine soll sich nichts ändern, nur die Menge der einzelnen Wein wird in Zukunft kräftig wachsen. Luciano Morandini und seine Familie haben dafür große Investitionen getätigt. Mittlerweile sind schon 8 Hektar Weinberge neu angelegt worden, in ein paar Jahren soll der Gesamtbesitz auf 23 Hektar angewachsen sein, aus denen dann die Trauben für den Brunello, den Rosso und einen neuen IGT-Wein ausgelesen werden. Unzweifelhaft steht fest, dass der Zauber dieses Weinortes immer wieder Weinliebhaber aus aller Welt in seinen Bann zieht, die unabhängig von den hohen Landpreisen große Summen investieren und sich den Traum eines eigenen Weingutes in Montalcino erfüllen. Nur wenige legen eine solche Geschwindigkeit vor, wie die Familie Morandini. Qualität kennt eben keine Grenzen. *sm*

Bild linke Seite: Luciano Morandini (links) und Maurizio Grasso
Bild rechte Seite: Casanuova delle Cerbaie

| | | |
|---|---|---|
| ★★-★★★★ | Brunello di Montalcino ❸ | 28.000 |
| ★★-★★★★ | Brunello di Montalcino Riserva ❹ | 2.300 |
| Importeure: | D:   Abayan | |

# CASE BASSE

## Montalcino

Gianfranco Soldera erwartet uns auf einer Bank vor seinem Haus. Er erinnert ein bisschen an Jean Gabin, in dessen späten Filmen. Zunächst bittet er uns in die Küche zu einer Tasse Kaffee und frischen Orangen. Aus Sizilien, wie er betont, und ungespritzt. Dann zeigt er uns seinen Garten. Es tut gut hier, die frische Luft und das Vogelgezwitscher in den Sträuchern und Bäumen, am Teich und vom Fluss her. Wie selten gibt es das in der Toskana. In seinem Garten hat er überall Vogelhäuschen aufgehängt, ebenso in seinen Weinbergen.

Loc. Case Basse
53024 Montalcino
Tel. 02-461544
Fax: 02-8195341
soldera@tin.it
Besitzer: Gianfranco Soldera
Önologe: Giulio Gambelli
Rebfläche: 10 Hektar
Produktion: 10.000 Flaschen
Besuchszeiten: nur nach Voranmeldung

### RESPEKT VOR DER NATUR

In Einklang leben mit der Natur, das ist sein Ziel und sein Credo. „Nur mit Respekt vor der Natur kann man einen großen Wein machen", erklärt er apodiktisch. Er fühlt sich eins mit seinem Stück Erde. 1972 hat er es gekauft, kam aus Mailand hierher. Im gleichen Jahr hat er seine ersten zwei Hektar Reben angelegt, im Jahr darauf nochmals vier Hektar. 1975 dann hat er seinen ersten Wein gemacht. Die Weine von Gianfranco Soldera haben es zu Kultstatus gebracht und man muss dafür mehr als 100 Euro ausgeben, so man sie überhaupt irgendwo findet. Ob Case Basse oder Intestieti, aus beiden Lagen erzeugt er großartige Tropfen. Alle Arbeiten auf seiner Erde, in seinen Weinbergen, macht er selbst, zusammen mit seiner Frau. Auch im Keller, wo ausschließlich „nach Nase" entschieden wird. Wobei drei Nasen bei dieser Entscheidung beteiligt sind. Er und seine Frau legen Wert auf den Rat von Giulio Gambelli, der von Anfang an Case Basse als Önologe betreut hat.

## WEITERE VIER HEKTAR ANGELEGT

1998 hat Gianfranco Soldera begonnen einen neuen Weinberg anzulegen, 2002 hat er den letzten halben Hektar gepflanzt. Er hat nun vier Hektar Reben mehr, ausschließlich Sangiovese, versteht sich. Damit er die größere Ernte auch verarbeiten kann, wurde ein neuer Keller gebaut. Es ist frisch in diesem Keller, außergewöhnlich frisch. Ich atme tief ein und fühle mich ins Hochgebirge versetzt, so klar ist die Luft hier. Wasser und Luft sind wichtig, für Reben wie Wein, erklärt Gianfranco Soldera. Er hat nur natürliche Materialien für den neuen Keller verwendet, kein Gramm Beton ist hier verbaut. Und die Luft kann zirkulieren.

## MAN SPUCKT NICHT IM KELLER VON SOLDERA

Case Basse ist eine Welt für sich. Es ist unmöglich, Case Basse mit einem anderen Weingut zu vergleichen. Oder Gianfranco Soldera mit einem anderen Winzer. „Man spuckt nicht im Keller von Soldera" erklärt er mit Bestimmtheit. Seine Weine sind zum Trinken bestimmt und zu wertvoll, als dass sie nur verkostet und dann ausgespuckt werden. Die Weine baut er in großen Fässern aus slawonischer Eiche aus, mit 20 bis 120 Hektoliter Inhalt. Der ganz junge Wein, frisch vom Fass verkostet, ist erstaunlich: schon in diesem Stadium hat er die Reintönigkeit und Eleganz eines großen Brunello. Wie alle weiteren Weine auch, die wir zusammen im Keller probieren. Jeder Wein, der in seinem Keller liegt, jeder Wein, der seinen Keller verlässt ist hervorragend. Diese Zuverlässigkeit erreicht Gianfranco Soldera dadurch, dass er gnadenlos selektiert. So erzeugt er in einem Jahrgang wie 2002 eben auch mal nur 5.000 Flaschen. „Die Erde ist eben keine Fabrik, die Jahr für Jahr die gleichen Erträge bringt."

## ZEIT NEHMEN

Man muss sich Zeit nehmen um Case Basse zu verstehen. Gianfranco Soldera schimpft auf die Journalisten, die nur für eine Stunde zu ihm kommen wollen. Die kämen nicht, um verstehen zu wollen. Man muss sich also Zeit nehmen, kommt man zu Gianfranco Soldera. Muss seinen Garten besichtigen und mit ihm einige Flaschen Wein leeren. „Worte gibt es viele", sagt er, „Worte allein aber reichen nicht aus, um zu verstehen".   *ge*

| | |
|---|---|
| Bild linke Seite: | Gianfranco Soldera |
| Bild rechte Seite: | Vogelhäuschen im Weinberg |

| | |
|---|---|
| ★★★ | Brunello di Montalcino Riserva Case Basse ❹ |
| ★★★ | Brunello di Montalcino Riserva Intestieti ❹ |

# CASISANO COLOMBAIO

## Montalcino

Wie viele Weine sollten die Weingüter in Montalcino im Programm führen? Diese Frage wird heiß diskutiert, seit einige Winzer – oft solche mit relativ wenig Wein – ihr Programm immer stärker differenzieren und kleine Mengen Brunello gesondert vermarkten. Oftmals gibt es nicht einmal 2.000 Flaschen von einem Wein, was für den Verbraucher bedeutet, dass der Wein praktisch gar nicht erhältlich ist. Besitzt man Reben in unterschiedlichen Zonen von Montalcino, dann liegt es schon nahe, verschiedene Weine abzufüllen. So wie Casisano Colombaio, das den Namen zweier Güter zum Weingutsnamen vereinigt hat.

> Località Collina, Podere Colombaio, 336
> 53024 Montalcino
> Tel. 0577-835540
> Fax: 0577-835540
> www.brunello.org
> tatiana@brunello.org
> Besitzer: Tatiana Schwarze
> Betriebsleiter: Riccardo Ciarpella
> Önologe: Paolo Vagaggini
> Rebfläche: 18 Hektar
> Produktion: 100.000 Flaschen
> Besuchszeiten: Mo.-Fr. 9:30-12 + 14:30-18 Uhr

### CASISANO UND COLOMBAIO

Die Fattoria Casisano Colombaio besteht aus zwei Gütern und besitzt Weinberge in zwei verschiedenen Zonen von Montalcino. Das Gut Colombaio liegt auf einer Anhöhe von Montosoli, unterhalb der Kirche Madonna delle Nevi. Das Gut Casisano liegt im Südwesten von Montalcino, zwischen der Abtei von Sant'Antimo und dem Tal des Orcia. Auf Casisano, werden auch die Weine der Fattoria Casisano Colombaio ausgebaut.

### AUSSCHLIESSLICH SANGIOVESE

1982 hatten sich Tatiana Schwarze und ihr Mann die 3 Hektar kleine Farm Colombaio gekauft, zu der ein knapper Hektar mit Brunelloreben gehörte. 1990 haben sie das Weingut gegründet und ihren ersten eigenen Wein gemacht. Zwei Jahre später haben sie Casisano erworben und mit Colombaio zu einem Weingut vereinigt. Casisano Colombaio umfasst heute insgesamt 60 Hektar Land, wovon 18 Hektar mit Reben – davon ist die Hälfte für die Produktion von Brunello zugelassen – und 10 Hektar mit Olivenbäumen bepflanzt sind. Es wird ausschließlich Sangiovese angebaut, und dabei soll es auch bleiben, wie Riccardo Ciarpella, der Sohn von Tatiana Schwarze, erklärt. Er führt heute das Gut, Önologe ist Paolo Vagaggini.

## GROSSES WEINPROGRAMM

Seit Mitte der neunziger Jahre hat die Qualität der Weine von Casisano Colombaio stark zugelegt. Das ist sicherlich zum Teil den guten Jahrgängen, zum Teil der Beratertätigkeit von Paolo Vagaggini zu verdanken. Trotz der Beschränkung auf Sangiovese hat Casisano Colombaio zur Zeit sechs Weine im Programm. Zunächst einmal den Rosso di Casisano, der zwei Jahre in Fässern aus slawonischer Eiche ausgebaut wird. Dann gibt es zwei Rosso di Montalcino, den „normalen" und den aus der Lage Casisano.

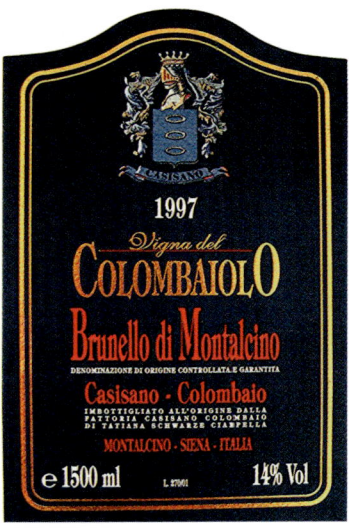

## WEITERE WEINE?

Dann gibt es natürlich noch Brunello in verschiedenen Varianten. Einen „normalen" Brunello, der drei Jahre in 60 Hektoliter großen Fässern aus slawonischer Eiche ausgebaut wird. Mit dem Jahrgang 1995 hat man bei Casisano Colombaio erstmals eine Riserva auf den Markt gebracht, im Jahr darauf den Brunello aus der Lage Colombaiolo eingeführt. Ich wollte wissen, welcher der „wertigere" Wein sei, der Vigna Colombaiolo oder die Riserva. Der Lagenwein, antwortete Riccardo Ciarpella ohne zu zögern. Warum man dann überhaupt eine Riserva mache, fragte ich, fand aber mit dieser Frage wenig Verständnis. Im Gegenteil, denn Riccardo Ciarpella fügte hinzu, dass daran gedacht sei, weitere Weine ins Programm zu nehmen. Eine Riserva des Vigna Colombaiolo, zum Beispiel. *ge*

| | | |
|---|---|---|
| Bild linke Seite: | Podere Casisano | |
| Bild rechte Seite: | Gärtanks | |
| ★ | Rosso di Montalcino ❷ | 24.000 |
| ★★ | Rosso di Casisano ❷ | 4.000 |
| ★★ | Rosso di Montalcino Vigna Colombaiolo ❷ | 3.000 |
| ★★ | Brunello di Montalcino ❸ | 68.000 |
| ★★-★★★ | Brunello di Montalcino Vigna Colombaiolo ❹ | 2.500 |
| ★★-★★★ | Brunello di Montalcino Riserva ❹ | 16.000 |
| Importeure: | D: La Cantina Italiana, Sandhagen, Vini de Toni, Aumüller, Specht & Höveler, Metzer | |
| | CH: Schuler, Hartmann, Zürcher-Gehrig, Ritschard | |
| | A: Lucian, Kölbl | |

# CERBAIONA
## Montalcino

Es ist schon lange her und die Geschichte wurde oft erzählt. Die Geschichte von dem Mann, der sein Cockpit verließ um auf den Traktor zu steigen. Die Geschichte von dem Mann, der seine Vision von einem großen Wein verwirklicht hat. Die Geschichte von Diego Molinari.

### ZWEITE KARRIERE ALS WINZER

Loc. Cerbaiona
53024 Montalcino
Tel. 0577-848660
Fax: 0577-848660
Besitzer: Diego Molinari
Önologe: Diego Molinari
Rebfläche: 3,1 Hektar
Produktion: 15.000 Flaschen
Besuchszeiten: nach Vereinbarung

Als Diego Molinari uns mit seinem Wagen vom Hotel in Montalcino abholt, bin ich zunächst ein wenig irritiert. Ich will mich einfach nicht daran gewöhnen, dass es auch unter Winzern starke Raucher gibt. Glücklicherweise dauert die Fahrt nicht lange und wir kommen auf Cerbaiona an. Dieses Fleckchen Erde hat er sich also ausgesucht, hat seinen Job als Flugkapitän bei Alitalia aufgegeben, um hier zu leben und Wein zu machen. Er hat mit nicht einmal zwei Hektar Brunelloreben angefangen, und auch später hat er die Rebfläche nur unwesentlich vergrößert, anders als so viele andere Kollegen in Montalcino, die im gleichen Zeitraum ihre Rebfläche oft vervielfacht haben. Einen weiteren guten Hektar hat er angelegt, von dem er seinen zweiten Wein, Cerbaiona genannt, macht.

### TRADITIONELLE WEINBEREITUNG

Bereits mit seinem ersten Jahrgang 1981 hat er Aufsehen erregt und in den Folgejahren gehörten seine Brunelli regelmäßig zu den besten in Montalcino. Nach einer kurzen Schwächephase Anfang der neunziger Jahre gehört er spätestens seit seinem

97er wieder zur Spitzengruppe. In der Weinbereitung ist er ganz Traditionalist. Er nutzt ausschließlich große Fässer aus slawonischer Eiche mit 20 Hektolitern Inhalt. Auch was die Ausbaudauer betrifft, ist er bei dem geblieben, was zu seiner Anfangszeit noch gesetzlich vorgeschrieben war: mindestens drei Jahre bleiben seine Weine im großen Holzfass, in manchen Jahren auch länger. Vergoren werden sie ausschließlich mit den traubeneigenen Hefen.

### KLASSISCHER BRUNELLO: BETONUNG DER ELEGANZ

Der Brunello von Diego Molinari ist heute noch so, wie er zu Beginn der achtziger Jahre war. Er betört mit seinem Duft, mit seiner reintönigen Frucht und mit viel Eleganz. Kein Blockbuster, wie ihn manche der jüngeren Kollegen in Montalcino erzeugen. Es sind Weine von enormer Langlebigkeit, die oft erst nach einigen Jahren zeigen, was in ihnen steckt. Sie weisen feine mineralische Noten auf und sind von faszinierender Nachhaltigkeit.

### EIN HAUCH VON MODERNE: „CERBAIONA"

Ganz traditionell wie beim Brunello ist die Weinbereitung auch beim zweiten Wein, den Diego Molinari erzeugt, dem Cerbaiona. Modern mutet aber die Zusammensetzung der Cuvée an: zu 60 Prozent Sangiovese Grosso gesellen sich jeweils etwa 10 Prozent Cabernet Sauvignon, Merlot, Syrah und Malvasia Nera. Wie beim Brunello dominiert auch beim Cerbaiona im Mund der Eindruck von Eleganz. Er erreicht zwar nicht ganz die Komplexität des Brunello, ist aber wie dieser von erstaunlicher Klarheit und Harmonie, und im Nachhall ist die gleiche Mineralität zu erkennen wie bei seinem großen Bruder.

### FRISCHER WIND, GROSSE WEINE

Diego Molinari fährt uns mit seinem Wagen zurück nach Montalcino. Den Zigarettenqualm finde ich jetzt nicht mehr ganz so störend, weil ich noch mit den verkosteten Weinen beschäftigt bin. Trotzdem tut es gut in Montalcino aus dem Auto zu steigen und den frischen, kräftigen Wind im Gesicht zu spüren. Was blieb also als Erkenntnis von meinem Besuch? Dass Raucher tolle Weine machen können, das habe ich schon vorher gewusst. Ebenso, dass Berufswechsel viel Gutes bewirken können. Also doch „nur", dass Diego Molinari immer noch – oder inzwischen wieder – große Weine macht.  *ge*

| Bild linke Seite: | Diego und Nora Molinari | | |
|---|---|---|---|
| ★★ | Cerbaiona ❷ | | 7.000 |
| ★★-★★★★ | Brunello di Montalcino ❸ | | 8.000 |
| Importeure: | D: | Pinard de Picard | |
| | A: | Vergeiner | |

# CIACCI PICCOLOMINI D'ARAGONA
## Montalcino

Ciacci Piccolomini d'Aragona ist ein klangvoller Name in der Toskana. Enea Silvio Piccolomini wurde als Pius II. zum Papst gekrönt. Ein eindrucksvolles Bild bietet auch der Palazzo in Castelnuovo dell'Abate, ein Gebäude aus dem 17. Jahrhundert, in dem das Weingut seinen Sitz hat. Will man die Bedeutung des Weingutes Ciacci Piccolomini als eines der führenden Güter in Montalcino verstehen, muss man allerdings nicht allzu weit in der Geschichte zurückgehen. 1985 markierte den Beginn des Aufschwungs. In diesem Jahr hat Giuseppe Bianchini das Gut und die 200 Hektar Land geerbt. Nach und nach hat er die Rebfläche auf die heutigen 35 Hektar erweitert und den Keller komplett erneuert. Wichtiger noch als der Wein ist – zumindest der Anbaufläche nach – das Olivenöl. Auf insgesamt 40 Hektar wachsen Olivenbäume.

> Via Borgo di Mezzo, 62,
> Fraz. Castelnuovo dell'Abate
> 53024 Montalcino
> Tel. 0577-835616
> Fax: 0577-835785
> www.ciaccipiccolomini.com
> info@ciaccipiccolomini.com
> Besitzer: Giuseppe Bianchini
> Betriebsleiter: Giuseppe Bianchini
> Önologe: Paolo Vagaggini
> Rebfläche: 35 Hektar
> Produktion: 100.000 Flaschen
> Besuchszeiten: Mo.-Fr. 9-13 + 15-18 Uhr
> Agriturismo

### AM BESTEN IN „WARMEN" JAHREN

Ende der achtziger Jahre gehörten die Weine von Giuseppe Bianchini zu den besten in Montalcino. Und – nach einer kleinen Schwächephase, teils sicherlich bedingt durch schwächere Jahrgänge – seit 1995 wieder. Am besten sind die Brunelli von Ciacci Piccolomini in „warmen" Jahren, das heißt in solchen Jahrgängen, in denen sich die Weine durch ihre reife üppige Frucht auszeichnen. 1997 ist ein Paradebeispiel für ein solches Jahr. Vor allem im „Vigna Pianrosso", der besten Lage von Ciacci Piccolomini, fallen die Weine in diesen Jahren besonders gut aus. Der 97er Vigna Pianrosso war ein betörend üppiger Wein: das Bouquet erinnerte etwas an eingelegte Sauerkirschen, im Mund war er herrlich süffig bei viel Substanz und Nachhall. Ein großer 97er! Über den faszinierenden Brunello von Giuseppe Bianchini sollte man den Rosso di Montalcino nicht vergessen, der regelmäßig zu den besten seiner Kategorie in Montalcino gehört. Die Trauben für den Rosso di Montalcino kommen aus einem anderen Weinberg, dem „Vigna Fonte".

## TRADITION UND INNOVATION

Der Sangiovese wird ganz traditionell ausgebaut, das heißt ausschließlich in großen Fässern aus slawonischer Eiche. Anders die internationale Rebsorten, die Giuseppe Bianchini schon seit den achtziger Jahren anbaut, wie Cabernet Sauvignon und Merlot, inzwischen auch Syrah. 1989 brachte den ersten Jahrgang des Ateo, einer Cuvée aus etwa zwei Drittel Sangiovese und einem Drittel Cabernet Sauvignon und Merlot. Als erstes Weingut in Montalcino hat Ciacci Piccolomini mit dem Jahrgang 1998 einen reinsortigen Syrah, Fabius genannt, auf den Markt gebracht. Die Weine aus diesen internationalen Sorten werden in Barriques und Tonneaux, überwiegend aus französischer Eiche, ausgebaut, der Syrah teilweise auch in Fässern aus amerikanischer Eiche.

## NEUES WEINGUT IN MONTECUCCO

Giuseppe Bianchini ist inzwischen auch außerhalb Montalcinos aktiv: 1999 hat er südlich von Montalcino in Montenero in der DOC Montecucco die 22 Hektar große Azienda San Stefano erworben und an seinen Sohn Paolo verpachtet. Noch im gleichen Jahr wurden dort die ersten sechs Hektar Reben gepflanzt: vor allem Sangiovese, aber auch Merlot, Cabernet Sauvignon und Syrah. Der erste Wein kam mit dem Jahrgang 2002 auf den Markt. Es ist ein herrlich fruchtbetonter Wein, faszinierend reintönig, schmeichelnd und süffig. Neben diesem Montecucco Rosso aus Sangiovese mit etwas Syrah und Cabernet Sauvignon soll es zukünftig auch einen reinsortigen Merlot geben. Gleichzeitig wird nach und nach das restliche Areal mit Reben bestockt. *ge*

| | | |
|---|---|---|
| ★-★★ | Rosso di Montalcino Vigna Fonte ❷ | 33.000 |
| ★★-★★★ | Brunello di Montalcino Vigna Pianrosso ❸ | 40.000 |
| ★★-★★★ | Brunello di Montalcino Riserva Vigna Pianrosso ❹ | 6.000 |
| ★★ | Ateo ❷ | 36.000 |
| ★-★★ | Fabius ❸ | 8.300 |

Bild linke Seite: Giuseppe und Paolo Bianchini

Importeure: D: WeinWeinWein, Fischer + Trezza, Cave Steines
CH: Belp

# COSTANTI
## Montalcino

Ganz nah bei Montalcino, im Südwesten, etwa zwei Kilometer vom Stadtzentrum entfernt, liegt das Weingut von Andrea Costanti. Das Gut ist 25 Hektar groß, zwölf davon sind, in zwei verschiedenen Lagen, mit Reben bepflanzt. Ein Weinberg befindet sich direkt beim Colle al Matrichese genannten Weingut, wo acht Hektar mit Reben bepflanzt sind, ausschließlich mit Sangiovese Grosso. Colle al Matrichese liegt mit 458 Meter über Meereshöhe recht hoch. Die Böden hier sind karg und steinig. Neben Reben gibt es auf Colle al Matrichese Olivenbäume und Wald. Der zweite Weinberg liegt einige Kilometer entfernt: die Lage Calbello. 1993 hat Andrea Costanti diesen vier Hektar großen Besitz angelegt. Er hat hier Sangiovese gepflanzt, aber auch internationale Sorten, Cabernet Sauvignon und Merlot.

> Loc. Colle al Matrichese
> 53024 Montalcino
> Tel. 0577-848195
> Fax: 0577-849349
> costanti@inwind.it
> Besitzer: Andrea Costanti
> Betriebsleiter: Andrea Costanti
> Önologe: Vittorio Fiore
> Rebfläche: 12 Hektar
> Produktion: 70.000 Flaschen
> Besuchszeiten: nach Vereinbarung

### 1983: BEGINN DES AUFSTIEGS

Die Familie Costanti gehört zu den ältesten Familien Montalcinos. Im Jahr 1555 kam der erste Costanti nach Montalcino. Die Erfolgsgeschichte des Brunello begann aber erst in den sechziger Jahren des vergangenen Jahrhunderts. In den sechziger Jahren hat auch die Familie Costanti ihre ersten Weine unter eigenem Namen vermarktet. Andrea Costanti hat das Weingut 1983 übernommen. Mit diesem Jahr beginnt die Erfolgsgeschichte des Weinguts. Andrea Costanti hatte gerade seinen Abschluss in Geologie an der Universität in Siena gemacht und unmittelbar darauf eine wichtige, und – wie seine Weine beweisen – auch richtige Entscheidung getroffen: er hat den Önologen Vittorio Fiore als Berater gewonnen. Vittorio Fiore ist heute, nach mehr als zwanzig Jahren, immer noch für den Ausbau der Weine von Andrea Costanti verantwortlich.

### ÜBERZEUGENDER ROSSO DI MONTALCINO

Auch in schwierigen Jahren gelingen Andrea Costanti und Vittorio Fiore überzeugende Weine. Schon der „einfachste" Wein, der Rosso di Montalcino, ist sehr gut. Er brilliert mit Frucht und Harmonie und gehört Jahr für Jahr zu den besten in Montalcino. Ausgebaut wird der Rosso di Montalcino in 350-Liter-Fässern aus Alliereiche. Genauso wird auch der zweite Rosso di Montalcino von Costanti, der aus der Lage Calbello, ausgebaut.

### TRADITIONELLER BRUNELLO: HARMONIE UND ELEGANZ

Der herausragende Wein von Andrea Costanti ist jedoch der Brunello di Montalcino. Beim Brunello zeigen sich Andrea Costanti und Vittorio Fiore als Traditionalisten, obwohl ein kleiner Teil des Weines in Barriques mit 350 Liter Inhalt ausgebaut wird. Der größere Teil des Weines kommt in die traditionellen Fässern aus slawonischer Eiche, die bei Costanti 30 Hektoliter fassen. Der Brunello von Andrea Costanti ist wunderschön harmonisch und elegant, fruchtbetont und lang. Es ist ein für die höher gelegenen Weinberge von Montalcino sehr typischer Wein.

## BRUNELLO IN REINKULTUR: RISERVA

In den besten Jahren macht Costanti auch eine Riserva, wie beispielsweise 1997. Nach achtzehn Monaten in den kleinen Fässern aus Alliereiche kam der Wein für ein weiteres Jahr in die großen Fässer aus slawonischer Eiche. Diese Kombination scheint ihm besonders gut zu bekommen: er war einer der großen Weine dieses sehr guten Jahrgangs in Montalcino.

## VERMIGLIO UND ARDINGO

Es gibt aber nicht nur Sangiovese bei Andrea Costanti, sondern noch zwei weitere Weine, die ganz oder teilweise die internationalen Rebsorten Merlot und Cabernet Sauvignon enthalten. Der Vermiglio ist eine Cuvée aus etwa 70 Prozent Sangiovese mit 30 Prozent Merlot und Cabernet Sauvignon. Der Wein wird achtzehn Monate in Barriques ausgebaut. Der Vermiglio ist ein harmonischer, wunderschön schmeichelnder und süffiger Wein. Kraftvoller und konzentrierter ist der Ardingo aus der Lage Calbello. Er besteht zu zwei Dritteln aus Merlot und zu einem Drittel aus Cabernet Sauvignon und wird wie der Vermiglio achtzehn Monate in Barriques aus Alliereiche ausgebaut. Aber auch den Ardingo kennzeichnet die Harmonie und Eleganz, die bei allen Weinen von Andrea Costanti zu finden ist. *ge*

Bild rechte Seite:   Andrea Costanti

| | | | |
|---|---|---|---|
| ★-★★ | Rosso di Montalcino ❷ | | 33.000 |
| ★★-★★★★ | Brunello di Montalcino ❸ | | 40.000 |
| ★★-★★★★ | Brunello di Montalcino Riserva ❹ | | 6.000 |
| ★★ | Ardingo ❸ | | 10.000 |
| ★-★★ | Vermiglio ❷ | | 8.300 |
| Importeure: | D: | Alpina | |
| | CH: | Bindella | |
| | A: | Emminger | |

# LA FIORITA
## Castelnuovo Abate

La Fiorita ist eines der kleinen und jungen Weingüter in Montalcino. Im Gegensatz zu denjenigen, die schon vor der Anerkennung der DOCG für den Brunello im Jahre 1980 Weinberge besaßen (oftmals den Wein jedoch nicht selbst abfüllten), wurde La Fiorita Anfang der neunziger Jahre gegründet. Antrieb und Motivation war die Leidenschaft dreier weinbegeisterter Freunde für dieses einzigartige Territorium in Montalcino, das solch großartige Weine hervorbringen kann.

> Piaggia della Porta
> 53020 Castelnuovo Abate
> Tel. 0577-835511
> Fax: 0577-835521
> lafiorita@syscomm.com
> Besitzer: La Fiorita Srl
> Önologe: Roberto Cipresso
> Rebfläche: 8 Hektar
> Produktion: 20.000 Flaschen
> Besuchszeiten: nach Vereinbarung

### PARTNER UND FREUNDE

Einer dieser Besitzer ist Roberto Cipresso, Weinmacher und ein Mensch mit unkonventionellen Ideen, der die Weinbausituation in Montalcino sehr gut kennt. Er wohnt seit vielen Jahren mit seiner Familie in Castelnuovo Abate unweit der Abbazzia Sant'Antimo. Sein Geschäftspartner Lucio Gomiero, der bereits mit Freunden das Weingut Vignalta im Veneto besitzt, und Tiziano Civiero vertrauen ganz der Erfahrung von Roberto Cipresso, der mehrere Weingüter in Montalcino fachlich berät.

### ALTE GESCHICHTE UND NEUE IDEEN

„Früher war hier an dieser Stelle, wo heute die Fässer lagern, eine Ölmühle", erzählt Cipresso von der interessanten Geschichte des Ortes. Mitte der neunziger Jahre wurde die Restaurierung an dem historischen Gebäude mitten im Borgo Castelnuovo erst abgeschlossen. Platz für einen großen Keller ist natürlich in einer ehemaligen Ölmühle keiner, deshalb nutzen die Weinmacher den alten Gewölbekeller als Fasslager. „Da die Eingänge nicht groß genug waren, mussten wir die Gärfässer vor der Tür zerlegen, bevor wir sie im Keller wieder zusammengebaut haben,", erzählt Cipresso von den Herausforderungen in einem alten, denkmalgeschützten Gebäude. Die 8 Hektar Weinberge im Besitz von La Fiorita hat Cipresso fast komplett in den letzten 6 Jahren gepflanzt. Lange Zeit hat er nach den idealen Lagen für seine Weinberge gesucht, die nun beide nach Süden ausgerichtet sind, einen relativ hohen Skelettanteil im Boden besitzen und auf unterschiedlichen Höhen (200 Meter und 300 Meter) unweit von Castelnuovo Abate liegen. Aus diesem Grund ist die Produktion von La Fiorita heute noch recht bescheiden. Neben dem Brunello di Montalcino mit 8.000 Flaschen gibt es den IGT Laurus, der aus Sangiovese und Merlot besteht. Im Keller setzt Cipresso auf die Vergärung in konischen Holzbehältern und den Ausbau in kleinen Holzfässern (500 und 2.000 Liter). Seiner Erfahrung nach bewahrt diese Kombination den Charakter des Sangiovese Grosso-Klons in Montalcino am besten.

## WEITERBILDUNG WICHTIG

Roberto Cipresso ist ein unermüdlicher Streiter für den Brunello. „Jede Weinregion hat international nur dann eine Chance, wenn das mittlere Niveau der Weine und die Einstellung der Leute gleichzeitig wächst", sagt er. Daran arbeitet Cipresso unter anderem mit seiner Weinmacherschule in Castelnuovo Abate: ein erfahrenes Team vermittelt Weingutsbesitzern, Kellermeistern und Weinliebhabern in Seminaren die notwendigen Grundlagen über die richtige Weinbergs- und Kellerarbeit, aber auch Fachkenntnisse in der Werbung und im Vertrieb.

## ERFAHRUNG MIT ANDEREN REBSORTEN

Daneben konnte Cipresso in den letzten Jahren wertvolle Erfahrungen mit den autochthonen Rebsorten im Süden Italiens sammeln Auf seinen fachkundigen Rat vertrauen Weingüter in den Abruzzen, Sizilien und Apulien. Mit seinem Projekt „Quadratura del cerchio" (Quadratur des Kreises nach Leonardo da Vinci) experimentiert er und provoziert schon mal das Establishment. Im Jahr 1997 komponierte er den IGT-Wein aus den Rebsorten Brunello di Montalcino und Primitivo aus Apulien, um das Verschneiden von billigen Südweinen mit den teuren DOCG-Toskana-Weinen anzuprangern. Teroldego, Carmenere und Montepulciano waren die Grundlage für den Folgejahrgang. Vielleicht ist der nächste Wein ja ein Verschnitt von Rebsorten aus Argentinien und Italien, denn Roberto berät auch in Argentinien zwei Weingüter. „Beim Komponieren der Weine des Projektes Quadratura del cerchio habe ich meinen Spaß, mein ganzer Ehrgeiz gilt aber dem Weingut La Fiorita", steckt Cipresso die Richtlinien klar ab.    sm

| | | | | |
|---|---|---|---|---|
| Bild linke Seite: | Roberto Cipresso | | | |
| ★★-★★★ | Brunello di Montalcino ❸ | | | 40.000 |
| Importeure: | D: | Gute Weine-Lobenberg, Christ | | |
| | CH: | Silvino | | |
| | A: | Rieger | | |

# FULIGNI
## Montalcino

Die Weinberge von Fuligni liegen ganz oben am Berg, im Osten, unmittelbar an der Stadt Montalcino. Bis zum Jahrgang 1996 führten die Brunelli von Fuligni auf dem Etikett noch den Zusatz „Vigneti dei Cottimelli". Seither verzichtet man darauf, einmal, weil ein kleiner Teil der Reben von Fuligni außerhalb dieses Weinberges wächst, zum anderen, um den Namen Fuligni stärker in der Vordergrund zu stellen. Das Weingut gehört zwei Schwestern. Eine der Schwestern, Maria Flora Fuligni leitet das Gut. Dabei wird sie unterstützt von ihrem Sohn Roberto Guerrini und vom bekannten Önologen Paolo Vagaggini.

> Via Soccorso Saloni, 33
> 53024 Montalcino
> Tel. 0577-848039
> Fax: 0577-848710
> Besitzer: Eredi Fuligni
> Betriebsleiterin: Maria Flora Fuligni
> Önologe: Paolo Vagaggini
> Rebfläche: 9 Hektar
> Produktion: 32.000 Flaschen
> Besuchszeiten: nach Vereinbarung

### „EQUILIBRIO IN TUTTO"

Die Ausgewogenheit ist das Ziel aller Weine von Fuligni, erklärt Roberto Guerrini. Der Name Fuligni steht für Eleganz und Harmonie, für Reintönigkeit und Nachhaltigkeit. Diese Eigenschaften zeichnen alle Weine von Fuligni aus. Wobei in „warmen" Jahrgängen, wie beispielsweise dem hervorragenden Jahrgang 1997, auch Wucht und Fülle hinzukommen. Überhaupt sind die Weine von Fuligni in den letzten Jahren opulenter geworden. Zur schon immer vorhandenen Eleganz hat sich viel süße reife Frucht hinzugesellt. Was sicherlich teils den guten Jahrgängen seit 1995 zu verdanken ist. Aber auch der Tatsache, dass man heute die Trauben deutlich später erntet als noch in den achtziger Jahren, wie Roberto Guerrini erklärt.

## „Barrique passt nicht zu meinen Weinen"

Den Ausbau in kleinen Eichenholzfässern, Barrique genannt, lehnt er ab. Er passt nicht, zumindest nicht für seinen Brunello, woran auch die Verkürzung der Mindestlagerzeit auf zwei Jahre nichts ändert. Roberto Guerrini baut seine Weine zu jeweils einem Drittel in den großen 30-Hektoliter-Fässern aus slawonischer Eiche, sowie in Fässern mit 750 und 500 Liter Inhalt aus. Zukünftig will er auf 500-Liter-Fässer ganz verzichten. Bevor sie in die Holzfässer kommen werden die Weine in Edelstahltanks ausgebaut, wo sie auch die malolaktische Gärung durchlaufen.

## Merlot für den Rosso di Montalcino?

Beim Fassausbau zeigt sich Roberto Guerrini zwar ganz als Traditionalist, das soll aber nicht heißen, dass er Neuerungen gegenüber nicht offen wäre. Zum Beispiel beim Rosso di Montalcino. Ein wenig Merlot könnte dem Rosso zu mehr Harmonie verhelfen, zumindest in schwächeren Jahren oder bei Weinen von jungen Reben. Warum also nicht die Vorschriften dahingehend ändern, dass der Rosso di Montalcino ein klein wenig Merlot enthalten darf? Der „S.J." genannte Wein enthält neben Sangiovese etwa 15 Prozent Merlot, weshalb er nicht als Rosso di Montalcino verkauft werden darf. Dass aber auch im Brunello etwas anderes als Sangiovese enthalten sein könnte, ist für Roberto Guerrini undenkbar. „Ein großer Sangiovese steht für sich allein, nichts könnte ihn verbessern."

## Langlebige Riserva

Fuligni ist bekannt für die Langlebigkeit seiner Weine. Das gilt für die Brunelli und mehr noch für die Riservas. Riservas werden nur in den besten Jahren erzeugt, bei Fuligni in den siebziger Jahren dreimal, in den achtziger Jahren viermal, seit 1990 bisher viermal, als nächstes folgt voraussichtlich eine Riserva mit dem Jahrgang 2001, die aber erst im Jahr 2007 erhältlich sein wird. Im Jahrgang 1997 wurden 24.000 Flaschen Brunello Riserva erzeugt. Wer eine dieser Flaschen der 97er Riserva verkosten konnte, dem wird diese „riservalose" Zeit bis dahin endlos lang erscheinen. Zu betörend war dieser Wein, einer der großen Weine des Jahrgangs in Montalcino.   ge

---

Bild linke Seite: Maria Flora Fuligni und Roberto Guerrini

| | | | |
|---|---|---|---|
| ★-★★ | „S.J." ❷ | | 6.000 |
| ★★-★★★ | Brunello di Montalcino ❸ | | 20.000 |
| ★★★ | Brunello di Montalcino Riserva ❹ | | 24.000 |
| Importeure: | D: | Gute Weine-Lobenberg, Blanck, Clüsserath | |
| | CH: | Vini D'Amato, Terravigna | |
| | A: | Bezugsquellen über Selezione Fattorie | |

# LE GODE
## Montalcino

Wer in Italien zur Mittagszeit in einem Weingut vorbeischaut, wird im Normalfall wieder weggeschickt. Beim Weingut Le Gode – vorausgesetzt er spricht ein bisschen Italienisch – wird ihm vielleicht ein Platz an der großen Essenstafel der Familie angeboten. Gastfreundlichkeit ist ein Wert, der im Hause Ripaccioli gepflegt wird. Wer den Weg aus Montalcino zum Weingut im Nordosten der Gemarkung gefunden und das letzte Stück Schotterstraße zurückgelegt hat, der darf auch schon mal direkt aus dem großen Holzfass den neuen Jahrgang verkosten.

Loc. Le Gode
53024 Montalcino
Tel. 0577-848547 / 847089
Fax: 0577-848547 / 847089
azienda.legode@libero.it
Besitzer: Claudio Ripaccioli
Önologe: Paolo Vagaggini
Rebfläche: 6 Hektar
Produktion: 10.000 Flaschen
Besuchszeiten: nach Vereinbarung

### FAMILIENBETRIEB

Zu empfehlen ist jedoch gegen Abend oder am Wochenende vorbeizuschauen, da die Chance die Besitzer anzutreffen, dann am größten ist. Marta Ripaccioli arbeitet tagsüber für das Konsortium der DOCG Brunello di Montalcino und Bruder Claudio ist mit der Arbeit im Weinberg beschäftigt. Ein kleines Weingut wie Le Gode mit seinen 6 Hektar Weinbergen kann niemanden für den Direktverkauf einstellen, das übernimmt tagsüber Mamma Maria Elena Cesaretti. Im Jahr 1995 haben die Ripaccioli ihren ersten Jahrgang abgefüllt. Davor lieferten sie ihre Trauben beziehungsweise den Wein an benachbarte Winzer. Als die Entscheidung Anfang der neunziger Jahre anstand, die Fässer zu kaufen, entschied Claudio sich für die Tradition und gegen Barriques. Er kaufte große Fässer aus slawonischer Eiche, wo der Brunello di Montalcino die notwendige Zeit hat, sich zu entwickeln.

### KLEIN ABER FEIN

Keine sieben Jahre später hat der Erfolg der DOCG Brunello di Montalcino viele Einheimische aktiv werden lassen und Fremde angelockt. Aktuell gibt es mehr als 150 Weingüter, von denen viele erst in den neunziger Jahren mit einer eigenen Brunello-Produktion gestartet sind. Dank der internationalen Berühmtheit des Brunello di Montalcino ist die Situation in den letzten 10 Jahren von einer Dynamik gekennzeichnet, die immer wieder Neuentdeckungen möglich macht. Wie beim Weingut Le Gode wird ihre zur Verfügung stehende Weinmenge in Zukunft wachsen. Claudio Ripaccioli rechnet damit, dass die Jahresproduktion mit den neuen Weinbergen in ein paar Jahren auf immer noch bescheidene 25.000 Flaschen ansteigen wird. Aktuell erzeugt er vom Rosso und dem Brunello insgesamt nur 10.000 Flaschen pro Jahr. Die dynamische Situation und das große Interesse der Weinpresse führt mitunter dazu, dass die Winzer bereits für ihre ersten Jahrgänge hohe Bewertungen und Auszeichnungen von Weinzeitschriften erhalten. Trotz des Erfolges der DOCG Brunello di Montalcino in den letzten Jahren liegt der Familie Ripaccioli viel daran ihre Bodenständigkeit zu wahren. Ihre Bescheidenheit ist in einem Weinmarkt wohltuend angenehm, der mehr und mehr von der Eitelkeit und der Jagd nach Auszeichnungen und dem schnellen Erfolg geprägt ist.

## TERROIR ERKENNBAR

Diese unprätentiöse Art spiegelt sich auch in den Weinen wieder. Die herrliche Brunellofrucht wird weder von Röstaromen des Holzfasses eingeengt noch durch eine extensive Extraktion der Gerbstoffe beeinträchtigt. In seiner eleganten Art lässt der Brunello di Montalcino von Le Gode mit seiner schmelzigen Sangiovesefrucht und der charakteristischen feinen Strenge der Gerbstoffstruktur seine Herkunft klar erkennen. Dieser Wein stammt aus den Weinbergen in unmittelbarer Nähe des Weingutes. Der Weinstil von Le Gode ist ein Manifest gegen die Vereinheitlichung der Weine, die dazu führt, dass die Weine in einer Blindprobe sich so sehr ähneln, dass selbst erfahrene Weinprofis Schwierigkeiten haben, die Herkunft und mitunter sogar die Rebsorte zu erkennen. „Glücklicherweise gibt es viele Händler, die den wunderbar klaren, wenn auch vielleicht nicht so wuchtig und auf den ersten Schluck so beeindruckenden Brunellostil bevorzugen", sagt Claudio zufrieden. *sm*

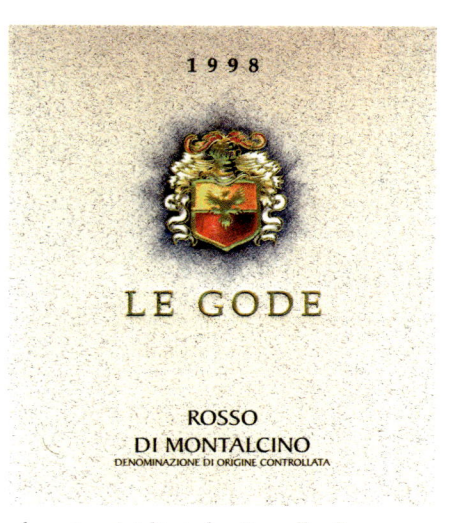

| | | | |
|---|---|---|---|
| Bild linke Seite: | Fässer | | |
| Bild rechte Seite: | Weinberge | | |
| ★·★★ | Rosso di Montalcino ❷ | | 3.000 |
| ★★·★★★ | Brunello di Montalcino ❸ | | 4.000 |
| Importeure: | D: | Ital Vini, Degusto, Montini, Profumo del Vino | |
| | CH: | Sandmeier | |
| | A: | Vin de Mem | |

# MOCALI

## Montalcino

Der Name Mocali war mir bis vor wenigen Jahren völlig unbekannt. Erstmals aufgefallen war er mir mit dem Jahrgang 1994, als der Brunello zu den fünf Jahrgangsbesten in meiner Verkostung zählte. Genauso wie der Rosso di Montalcino aus dem Jahrgang 1997. Seither gehören die Weine von Mocali Jahr für Jahr zu meinen Favoriten in Montalcino. Die Weine haben zuletzt weiter kräftig zugelegt, alle Weine. Und das Beste: angesichts dieser erstaunlichen Qualität sind die Preise noch relativ – wir sind hier in Montalcino! – niedrig.

> Loc. Mocali
> 53024 Montalcino
> Tel. 0577-849485
> Fax: 0577-849485
> azmocali@tiscalinet.it
> Besitzer: Tiziano Ciacci
> Betriebsleiter: Tiziano Ciacci
> Önologe: Barbara Tamburini
> Rebfläche: 9 Hektar
> Produktion: 35.000 Flaschen
> Besuchszeiten: 9-18 Uhr

### WEINE MIT MINERALISCHEN NOTEN

Woher kommt diese erstaunliche Qualität? Sicherlich sind viele Faktoren dafür verantwortlich. Das Terroir in erster Linie und die Personen, die diese Weine machen. Das Weingut Mocali liegt auf etwa 400 Meter Höhe südwestlich von Montalcino und umfasst 32 Hektar Land. Es ist ein karges Land mit der für Montalcino so typischen Vegetation: Sträucher, Stechpalmen und Eichen, dazwischen immer wieder Reben und Olivenbäume. Der Gehalt an Mineralstoffen im Boden – Mergel und Kalkstein - ist hoch. Mocali liegt in einer bevorzugten Zone von Montalcino, dort, wo die Weine sich besonders durch ihre Mineralität auszeichnen. Bevorzugt aber auch, weil sowohl in kälteren als auch in wärmeren Jahren recht gleichmäßige Qualität erzielt werden kann.

### ERSTER BRUNELLO 1990

Dino Ciacci hat das Gut in den fünfziger Jahren erworben. Er war eines der Gründungsmitglieder des Consorzio del Vino Brunello di Montalcino. Heute gehört Mocali seinem Enkel, Tiziano Ciacci, der 1990 seinen ersten Brunello erzeugt hat. Nach nur wenigen Jahren hat er bereits erstaunliche Qualitäten auf die Flasche gebracht. Was sicherlich auch seinem Önologen, dem erfahrenen Vittorio Fiore, zu verdanken ist, der inzwischen Mocali in die Obhut von Barbara Tamburini übergeben hat. Neun Hektar von Mocali sind mit Reben bepflanzt, zwei Hektar mit Olivenbäumen. Das ergibt etwa 35.000 Flaschen Wein im Jahr und 2.000 Flaschen Olivenöl. 80 Prozent der Produktion wird exportiert. Insgesamt acht Weine hat Tiziano Ciacci im Programm, was angesichts der Gesamtproduktion recht viel erscheint. Im Keller nutzt er neben großen Fässern aus slawonischer Eiche auch Tonneaux aus französischer Eiche.

## ÜBERZEUGENDE BASISWEINE

Schon die einfachen Weine von Tiziano Ciacci sind herrlich reintönig in der Frucht und geprägt von mineralischen Noten. Ob das der Fossetti genannte Wein ist, ein Sangiovese, der auch ein klein wenig Canaiolo enthält, oder der „I Piaggioni", ein reinsortiger Sangiovese. Beide sind wunderschön harmonisch und bestechen mit ihrer klaren Frucht. Gleiches gilt auch für den Rosso di Montalcino, der schon seit einigen Jahren immer wieder mit seiner Kraft und Saftigkeit überrascht – und der für alle Weine von Tiziano Ciacci kennzeichnenden Nachhaltigkeit.

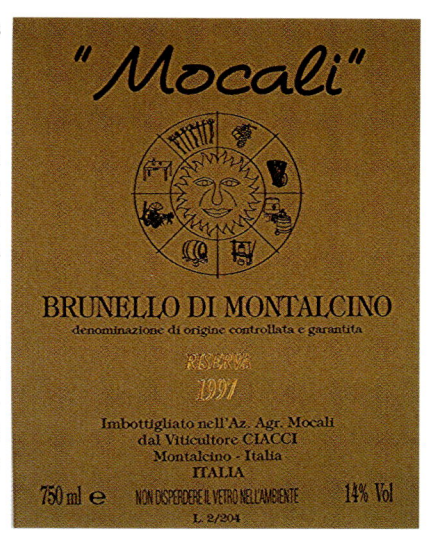

## FASZINATION MONTALCINO: BRUNELLO UND BRUNELLO RISERVA

Aber Tiziano Ciacci baut auch eine weiße Rebsorte an, nämlich Moscadello. Der Moscadello wird spät gelesen, so dass daraus ein kraftvoller Süßwein entstehen kann. Das Herzstück im Programm von Tiziano Ciacci ist aber wie bei allen Winzern in Montalcino der Brunello. Der Brunello wird in großen Fässern ausgebaut, wobei Tiziano Ciacci sowohl Fässer aus slawonischer wie französischer Eiche verwendet. Der Brunello ist herrlich harmonisch und elegant, besticht durch seine reintönige Frucht und seine feine Nachhaltigkeit. Nur in den besten Jahrgängen macht Tiziano Ciacci auch eine Riserva, wie beispielsweise 1997. In diesem sehr guten Jahrgang ist ihm ein großer Wurf gelungen – ein Wein, der auf faszinierende Art Opulenz und Nachhaltigkeit vereint.

## VIGNA RAUNATE: ELEGANZ UND NACHHALTIGKEIT

Mit dem Jahrgang 1998 kam dann ein weiterer Brunello, der Vigna Raunate, ins Programm von Tiziano Ciacci. Der Vigna Raunate kommt von einem 1984 und 1985 angelegten Weinberg. Der Wein wird in Tonneaux ausgebaut. Schon im Premierenjahrgang war der Vigna Raunate phantastisch: ein bestechend eleganter und harmonischer Wein mit eindringlichen mineralischen Noten und einer erstaunlichen Nachhaltigkeit.   *ge*

| | | | | |
|---|---|---|---|---|
| ★★ | Moscadello Vendimnia Tardiva ❷ | | | 1.000 |
| ★★ | I Piaggioni ❶ | | | 6.000 |
| ★★ | Rosso di Montalcino ❶ | | | 9.000 |
| ★★-★★★ | Brunello di Montalcino ❷ | | | 11.000 |
| ★★-★★★ | Brunello di Montalcino Vigna Raunate ❸ | | | 2.000 |
| ★★★ | Brunello di Montalcino Riserva ❸ | | | 1.500 |
| Importeure: | D: | Niemeier, Castel Cosimo | | |
| | CH: | Barisi | | |
| | A: | Solo Vino | | |

Bild linke Seite: Alessandra und Tiziano Ciacci

# SIRO PACENTI
## Montalcino

Der junge Giancarlo Pacenti hält wenig von der Einordnung in Modernisten und Traditionalisten, in Barriquelager und diejenigen, die das große Holzfass vorziehen. Für ihn zählt allein die Harmonie und der Rebsortencharakter des Weines und für viele Fachleute ist sein Wein ein sehr gutes Beispiel eines gelungenen, modernen Brunello.

Loc. Pelagrilli, 1
53024 Montalcino
Tel. 0577-848662
Fax: 0577-848662
pacentisiro@libero.it
Besitzer: Siro Pacenti
Rebfläche: 20 Hektar
Produktion: 50.000 Flaschen
Besuchszeiten: nach Vereinbarung

## MODERN UND KRAFTVOLL

Der gerbstoffreiche Stil der Pacenti-Weine hat nicht nur Liebhaber. Sowohl der Rosso als auch der Brunello können in ihrer Jugend im Vergleich zu anderen Weinen der DOCG mitunter etwas aggressiv wirken. Dafür ist die relativ lange Mazeration der Trauben von drei Wochen und mehr, die zweite Gärung im Holz und eine lange Ausbauzeit des Brunello von 24 Monaten in neuen Barriques verantwortlich. Mit ein bisschen Geduld, ein paar Jahren in der Flasche und ein paar Stunden im Glas überzeugen die Weine von Giancarlo Pacenti alle Kritiker durch eine tiefe, komplexe Brunellofrucht und tolle Harmonie.

## YVES CLORIES UND DIE FOLGEN

Bei seiner Arbeit als Winzer verlässt sich Pacenti auf die innovativen Thesen zur Phenolreife von Professor Yves Clories, der an der Universität in Bordeaux doziert und einer der führenden Persönlichkeiten der Weinforschung ist. Voller Begeisterung erzählt Giancarlo Pacenti von seinen Seminaren, die er in Bordeaux besucht hat. In wenigen Worten ausgedrückt, beruhen dessen Überlegungen darauf, erst dann zu ernten, wenn die Phenolreife der Trauben (Reife der Gerbstoffe in den Beerenhäuten und Traubenkernen) erreicht ist und nicht, wie eigentlich üblich, nach Säure und Zuckergehalt der Trauben zu entscheiden. Bei der Vergärung ist es danach ebenso wichtig, dass die Gerbstoffextraktion während der Gärung analytisch überwacht wird, damit die Entscheidungen im Keller daraufhin ausgerichtet werden können. So soll vermieden werden, dass bittere und unreife Gerbstoffe der Kerne in den Wein gelangen.

## KONSEQUENT NUR ZWEI WEINE

Giancarlo Pacenti hat klare Vorstellungen, die er seit seinem ersten Wein in Eigenverantwortung im Jahr 1988 umzusetzen versucht. Bereits im Jahr 1989 begann er mit Barriques zu arbeiten, im Jahr 1995 hat er dann die letzten großen Fässer aus dem Keller verbannt. Nun reihen sich Barriques und Tonneaux der Nobelmarken Sylvain und Taransaud aneinander. Pacenti hat zielstrebig seinen Weg verfolgt und ist heute einer der hoch gehandelten Brunellowinzer. Das Weingut Siro Pacenti erzeugt auch in guten Jahren keine Riserva, denn nach Meinung von Giancarlo Pacenti würde die Riserva dem Brunello sein Fundament nehmen. Ob aus den verschiedenen Partien im Keller ein Rosso oder ein Brunello die Montalcino wird, dass entscheidet letztlich die Verkostung der Barriques nach gut einem Jahr. Der junge Winzer kennt seine einzelnen Weinberge sehr gut und hat zum Lesezeitpunkt bereits ein Gespür dafür, welche Partien den Sprung in den Brunello schaffen werden. Die Vorgehensweise ist aber möglicherweise ein Grund dafür, dass sein Rosso di Montalcino in einer Blindprobe leicht mit einem kräftigen Brunello verwechselt werden kann.

## ZUKAUF VON WEINBERGEN

Das Weingut und ein Teil der Weinberge liegen abseits der Strasse von Buonconvento nach Montalcino im Nordosten des Brunello-Gebietes. Auf Anraten seines Weinberaters Paolo Vagaggini, mit dem er auch gut befreundet ist, erwarb Pacenti vor einigen Jahren auch im Südwesten von Montalcino einige Hektar Land, da die klimatischen Bedingungen in den verschiedenen Regionen von Montalcino sehr unterschiedlich sind. Der Südwesten ist für kräftige, gerbstoffreiche Weine bekannt, wohingegen auf den tonhaltigen Böden im Nordosten die feingliedrigen Aromen ausgeprägter sind. Jahrgangsunterschiede lassen sich somit besser kompensieren. Insgesamt bearbeitet der Winzer mittlerweile 20 Hektar Weinberge, von denen ein Drittel erst in den letzten Jahren neu angepflanzt wurde. Bei der Neuanlage legte er großen Wert auf die Vielfalt der Sangioveseklone. Da die Weine in Montalcino zu 100 Prozent aus Sangiovese Grosso bestehen müssen, ist dies ein Mittel, um dem Wein zusätzliche Komplexität zu geben. Giancarlo Pacenti nimmt gerne in Kauf, dass es ihn mehr Mühe kostet, konsequent auf den Sangiovese zu setzen und nicht den einfacheren Weg des Verschnittes mit anderen Rebsorten zu benutzen. „Glücklicherweise liegt mein Weingut in einem Gebiet mit dem idealen Terroir für den Sangiovese, hier ist es weder zu heiß noch zu kühl oder niederschlagsreich" sagt Giancarlo Pacenti. *sm*

| | | | | |
|---|---|---|---|---|
| Bild rechte Seite: | Giancarlo Pacenti | | | |
| ★★-★★★★ | Rosso di Montalcino ❷ | | | 22.000 |
| ★★★ | Brunello di Montalcino ❸ | | | 22.000 |
| Importeure: | D: | Dutz, Extraprima | | |
| | CH: | Vennerhus, Granchateaux | | |
| | A: | Vergeiner, Stangl | | |

# PIAN DELL'ORINO

## Montalcino

Caroline Pobitzer ist die Besitzerin des kleinen Weingutes Pian dell Orino in Montalcino. Sie stammt aus Südtirol und bis vor wenigen Jahren lebte sie mit ihrer Familie im schönen Meran. Nicht weit von dort besitzen ihre Eltern das Schloss Castel Katzenzungen, wo die größte und älteste Rebe Europas steht.

### BEZAUBERND

Das Weingut Pian dell Orino liegt nur wenige Kilometer von Montalcino an der Strasse nach Sant'Antimo und Castelnuovo Abate in Nachbarschaft zum historischen Biondi-Santi Anwesen „Il Greppo". Liebevoll restauriert und von gepflegten Weinbergen umgeben, gleicht die Szenerie einer Postkartenaufnahme. Eindrucksvoll zeigt sich hier die Schönheit dieser Landschaft, die Caroline Pobitzer und andere in diesen südlichen Teil der Toskana geführt hat.

> Loc. Pian dell'Orino, 189
> 53024 Montalcino
> Tel. 0577-849301
> Fax: 0577-849301
> www.piandellorino.it
> info@piandellorino.it
> Besitzer: Caroline Pobitzer
> Betriebsleiter: Caroline Pobitzer
> Önologe: Jan Erbach
> Rebfläche: 5 Hektar
> Produktion: 20.000 Flaschen
> Besuchszeiten: nach Vereinbarung

### SÜDTIROL TRIFFT BADEN IN MONTALCINO

Zusammen mit Caroline Pobitzer arbeitet heute ihr Partner Jan Erbach im Weingut, der nach vier Jahren als Weinmacher in einem Weingut in Südfrankreich, in die Toskana übergesiedelt war. Dort lernten der gebürtige Badener und die Südtirolerin mit schwedischem Pass sich kennen. Anfangs arbeitete der Deutsche in einem anderen Brunelloweingut, wo er für die Bewirtschaftung des Außenbetriebes unter biologischen Gesichtspunkten und den Keller verantwortlich war. Heute kümmert sich Jan Erbach um das Weingut seiner Freundin und berät darüber hinaus einige Weingüter extern, denn sein Fähigkeiten als Weinmacher mit Erfahrungen auch im biodynamischen Weinbau hatten sich im kleinen Montalcino schnell herumgesprochen.

### KLEINES JUWEL

Mit viel Einsatz arbeiten Caroline Pobitzer und Jan Erbach daran, das relativ junge Weingut bei Presse und Handel bekannter zu machen. Mit ihrem ersten Brunello di Montalcino Jahrgang 1997, der unter der Verantwortung von Jan Erbach abgefüllt wurde, verschafften sie sich bereits Respekt im Kreise der Brunellowinzer. Den

Erfolg konnten die beiden dann mit ihren Weinen im vergleichsweise schwierigen Jahr 1998 bestätigen. Dass das Weingut auf dem Weg in die Spitze der Brunelloerzeuger ist, zeigen die Folgejahrgänge 1999 bis 2001, bei denen sich die qualitätsorientierte Arbeit von Jan Erbach noch stärker auswirkt. Die räumliche Nähe des Kellers im Erdgeschoß des Wohnhauses ist dem akribischen Weinmacher gerade recht, denn so kann er immer ein Auge auf seinen Wein haben.

## EIGENSTÄNDIGER ROSSO

Jan Erbach nimmt seine Arbeit sehr ernst, das beweist auch seine Einstellung zum Rosso di Montalcino. Der Wein ist für ihn kein ungeliebter Zweitwein, sondern ein eigenständiger Wein mit Persönlichkeit. Folglich überzeugen der Rosso di Montalcino wie der Brunello von Pian dell Orino durch ihren eleganten und reintönigen Stil, der von einer klaren und intensiven Sangiovesefrucht geprägt ist. Obwohl teilweise in Tonneaux (und in großen Holzfässern) ausgebaut, stören keine aggressiven Holztannine oder Röstaromen die Harmonie des Weines. Der behutsame Umgang mit den Weinen im Keller und den Trauben im Weinberg ist aus dem fertigen Wein herauszuschmecken. Bittere Gerbstoffe sind für Jan Erbach ein Graus. Der Weinmacher sucht in seinen Weinen die klare Sangiovesefrucht und den mineralischen Schmelz, der die Weine von den skelettreichen Böden in Montalcino auch im Vergleich zu anderen Sangiovese der Toskana so einzigartig macht.

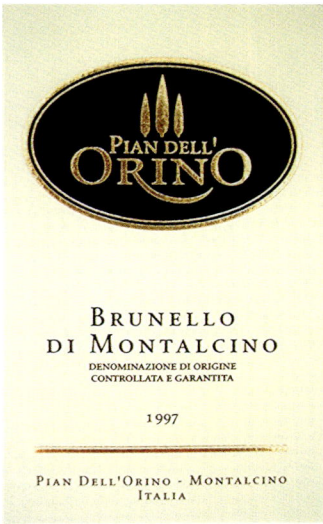

## IM EINKLANG MIT DER NATUR

Die Grundlage für die Qualität der Weine legt Jan Erbach mit einer intensiven Weinbergspflege. Es gibt kaum einen Winzer in Montalcino, der sich so gut auf dem Gebiet der Pflanzenwachstums oder der naturnahen Bodenbearbeitung auskennt. Jan Erbach arbeitet getreu seiner Überzeugung nach biologischen Richtlinien und versucht darüber hinaus die Gesichtspunkte des biodynamischen Weinbau, bei dem das natürliche Gleichgewicht im Weinberg oberste Priorität hat, zu berücksichtigen. Wer sich die Zeit nimmt und sich mit den Weinen auseinandersetzt, der kann diese naturnahe und gradlinige Philosophie in den Weinen von Pian dell Orino schmecken. *sm*

| Bild linke Seite: | Caroline Pobitzer und Jan Erbach |  |  |
|---|---|---|---|
| Bild rechte Seite: | Keller |  |  |
| ★ | Rosso di Montalcino ❷ | | 10.000 |
| ★★ | Brunello di Montalcino ❸ | | 3.500 |
| Importeure: | CH: Aarau | | |
| | A: St. Stephan | | |

# PIANCORNELLO
## Castelnuovo Abate

Alljährlich lädt das Konsortium des Brunello nach Montalcino ein. Erwartungsvoll reisen Weinjournalisten aus aller Welt zur ersten, offiziellen Verkostung des neuen Jahrgangs an. Auch im Februar 2003 präsentierten fast 120 Erzeuger ihre Weine des Jahrgangs 1998. Für viele Journalisten war dabei der Brunello von Piancornello eine positive Überraschung, denn bis zu diesem Jahr war das Weingut für die meisten ein relativ unbeschriebenes Blatt. Dass dieser Erfolg keine Eintagsfliege ist, beweist die ansprechende Qualität des 2001er Rosso di Montalcino und der Brunellojahrgänge 1997 und 1999, der ab Januar 2004 in den Verkauf kommen wird.

> Loc. Piancornello
> 53020 Castelnuovo Abate
> Tel. 0577-844105
> Fax: 0577-844105
> Besitzer: Silvana Pieri
> Betriebsleiter: Silvana Pieri
> Önologe: Paolo Vagaggini
> Rebfläche: 10 Hektar
> Produktion: 21.000 Flaschen
> Besuchszeiten: 8-17 Uhr

## JUNGE WEINBERGE FÖRDERN QUALITÄT

Das Weingut von Silvana Pieri und ihrem Sohn Claudio Monaci ist keine fünfzehn Jahre alt. Aus dem einen Landwirtschaftsbetrieb der Familie Pieri entstanden zwei Betriebe, da die Schwestern Silvana Pieri und Agostina Pieri sich entschlossen, eigene Wege zu gehen. Heute besitzt das Weingut 10 Hektar Weinberge, wovon der Großteil in den letzten zehn Jahren angelegt wurde. Das im Durchschnitt junge Alter der Weinberge ist ohne Zweifel ein Vorteil, denn ausgewählte Klone und eine größere Stockanzahl pro Hektar im Vergleich zu den alten Anlagen kommen der Qualität zugute. Da die Erntemenge mit 7.500 Kilogramm je Hektar beim Brunello gesetzlich begrenzt ist, trägt jede Rebe zwangsläufig weniger Trauben. Zusammen mit der Begeisterung, die der junge Claudio Monaci für die Weinbergsarbeit an den Tag legt, ist eine wichtige Grundlage für Spitzenweine gelegt. Es freut ihn natürlich ungemein, das seine zeitintensive und aufwendige Arbeit im Weinberg von der Presse und dem Handel trotz seines relativ unbekannten Namens anerkannt wird.

## SANT ANGELO IN SCALO

Alle Weinberge des Betriebes liegen an der südlichen Grenze der DOCG unweit des Örtchens Sant Angelo Scalo. Zwei Bodenarten sind dort bestimmend: in der Nähe des Flusses Orcia stehen die Reben in Schwemmlandböden mit einem hohen Steinanteil. Je weiter man sich vom Fluss und der Ebene entfernt, desto eher dominiert rötliches Vulkangestein die Böden. Im Verhältnis zu anderen Lagen in Montalcino liegt dieses Gebiet relativ tief und das sehr förderliche Mikroklima ist durch warme Sommertage und wenig Niederschläge geprägt. Gefährlich können einzig die ersten Apriltage sein, wenn es nach dem Austrieb der Reben in der Nacht noch empfindlich frostig werden kann.

## POSITIVE ZUKUNFT

„In Montalcino Wein machen zu können, ist ein großes Glück, denn nirgendwo sonst sind die Erlöse pro Hektar so hoch", erklärt Claudio Monaci seine Motivation ein eigenes Weingut zu besitzen. Derjenige, der seine Weine selbst abfüllt, verdient heute ein Vielfaches im Vergleich zu demjenigen, der seine Trauben an die Genossenschaften oder Privatwinzer verkauft. In solch einer bekannten und gefragten Weinregion können sich die getätigten Investitionen deshalb wesentlich schneller amortisieren.

## WEINBERGSARBEIT UND VAGAGGINI

Piancornello erzeugt lediglich drei Weine. Wenn alle Weinberge im Ertrag stehen, wird die Weinmenge auf 40.000 Flaschen anwachsen. Neben dem Rosso und dem Brunello rundet der Basiswein IGT Rosso Toscana das Programm ab. Weinberater Paolo Vagaggini ist seit 1999 der Ansprechpartner in Fragen der Weinbergspflege und Kellerarbeit. Mit der Tradition und dem Ausbau im großen Holzfass wollten Silvana und Claudio Pieri nicht brechen, aber ebenso wenig auf die so populären Barriques verzichten. Deshalb arbeiten sie mit beiden Ausbaumethoden. Die Festlegung auf das eine oder andere ist nach Meinung von Claudio Monaci gar nicht so entscheidend. „Reife und gesunde Trauben sind die Grundlage jeden Erfolges, dann können die Weine den Ausbau egal in welchem Fass gut verkraften und den Holzgerbstoffen Paroli bieten können", sagt er. Konsequent niedrige Erträge stehen für die Familie Pieri deswegen an erster Stelle, was den Erfolg auch in Zukunft gewährleistet. *sm*

Bild linke Seite: Claudio Monaci
Bild rechte Seite: Die Weinberge im Winter

| | | | |
|---|---|---|---|
| ★★ | Rosso di Montalcino ❷ | | 7.000 |
| ★★-★★★★ | Brunello di Montalcino ❸ | | 7.000 |
| Importeure: | D: | Johannes Müller, Assello | |
| | CH: | Mu's Vinothek | |
| | A: | Vin de Mem | |

# AGOSTINA PIERI
## Montalcino

Das Weingut von Agostina Pieri liegt ganz im Süden von Montalcino, in Piancornello. Von Sant Angelo Scalo aus erreicht man Piancornello auf einem schmalen Weg. Wie so viele andere in Montalcino auch, wurde das Weingut erst in den neunziger Jahren gegründet. Um so erstaunlicher ist, wie hoch die Qualität der Weine schon nach wenigen Jahren war. 1991 wurden die ersten Reben gepflanzt, mit dem Jahrgang 1994 kam der erste Brunello auf den Markt - und schon der 97er gehörte zu den Jahrgangsbesten in Montalcino. Inzwischen besitzt Agostina Pieri 11 Hektar mit Reben, wobei noch nicht alle Reben in Ertrag stehen.

Loc. Piancornello
53024 Montalcino
Tel. 0577-844163
Fax: 0577-375785
Besitzer: Agostina Pieri
Betriebsleiter: Francesco Monaci
Önologe: Fabrizio Moltard
Rebfläche: 11 Hektar
Produktion: 35.000 Flaschen
Besuchszeiten: 8:30-12:30 + 14-17:30 Uhr

### ELF VERSCHIEDENE SANGIOVESE-KLONE

Regie im Weingut führen die beiden Söhne von Agostina Pieri: Francesco Monaci ist für Keller und Marketing verantwortlich, sein Bruder Jacobo kümmert sich um die Weinberge. Dort hat man inzwischen elf verschiedene Sangiovese-Klone stehen. Nach ersten Versuchen hat man sich auf die für die Lagen am besten geeigneten Klone entschieden und solche Reben angelegt, deren Trauben sehr kleine, dickschalige Beeren haben. Francesco Monaci verspricht sich davon in den nächsten Jahren einen weiteren Qualitätsschub.

### IN ZUKUNFT NUR NOCH BARRIQUES

Aber zunächst einmal wird ein größerer Keller gebaut. Nachdem man anfangs vor allem in die Weinberge investiert hat, folgen die Investitionen im Keller. Wenn alle Reben in Ertrag stehen, reicht der bisher genutzte Keller nicht mehr aus. Man braucht mehr Platz. Und hat man dann mehr Platz im neuen Keller, will Francesco Monaci den Brunello komplett im Barrique ausbauen. Bei Gründung des Weingutes galt noch die Vorschrift des dreijährigen Fassausbaus für Brunello di Montalcino, weshalb die Fasskapazität jeweils zur Hälfte aufgeteilt wurde auf große Fässer aus slawonischer Eiche und auf Barriques aus französischer Eiche. Da inzwischen nur noch zwei Jahre Fassausbau vorgeschrieben sind, glaubt Francesco Monaci, dass sein Brunello zukünftig diese zwei

Jahre komplett im Barrique verbringen sollte, auf die großen Fässer will man bei Agostina Pieri zukünftig ganz verzichten. Aber nicht nur über den Barriqueausbau hofft er den angestrebten Qualitätsschub zu erreichen, viele weitere Details sollen dazu beitragen. So verspricht sich Francesco Monaci beispielsweise durch die Batonnage im Barrique, mit der er mehr Farbe und Tannine extrahieren will, zukünftig noch kräftigere und intensivere Weine.

## KRAFTVOLLER ROSSO DI MONTALCINO

Als Agostina Pieri im schwierigen Jahrgang 1994 mit Brunello debütierte, hatte es dieser schwer gegen den Rosso di Montalcino aus dem sehr guten Jahrgang 1997 zu bestehen. Beide kamen im gleichen Jahr auf den Markt. Dieser Rosso war kraftvoll und zeigte Charakter. Er war der Auslöser dafür, dass ich in den darauf folgenden Jahren dieses neue Weingut im Auge behielt. Und auch die Folgejahrgänge des Rosso waren alles andere als „kleine" Weine: Agostina Pieri zeigt seither Jahr für Jahr, dass auch ein Rosso di Montalcino ein „ernsthafter" Wein ist, der manchen Brunello – von zugegebenermaßen vielleicht weniger ernsthaften Erzeugern – blass aussehen lassen kann.

## HERRLICH FÜLLIGER BRUNELLO

Noch erstaunlicher ist, wie sich der Brunello von Agostina Pieri Jahr für Jahr gesteigert hat. Nach dem mittelprächtigen Debüt im Jahrgang 1994 hat er kontinuierlich zugelegt und an Statur gewonnen. Ein erster Höhepunkt war dann der 97er Brunello. Ein großes Jahr für Montalcino, gewiss. Und man mag einwenden, dass es in einem solchen Jahr nicht schwer gefallen ist, einen hervorragenden Brunello zu erzeugen. Aber schon der schwierigere Folgejahrgang zeigte, dass die Brüder Monaci konsequent auf Qualitätssteigerung setzen. Wiederum war ihr Brunello herrlich füllig und geschmeidig bei wunderschön reintöniger Frucht. Und gleiches bestätigen Fassproben der allerjüngsten Jahrgänge: von Francesco und Jacobo Monaci und dem Weingut Agostina Pieri wird man in naher Zukunft noch viel Gutes hören und zu schmecken bekommen. Und dass dies nicht nur Sangiovese sein wird, erklärt Francesco Monaci mit zögerlicher Stimme. Er habe einen eigenen Weinberg angelegt, wo er neben Sangiovese auch Cabernet Sauvignon gepflanzt habe. Man müsse eben alles ausprobieren, erklärt er fast entschuldigend.  *ge*

Bild linke Seite:   Francesco Monaci bei der Präsentation des neuen Jahrgangs in Montalcino

| | | | | |
|---|---|---|---|---|
| ★★ | | Rosso di Montalcino ❷ | | 9.000 |
| ★★-★★★★ | | Brunello di Montalcino ❸ | | 13.000 |
| Importeure: | D: | Italvini | | |
| | CH: | Schubi | | |
| | A: | Thurnher | | |

# POGGIO ANTICO
## Montalcino

Poggio Antico ist ein 200 Hektar großes Gut, bei dem gut 32 Hektar mit Reben bepflanzt sind. Anders als bei den meisten anderen Weingütern in Montalcino ist die gesamte Fläche zur Erzeugung von Brunello zugelassen, was zur Folge hat, dass in sehr guten Jahren überhaupt kein Rosso di Montalcino erzeugt wird, sondern ausschließlich Brunello.

> Località Poggio Antico
> 53024 Montalcino
> Tel. 0577-848044
> Fax: 0577-846563
> www.poggioantico.com
> mail@poggioantico.com
> Besitzer: Familie Gloder
> Betriebsleiterin: Paola Gloder
> Önologe: Carlo Ferrini (Berater)
> Rebfläche: 32,5 Hektar
> Produktion: 90.000 Flaschen
> Besuchszeiten: 9-13 + 14:30-18:30 Uhr
> (nach Vereinbarung)
> Restaurant Poggio Antico (Tel./Fax: 0577-849200, rist.poggio.antico@libero.it)

## WEINGUT UND RESTAURANT

Poggio Antico wurde 1984 von Giancarlo und Nuccia Gloder gekauft. Bereits seit Ende der siebziger Jahre gehörte ihnen ein kleines Gut in Montalcino, auf dem es allerdings nur Wald und Olivenbäume gab, keine Reben. Aber wenn man in Montalcino ein Gut hat, dann liegt es eben nahe, dass man sich für Wein begeistert und schließlich selbst Wein machen will. Also kauften sie Poggio Antico und investierten unmittelbar in die Weinberge und den Keller. Seit 1987 führt ihre Tochter Paola Gloder das Weingut, wobei sie seit 1997 von ihrem Ehemann Alberto Montefiori unterstützt wird. Aber nicht nur Wein kann man auf Poggio Antico genießen, sondern auch im angeschlossenen, gleichnamigen Restaurant vorzüglich essen. Olivenöl, Grappa und Wildblütenhonig werden ebenfalls auf Poggio Antico erzeugt.

## KOMPLETTE ERNEUERUNG DER WEINBERGE

1997 hat man auf Poggio Antico ein umfangreiches Erneuerungsprogramm begonnen. Innerhalb von sieben Jahren werden nahezu alle Weinberge erneuert und neue Weinberge werden angelegt. Dabei hat man auf Poggio Antico erstmals auch etwas anderes gepflanzt als Sangiovese, nämlich Cabernet Sauvignon. Eineinhalb Hektar wurden 1997 angelegt, ein weiterer Hektar 2001. Zukünftig wird deshalb ein weiterer Wein, Madre genannt, das Programm von Poggio Antico bereichern. Um diese zukünftig größere Ernte verarbeiten zu können, wurde der Keller erweitert und der Vinifikationsbereich neu gestaltet. Seit dem Jahrgang 2000 werden die Moste in konischen Edelstahltanks vergoren, in denen die Temperatur gesteuert werden kann. Ausgebaut werden die Weine dann teils in 50- und 60-Hektoliter-Fässern aus slawonischer Eiche, teils in 500-Liter-Fässer aus französischer Eiche.

## Nur zwei Jahre Fassausbau: Altero

Eine Vorreiterrolle spielte Poggio Antico bei der Verkürzung des Fassausbaus. Bereits 1988 wurde erstmals der Altero auf den Markt gebracht, und zwar ein Wein aus dem Jahrgang 1983. Er stammt von den besten für Brunello selektierten Trauben, und wird wie der Brunello nach vier Jahren in der Verkauf gebracht. Anders als der Brunello wird er aber nur zwei Jahre im Holzfass ausgebaut. Da damals drei Jahre Holzfassausbau für Brunello verpflichtend waren, wurde der Altero zunächst als Tafelwein, dann als IGT Toscana vermarktet. Inzwischen wurde die vorgeschriebene Fassausbauzeit für Brunello auf zwei Jahre verkürzt, so dass der Altero in den jüngsten Jahrgängen ebenfalls als Brunello di Montalcino bezeichnet werden darf. Verkostet man den Altero, kann man diese Entscheidung nur begrüßen. Der Altero ist ein faszinierend reintöniger Sangiovese, dem man sofort seinen Geburtsort Montalcino anmerkt. Er hat Kraft und Struktur, Frucht und Eleganz – Brunello in Reinkultur.

## Brunello di Montalcino und Riserva

Rosso di Montalcino gibt es, wie eingangs erwähnt, nicht jedes Jahr. Mengenmäßig wichtigster Wein bei Poggio Antico ist der „normale" Brunello di Montalcino. In kürzester Zeit hatte Poggio Antico sich in der Spitze der besten Erzeuger von Montalcino etabliert. Anfang der neunziger Jahre folgten dann – teils jahrgangsbedingt – etwas schwächere Weine, ehe dann seit dem Jahrgang 1995 der Brunello von Poggio Antico wieder in altem Glanz erstrahlt. Er besticht mit viel Eleganz und Finesse, ist lang und faszinierend nachhaltig. Die gleichen Eigenschaften zeichnet auch die Riserva aus, die nur in besten Jahren erzeugt wird. Aber wenn sie gemacht wird, dann gibt es 15.000 bis 20.000 Flaschen von ihr – von einem faszinierenden, komplexen Wein, der enorm lang und nachhaltig ist.   *ge*

| Bild linke Seite: | Weinberge bei Poggio Antico |
| Bild rechte Seite: | Paola Gloder |

| | | | |
|---|---|---|---|
| ★★-★★★★ | Brunello di Montalcino ❸ | | 52.000 |
| ★★-★★★★ | Brunello di Montalcino Altero ❹ | | 11.000 |
| ★★★ | Brunello di Montalcino Riserva ❺ | | 20.000 |
| Importeure: | D: | Bolzan, Stecher & Krahn, Divino, Tafel, Bremer | |
| | CH: | Dettling & Marmot | |
| | A: | Gottardi | |

# POGGIO DI SOTTO

**Montalcino**

Elisabeth und Piero Palmucci haben ihr Weingut Poggio di Sotto 1989 gegründet. Das Gut umfasst 33 Hektar Land. Nach und nach wurde die Rebfläche auf die heutigen 12 Hektar erweitert. In Zusammenarbeit mit der landwirtschaftlichen Fakultät der Universität Mailand wurden 7 Hektar mit ausgesuchten Klonen und einer als optimal erachteten Pflanzdichte von 4.000 Reben je Hektar angelegt. 1999 hat Piero Palmucci weitere drei Hektar in unterschiedlichen Höhenlagen angepflanzt.

> Loc. Poggio di Sotto
> 53020 Castelnuovo Abate
> Tel. 0577-835502
> Fax: 0577-835502
> palmuccipds@libero.it
> Besitzer: Piero Palmucci
> Önologe: Giulio Gambelli
> Rebfläche: 12 Hektar
> Produktion: 20.000 Flaschen
> Besuchszeiten: 9-12 + 15-18 Uhr

Während ein Teil der Reben in 200 Meter Höhe wächst, stehen die höchstgelegenen in 450 Meter Höhe. Die Böden bei Poggio di Sotto sind karg und steinig. Neben Wein spielt Olivenöl eine ganz wichtige Rolle bei Piero Palmucci: 1.400 Olivenbäumen gibt es auf seinem Gut.

## NUR GROSSE HOLZFÄSSER

Die Trauben werden alle per Hand gelesen, so dass schon im Weinberg die notwendige Selektion durchgeführt werden kann. In kleinen Kisten kommen sie dann zur Kellerei, wo ein weiteres Mal selektiert wird und die Trauben nach dem Entrappen sanft gepresst werden. Seit dem Jahrgang 2001 werden die Moste in Holztanks vergoren, wobei keine Reinzuchthefen, sondern ausschließlich die traubeneigenen Hefen zum Einsatz kommen. Nach der Gärung kommen die Weine in die traditionellen Fässer aus slawonischer Eiche, die bei Poggio di Sotto zwischen 25 und 35 Hektoliter fassen. Dort bleiben sie meist zwei oder vier Jahre – je nachdem, ob sie als Rosso di Montalcino oder als Brunello auf die Flasche kommen.

## ÖNOLOGE: GIULIO GAMBELLI

An dem Ausbau der Weine erkennt man die Handschrift von Giulio Gambelli, der Poggio di Sotto als Önologe berät. Giulio Gambelli, Jahrgang 1925, ist einer der großen, bekannten Namen in der italienischen Önologenszene. Dabei ist Giulio Gambelli selbst kein ausgebildeter Önologe. Sein

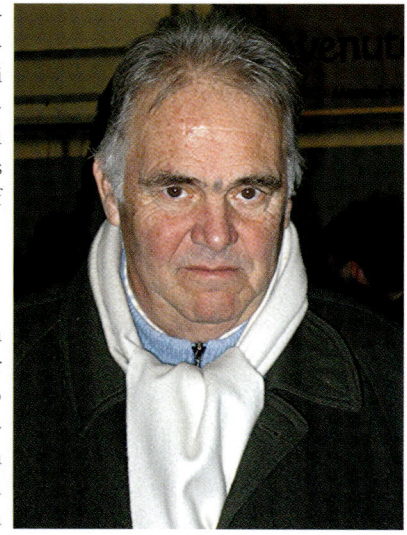

Anliegen ist einzig und allein der Sangiovese. Deshalb hat er immer nur in der Toskana gearbeitet. Cuvées von Sangiovese mit internationalen Rebsorten lehnt er ab. Giulio Gambelli setzt immer auf langen Fassausbau und hält nicht viel von kleinen Holzfässern, Barriques genannt. Anders als manch anderer Önologe bleibt er selbst eher im Hintergrund, sieht sich als Helfer, der dazu beiträgt, dass ein Weingut aus seinen Möglichkeiten das Beste macht.

## ROSSO DI MONTALCINO

Zwei Weine erzeugt Piero Palmucci, Rosso di Montalcino und Brunello di Montalcino. Nur in den allerbesten Jahren macht er auch eine Riserva. Den Rosso di Montalcino bringt er erst ein Jahr später als die meisten seiner Kollegen in Montalcino in den Verkauf, weil eben bei Piero Palmucci der Rosso di Montalcino wesentlich länger im Fass bleibt als bei anderen Winzern. Es ist ein kraftvoller, sehr tanninbetonter Rosso di Montalcino, mit viel Frucht und einer enormen Nachhaltigkeit, wie man sie sonst meist nur beim Brunello findet.

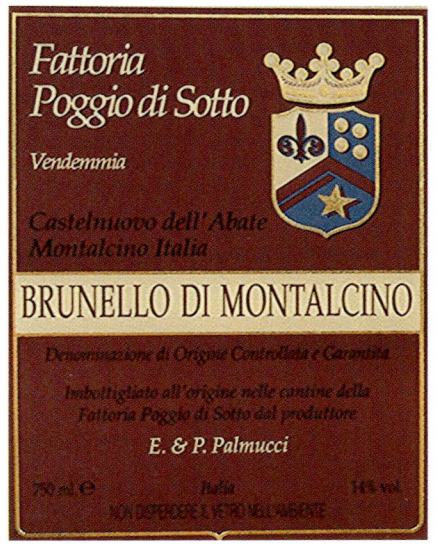

## BRUNELLO DI MONTALCINO

Diese Nachhaltigkeit kennzeichnet auch den Brunello von Piero Palmucci. Nicht nur seinen Rosso di Montalcino, sondern auch seinen Brunello baut Piero Palmucci länger im Fass aus, als es das Reglement vorschreibt, meist vier Jahre. Der Brunello von Poggio di Sotto ist ein „klassischer", herrlich kraftvoller Brunello. Es ist ein Wein mit kräftigen Tanninen und mit Säure, auch wenn er in heißen Jahren wie 1997 einmal unerwartet opulent ausfallen kann. Die Weine, die Piero Palmucci erzeugt, sind alle in ihrer Jugend ein wenig verhalten und verschlossen. Sie zeigen erst nach einiger Zeit auf der Flasche, was in ihnen steckt. Es sind Weine mit Struktur – Weine von guter Haltbarkeit. *ge*

| | | | |
|---|---|---|---|
| Bild linke Seite: | Piero Palmucci | | |
| Bild rechte Seite: | Poggio di Sotto | | |
| ★★ | Rosso di Montalcino ❸ | | 5.000 |
| ★★-★★★ | Brunello di Montalcino ❹ | | 15.000 |
| Importeure: | D: | bei Extraprima, WeinWeinWein, Il Calice | |
| | CH: | Scala Vini | |
| | A: | Schulz | |

# POGGIO SAN POLO
## Montalcino

Poggio San Polo liegt in einer bevorzugten Lage. Die Weinberge bilden eine natürliche Terrasse in 400 Meter Höhe über dem Tal, in dem die berühmte Abtei S. Antimo liegt. Dieses kleine aber feine Gut wurde im Dezember 1999 von Mario und Mirella Fertonani erworben. 5 Hektar mit Weinbergen gibt es bisher bei Poggio San Polo. Das gibt gerade einmal 20.000 Flaschen Rosso und Brunello di Montalcino im Jahr. Aber inzwischen wurden weitere 10 Hektar angelegt, die in den nächsten Jahren in Produktion kommen werden. Damit die mögliche Verdreifachung der Produktion in einigen Jahren den Markt nicht unvorbereitet trifft, hat die Familie Fertonani das Handelsunternehmen San Polo Exe gegründet. Dieses vertreibt zum einen die beiden Weine von Poggio San Polo. Dazu werden zwei weitere Weine unter dem Dach von San Polo Exe angeboten, zwei IGT, Rubio und Mezzopane genannt. Diese Weine werden heute von zugekauften Trauben hergestellt. Wenn die eigenen Weinberge in Ertrag kommen, werden auch für diese beiden Weine nur eigene Trauben von Poggio San Polo verwendet, erklärt Silvia Fertonani, die Tochter von Mario und Mirella Fertonani.

Loc. San Polo, 161
53024 Montalcino
Tel. 0577-835522
Fax: 0577-835522
Besitzer: Mario und Mirella Fertonani
Betriebsleitung: Familie Fertonani
Rebfläche: 5 Hektar (in Produktion)
Produktion: 40.000 Flaschen
Besuchszeiten: nach Vereinbarung

### FASZINIERENDER BRUNELLO

Die Qualität der Weine ist in den vergangenen Jahren kräftig gestiegen, sowohl beim Rosso, als auch beim Brunello. Der Brunello aus dem Jahrgang 1997 war hervorragend. Dann gelang mit dem schwierigen Jahrgang 1998 eine weitere Steigerung. Auch der 99er ist groß, besticht gleichermaßen mit Eleganz und Kraft. Wie lassen sich diese Qualitätssteigerungen erklären? Poggio San Polo ist ein Familienbetrieb. Zur Familie gehört auch Mario Calzolari, der Ehemann von Silvia Fertonani. Nach seiner Zeit als Weinmacher bei Poggio Antico wurde Mario Calzolari Betriebsleiter und Chefönologe der Tenimenti Angelini, denen neben Weingütern im Chianti Classico und in Montepulciano auch das Weingut Val di Suga in Montalcino gehört. Mario Calzolari ist maßgeblich für den Aufschwung dieser Weingüter seit Mitte der neunziger Jahre verantwortlich, er ließ Keller und Weinberge erneuern. Muss man sich da wundern, dass auch die Weine von Poggio San Polo selbst in schwachen Jahren stetig besser werden? „Ich habe nichts damit zu tun", erklärt Mario Calzolari lachend, als ich ihn darauf anspreche, „ich bin nur der Ehemann".

## MUSTERGÜLTIGER BRUNELLO

Der Mezzopane („halbes Brot") enthält neben Sangiovese ein wenig Cabernet Sauvignon und wird in französischen Barriques ausgebaut. Für den Rosso di Montalcino werden nach einem Jahr diejenigen Fässer ausgewählt, die nicht für den Brunello bestimmt werden. Beide Weine sind kraftvoll und tanninbetont, der Mezzopane ist deutlich geprägt von Toastnoten durch das Barrique. Für den Brunello werden nur die besten Partien ausgewählt. Er wird teils in großen Fässern aus slawonischer Eiche, teils in französischen Barriques ausgebaut. Er vereinigt auf faszinierende Weise all das, was großen Brunello auszeichnet: Frucht und Eleganz, Harmonie und Kraft, Mineralität und Nachhall.  *ge*

| | | | |
|---|---|---|---|
| Bild linke Seite: | Silvia Fertonani | | |
| Bild rechte Seite: | Poggio San Polo | | |
| ★★-★★★★ | Rosso di Montalcino ❷ | | 10.000 |
| ★★ | Mezzopane ❸ | | 10.000 |
| ★★★ | Brunello di Montalcino ❸ | | 10.000 |
| Importeure: | D: | Antonio, Meile | |
| | A: | Wein & Co., Smöch | |

# IL POGGIONE

## S. Angelo in Colle

Mitten im alten Ortskern von Sant Angelo in Colle liegt das Weingut Il Poggione. Im abgelegenen Örtchen an der Hauptstrasse, die von Montalcino Richtung Süden nach Grosseto führt, ist es wohltuend ruhig. Kein Vergleich zum stetig wachsenden Weintourismus in Montalcino, denn hierher kommen nur diejenigen, die das Weingut Il Poggione oder den Nachbarn Talenti besuchen möchten.

### GROSSES HOLZFASS FÜR DEN BRUNELLO

Kontinuität garantiert der unermüdliche Direktor und Weinmacher Fabrizio Bindocci. Seit 1976 arbeitet er im Weingut bevor er Anfang 1992 die Leitung des großen Betriebes mit seinen mehr als 100 Hektar Weinbergen übernahm. Seit Ende des 19. Jahrhunderts ist die Familie Franceschi Eigentümer der Tenuta mit ihren fast 600 Hektar Land im Süden von Montalcino. Die Geschwister Livia und Leopoldo Franceschi, die aktuellen Besitzer des historischen Betriebes, leben in Florenz und Mailand.

> Loc. Il Poggione
> 53020 S. Angelo in Colle
> Tel. 0577-864029
> Fax: 0577-864165
> www.tenutailpoggione.it
> ilpoggione@tin.it
> Besitzer: Leopoldo e Livia Franceschi
> Betriebsleiter: Fabrizio Bindocci
> Önologe: Fabrizio Bindocci
> Rebfläche: 108 Hektar
> Produktion: 500.000 Flaschen
> Besuchszeiten: Mo.-Fr. (nach Vereinbarung)

### KLARE SANGIOVESEFRUCHT

Wie bereits in der Vergangenheit wird der Brunello di Montalcino auch heute in großen Holzfässern ausgebaut. Dass die Fässer nach und nach durch neue ersetzt worden sind, hat sich positiv auf die Reintönigkeit ausgewirkt. Die Lagerzeit im großen Holz ist auf zwei Jahre verkürzt worden, was der Frische der Weine zugute gekommen ist. Die Weine sind hervorragende Beispiele für den traditionellen und dennoch nicht überholten Weinstil des Brunello di Montalcino. Überzeugend ist ihre dichte, reife Gerbstoffstruktur und die klare Frucht, die von der typischen Sangiovesesäure getragen wird. Abgesehen von dem IGT-Wein „San Leopoldo", der außer Sangiovese Grosso noch etwas Cabernet Sauvignon enthält, sind alle Weine zu 100 Prozent aus dem in Montalcino beheimateten Sangioveseklon.

### EINE DER BESTEN LAGEN VON MONTALCINO

„Da das Mikroklima, sprich Ausrichtung der Weinberge, Meereshöhe und Bodentyp innerhalb der recht kleinen DOCG Montalcino erheblich variiert, können die Weine sehr unterschiedlich schmecken", sagt Fabrizio Bindocci. Die Weinberge von Il Poggione liegen in einer eher warmen und trockenen Region mit erheblich weniger Regen als im Nordosten. Aufgrund der tieferen Lage und den höheren Tagestemperaturen sind alle Weine durch reifere Gerbstoffe und ausgeprägte Fruchtaromen geprägt. „Wir erhalten diese Frucht durch die von uns favorisierte Spontangärung (kein Zusatz von künstlichen Hefen), sparsame Schwefelgaben und die natürliche Klärung über die Jahre im großen Holz", erklärt der Weingutsleiter Bindocci.

## WEINBERGE SIND EIN GROSSES PLUS

In hervorragenden Jahren wie 1990, 1993, 1995 und 1997 bis 1999 wird die Arbeit in Form einer Riserva belohnt. Meistens stammen die Trauben aus den sehr alten Weinbergen des Weingutes am Rand des Ortes, wozu auch das Filetstück Paganelli, eine 5 Hektar große Einzellage mit Sangioveseklonen aus den sechziger Jahren gehört. Der Wein aus dieser ausgezeichneten Lage soll in Zukunft als eigenständiger Wein abgefüllt werden. Nicht wenige Kollegen beneiden Bindocci um seine guten Lagen und wertvollen Klone. Wenn Bindocci dennoch Kritik von seinen Winzerkollegen einstecken muss, dann nicht wegen der Weinqualität, sondern wegen der günstigen Verkaufspreise. In einem Umfeld, in dem das mittlere Preisniveau für den bekannten Wein selbst in den Weinhandlungen von Montalcino deutlich jenseits der 35 Euro liegt, verfolgt das Weingut seit Jahren eine sehr moderate Preispolitik und verkauft den „normalen" Brunello unter 25 Euro an die Privatkunden. „Sicherlich können Weingüter wie Poggione, Castello Banfi, Col d'Orcia oder Castel Giocondo (Frescobaldi), die Jahr für Jahr eine große Menge absetzen müssen, nicht die selben Preise wie die kleinen Boutique-Weingüter verlangen, alle werden am Ende jedoch am Preis-Leistungs-Verhältnis gemessen", sagt Fabrizio Bindocci, der hoffentlich noch lange dem Weingut und Montalcino erhalten bleibt. Er ist zweifelsohne einer der Charakterköpfe der Region.   *sm*

| | | | | |
|---|---|---|---|---|
| Bild linke Seite: | Fabrizio Bindocci | | | |
| Bild rechte Seite: | Leopoldo Franceschi | | | |
| ★ | Rosso di Montalcino ❶ | | | 200.000 |
| ★★ | Brunello di Montalcino ❸ | | | 200.000 |
| ★★-★★★★ | Brunello di Montalcino Riserva ❺ | | | 30.000 |
| ★★ | San Leopoldo ❷ | | | 15.000 |
| Importeure: | D: | Pellegrini & Grundmann, Bonvino, AMC | | |
| | CH: | Caratello, Barisi | | |
| | A: | Müller | | |

# PODERE SALICUTTI
### Montalcino

Ich kann mich noch gut erinnern: als ich vor einigen Jahren erstmals einen Wein von Salicutti, den 97er Rosso di Montalcino, in meiner Zeitschrift Mondo vorgestellt habe und mit 91 Punkten höher bewertete als jeden 94er Brunello, rief ein erstaunter Abonnent an und wollte von mir wissen, ob das denn seine Richtigkeit habe, was da in Mondo zu lesen war. Ich muss gestehen, dass ich selbst ebenso erstaunt gewesen war, als ich sah, dass mein Favorit in der Verkostung von einem Weingut stammte, dessen Namen ich zuvor noch nie gehört hatte. Ich rief einige auf Italien spezialisierte Weinhändler an – kein einziger kannte den Namen! In wenigen Jahren hat sich dies grundlegend geändert.

Podere Salicutti, 174
53024 Montalcino
Tel. 0577-847003
Fax: 0577-847003
www.poderesalicutti.it
leanza@poderesalicutti.it
Besitzer: Francesco Leanza
Betriebsleiter: Francesco Leanza
Önologe: Paolo Vagaggini
Rebfläche: 4 Hektar
Produktion: 15.000 Flaschen
Besuchszeiten: nach Vereinbarung
Ferienwohnungen

## ÖKOLOGISCH ZERTIFIZIERT

Der steile Aufstieg des Weingutes ist Francisco Leanza zu verdanken. Wie viele andere auch, ist Francisco Leanza Quereinsteiger, der mit Wein ursprünglich nichts zu tun hatte. Er lebte als Chemiker in Rom, bevor er sich 1990 einen Traum verwirklichte und ein kleines Gut in Montalcino erwarb. Nach und nach hat er die Gebäude renoviert, Reben gepflanzt und einen Agriturismo eingerichtet. Neben Sangiovese Grosso baut Francesco Leanza ein wenig Cabernet Sauvignon und Canaiolo an. Er setzt konsequent auf ökologischen Weinbau. Podere Salicutti ist eines von nur zwei ökologisch zertifizierten Weingütern in ganz Montalcino.

## KLEINE PRODUKTION

Es ist beeindruckend zu sehen, dass ein Weingut wie Salicutti sich gleich mit seinen ersten Weinen in der Spitze von Montalcino etabliert und internationale Berühmtheit erlangt hat. Dabei ist die Produktion von Salicutti sehr gering. Francesco Leanza besitzt lediglich vier Hektar mit Reben, auf drei verschiedene Weinberge verteilt: Vigna del Piaggone und Vigna della Sorrente mit jeweils knapp 1,5 Hektar, sowie Vigna del Teatro mit 0,7 Hektar Reben. Von diesen vier Hektar Reben erzeugt Francesco Leanza mit Hilfe des Önologen Paolo Vagaggini drei Weine: Rosso di Montalcino und Brunello di Montalcino, sowie eine Dopoteatro genannte Cuvée, die hauptsächlich aus Cabernet Sauvignon besteht, aber auch ein klein wenig Canaiolo und Sangiovese enthält. Von diesem Wein gibt es aber nicht einmal tausend Flaschen.

## ROSSO DI MONTALCINO

Die Weine von Podere Salicutti werden in Edelstahltanks vergoren, in denen sie auch ihre malolaktische Gärung durchmachen. Im Fassausbau unterscheiden sich dann Rosso und Brunello. Der Rosso di Montalcino wird in Tonneaux ausgebaut, in 500-Liter-Fässern aus Alliereiche. Dort bleibt er zwölf Monate, bevor er ohne Schönung und Filtration abgefüllt wird. Der Rosso di Montalcino von Salicutti gehört Jahr für Jahr zu den kraftvollsten Weinen seiner Kategorie. Er ist herrlich fruchtbetont und nachhaltig, was man nicht von vielen Rosso di Montalcino behaupten kann.

## BRUNELLO DI MONTALCINO

Während Rosso di Montalcino und Dopoteatro für etwa zwölf Monate in 500-Liter-Fässern aus Alliereiche ausgebaut werden, verwendet Francesco Leanza für den Brunello neben diesen Fässern auch die traditionellen große Fässer aus slawonischer Eiche. Bei Salicutti werden Fässer mit 40 Hektoliter Inhalt genutzt. Drei Jahre bleibt der Brunello im Fass, bevor er abgefüllt wird, ebenfalls ohne Schönung und ohne Filtration. Der Brunello von Francesco Leanza gehört Jahr für Jahr zu den besten Weinen aus Montalcino. Aber Vorsicht: es ist ein eigenwilliger Wein mit Ecken und Kanten. Er dominiert mit viel Frucht und weist kräftige Tannine auf. In warmen Jahren weckt er Erinnerungen an Wild und Fleisch, in der Nase wie im Mund. In kühleren Jahren treten eher Gewürznoten, manchmal auch Kaffeenoten und Schokolade in den Vordergrund. Er ist konzentriert und fruchtbetont, herrlich füllig und nachhaltig – ein faszinierend eigenständiger Brunello di Montalcino. *ge*

Bild linke Seite: Francesco Leanza
Bild rechte Seite: Podere Salicutti

| | | | |
|---|---|---|---|
| ★★-★★★★ | Rosso di Montalcino ❷ | | 5.500 |
| ★★★ | Brunello di Montalcino ❸ | | 6.500 |
| Importeure: | D: | Scholzen, Gansert, Riegel, Pinot Gris | |
| | CH: | Gut Donat, Terra Verde | |

# LA TOGATA - TENUTA CARLINA
## Montalcino

1994 war kein besonders aufregendes Jahr in Montalcino. In solchen Jahren zeigen oft die altbekannten, erfahrenen Betriebe, dass sie ihr Handwerk beherrschen und auch in schwierigen Jahren sehr gute Weine erzeugen. Deshalb hat es mich um so mehr überrascht, dass ein Newcomer am Ende meiner jährlichen Brunello-Verkostung ganz oben stand: La Togata, mit einem für den Jahrgang ganz ungewöhnlichen Wein. Enorm dunkel war er im Glas, fast schwarz. Im Mund präsentierte er sich herrlich füllig und konzentriert bei viel süßer Frucht und gewaltigem Nachhall. Seither gehören die Weine regelmäßig zu den Höhepunkten meiner Verkostungen.

> Loc. Tavarnelle, Podere Poderuccio
> 53024 Montalcino
> Tel. 06-42871033
> Fax: 06-42744708
> www.brunellolatogata.com
> brunello@latogata.com
> Besitzer: Carla Santese und Danilo Tonon
> Önologe: Paolo Vagaggini
> Rebfläche: 15 Hektar
> Produktion: 33.000 Flaschen
> Besuchszeiten: nach Vereinbarung

### JUNGES WEINGUT: GRÜNDUNG 1990

Carla Santese und Danilo Tonon sind seit 1990 Eigentümer eines kleinen Weingutes in Montalcino, der Tenuta Carlina. Die Weine von Tenuta Carlina werden unter dem Namen La Togata vermarktet. Der Name ist eine Anspielung auf den Talar, den Richterin Carla Santese trägt. Das Gut liegt in der südlichen Zone von Montalcino, bei Tavarnelle. Von den 19 Hektar Land sind 15 Hektar mit Reben bepflanzt. Ein Teil der Weinberge liegt ganz im Süden der Anbauzone, in unmittelbarer Nachbarschaft zur Pieve di San Sigismondo. Aber auch Weinberge in der im Norden gelegenen Anbauzone Montosoli gehören zum Gut. Drei Weine erzeugt La Togata: neben Rosso und Brunello di Montalcino wird ein IGT-Wein, der „L'Azzurreta", angeboten. In den besten Jahren vervollständigt eine Riserva das Programm.

### KRAFTVOLLER ROSSO

Schon den Rosso di Montalcino zeichnen die Eigenschaften aus, die für alle Weine von La Togata kennzeichnend sind: Frucht und Kraft, Fülle und Konzentration. Der Rosso di Montalcino wird sechs Monate in Holzfässern ausgebaut. Der größere Teil des Weines wird in den traditionellen Fässern aus slawonischer Eiche ausgebaut, die bei La Togata meist 20 Hektoliter Inhalt fassen. Ein kleiner Teil des Weines wird in Barriques ausgebaut, wobei La Togata ausschließlich französische Eiche nutzt. Jedes Jahr gehört er zu den dominantesten und kraftvollsten jungen Weinen aus Montalcino.

## BARRIQUEGEPRÄGT: L'AZZURRETA

Der L'Azzurreta ist wie alle Weine von La Togata ein reinsortiger Sangiovese. Er wird ausschließlich in Barriques aus französischer Eiche ausgebaut. Zehn Monate bleibt er in diesen kleinen Holzfässern, bevor er auf die Flasche gefüllt wird. Diesen Ausbau im Barrique merkt man dem Wein deutlich an: in der Nase sind ganz klar Toastnoten zu erkennen, die schön die reintönige Sangiovesefrucht unterstreichen. Im Mund ist er herrlich zupackend, kraftvoll und fruchtbetont – und wunderbar nachhaltig

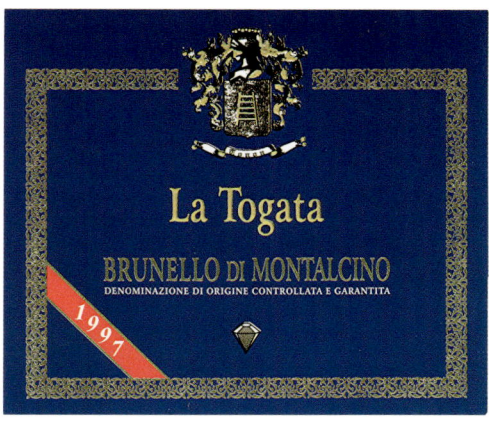

## KRAFTVOLLER, KONZENTRIERTER BRUNELLO

Mit gerade einmal 2.000 Flaschen Brunello hat La Togata im Jahrgang 1990 debütiert. Heute werden zehn Mal so viele Flaschen erzeugt. Die Qualität dieses Weines ist erstaunlich, seit einigen Jahren gehört der Brunello von La Togata regelmäßig zu den Spitzenweinen in Montalcino. Sicherlich mit ein Verdienst von Paolo Vagaggini, der La Togata als Önologe betreut. Der Brunello von La Togata kommt nach der Gärung zunächst für sechs Monate in Barriques aus französischer Eiche. Nach diesen sechs Monaten wird er in größere Fässer aus slawonischer Eiche umgefüllt, in denen er weitere zwei Jahre bleibt. Wie der L'Azzurreta weist auch der Brunello im Bouquet deutlich auf seinen zeitweiligen Ausbau im Barrique hin: Toastnoten unterstreichen die konzentrierte, sehr reintönige Frucht. Im Mund dominiert er mit viel Kraft und viel Frucht, ist herrlich stoffig und konzentriert wie nur wenige andere Weine in Montalcino. Die gleichen Eigenschaften zeichnen auch die Riserva aus, die nur in den Spitzenjahren wie 1995 oder 1997 erzeugt wird. Carla Santese und Danilo Tonon setzen kompromisslos auf Qualität – und haben damit ihr Weingut La Togata in wenigen Jahren zu einem der Spitzenbetriebe in Montalcino gemacht. ge

Bild linke Seite: Danilo Tonon
Bild rechte Seite: La Togata

| | | | |
|---|---|---|---|
| ★★-★★★★ | Rosso di Montalcino ❸ | | 6.000 |
| ★★-★★★★ | L'Azzurreta ❸ | | 4.000 |
| ★★★ | Brunello di Montalcino ❹ | | 20.000 |
| ★★★ | Brunello di Montalcino Riserva ❹ | | 2.500 |
| Importeure: | CH: Gilliard | | |
| | A: St. Stephan, Englitsch | | |

## DIESE WEINGÜTER SOLLTE MAN BEOBACHTEN

Es folgen hier noch Kurzbeschreibungen einiger Weingüter, die sich in letzter Zeit stark gesteigert haben. Darunter sind junge Weingüter, die schon mit ihren ersten Weinen aufhorchen ließen, aber auch ältere, bekannte Güter, bei denen ein deutlicher Aufwärtstrend zu bemerken ist. *ge*

**Podere Brizio**, *Montalcino*. Robert Bellini gründete 1972 Chiesa Santa Restituta und war bis 1994, als Angelo Gaja Gesellschafter wurde, alleiniger Besitzer. 1997 verließ er die Gesellschaft. Podere Brizio hatte seit den achtziger Jahren Trauben für Chiesa Santa Restituta geliefert. 1998 gründeten Roberto Bellini und Patrizia Mazzi ihr eigenes Weingut, Podere Brizio. Das Gut ist 30 Hektar groß von denen 6,8 Hektar für die Produktion von Brunello zugelassen sind. Weitere 2,25 Hektar Reben sind für die Produktion des roten IGT bestimmt, ebenfalls ein reinsortiger Sangiovese. Daneben besitzt Roberto Bellini auch das Gut Fonteantico, wo er den Pupà Pepu erzeugt, eine Cuvée aus Cabernet Sauvignon und Merlot.
*Podere Brizio, 67, 53024 Montalcino, Tel. 0577-846004; Besitzer: Roberto Bellini und Patrizia Mazzi, Rebfläche: 9 ha.*

**Gianni Brunelli**, *Montalcino*. Gianni Brunelli besitzt 7 Hektar Weinberge, wovon er 5 Hektar in den letzten Jahren neu gepflanzt hat. Alle seine Weine sind reinsortige Sangiovese: der Basiswein Amor Costante, der wunderschön fruchtbetonte Rosso di Montalcino und ein konzentrierter, wunderschön kraftvoller Brunello di Montalcino.
*Loc. Le Chiuse di Sotto, 53024 Montalcino, Tel. 0577-849342; Besitzer: Gianni Brunelli, Rebfläche: 7 ha.*

**La Campana**, *Montalcino*. Peris Mignarri besitzt knapp 2 Hektar mit Reben und 2 Hektar mit Olivenbäumen. Er erzeugt Rosso und Brunello di Montalcino, jeweils etwa 5.000 Flaschen im Jahr.
*Loc. La Campana, 53024 Montalcino, Tel. 0577-847178, Besitzer: Peris Mignarri, Rebfläche: 2 ha.*

**Canalicchio di Franco Pacenti**, *Montalcino*. Franco Pacenti besitzt 10 Hektar Weinberge, ausschließlich mit Sangiovese bepflanzt. Er erzeugt zur Zeit 38.000 Flaschen Wein im Jahr, wird diese Menge aber in den nächsten Jahren steigern, wenn die Neuanlagen in Produktion kommen. Önologischer Berater ist Paolo Vagaggini. Alle Weine sind sehr klar in der Frucht: der einfache Basiswein „Il Bersaglio", der kraftvolle Rosso di Montalcino und der konzentrierte Brunello. In guten Jahren wird das Programm gekrönt von einer schmeichelnden Riserva.
*Loc. Canalicchio di Sopra, 53024 Montalcino, Tel. 0577-849277; Besitzer: Franco Pacenti, Rebfläche: 10 ha.*

**Canalicchio di Sopra**, *Montalcino*. Primo Pacenti und Pier Luigi Ripaccioli erzeugen von 15 Hektar Weinbergen 37.000 Flaschen Wein im Jahr. 1997 war ein großes Jahr für Canalicchio di Sopra mit einem hervorragenden Brunello und der noch besseren Riserva, einem der faszinierendsten Weine des Jahrgangs in Montalcino. Aber auch in schwierigen Jahren überzeugen die Weine von Canalicchio di Sopra mit Klarheit und Kraft, vom Rosso di Montalcino bis zum Brunello. 
*Pacenti - Ripaccioli, Loc. Casaccia, 53024 Montalcino, Tel. 0577-849277; Besitzer: Primo Pacenti und Pier Luigi Ripaccioli, Rebfläche: 15 ha.*

**Casanova di Neri**, *Torrenieri*. 1971 kaufte Giacomo Neri ein Gut in Montalcino. Seither hat sich die Weinbergsfläche kontinuierlich vergrößert. Die heute 35 Hektar verteilen sich auf vier Weinberge: Pietradonice in Castellnuovo dell'Abate, Cetine in Sant'Angelo in Colle, und Cerretalto und Fiesole bei Montalcino. Casanova di Neri macht drei verschiedene Brunelli: der „normale" Brunello kommt aus den Weinbergen bei Montalcino und wird etwa dreißig Monate in Fässern aus slawonischer Eiche ausgebaut. Der „Tenuta Nuova" kommt aus den Lagen Pietradonice und Cetine und wird je nach Jahrgang zwei bis zweieinhalb Jahre in französischen Eichenholzfässern ausgebaut. Der „Cerretalto" kommt aus dem gleichnamigen, fast vierzig Jahre alten Weinberg und wird nur in den besten Jahren erzeugt. Neu ins Programm kam mit dem Jahrgang 2000 der „PietradOnice" auf Basis von Cabernet Sauvignon. Der Debütjahrgang war hervorragend.
*Loc. Casanova di Neri, 53028 Torrenieri, Tel. 0577-834455; Besitzer: Giacomo Neri, Rebfläche: 35 ha.*

**Crocedimezzo**, *Montalcino*. Roberto und Barbara Nannetti besitzen 12 Hektar Weinberge, von denen sie zur Zeit 25.000 Flaschen Wein im Jahr erzeugen, Tendenz steigend. Neben Rosso und Brunello di Montalcino erzeugen sie den „Crociato Nero", eine Cuvée aus Sangiovese, Cabernet Sauvignon und Syrah. Önologe bei Crocedimezzo ist Paolo Vagaggini.
*Loc. La Crociana, 53024 Montalcino, Tel. 0577-848007; Besitzer:Roberto und Barbara Nannetti, Rebfläche: 12 ha.*

**Ferrero**, *Montalcino*. Claudia Ferrero besitzt 5 Hektar Weinberge in S. Angelo in Colle. Wenn die Weinberge alle in Ertrag stehen, sollen einmal 25.000 Flaschen

Wein im Jahr erzeugt werden. Der erste Brunello wurde im Jahrgang 1998 erzeugt. Önologe des Weingutes ist Pablo Harri.
*Loc. Pascena, 53020 Montalcino, Tel. 0577-844170; Besitzer: Claudia Ferrero, Rebfläche: 5 ha.*

**Fossacolle - Sergio Marchetti**, *Montalcino*. Sergio Marchetti besitzt 4 Hektar Weinberge bei Tavernelle. Er erzeugt etwa 15.000 Flaschen Wein im Jahr. 1984 wurden auf Fossacolle die ersten Reben gepflanzt, aber erst mit dem Jahrgang 1997 hat Sergio Marchetti seinen ersten Brunello erzeugt. Gleich im ersten Jahrgang war ihm ein großer Wurf gelungen. Das dies nicht allein dem guten Jahrgang zu verdanken war, stellte er eindrucksvoll mit seinem faszinierenden 98er unter Beweis.
*Podere Fossacolle, Loc. Tavernelle 7, 53024 Montalcino, Tel. 0577-816013; Besitzer: Sergio Marchetti, Rebfläche: 4 ha.*

**La Gerla**, *Montalcino*. Sergio Rossi besitzt 11,5 Hektar Weinberge, von denen er etwa 70.000 Flaschen Wein im Jahr erzeugt. Die letzten Jahrgänge überzeugten: kraftvoll der Rosso di Montalcino, konzentriert und mit viel reifer Frucht der Brunello. Hinzu kommt ein barriqueausgebauter Sangiovese, Birba genannt, sowie in den besten Jahren eine Riserva.
*Loc. La Gerla, 53024 Montalcino, Tel. 0577-848599; Besitzer: Sergio Rossi, Rebfläche: 11,5 ha.*

**Il Marroneto**, *Montalcino*. Alessandro Mori besitzt 4,4 Hektar Weinberge von denen er etwa 17.000 Flaschen Wein im Jahr erzeugt, ausschließlich Brunello. Önologe ist Paolo Vagaggini. Der Brunello von Alessandro Mori ist kraftvoll und klar, hat eine gute Struktur und ist sehr nachhaltig.
*Loc. Il Maroneto, 53024 Montalcino, Tel. 0577-816056 / 0577-849078; Besitzer: Alessandro Mori, Rebfläche: 4,4 ha.*

**La Palazzetta**, *Castelnuovo Abate*. La Palazzetta gehört seit Generationen der Familie Fanti. Flavio Fanti ist ganz Traditionalist und baut seine Weine nur in großen Holzfässern oder Tonneaux aus. Er baut ausschließlich Sangiovese an und erzeugt drei Weine: Rosso, Brunello und Brunello Riserva, zusammen etwa 30.000 Flaschen im Jahr. Seine Weine sind wunderschön reintönig und betören mit viel süßer, reifer Frucht.
*Via Borgo di Sotto, 53020 Castelnuovo Abate, Tel. 0577-835631; Besitzer: Flavio Fanti, Rebfläche: 9 ha.*

**Il Palazzone**, *Montalcino*. Il Palazone besitzt 4 Hektar Weinberge, von denen einmal 25.000 Flaschen Wein im Jahr erzeugt werden sollen. Zur Zeit stehen noch nicht alle Weinberge in Ertrag. Il Palazone gehört Richard D. Parsons, Betriebsleiter ist Mario Bollag und Önologe Paolo Vagaggini.
*Loc. Il Palazzone, 53024 Montalcino, Tel. 0577-849375; Besitzer: Richard D. Parsons, Rebfläche: 4 ha.*

**La Poderina**, *Montalcino*. La Poderina mit seinen 20 Hektar Weinbergen wurde 1988 von Saiagricola erworben, der im landwirtschaftlichen Bereich tätigen Investmentgesellschaft der Versicherung SAI Assicurazioni. Der faszinierendste Wein im Programm ist der Brunello aus der Lage Poggio Banale, der bereits mit

seinem Debut im Jahrgang 1997 sich als einer der großen Brunelli erwiesen hatte.
*Loc. Castelnuovo Abate, 53024 Montalcino, Tel. 0577-835737; Besitzer: Saiagricola, Rebfläche: 20 ha.*

**Vasco Sassetti**, *Castelnuovo Abate*. Vasco Sassetti besitzt 9 Hektar Weinberge, von denen 6 Hektar für die Produktion von Brunello zugelassen sind. Die jährliche Produktion beträgt 40.000 Flaschen. Ein neuer Keller ist in Planung, in dem die Weine zukünftig früher abgefüllt werden sollen als zuletzt. Schon der Rosso di Montalcino von Vasco Sassetti ist wunderschön klar in der Frucht. Sein Brunello spiegelt sehr deutlich die Jahrgangsschwankungen wider: mal ist er geradlinig und kraftvoll, dann wieder, wie im Jahrgang 1997, betört er mit überschwänglicher Frucht.
*Loc. Bassomondo, 53020 Castelnuovo Abate, Tel. 0577-835619; Besitzer: Vasco Sassetti, Rebfläche: 9 ha.*

**Uccelliera**, *Castelnuovo Abate*. Ende 1986 hat Andrea Cortonesi in Castelnuovo Abate ein Bauernhaus mit dem dazugehörigen Land gekauft und gleich begonnen, Reben und Olivenbäume zu pflanzen. Heute besitzt er 6 Hektar Weinberge, von denen er, neben einem feinen Rosso di Montalcino mit rauchig-kräuterigen Noten und einem kraftvollen, eindringlichen Brunello di Montalcino, einen „Rapace" genannten Wein (Toscana IGT) erzeugt, der neben Sangiovese ein wenig Cabernet Sauvignon und Merlot enthält. In den besten Jahren bietet Andrea Cortonesi auch eine Riserva an, die wie der Brunello mit viel Frucht und Kraft überzeugt.
*Loc. Uccelliera, 45, 53020 Castelnuovo Abate, Tel. 0577-835729; Besitzer: Andrea Cortonesi, Rebfläche: 6 ha.*

**Valdicava**, *Montalcino*. Immer wieder, auch in schwächeren Jahren, gehört die betörende Brunello Riserva Madonna del Piano von Vincenzo Abbruzzese zu den besten Riservas in Montalcino. Önologe bei Valdicava ist Attilio Pagli, Agronom ist Andrea Paoletti. Die Jahresproduktion, bei 19 Hektar Weinbergen, beträgt etwa 60.000 Flaschen.
*Loc. Val di Cava, 53024 Montalcino, Tel. 0577-848261; Besitzer: Vincenzo Abbruzzese, Rebfläche: 19 ha.*

**Podere La Vigna**, *Torrenieri*. Podere La Vigna ist ein 65 Hektar großes Gut bei Torrenieri, ganz im Nordosten des Anbaugebietes. Das Gut gehört seit 1958 der Familie Rubegni. 1973 hat man den ersten Weinberg angelegt, aber lange Jahre die Trauben an andere Erzeuger verkauft. Erst 1996 hat Podere La Vigna den ersten eigenen Brunello di Montalcino erzeugt. Podere La Vigna erzeugt zur Zeit zwei Weine: den Rosso di Montalcino, der sechs Monate in kleinen Eichenholzfässern ausgebaut wird, und den Brunello di Montalcino, der zwei Jahre in Fässern aus slawonischer Eiche liegt. Mit der Vergrößerung der Weinberge soll zukünftig als dritter Wein ein Maritato genannter IGT Toscana hinzukommen.

*Podere La Vigna, 53028 Torrenieri, Tel. 0577-834252; Besitzer: Familie Rubegni, Rebfläche: 4 ha.*

**Vitanza**, *Montalcino*. Geboren und aufgewachsen ist Rossalba Vitanza in Rom, heute aber lebt sie mit ihrem Mann in Montalcino. Begonnen hat sie mit einem halben Hektar, heute besitzt sie 16 Hektar Weinberge. 1995 war ihr erster Brunello-Jahrgang. Anfangs hat sie die Weine im ersten Jahr in französischen Barriques ausgebaut, im zweiten Jahr im großen Fass. Inzwischen setzt sie verstärkt auf Barriques: die Brunelli bleiben für die gesamte Dauer des Fassausbaus im kleinen Fass. Önologischer Berater ist Paolo Vagaggini. Neben Rosso und Brunello di Montalcino gibt es den „Quadrimendo", eine Cuvée aus Sangiovese und Merlot. Alle Weine von Rossalba Vitanza sind merklich vom Barrique geprägt und weisen mehr oder weniger starke Toastnoten im Bouquet auf.

*Rossalba Vitanza, Loc. Renaione, 53024 Montalcino, Tel. 0577-846031; Besitzer: Rossalba Vitanza, Rebfläche: 16 ha.*

Podere Brizio: Fasskeller

# Brunello di Montalcino

# MONTEPULCIANO

Montepulciano liegt im Südosten der Provinz Siena, auf einem Hügel über den Flüssen Chiana und Orcia. Der Wein aus Montepulciano, der Vino Nobile, genießt seit dem Mittelalter höchste Wertschätzung, oft gepriesen als „Wein der Könige". Die Weingüter in Montepulciano weisen gerne auf diese ruhmreiche Geschichte hin. Zu gerne, denn vielleicht haben sie dadurch etwas später als die anderen bekannten Weinanbaugebiete der Toskana, Montalcino und Chianti Classico, begonnen, notwendige Erneuerungsmaßnahmen in die Wege zu leiten. Woher der Name „Vino Nobile" kommt ist nicht eindeutig geklärt. Wahrscheinlich rührt er daher, dass die Weine besser und teurer waren als andere und daher nur von den wohlhabenden Familien konsumiert wurden.

## WACHSENDE REBFLÄCHE

Der Vino Nobile wird auf dem Gebiet der Gemeinde Montepulciano erzeugt, nur die Ebene am Chiana ist davon ausgeschlossen. Von 250 Meter steigen die Reben bis auf eine Höhe von über 600 Meter an. Es herrschen mittelschwere Böden vor, die im unteren Teil vorwiegend lehmhaltig sind, in höheren Lagen dominieren sandigere Böden. 2.000 Hektar mit Reben gibt es heute in Montepulciano und auf etwas mehr als der Hälfte dieser Fläche darf Vino Nobile erzeugt werden. Wobei die Fläche für Vino Nobile in einigen Jahren, wenn neue Anlagen in Produktion kommen, auf 1.300 Hektar anwachsen wird.

## DREI SPEZIELLE SANGIOVESEKLONE

Im Vino Nobile müssen mindestens 70 Prozent Prugnolo Gentile enthalten sein. Prugnolo Gentile ist der lokale Name für Sangiovese. Im Dezember 2001 wurde ein Dekret des Landwirtschafts-Ministeriums veröffentlicht, das offiziell drei typische Klone für Montepulciano festlegt: Bruscello, Bravìo und Grifo. Diese drei Klone hatte das Konsortium des Vino Nobile in Zusammenarbeit mit den Universitäten Pisa und Florenz, sowie der Regionalinstitution für „Entwicklung und Innovation im land- und forstwirtschaftlichen Bereich" als am besten geeignet für Montepulciano identifiziert.

## TRADITION, INNOVATION

Das Konsortium empfiehlt seinen Mitgliedern diese Klone bei Neuanpflanzungen zu verwenden. Es bleibt abzuwarten, ob damit der Trend gebrochen werden kann, immer mehr internationale Rebsorten wie Cabernet Sauvignon, Merlot oder Pinot Noir anzubauen. Ein Teil der Erzeuger setzt weiterhin auf die traditionellen roten Rebsorten, wie Canaiolo, Colorino oder Mammolo als Komplementärsorten für Sangiovese. Weiße Sorten, die früher ebenfalls für die Cuvées verwendet wurden, werden heute kaum mehr für Vino Nobile verwendet. Ein anderer Trend geht dahin, nur noch Sangiovese als einzige Rebsorte für Vino Nobile di Montepulciano zu verwenden. So hat Federico Carletti vom Weingut Poliziano seinen Spitzenwein, den Vigna Asinone, erstmals mit dem Jahrgang 2000 als reinsortigen Sangiovese herausgebracht.

## HÖHERE PFLANZDICHTE

Sehr wichtig für die qualitative Verbesserung des Vino Nobile ist die höhere Pflanzdichte in den jungen Weinbergen. Früher wurden 2.000 bis 2.500 Reben je Hektar gepflanzt. 1999 wurde per Gesetz festgelegt, dass Neuanlagen mindestens 3.300 Reben je Hektar haben müssen, wobei die meisten Erzeuger heute zwischen 4.000 und 6.000 Reben pflanzen. Mit dem gleichen Gesetz wurde auch der vorgeschriebene Ausbau für Vino Nobile geändert. Vino Nobile darf erst zwei Jahre nach der Ernte in den Verkauf kommen. Früher mussten die Weine diese gesamten zwei Jahre im Fass lagern. Heute ist nur noch ein Jahr in Holzfässern vorgeschrieben, egal ob man die traditionellen, großen Fässer aus slawonischer Eiche oder Tonneaux und Barriques, meist aus französischer Eiche, nutzt. Nach dreijährigem Ausbau darf der Wein dann den Zusatz „Riserva" tragen. Wobei manche Erzeuger heute darauf verzichten eine Riserva herzustellen und stattdessen ihre Spitzenweine unter eigenem Namen, meist dem einer Lage, anbieten.

## ROSSO DI MONTEPULCIANO

Als Zweitwein des Vino Nobile haben die Winzer in Montepulciano den Rosso di Montepulciano etabliert. Er besteht aus den gleichen Rebsorten wie der Vino Nobile, darf aber schon jung auf den Markt kommen. Er läuft immer mehr dem Chianti Colli Senesi – Rotwein aus Montepulciano darf auch als Chianti Colli Senesi vermarktet werden, so er aus den dafür vorgesehenen Rebsorten besteht – den Rang als zweiter Rotwein von Montepulciano ab, auch wenn viele Erzeuger weiterhin Chianti Colli Senesi im Programm führen. Immer mehr an Bedeutung gewinnt auch der Vin Santo di Montepulciano, auch wenn zur Zeit gerade einmal 30.000 Flaschen dieser süßen Spezialität erzeugt werden.   *ge*

Montepulciano

# TENIMENTI ANGELINI

### Montepulciano / Montalcino / Castellina in Chianti

Ein Mammut läuft durch Weinberge! Wo? Auf dem Etikett des Busillis genannten Viognier des Weingutes Trerose in Montepulciano. Was ist nun befremdender - der Viognier in Montepulciano oder das Mammut auf dem Etikett? Unweit des Weinberges von Trerose hat man Mammutknochen gefunden und es gehört nicht viel Phantasie dazu sich vorzustellen, wie ein Mammut sich in den Hügeln um die heutige Stadt Montepulciano tummelt. Oder eine ganze Mammutherde. Auch wenn es damals natürlich noch keine Weinberge gab. Vielleicht braucht man mehr Phantasie, um sich vorzustellen, wie ein Viognier aus Montepulciano schmeckt. Der Wein von Trerose ist der einzige Viognier, den es in Montepulciano gibt. Herrlich knackig und klar präsentiert er sich – es wäre schade, wenn er wie das Mammut zum Aussterben verdammt wäre.

> **Val di Suga**, Loc. Valdicava
> 53024 Montalcino
> Tel. 0577-80411
> Fax: 0577-849316
> www.angelini.it
> tenimenti.mcalzolario@angelini.it
> Besitzer: Familie Angelini
> Betriebsleiter: Mario Calzolari
> Önologe: Mario Calzolari
> Rebfläche: 54 Hektar
> Produktion: 200.000 Flaschen
> Besuchszeiten: 10-13 + 15-17:30 Uhr
> nach Vereinbarung

### ANGELINI ALS NEUE SPITZENMARKE

Unter dem Namen Tenimenti Angelini wurden Ende 1994 drei traditionsreiche Weingüter, jeweils ein Weingut aus den drei DOCG-Bereichen der Toskana, zusammengeführt: Val di Suga in Montalcino, Tre Rose in Montepulciano und San Leonino in Castellina im Chianti Classico. Anfangs hat man noch die Namen dieser drei Güter in den Vordergrund gestellt, inzwischen aber setzt man bei den Spitzenweinen der drei Güter verstärkt auf den Namen Angelini, den Namen der Besitzer, den Betriebsleiter und Weinmacher Mario Calzolari in kürzester Zeit als Marke für Premiumweine etabliert hat. Der Familie Angelini gehörte bis 1980 das Weingut Fazi-Battaglia in den Marken, einer der größten Erzeuger von Verdicchio.

### VAL DI SUGA

Val di Suga ist eines der größten Weingüter in Montalcino. Neben Rosso di Montalcino, Brunello und Brunello Riserva erzeugt Val di Suga zwei Einzellagen-Brunelli, Vigna Spuntali und Vigna del Lago. Der Vigna Spuntali, südlich von Montalcino gelegen, gilt als ältester Weinberg in Montalcino. Der Wein wird in 300-Liter-Fässern aus französischer Eiche ausgebaut. Der Vigna del Lago liegt nordwestlich von Montalcino und hat seinen Namen von einem kleinen See in der Nähe. Der Jahrgang 1999 war vorerst der letzte für den Vigna del Lago, da der Weinberg komplett gerodet und neu angelegt wurde.

## TENUTA TREROSE

Tenuta Trerose gehört mit 70 Hektar Weinbergen und einer durchschnittlichen Jahresproduktion von 350.000 Flaschen zu den großen Weingütern in Montepulciano. Das Sortiment bei Trerose ist ähnlich gegliedert wie beim Schwesterweingut in Montalcino: Rosso di Montepulciano und Vino Nobile di Montepulciano werden ergänzt um zwei weitere Vino Nobile, Simposio und La Villa genannt. Der La Villa stammt aus dem gleichnamigen, vier Hektar großen Weinberg um die alte Villa Trerose und enthält neben Sangiovese auch ein klein wenig Cabernet Sauvignon. Der Simposio ist ein reinsortiger Sangiovese, für den nur die besten Trauben des Weingutes verwendet werden. Beide Weine bestechen immer wieder durch ihre Frucht und Konzentration.

## FATTORIA SAN LEONINO

Das Weingut San Leonino in Castellina gehört seit 1994 der Familie Angelini. Schon im Jahr nach dem Kauf wurde ein umfassendes Erneuerungsprogramm gestartet. Der beste Wein im Programm von San Leonino ist der Chianti Classico Monsenese. Es ist ein faszinierend konzentrierter Chianti, der nur in den besten Jahren wie 1995, 1997, 1999 oder 2001 erzeugt wird.

## MOTUPROPRIO: TRAUBEN VON DREI WEINGÜTERN

Eine Besonderheit im Programm der Tenimenti Angelini ist der mit dem Jahrgang 1999 erstmals vorgestellte Motuproprio. Nicht allein, dass er ein reinsortiger Cabernet Sauvignon ist, ist das Besondere am Motuproprio. Viel mehr noch, dass er aus Trauben von allen drei Weingütern gemacht wird. Der Wein wird achtzehn Monate in zur Hälfte neuen Barriques ausgebaut und betört mit seiner reintönigen, intensiven Frucht.   *ge*

---

Bild linke Seite:   Mario Calzolari

Adresse **Tenuta Trerose**: Via della Stella, 3, 53040 Valiano di Montepulciano, Tel. 0578-724018, Fax: 0578-724103, 70 Hektar, 350.000 Flaschen
Adresse **Fattoria San Leonino**: Loc. San Leonino, 53011 Castellina in Chianti, Tel. 0577-80411, Fax: 0577-849316, 40 Hektar, 160.000 Flaschen

| | | | |
|---|---|---|---|
| ★★ | Busillis ❷ | | 200.000 |
| ★★-★★★★ | Vino Nobile di Montepulciano La Villa ❷ | | 30.000 |
| ★★★ | Vino Nobile di Montepulciano Simposio ❸ | | 30.000 |
| ★★ | Brunello di Montalcino Vigna del Lago ❹ | | 15.000 |
| ★★-★★★★ | Brunello di Montalcino Vigna Spuntali ❹ | | 15.000 |
| ★★-★★★★ | Chianti Classico Monsenese ❹ | | 19.000 |
| ★★-★★★★ | Motuproprio ❸ | | 10.000 |
| Importeure: | D: | Bezugsquellen über GES Sorrentino | |
| | CH: | Borgovecchio | |
| | A: | Alpe Adria | |

# PODERI BOSCARELLI
**Montepulciano**

„Auf der Suche nach »profumi e sapori«, den fast vergessenen Aromen, haben mein Mann Ippolito und ich das Weingut im Jahr 1962 gekauft", erklärt Paola de Ferrari Corradi. Auch mehr als vierzig Jahre später hat sie ihre Neugier und ihren Elan nicht verloren. Zusammen mit ihren zwei Söhnen Niccolò und Luca de Ferrari lebt und arbeitet sie die Woche über im Weingut und verbringt das Wochenende in Genua, wo die Familie de Ferrari seit Generationen zuhause ist.

Via di Montenero, 28
53040 Acquaviva di Montepulciano
Tel. 0578-767277
Fax: 0578-766882
www.poderiboscarelli.com
info@poderiboscarelli.com
Besitzer: Paola De Ferarri Corradi
Betriebsleiter: Luca De Ferarri
Önologe: Maurizio Castelli
Rebfläche: 12 Hektar
Produktion: 80.000 Flaschen
Besuchszeiten: 10-12 + 14-18:30 Uhr

## FRÜHER BEGINN

„Zusammen mit dem Präsidenten unseres Konsortiums, Alemanno Contucci, gehörten wir zu den Ersten in Montepulciano, die den Nobile in die Flasche gefüllt haben", erzählt Paola de Ferrari Corradi von den Anfängen der DOC(G). Vor 33 Jahren hat die Familie ihre ersten 2.000 Flaschen Nobile des 68er Jahrgangs abgefüllt. Die Rebfläche des Weingutes hat sich seitdem nur unwesentlich verändert und ist von 10 auf 13 Hektar angewachsen. Trotz einer stetig steigenden Nachfrage in den letzten zehn Jahren hat es die Familie vorgezogen, die Weinmenge nicht zu erhöhen. Für Paola de Ferrari war es immer sehr wichtig, dass das Weingut Boscarelli als Familienbetrieb geführt werden kann, was mit zunehmenden Rebflächen nicht mehr möglich gewesen wäre. Deshalb wurde ein behutsamer, konservativer Weg eingeschlagen. „Immerhin ist das Weingut seit ein paar Jahren nicht mehr nur ein kostspieliges Hobby", freut sich Paola de Ferrari Corradi über das gestiegene Interesse am Nobile di Montepulciano. Von Anfang an war es ihr ein Anliegen, dass Boscarelli in erster Linie ein Weingut innerhalb der DOCG Nobile di Montepulciano ist und dieser somit zu mehr Beachtung verhelfen kann. Paola freut sich darüber, dass das Gebiet in den letzten Jahren große Fortschritte gemacht hat und heute mehr Weingüter zur Spitze der Weinerzeuger in Montepulciano gehören.

## ELEGANZ AN ERSTER STELLE

Für viele Außenstehende besticht der Nobile di Montepulciano von Boscarelli seit vielen Jahren durch seine elegante Machart. Für Luca de Ferrari ist sein Nobile Ausdruck des besonderen Mikroklimas: „Schon unsere Großväter zählten die Hügel von Cervognano (zwischen Montepulciano und Aquaviva) zu den besten Lagen im Gebiet." Die Ausrichtung der Weinberge nach Südosten und der mineralreiche Sedimentboden, der durch prähistorische Flussablagerungen entstanden ist, prägen den Wein nachhaltig. „Unsere langjährige Erfahrung mit den verschiedenen Abschnitten des Weinbergs ist sehr wichtig, da der Zeitpunkt der Traubenreife auf wenigen Metern beträchtlich variieren kann", erklärt der Winzer. Voller Tatendrang sehen Luca de Ferrari und sein Bruder Niccolò, der seit dem Jahrgang 2000 im Betrieb mitarbeitet, der Zukunft entgegen. Die Arbeit haben sie sich klar aufgeteilt. Niccolò de Ferrari ist für die Weinberge zuständig und Luca de Ferrari führt die Regie im Keller, wo er weiterhin von ihrem langjährigen Weinberater Maurizio Castelli unterstützt wird.

## KONTINUITÄT IST EIN PLUS

Die Beständigkeit im Hause Boscarelli zeigt sich auch am Weinangebot. Seit Jahrzehnten produziert das Weingut die gleichen vier Weine. Unbestritten ist der Nobile „Vigna del Nocio", eine Auslese aus einem sehr alten Weinberg, der prestigeträchtigste Wein des Betriebes. Für viele Weinjournalisten im In- und Ausland ist er zusammen mit Polizianos Asinone der beste und beständigste Wein der ganzen DOCG. In schlechteren Jahrgängen beispielsweise wie 1998 wird er nicht abgefüllt. Neben einem Basiswein und dem mengenmäßig bedeutenden Nobile gibt es noch den IGT Boscarelli, ein Wein aus den Rebsorten Sangiovese, Cabernet Sauvignon und Merlot. Die erzeugte Menge wird mit 5.000 Flaschen pro Jahr bewusst relativ gering gehalten, denn beim Weingut Boscarelli stehen weiterhin die einheimischen Rebsorten Prugnolo Gentile und Mammolo für den Nobile im Vordergrund.  *sm*

Bild linke Seite: Familie De Ferrari Corradi: Luca, Paola und Niccolò

| | | | |
|---|---|---|---|
| ★★ | Vino Nobile di Montepulciano ❷ | | 40.000 |
| ★★-★★★ | Vino Nobile di Montepulciano Vigna del Nocio ❸ | | 15.000 |
| Importeure: | D: | Clüsserath, Dallmayr, Bremer, Farnetani, Alsa, Burgard | |
| | CH: | Riegger, Wenger, Nauer | |
| | A: | Morandell | |

# FATTORIA DEL CERRO
## Montepulciano

Saiagricola ist eine Investmentgesellschaft der italienischen Versicherung SAI Assicurazioni. Unter dem Dach der Saiagricola werden alle landwirtschaftlichen Betriebe zusammengefasst, die der Versicherung gehören. Darunter sind auch Weingüter. Mit dem Erwerb des ersten Weingutes – Fattoria del Cerro in Montepulciano – durch die SAI Assicurazioni im Jahr 1978 wurde Saiagricola gegründet. 1988 hat Saiagricola ein weiteres Weingut erworben, La Poderina in Montalcino. Nummer drei wurde dann im Jahr 1995 ein Weingut außerhalb der Toskana: Còlpetrone, das bei Montefalco in der Region Umbrien liegt. Auf einem weiteren Gut, das der Saiagricola gehört, wurden inzwischen Reben gepflanzt, die in der DOC Val di Cornia liegen. Reis und Olivenöl, Honig und Sonnenblumenöl sind weitere landwirtschaftliche Erzeugnisse, die auf den Gütern der Saiagricola erzeugt werden.

> Via Grazianella, 5
> 53040 Acquaviva di Montepulciano
> Tel. 0578-767700 / 767722
> Fax: 0578-768040
> www.saiagricola.it
> fattoriadelcerro@tin.it
> Besitzer: SAIAGRICOLA S.p.A.
> Betriebsleiter: Guido Sodano
> Önologe: Lorenzo Landi
> Rebfläche: 167 Hektar
> Produktion: 900.000 Flaschen
> Besuchszeiten: 9-12:30 + 14:30-17:30 Uhr
> Ferienwohnungen

### INTERNATIONALE REBSORTEN

Fattoria del Cerro ist ein 600 Hektar großes Gut bei Acquaviva di Montepulciano. 167 Hektar sind mit Reben bepflanzt. Neben Prugnolo Gentile und den anderen traditionellen Rebsorten der Region – Canaiolo Nero, Mammolo, Colorino, Trebbiano und Grechetto – baut Fattoria del Cerro auch Sauvignon Blanc, Chardonnay und Merlot an. Die Weinberge liegen 350 bis 450 Meter hoch. Die Böden bei Acquaviva di Montepulciano sind mittelschwer und durchsetzt mit Muscheln und Steinen. Einige der Weinberge gehören zu den ältesten in Montepulciano. Diese alten Weinberge sind mit 3.500 Pflanzen je Hektar bestockt. Bei Neuanlagen allerdings pflanzt man wesentlich dichter, bis zu 5.000 Rebstöcke je Hektar.

### GROSSE MENGE, ZUVERLÄSSIGE QUALITÄT

300.000 Flaschen Vino Nobile produziert Fattoria del Cerro und gehört damit zu den größten Erzeugern in Montepulciano. Neben Prugnolo Gentile enthält der Vino Nobile etwas Colorino und Canaiolo. 30 Prozent des Weines werden in kleinen Fässern aus französischer Eiche ausgebaut, der Rest in den traditionellen, großen Fässern aus slawonischer Eiche. Der Wein ist kraftvoll, klar und Jahr für Jahr von zuverlässiger Qualität. Gleiches gilt für den Rosso di Montepulciano, der neben Prugnolo Gentile, Canaiolo und Mammolo enthält. In den besten Jahren gibt es auch eine Riserva, die die gleichen Rebsorten enthält wie der „normale" Vino Nobile, sich im Mund aber noch kraftvoller und fülliger präsentiert.

## VIGNETO ANTICA CHIUSINA

Es gibt aber noch einen dritten Vino Nobile bei Fattoria del Cerro, einen Einzellagenwein, den Vino Nobile Vigneto Antica Chiusina. Er besteht aus 90 Prozent Prugnolo Gentile und 10 Prozent Colorino. Eineinhalb Jahre wird er in Fässern aus französischer Eiche ausgebaut. In seiner Jugend ist er meistens recht verschlossen und will so gar nicht zu erkennen geben, was in ihm steckt. Nach zwei bis drei Jahren zeigt er jedoch all das, was einen großen Vino Nobile ausmacht: Frucht und Fülle, Kraft und Wärme. Er gehört jedes Jahr zu den Spitzenweinen in Montepulciano.

## MANERO UND POGGIO GOLO

Zwei weitere Rotweine hat Fattoria del Cerro im Programm, Manero und Poggio Golo. Der Manero ist ein reinsortiger Sangiovese, der zwölf Monate in Barriques aus französischer Eiche ausgebaut wird. Es ist ein üppiger Wein mit viel süßer Frucht und feiner Schokoladennote, dabei kraftvoll und tanningeprägt. Der Poggio Golo ist ein reinsortiger Merlot und wird wie der Manero ein Jahr in französischen Barriques ausgebaut. Er ist enorm fruchtbetont bei intensivem Bouquet, das an Kirschen und dunkle Früchte erinnert. Im Mund betört er mit viel reifer süßer Frucht, ist schmeichelnd und lang. Die jüngste Ergänzung im Programm von Fattoria del Cerro ist ein süßer Weißwein, eine Spätlese, die erstmals mit dem Jahrgang 2001 erzeugt wurde. Lieblingskind von Betriebsleiter Guido Sodano aber ist und bleibt der Vino Nobile di Montepulciano. *ge*

Bild linke Seite: Fattoria del Cerro
Bild rechte Seite: Guido Sodano

| | | | |
|---|---|---|---|
| ★ | Rosso di Montepulciano ❶ | | 160.000 |
| ★-★★ | Vino Nobile di Montepulciano ❷ | | 300.000 |
| ★★ | Vino Nobile di Montepulciano Riserva ❷ | | 63.000 |
| ★★★ | Vino Nobile di Montepulciano Vigneto Antica Chiusina ❸ | | 15.000 |
| ★★ | Manero ❸ | | 10.000 |
| ★★ | Poggio Golo ❸ | | 10.000 |
| Importeure: | D: | Deuna, Vinifera | |
| | CH: | Bindella | |
| | A: | Pfanner & Gutmann | |

# La Ciarliana

**Montepulciano**

Luigi Frangiosa ist gelernter Agronom. Mehr als fünfzehn Jahre arbeitete er in seinem Beruf und kümmerte sich um die Weinberge eines großen Weingutes in der Nähe von Montepulciano. Als sein Vater im Jahre 1995 verstarb, fasste er den Entschluss, das Familienweingut La Ciarliana in wenigen Jahren zu einem Spitzenweingut der DOCG Nobile di Montepulciano aufzubauen.

## Klares Ziel vor Augen

Auf seinen ersten eigenen Wein aus den Weinbergen in Gracciano, den er im Herbst 1996 gekeltert hat, ist Luigi besonders stolz. Seine bodenständige Art und sein entschlossenes Auftreten lassen kaum Zweifel daran, dass er seinen Weg machen wird. „La Ciarliana soll ein Name für ausdrucksstarke und authentische Weine in der Toskana sein", sagt Luigi selbstbewusst. Von Beginn an konnte er dabei auf bestehende Weinberge zurückgreifen, denn sein Großvater pflanzte die ersten Reben im Jahr 1964 und sein Vater vergrößerte den Betrieb Stück für Stück. Selbst Kollegen erkennen neidlos an, dass La Ciarliana mit seinen hervorragenden Weinbergslagen im östlichen Teil der Gemeinde Montepulciano über ein großes Potenzial verfügt. Wie viele seiner Freunde hatte der Vater jedoch keine Ambitionen, den Betrieb auf Flaschenerzeugung umzustellen, sondern lieferte stattdessen die Trauben in der nahen Genossenschaft ab. Die Qualitätsphilosophie im Hause ist erfreulich einfach: Nur die besten Trauben der 12 Hektar Weinberge verwendet der Winzer für seine eigenen Weine, den Rest verkauft er nach wie vor an die große Genossenschaft des Ortes. Im Keller vertraut Luigi auf die Beratung des Önologen Paolo Vagaggini aus Siena, der auch zahlreiche Weingüter innerhalb der DOCG Brunello di Montalcino berät. „Paolo unterstützt mich vor allem bei den notwendigen Analysen der Weine, ansonsten mache ich im Keller alles selbst", betont Luigi Frangiosa, der keinen Zweifel daran lässt, wer im Weingut die Richtung vorgibt. Als Traditionalist, wie er sich selbst gerne bezeichnet, bevorzugt er die traditionelle Vergärung mit regelmäßigem Überpumpen der Maische und einer langen Mazeration von drei

---

Via della Ciarliana, 31
53040 Gracciano Montepulciano
Tel. 0578-738423
Fax: 0578-738423
www.laciarliana.it
info@laciarliana.it
Besitzer: Luigi Frangiosa
Betriebsleiter: Luigi Frangiosa
Önologe: Paolo Vagaggini
Rebfläche: 12 Hektar
Produktion: 25.000 Flaschen
Besuchszeiten: 9-19 Uhr

bis vier Wochen, wodurch den Trauben viel Gerbstoffe entzogen werden.

## CHARAKTERVOLLE RISERVA

Mitunter können gerade die Riserva-Weine der Region wegen ihrer Menge an Gerbstoffen in der Jugend etwas spröde wirken und den Anschein erwecken, dass es ihnen an Frucht fehlt. Das gilt nicht für die Weine von La Ciarliana, denn sie sind allesamt sehr komplex und fruchtbetont, ohne ihre Tiefe und durchgängige Gerbstoffstruktur dabei zu verlieren. An der Spitze des Sortiments steht traditionell die Riserva, eine Cuvée aus 90 Prozent Prugnolo, Mammolo und Colorino, der durch eine konzentrierte und definierte Prugnolo-Frucht mit Anklängen von Veilchen in der Nase überzeugt. Dank ihrer Konzentration kann der Riserva sogar der Ausbau in neuen Barriques nichts anhaben. Der Tatendrang von Luigi Frangiosa ist groß, weshalb das Weingut La Ciarliana bald zwei neue Weine auf den Markt bringen wird. Im Herbst 2003 ergänzt ein IGT Wein aus den Rebsorten Cabernet Sauvignon, Merlot und Syrah das Programm. Als Krönung seiner Arbeit sieht der Winzer jedoch seinen Einzellagenwein der DOCG Nobile Montepulciano, der bereits in den Fässern reift und der im Jahr 2004 auf den Markt kommen wird. Bei allem Interesse für die französischen Rebsorten möchte Luigi de Frangiosa sich vor allem mit dem Nobile di Montepulciano profilieren.

## AM AUFSCHWUNG TEILHABEN

Im Zuge des Aufschwungs der Weinregion Toskana in den letzten zehn Jahren blühte auch der Weinbau im verschlafen wirkenden Städtchen Montepulciano spürbar auf, eine Tatsache, die an der wachsenden Zahl der Weingüter abzulesen ist. Heute zählt das Konsortium bereits 52 Betriebe und die erzeugte Menge hat sich in den letzten zwanzig Jahren auf mehr als 5 Millionen Flaschen verfünffacht. Diese Entwicklung freut Luigi Frangiosa, der sich als Berater des Konsortiums aktiv am Geschehen in Montepulciano beteiligt.

*sm*

| | | |
|---|---|---|
| Bild linke Seite: | Luigi Frangiosa | |
| Bild rechte Seite: | Keller | |

| | | |
|---|---|---|
| ★ | Rosso di Montepulciano ❶ | 160.000 |
| ★★ | Vino Nobile di Montepulciano ❷ | 300.000 |
| ★★ | Vino Nobile di Montepulciano Riserva ❷ | 63.000 |
| Importeure: | D: Türk & Hertz | |
| | CH: von Salis, Hugi | |

# POLIZIANO
### Montepulciano Stazione

„Ich habe eine neue, junge Geliebte", erklärt Federico Carletti freudestrahlend zur Begrüßung. Meine kurze Irritation – bin ich denn für ein Männergespräch hier hergekommen? – beendet er mit dem Zusatz „La Maremma!".

## SYNONYM FÜR VINO NOBILE

Federico Carletti hat sein Weingut zielstrebig aufgebaut und den Namen Poliziano zu internationalem Renommee verholfen. 1961 hat er das Haus mit damals 20 Hektar Land erworben. Heute besitzt er 200 Hektar Land mit 120 Hektar Reben. Der Name Poliziano steht bei Weinfreunden in aller Welt für Vino Nobile di Montepulciano. Dabei hat er erst 1981 seinen ersten Wein unter dem Etikett Poliziano herausgebracht. Poliziano ist der Name eines italienischen Dichters, der von 1454 bis 1494 gelebt hat und dessen Konterfei das Etikett ziert. Maßgeblichen Anteil an diesem Erfolg hat Önologe Carlo Ferrini, der bereits seit 1982 – damals als Assistent von Maurizio Castelli – als Berater für Poliziano tätig ist. Poliziano ist Vino Nobile, auch wenn Poliziano nicht nur Vino Nobile erzeugt. Einen guten Teil der Produktion macht seit jeher der Chianti Colli Senesi aus. Und neuerdings eben auch Weine aus der Maremma.

> Via Fontago, 1
> 53040 Montepulciano Stazione
> Tel. 0578-738171
> Fax: 0578-738752
> www.carlettipoliziano.com
> az.agr.poliziano@iol.it
> Besitzer: Dr. Federico Carletti
> Önologe: Carlo Ferrini
> Rebfläche: 140 Hektar
> Produktion: 600.000 Flaschen
> Besuchszeiten: Mo.-Fr. 8:30-12:30 + 14:30-17:30 Uhr

## STÄNDIGE SUCHE NACH VERBESSERUNGEN

Federico Carlettis erklärtes Ziel ist es, seine Weine stetig zu verbessern. So werden die Weinberge seit 1988 wesentlich dichter bestockt als zuvor. Mit der Ernte wird heute länger gewartet und es wird viel mehr darauf geachtet, dass die Trauben zur vollen Reife gelangen. In Montepulciano erzeugt er zunächst einmal Rosso di Montepulciano und Vino Nobile di Montepulciano. Der Rosso enthält etwa 20 Prozent Merlot. Der Vino Nobile hingegen enthält ausschließlich die traditionellen Rebsorten von Montepulciano. Prugnolo Gentile, wie der hier angebaute Sangioveseklon heißt, wird dabei ergänzt mit ein klein wenig Canaiolo Nero und Mammolo. Ein Drittel des Weins wird im Barrique ausgebaut, der Rest in Fässern unterschiedlicher Größe.

## VIGNA ASIGNONE

Federico Carletti hat in vielerlei Hinsicht Vorreiterfunktion in Montepulciano. So auch mit seinem Vino Nobile aus der Lage Asinone, einem der ersten Einzellagenweine in Montepulciano. Der Vigna Asinone wird nur in den besten Jahren erzeugt. Wie beim normalen Vino Nobile von Poliziano enthielt der Wein bis zum Jahrgang 1999 neben Prugnolo Gentile ein klein wenig Canaiolo Nero und Mammolo. Im Gegensatz zum normalen Vino Nobile kommt aber der gesamte Wein für etwa achtzehn Monate ins Barrique. Mit dem Jahrgang 2000 haben Federico Carletti und Carlo Ferrini eine richtungweisende Entscheidung getroffen: seither wird der Vigna Asinone ausschließlich aus Prugnolo Gentile erzeugt.

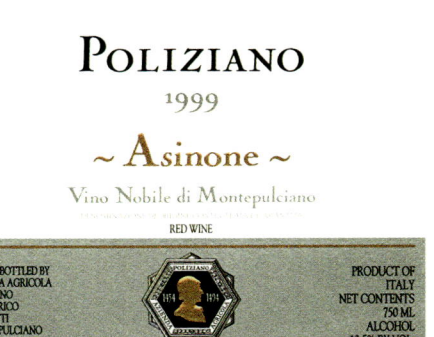

## LE STANZE

Anders als etwa im Chianti Classico weiß man in Montepulciano nur wenig mit internationalen Rebsorten anzufangen. Nicht so Federico Carletti. Schon seit 1987 gibt es bei Poliziano den Le Stanze, der zunächst ein reinsortiger Cabernet Sauvignon war. 1996 dann waren die von Federico Carletti gepflanzten Merlotreben sechs Jahre alt. Seit diesem Jahrgang ist der Le Stanze eine Cuvée aus 70 Prozent Cabernet Sauvignon und 30 Prozent Merlot. Der Wein wird in Barriques und Tonneaux aus französischer Eiche ausgebaut, wobei ausschließlich neue Fässer verwendet werden.

## INVESTITIONEN IN DER MAREMMA

Seit 1998 ist Federico Carletti auch in der Maremma aktiv, wo er sein 30 Hektar großes Weingut Lohsa aufgebaut hat. 1999 hat er dort seinen ersten Morellino di Scansano erzeugt, der seither das Weinprogramm von Poliziano bereichert. 15 Hektar des Gutes sind mit Sangiovese und ein klein wenig Ciliegiolo bepflanzt. Auf den anderen 15 Hektar steht vor allem Cabernet Sauvignon, aber auch etwas Petit Verdot, Tannat, Mourvèdre und Alicante. Mit dem Jahrgang 2001 hat er den ersten Wein aus diesen Rebsorten erzeugt. Es ist ein betörender Wein, enorm konzentriert, füllig und herrlich fruchtbetont. Als ich den Wein verkoste, verstehe ich, warum sich Federico Carletti neu verliebt hat. ge

| | | | |
|---|---|---|---|
| Bild linke Seite: | Federico Carletti | | |
| Bild rechte Seite: | Das Gut inmitten der Weinberge | | |
| ★ | Rosso di Montepulciano ❷ | | 170.000 |
| ★-★★ | Vino Nobile di Montepulciano ❸ | | 160.000 |
| ★★★ | Vino Nobile di Montepulciano Vigna Asinone ❸ | | 30.000 |
| ★★ | Le Stanze | | 20.000 |
| ★★-★★★ | Maremma IGT ❸ | | xx.000 |
| Importeure: | D: | Bezugsquellen über das Weingut | |
| | CH: | Zanini & Sulmoni | |
| | A: | Weinwolf | |

# SALCHETO

### San Albino di Montepulciano

Bei Salcheto stehen die Zeichen auf Expansion. Im Jahr 2001 wurde ein weiteres Weingut mit 30 Hektar Land bei Chianciano gekauft, davon sind 8 Hektar mit Reben bestockt. Von hier kommt der Chianti Colli Senesi von Salcheto. Bereits seit 1998 läuft ein Programm zur Erneuerung und Erweiterung der Weinberge im Weingut in San Albino, im Osten von Montepulciano.

## VON ROM NACH MONTEPULCIANO

1984 hat sich das Ehepaar Fabrizio Piccin und Cecilia Naldoni in San Albino 26 Hektar Land mit einigen wenigen Reben gekauft. Fabrizio Piccin stammt aus der Toskana, seine Frau Cecilia Naldoni aus der Emilia. Sie lebten in Rom, aber es zog sie zurück aufs Land. Ihre Berufe gaben sie auf und zogen nach Montepulciano. Die Böden auf ihrem Gut sind arm, bestehen aus Sand und Lehm. Sie pflanzten neue Weinberge und 1990 war es dann so weit, der erste eigene Wein kam auf den Markt, 6.000 Flaschen Vino Nobile di Montepulciano, die in der Schweiz und in Deutschland verkauft wurden. In wenigen Jahren haben sie es geschafft in Italien, aber auch international, Anerkennung für ihre Weine zu bekommen.

> Via di Villa Bianca, 15
> 53045 San Albino di Montepulciano
> Tel. 0578-799031
> Fax: 0578-799749
> www.salcheto.it
> posta@salcheto.it
> Besitzer: Fam. Piccin / Manelli
> Betriebsleiter: Cecilia Naldoni, Michele Manelli
> Önologe: Paolo Vagaggini
> Agronom: Fabrizio Piccin
> Rebfläche: 21 Hektar
> Produktion: 125.000 Flaschen
> Besuchszeiten: 9-12:30 + 14:30-18 Uhr

## TEAMWORK

Das Investitionsprogramm wurde ermöglicht durch den Einstieg der Familie Manelli. Michele Manelli führt heute zusammen mit Cecilia Naldoni das Weingut, Fabrizio Piccin ist für die Weinberge verantwortlich. Önologischer Berater von Salcheto ist Paolo Vagaggini.

## VIELFALT IM KELLER

Bei Salcheto herrscht Vielfalt im Keller. Es werden Fässer in allen Größen genutzt. Neben Fässern aus französischer Eiche findet man auch welche aus slawonischer Eiche und selbst mit amerikanischer Eiche wird bei Salcheto experimentiert. Je nach Jahrgang und Wein kommen sie in unterschiedlicher Zusammensetzung zum Einsatz.

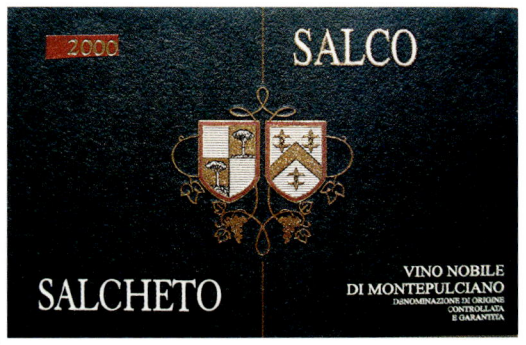

## SPEZIALITÄT: SALCO

In den Weinbergen liegt das Hauptaugenmerk auf Prugnolo Gentile, wie der Sangiovese hier in Montepulciano genannt wird. Ein wenig Canaiolo und Mammolo gibt es zwar auch, aber vor allem der selbst selektionierte, Salco genannte Sangioveseklon spielt bei den neu angelegten Weinbergen die Hauptrolle. Die neuen Weinberge werden deutlich dichter bepflanzt, 4.500 Reben je Hektar. Salco wird auch der Spitzenwein von Salcheto genannt, der mit dem Jahrgang 1999 die Riserva als Aushängeschild des Weingutes abgelöst hat. Der Sangioveseklon Salco ergibt besonders weiche Weine mit reifer, süßer Frucht und ohne die harten Tannine, die man sonst immer wieder bei Weinen aus Montepulciano findet. 70 Prozent des Salco werden in Barriques aus Alliereiche ausgebaut, 30 Prozent in großen Fässern aus slawonischer Eiche. Der Salco ist herrlich füllig, ja opulent, hat viel Frucht und Nachhall.

## ÜBERZEUGENDE BASISWEINE

Der Salco ist der Spitzenwein bei Salcheto. Aber auch die Basisweine machen bei Salcheto schon viel Spaß. Der Chianti Colli Senesi enthält neben Sangiovese ein wenig Canaiolo und Mammolo und wird acht Monate in Barriques und Tonneaux ausgebaut, wobei teils Fässer aus französischer Eiche, teils Fässer aus amerikanischer Eiche verwendet werden. Er ist wunderschön fruchtbetont und gleicht darin dem Rosso di Montepulciano von Salcheto. Wesentlich füllger und kraftvoller ist dann der Vino Nobile di Montepulciano, der ausschließlich Prugnolo Gentile enthält. 40 Prozent des Weines werden in Barriques aus Alliereiche ausgebaut, 60 Prozent in den traditionellen großen Fässern aus slawonischer Eiche. Es ist ein kraftvoller Wein, füllig und mit viel süßer Frucht.  *ge*

| Bild linke Seite: | Michele Manelli, Cecilia Naldoni und Fabrizio Piccin | | |
|---|---|---|---|
| ★ | Chianti Colli Senesi ❷ | | 35.000 |
| ★ | Rosso di Montepulciano ❷ | | 25.000 |
| ★-★★ | Vino Nobile di Montepulciano ❸ | | 35.000 |
| ★★ | Vino Nobile di Montepulciano Salco ❹ | | 13.000 |
| Importeure: | D: | Italgastro, Giovo, Stratmann, Gundel, Travigne, Pohl, Zahlaus & Krüger, Vinum et cetera, Zwölfgrad, Vinissimo | |
| | CH: | Sacripanti | |

# VALDIPIATTA

### Montepulciano

Seit Januar 2003 ist Miriam Caporali die Eigentümerin von Valdipiatta. Nach wie vor ist aber immer noch Giulio Caporali, der Vater von Miriam, allgegenwärtig und die treibende Kraft. Valdipiatta hat in den letzten Jahren mächtig zugelegt. Zugelegt, sowohl was die Qualität der Weine betrifft, als auch hinsichtlich der Rebfläche. 1990 hat Giulio Caporali, Unternehmer aus Rom, das Weingut gekauft. Unmittelbar darauf begann er ein umfangreiches Erneuerungsprogramm, für Weinberge wie Keller. Ein Teil der alten Reben wurde gerodet, neue Weinberge wurden angelegt. Viel dichter als vorher wurden diese bestockt, und nur mit den besten Klonen des Prugnolo Gentile. Giulio Caporali hat die Rebfläche stark ausgeweitet. Heute sind 25 Hektar des 40 Hektar großen Gutes mit Reben bepflanzt. Dazu gibt es zwei Hektar mit Olivenbäumen auf Valdipiatta. Ein neuer Keller wurde in den Tuffstein gegraben und Barriques aus französischer Eiche angeschafft.

> Via della Ciarliana, 25/A
> 53045 Montepulciano
> Tel. 0578-757930
> Fax: 0578-717037
> www.valdipiatta.it
> info@valdipiatta.it
> Besitzer: Miriam Caporali
> Önologe: Paolo Vagaggini
> Rebfläche: 25 Hektar
> Produktion: 120.000 Flaschen
> Besuchszeiten: nach Vereinbarung
> Ferienwohnungen

## BESONDERHEIT CANAIOLO

Die Weinberge von Valdipiatta werden nach den Prinzipien der biologischen Landwirtschaft bewirtschaftet, allerdings ist Valdipiatta kein zertifizierter ökologischer Betrieb. Die wichtigste Rebsorte ist Prugnolo Gentile. Eine Besonderheit von Valdipiatta ist der recht hohe Anteil von Canaiolo. Daneben gibt es noch Mammolo und Cabernet Sauvignon, sowie die weißen Sorten Trebbiano Toscano, Malvasia Toscana und Grechetto. Bei der Erneuerung der Weinberge hat Giulio Caporali sich von der Agrarwissenschaftlerin Lauretta Bernini beraten lassen und für die Arbeit im Keller steht ihm Paolo Vagaggini als beratender Önologe zur Seite.

## VINO NOBILE

Die Investitionen von Giulio Caporali zahlen sich aus. Die Qualität der Weine ist in den letzten Jahren bei allen Weinen deutlich gestiegen, angefangen beim Rosso di Montepulciano. Dieser enthält neben Prugnolo Gentile und Canaiolo auch ein klein wenig Mammolo. Er kommt aus einem 1993 angelegten Weinberg. Nach vierwöchiger Maceration kommt etwa ein Fünftel des Weines für drei Monate in gebrauchte Barriques. Der Vino Nobile di Montepulciano besteht aus etwa 80 Prozent Prugnolo Gentile und 20 Prozent Canaiolo. Nach der Gärung kommt der Wein zunächst für sechs Monate in Barriques aus französischer Eiche, dann für weitere achtzehn Monate in 50-Hektoliter-Fässer aus slawonischer Eiche. Bei Valdipiatta können 120.000 Liter Wein in Holzfässern gelagert werden. Drei Viertel davon in Barriques aus französischer Eiche, das restliche Viertel in den großen Fässern aus slawonischer Eiche.

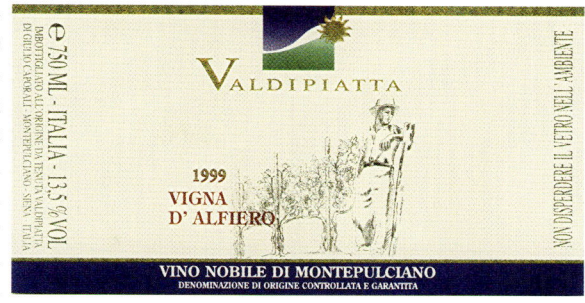

## VIGNA D'ALFIERO

Mit dem Jahrgang 1999 hat Giulio Caporali eine Änderung im Programm vorgenommen: neu hinzu kam der Vino Nobile Vigna d'Alfiero. Dafür ist die seit dem Jahr 1975 erzeugte Vino Nobile Riserva weggefallen. Durch den Verzicht auf die Bezeichnung Riserva kann der Wein schon im dritten Jahr nach der Ernte in den Verkauf kommen. Giulio Caporali will, wie andere Winzer in Montepulciano auch, die Besonderheit der Lage, nicht die Dauer des Fassausbaus in den Vordergrund stellen. Auch der Vigna d'Alfiero enthält einen recht hohen Anteil Canaiolo, etwa 20 Prozent.

## TRINCERONE UND TREFONTI

Noch mehr Canaiolo als im Vino Nobile ist im Trincerone enthalten, der erstmals mit dem Jahrgang 1992 erzeugt wurde. Zu 60 Prozent Canaiolo gesellen sich 40 Prozent Merlot. Der Wein wird für zwölf Monate in zweijährigen Barriques ausgebaut. Im Jahr darauf, 1993, kam als weitere Neuerung der Trefonti hinzu, eine Cuvée aus jeweils etwa 40 Prozent Sangiovese und Cabernet Sauvignon. Hinzu kommt, wie könnte es anders sein bei Valdipiatta, Canaiolo. Auch der Trefonti wird in den Barriques im Tuffsteinkeller ausgebaut, achtzehn Monate lang. *ge*

Bild linke Seite: Giulio und Miriam Caporali
Bild rechte Seite: Das neue Kellergebäude

| | | | |
|---|---|---|---|
| ★ | Rosso di Montepulciano ❶ | | 33.000 |
| ★★ | Vino Nobile di Montepulciano ❷ | | 60.000 |
| ★★★ | Vino Nobile di Montepulciano Vigna d'Alfiero ❸ | | 6.600 |
| ★★ | Trefonti ❸ | | 6.000 |
| ★★ | Trincerone ❸ | | 6.000 |
| Importeure: | D: | Dutz, Wein & Mehr | |
| | CH: | Scherer & Bühler, Veni Vino Vici, Vini Toscani | |
| | A: | Vinothek St. Pierre, Wakolbinger | |

## Diese Weingüter sollte man beobachten

Es folgen Kurzbeschreibungen einiger Weingüter, die sich in letzter Zeit stark gesteigert haben. Darunter sind junge Weingüter, die schon mit ihren ersten Weinen aufhorchen ließen, aber auch ältere, bekannte Güter, bei denen ein deutlicher Aufwärtstrend zu bemerken ist. *ge*

**Carpineto**, *Chianciano Terme*. Das knapp 60 Hektar große Weingut wurde 1997 von Giovanni Sacchet und Antonio Zaccheo erworben. Neben Sangiovese bauen sie auch Cabernet Sauvignon, Merlot, Syrah und Colorino an. Giovanni Sacchet und Antonio Zaccheo gehört seit 1967 bereits das Weingut Carpineto in Greve in Chianti. Der Vino Nobile Riserva aus Prugnolo Gentile mit etwas Canaiolo hat in den letzten Jahren kräftig zugelegt. Neu ins Programm kam ein faszinierender Vin Santo aus dem Jahrgang 1986, sechzehn Jahre im Holzfass ausgebaut (der nächste Jahrgang wird 1993 sein).
*Strada della Chiana, 62, 53042 Chianciano Terme, Tel. 0578-30073; Besitzer: Giovanni Sacchet und Antonio Zaccheo, Rebfläche: 60 ha.*

**Fattoria Le Casalte**, *San Albino di Montepulciano*. 1975 haben Guido Barioffi und seine Frau Paola Silvestre das Gut erworben, 1979 ihren ersten Vino Nobile gemacht. Heute leitet Tochter Chiara den Betrieb gemeinsam mit ihrem Vater. Von 13 Hektar Weinbergen erzeugen sie etwa 45.000 Flaschen Wein im Jahr. Önologischer Berater ist Giulio Gambelli.
*Via del Termine, 2, 53045 San Albino di Montepulciano, Tel. 0578-798246; Besitzer: Paola Silvestri Barioffi, Rebfläche: 13 ha.*

**I Cipressi**, *Gracciano di Montepulciano.* Das Weingut I Cipressi wurde 1998 von Luigi Frangiosa gegründet. Das Gut selbst wurde bereits 1964 von der Familie Frangiosa gekauft, in den frühen siebziger Jahren wurden dann die ersten Reben angelegt. Die Selbstvermarktung der Weine begann aber erst 1998. Önologe ist Paolo Vagaggini. Neben dem Vino Nobile überzeugt auch die „I Cipressi" genannte Cuvée aus Cabernet Sauvignon, Merlot und Sangiovese.
*Via dell Ciarliana, 4/A, 53040 Gracciano di Montepulciano, Tel. 0578-717454; Besitzer: Luigi Frangiosa, Rebfläche: 6,5 ha.*

**DEI**, *Montepulciano*. Catharina Dei besitzt 50 Hektar Weinberge, wovon 12 Hektar noch nicht in Ertrag (erneuert) sind. Die Produktion beträgt etwa 150.000 Flaschen Wein im Jahr. Der sehr gute Vino Nobile wird noch übertroffen von der Riserva aus der Lage Bossona und dem „Santa Catherina", einer Cuvée aus Sangiovese, Syrah, Cabernet Sauvignon und Petit Verdot.
*Loc. Villa Martiena, Via di Martiena 35, 53045 Montepulciano, Tel. 0578-716878; Besitzer: Catharina Dei, Rebfläche: 50 ha.*

**Fassati**, *Gracciano di Montepulciano*. Fassati erzeugt von 70 Hektar Weinbergen etwa 800.000 Flaschen Wein im Jahr. Chianti Riserva Gaggiole und Rosso di Montepulciano Selciaia sind die Basisweine im Programm. Hinzu kommen drei überzeugende Vino Nobile: Pasiteo, Gersemi und die Riserva Salarco.
*Via di Graccianello, 3/A, 53040 Gracciano di Montepulciano, Tel. 0578-708708; Besitzer: Familie Sparaco, Rebfläche: 70 ha.*

AVIGNONESI
AZ. AGR. IL PANTANO
BELVEDERE COLONNA
BINDELLA
BOSCARELLI
CANNETO
CAPOVERSO
CARPINETO
CASALE DAVIDDI
CONTUCCI
CORTE ALLA FLORA
CROCIANI
DEI
ERCOLANI
FAGGETO
FANETTI
FASSATI
FATTORIA DEL CERRO
FATTORIA DI GRACCIANO SVETONI
FATTORIA PULCINO
GATTAVECCHI
GAVIOLI
I CIPRESSI
ICARIO
IL CONVENTINO
IL MACCHIONE
INNOCENTI
LA BRACCESCA
LA CALONICA

## CONSORZIO DEL VINO NOBILE DI MONTEPULCIANO

LA CASELLA
LA CIARLIANA
LE BERNE
LE CASALTE
LODOLA NUOVA
LOMBARDO
METINA
MONTENERO
NOTTOLA
PALAZZO VECCHIO
PATERNO
PODERE SAN GIOVANNI
PODERI SANGUINETO
POGGIO ALLA SALA
POLIZIANO
ROMEO
SALCHETO
TALOSA
TENIMENTI ANGELINI TENUTA
TREROSE
TENUTA DI GRACCIANO DELLA SETA
TENUTA VALDIPIATTA
TERRA ANTICA
TRE BERTE
TRIACCA
VECCHIA CANTINA
VILLA S. ANNA

Toskanische Weinqualität
## la qualità toscana del vino
VINO NOBILE DI MONTEPULCIANO

# Küste

Die Küste der Toskana ist 300 Kilometer lang und die klimatischen Gegebenheiten variieren ebenso stark wie die Rebsorten, die man verwendet. Trotzdem fasst man heute eine Reihe unterschiedlicher Bereiche unter dem Begriff Küstenregionen der Toskana zusammen. Von einem gemeinsamen Weinstil kann man jedoch nicht sprechen. Aus Marketinggesichtspunkten ist es aber für viele der oft unbekannten Regionen und Weingüter von Vorteil, gemeinsam unter einem zugkräftigen Namen aufzutreten. Wobei mitunter etwas willkürlich erscheint, was zur Küste zählt und was nicht.

## Von Nord nach Süd

Fast überall gibt es Wein, vom bekannten Badeort Viareggio im Norden bis hin zum kleinen Ort Capalbio im entlegenen Süden der Toskana. Auch die Weinberge in den Provinzen Lucca und Pisa rechnet man oft zur Küste; allerdings ist hier der Einfluss des Meeres auf die Weine doch eher gering. Aber die Weingüter selbst bestehen darauf „zur Küste zu gehören", denn schließlich würden beide Provinzen ja ans Meer grenzen. Seit wenigen Jahren gibt es sogar in der Nähe der Marmorsteinbrüche von Carrara - mit dem Weingut Cima - und selbst in der gebirgigen Landschaft der Garfagnana einzelne Erzeuger, die konsequent auf Qualität setzen. Hier, in der Garfagnana, findet man ungewöhnliche Rebsorten wie Merla, Massaretta und Pollera Nera, die heute kaum jemand noch kennt. An der nördlichen Küste der Toskana, in Candia und Colli di Luni, dominieren bisher noch weiße Sorten, vor allem Vermentino, allerdings pflanzen junge Erzeuger immer häufiger Cabernet

Tenuta dell'Ornellaia, Weinberg Masseto

Sauvignon und Merlot an. Die wichtigen Weinbaugebiete an der Küste beginnen weiter im Süden. Eigentlich da, wo das Konsortium „Weinstraße der Etruskerküste" (La Strada del Vino Costa degli Etruschi) für die Weinwerbung zuständig ist. Von Norden nach Süden beginnt es in der Umgebung von Cecina mit der DOC Montescudaio, die zur Provinz Pisa gehört. Danach folgt die bekannteste Weinregion der Küste, Bolgheri, mit den Orten Bolgheri und Castagneto Carducci. Südlich davon ist das Tal des kleinen Flusses Cornia geographischer Bezugspunkt für die junge DOC Val di Cornia, die sich vom Hinterland bis zum Hafenort Piombino erstreckt. Von dort kann man mit der Fähre nach Elba übersetzen, wo ebenfalls Wein angebaut wird, weiße Sorten vor allem und die rote Sorte Aleatico, aus der meist ein Süßwein erzeugt wird. Weiter im Süden beginnt dann die Maremma, die seit einigen Jahren von Presse und Winzern als neues Wein-Eldorado gefeiert wird.

## KLEINE REGIONEN – GROSSES WACHSTUM

Die Küstenregionen sind der Größe nach bei weitem nicht mit einem Bereich wie dem Chianti Classico vergleichbar. Meist sind es kleine, nur einige hundert Hektar große Weinregionen, wie Val di Cornia mit 500 Hektar, Montescudaio mit 250 Hektar und Bolgheri mit 900 Hektar Weinbergen. Lediglich die älteste DOC der Region, Morellino di Scansano, hat mehr als tausend Hektar zu bieten. Jedoch kommen jedes Jahr neue Rebflächen hinzu.

## RIESIGES POTENZIAL

Obwohl man von den meisten dieser Regionen vor nicht allzu vielen Jahren noch nicht einmal den Namen kannte, könnten einige einmal den altbekannten Regionen wie Chianti Classico, Montalcino oder Montepulciano ernsthaft Konkurrenz machen. Vor zwanzig Jahren wurden die Orte entlang der Küste nicht mit Qualitätsweinbau in Verbindung gebracht. In großen Glasflaschen wurde der „Vino della Casa" für den Privatkonsum erzeugt. An Export oder hohe Preise war überhaupt nicht zu denken. Heute preisen sogar viele Winzer in den klassischen Gebieten im Landesinneren die Küste als Weinregion der Zukunft – und investieren dort.

## VIELFALT AN REBSORTEN

Im Landesinneren dominiert der Sangiovese. An der Küste wird eine Vielzahl an Rebsorten angebaut. Sangiovese gibt es natürlich auch reichlich, sowie andere traditionelle Rebsorten, wie Ciliegiolo oder Alicante. Weit verbreitet aber sind französische Rebsorten wie Cabernet Sauvignon, Cabernet Franc und Merlot, immer häufiger auch Syrah. Zudem wird mit fast allem experimentiert, was irgendwo auf der Welt interessante Weine ergibt, von Tempranillo und Grenache bis zu Tannat und

Petit Verdot. Auch bei den Weißweinsorten ist man sehr international. Zwar gibt es den Vermentino als regionale Spezialität, aber an anderen einheimischen Weißweinsorten wie dem Trebbiano zum Beispiel finden kaum noch Winzer Gefallen. Dann lieber Sauvignon Blanc und Chardonnay, Viognier oder Roussanne.

## KLIMATISCHE UNTERSCHIEDE

Einen entscheidenden Einfluss auf den Stil der Weine haben, neben den verwendeten Rebsorten, das Klima und die Böden. Trotz Meeresnähe ist das Klima von Region zu Region recht unterschiedlich. Je weiter man an der 300 Kilometer langen Küste nach Süden vordringt, desto heißer und trockener wird es. Je weiter man sich vom Meer in die Hügel begibt, desto wahrscheinlicher sind Niederschläge und desto kühler sind die Nächte. Vor allem Sangiovese zeigt je nach Region sehr unterschiedliche Ausprägungen. In einem trocken-heißen Klima, wo während der Ernte hohe Temperaturen nicht ungewöhnlich sind, ist die richtige Behandlung des Lesegutes im Keller äußerst wichtig. Heißes Klima bringt beim Sangiovese reife, manchmal überreife Fruchtnoten hervor. In kühleren Gegenden weisen die Weine eher Sauerkirsch- und Veilchenaromen auf.

## INITIALZÜNDUNG BOLGHERI

Überall an der Küste wird heute in Weinberge investiert. Angelockt wurden die Investoren vom Erfolg einiger weniger Weine in der Gegend von Bolgheri: Sassicaia, Ornellaia und Grattamacco. Diese Weine haben bewiesen, dass die warme und flache Region in Küstennähe große Weine hervorbringen kann. Das wachsende Interesse an Bolgheri führte dann in den neunziger Jahren zu einem Ansturm auf das Land, und die Hektarpreise stiegen in astronomische Höhen. Auf dem schmalen Streifen zwischen Bolgheri und Castagneto Carducci stehen heute fast 900 Hektar Weinberge innerhalb der DOC Bolgheri. Gut die Hälfte davon wurde erst in den letzten fünf Jahren gepflanzt. Und nicht nur Investoren, auch Touristen kommen. Jährlich besuchen Tausende das kleine ruhige Dorf Bolgheri, um mit eigenen Augen zu sehen, wo die berühmten Weine wachsen. „Bolgheri ist der Triebwagen, der den Zug Toskana-Küste voranbringt", sagt Luca d'Attoma, der eine Vielzahl von Weingütern als Önologe berät und einer der Ersten war, der das Potenzial der Region erkannt und gefördert hat.

## SASSICAIA: GROSSE WEINE AN DER KÜSTE MÖGLICH

Lange hatte man geglaubt, dass an der Küste keine guten Weine entstehen können. Selbst Mario Incisa della Rocchetta, der mit dem legendären Sassicaia diesen Glauben ein für allemal widerlegte, hatte seinen ersten Weinberg in den vierziger Jahren ein ganzes Stück weg vom Meer angelegt, in 400 Meter Höhe und in einer windgeschützten Lage. Erst in den fünfziger Jahren hat er seinen Sassicaia-Weinberg angelegt, nur wenige Kilometer vom Meer entfernt. Und Sorten wie Cabernet Sauvignon und Cabernet Franc gepflanzt. Die Erfolge des Sassicaia in den siebziger Jahren ließen andere nachziehen, wie Piermario Meletti Cavallari mit seinem Grattamacco oder Lodovico Antinori mit dem Ornellaia. Die später geschaffene DOC Bolgheri übernahm die erfolgreiche Formel: Cabernet Sauvignon muss auf jeden Fall in einem Bolgheri Rosso enthalten sein, hinzu können Merlot und Sangiovese kommen. Allerdings sind reinsortige Rotweine unter der DOC Bolgheri nicht erlaubt, weshalb

Ca'Marcanda: Barriques im Keller von Angelo Gaja

manche der Spitzenweine nicht unter der DOC-Bezeichnung vermarktet werden. Denn will man einen reinsortigen Syrah oder Merlot machen, wie beispielsweise das Weingut Le Macchiole, muss man ihn als IGT-Wein verkaufen.

## VAL DI CORNIA UND SUVERETO

Vom Interesse für Bolgheri profitieren die Nachbarregionen, Montescudaio im Norden und Val di Cornia im Süden. In beiden Regionen gibt es inzwischen Weingüter, die Spitzenweine hervorbringen. Und jedes Jahr kommen neue hinzu. Val di Cornia wurde der DOC-Status 1989 zuerkannt. Die Rebsorten sind die gleichen wie in Bolgheri, hinzu kommen Ansonica, als weiße Spezialität, sowie Ciliegiolo, der – wie die anderen roten Rebsorten – auch reinsortig unter der DOC Val di Cornia oder Val di Cornia Suvereto angeboten werden darf. Eine weitere Spezialität – Elba ist nicht fern – ist die rote Rebsorte Aleatico, aus der, wie auch aus Ansonica, ein Passito hergestellt wird, ein Süßwein, der durch das Keltern getrockneter Trauben entsteht. Zur DOC Val di Cornia zählen alle Weinberge, die zwischen den Küstenorten San Vincenzo, Piombino, Follonica und Suvereto im Hinterland liegen. Für Suvereto wurde eine eigene Unterzone geschaffen, Val di Cornia Suvereto. Doch Vorsicht: während ein Val di Cornia Rosso zu mindestens 50 Prozent aus Sangiovese besteht – der Rest darf Cabernet Sauvignon und Merlot sein – ist im Val di Cornia Suvereto Rosso überhaupt kein Sangiovese enthalten, sondern ausschließlich Cabernet Sauvignon und (maximal 50 Prozent) Merlot.

Suvereto, Inschrift am Stadttor

## Montescudaio

Älter noch als Val di Cornia ist die DOC Montescudaio. Sie liegt ganz im Süden der Provinz Pisa in den sanften Hügeln hinter dem Küstenstreifen, zu beiden Seiten des Flusses Cecina. Sie umfasst die Gemeinden Montescudaio, Casale Marittimo, Guardistallo, Riparbella und Castellina Marittima, sowie Teile der Gemeinden Montecatini Val di Cecina und Santa Luce. Die Rebsorten hier sind in etwa die gleichen wie im nahe gelegenen Bolgheri: Vermentino und Sauvignon Blanc bei den Weißweinen, dazu als Spezialität Chardonnay; Cabernet Sauvignon, Cabernet Franc, Merlot und Sangiovese bei den Rotweinen, wobei anders als in Bolgheri auch reinsortige Weine die Bezeichnung Montescudaio führen dürfen. Obwohl die DOC Montescudaio bereits seit 1976 besteht, ist sie wenig bekannt, was unter anderem auch daran liegt, dass Weingüter wie Castello del Terriccio oder das neue Gut Pagani de Marchi die DOC nicht nutzen und ihre Weine lieber als IGT verkaufen. Anders macht es Podere La Regola in Riparbella. Entscheidend für die Zukunft und die Bekanntheit von Montescudaio wird sein, ob die neuen Investoren auf den Namen Montescudaio DOC setzen werden. Frescobaldi hat hier gekauft und die Familie Ferragamo, um nur zwei Beispiele zu nennen. Der Önologe Luca d'Attoma besitzt ebenfalls Weinberge hier.

## Terratico di Bibbona

Ganz neu ist die Bezeichnung Terratico di Bibbona. Sie umfasst den nördlichen Teil der Provinz Livorno, praktisch alle Weinberge, die nördlich von Bolgheri liegen: Bibbona, Cecina, Rossignano Marittima und Collesalveti. Große Erzeuger wie Antinori oder Gaja aus dem Piemont haben hier vor kurzem kräftig investiert. Eine Rebsorte darf zu maximal 70 Prozent in den Cuvées enthalten sein. Neben den für Bolgheri zugelassenen Rebsorten dürfen auch Syrah und Canaiolo Bestandteil dieser Cuvées sein.

## Terre di Pisa

Die Hügel östlich dieses Küstenstreifens gehören zur Provinz Pisa und sind eigentlich „Chiantiland". Chianti delle Colline Pisane heißt die DOCG, die es hier gibt. Aber viele der Spitzenerzeuger hier haben ganz aufgehört, diese Bezeichnung zu nutzen. Zu schlecht ist das Image, zu niedrig die Preise, die man für einen Chianti aus den Pisaner Hügeln erzielen kann. Sie wollen zur Küste gehören und zukünftig unter dem Namen Terre di Pisa ihre besten Weine vermarkten. Egal ob sie aus Sangiovese oder Merlot sind, aus Cabernet Sauvignon oder Syrah. Einige bemerkenswerte Weine kommen seit wenigen Jahren von hier, von Weingütern wie Tenuta di Ghizzano, San Gervasio, I Giusti e Zanza, Badia a Morrona oder Varràmista. Auch Weingüter von außerhalb haben das Potenzial dieser Region erkannt und investieren in dieser Region. Selbst in Norditalien ist man auf die Pisaner Hügel aufmerksam geworden und Ferrari-Lunelli aus Trento oder Giorgio Rivetti aus dem Piemont haben Weinberge gekauft.

## PROVINZ LUCCA: FRANZÖSISCHE REBSORTEN

Wie die Weingüter in Pisa, so wollen auch die Weingüter in der Provinz Lucca zur Küste gehören, auch wenn der Einfluss des Meeres in den DOC-Bereichen Colline Lucchesi oder Montecarlo gering ist. Früher gab es hier wohl die gleichen Rebsorten wie im Chiantiland. Das änderte sich, nachdem Napoleon Bonaparte die Stadt Lucca seiner Schwester schenkte und in den Jahren danach französische Rebsorten ins Land kamen wie Syrah, Pinot Blanc, Chardonnay, Roussanne, Chasselas (Gutedel) oder Merlot.

## LUCCA: COLLINE LUCCHESI

Damals, als die Grenzen für Chianti gezogen wurden, wären die Winzer in den Hügeln von Lucca froh gewesen, wenn sie dazugehört hätten, schließlich war trotz der französischen Rebsorten ihr wichtigster Wein immer ein Rotwein auf Basis von Sangiovese gewesen. Heute scheint man hier ganz froh darüber zu sein, dass man nicht gegen das Image des „einfachen" Chianti ankämpfen muss, wie beispielsweise die Kollegen in der Provinz Pisa. Heute geben sich die Winzer in den Colline Lucchesi selbstbewusst. Es ist nur ein kleines Weinbaugebiet, in den Hügeln nördlich und nordöstlich von Lucca, das vom Fluss Serchio in zwei Hälften geteilt wird. Die Reben hier wachsen in Höhen von 50 bis 350 Meter. Die Weinbaubetriebe sind klein, lediglich zwischen 2 und 15 Hektar groß. Seit Ende der achtziger Jahre haben viele Betriebe begonnen ihre Weine unter eigenem Etikett zu vermarkten. Aber erst Ende der neunziger Jahre dann begann man auch überregional auf die Weine aus den Colline Lucchese aufmerksam zu werden. Tenuta di Valgiano und Colle Verde zum Beispiel zeigten eindrucksvoll auf, welches Potenzial die Region für Rotweine hat. Sangiovese ist nach wie vor die wichtigste rote Sorte, aber auch Syrah, Merlot oder Cabernet Sauvignon bringen immer bessere Ergebnisse.

## LUCCA: MONTECARLO

Montecarlo, im Osten der Provinz Lucca gelegen, ist kleiner als die benachbarte Zone Colline Lucchesi, dafür sind die einzelnen Weingüter größer. Neben den traditionellen Rebsorten gibt es wie in den Hügeln von Lucca eine Vielzahl französischer Rebsorten. Auch in Montecarlo setzt man verstärkt auf rote Rebsorten. Dabei galten noch vor wenigen Jahrzehnten die Weißweine aus Montecarlo als die besten Weißweine der Toskana. Heute hat Montecarlo ein Imageproblem. Einmal, weil Weißweine, speziell solche mit hohem Trebbianoanteil, wenig gefragt sind. Zum anderen, weil durch eine Vielzahl mittelmäßiger Weine der einst gute Ruf zerstört wurde. Es gibt sogar Weingüter, die überhaupt keinen Montecarlo Bianco mehr machen. Alle setzen auf Rotwein. Allerdings nicht auf Montecarlo Rosso, der DOC für Rotweine aus der Region, sondern auf Rotweine „IGT Toscana". Was der Region nicht weiter hilft. Insgesamt ist das Niveau in der Provinz Lucca zu unausgewogen. Neben einigen wenigen Spitzenerzeugern gibt es viele Erzeuger, die ihren Weg noch nicht gefunden haben.

## MAREMMA-RAUSCH

Bolgheri und die angrenzenden Gebiete waren der eine Schwerpunkt der Investitionen in den vergangenen Jahren. Noch kräftiger aber wurde in der Maremma investiert. Maremma ist der Name für die Küstenregion der südlichen Toskana. Hier ist das Land wesentlich preisgünstiger als in Bolgheri oder im Chianti Classico. Weshalb neue Investoren gleich groß eingestiegen sind, oft mit 100 Hektar und mehr. Ein anderer wichtiger Grund war die Erwartung, dass man im Süden große Weine machen kann. Aufgrund des stabilen, warmen und vor allem regenarmen Klimas können in der Maremma Rotweine erzeugt werden, die eine perfekte Ergänzung zu den eigenen Weinen darstellen, war die einhellige Meinung vieler Weingutsbesitzer im Landesinnern. Jedes fünfte Weingut im Chianti Classico hat inzwischen in der Maremma oder anderswo an der Küste investiert. Aber auch die Maremma ist kein einheitliches Gebiet und es gibt verschiedene Bereiche mit unterschiedlichen klimatischen Voraussetzungen und unterschiedlichen Böden.

## MONTEREGIO DI MASSA MARITTIMA

Nördlich von Grosseto zählen die Weinberge zur jungen Weinregion DOC Monteregio di Massa Marittima. Getreidefelder wechseln sich hier ab mit Olivenhainen und Weinbergen. Einige Weingüter wurden erst durch die Einrichtung der DOC dazu ermutigt, Weine unter eigenem Etikett abzufüllen. Vor allem im Nordosten der DOC ähneln die Weine denen in der benachbarten Region Val di Cornia. Kaum eines der Weingüter ist über die Region hinaus bekannt. Moris Farms ist da vielleicht die Ausnahme, auch wenn man den Namen eher mit Morellino di Scansano verbindet. Viele junge, aufstrebende Weingüter rücken ins Rampenlicht, wie Suveraia, Serraiola, Coliberto oder Montebelli. Sangiovese ist die mengenmäßig wichtigste Rebsorte, wobei in den Spitzenweinen Sangiovese häufig in Cuvées mit französischen Rebsorten wie Cabernet Sauvignon, Cabernet Franc, Merlot oder Syrah zu finden ist.

## MORELLINO DI SCANSANO

In den Hügeln südöstlich von Grosseto ist ebenfalls Sangiovese die wichtigste Rebsorte. Morellino wird Sangiovese hier genannt, und die DOC heißt nach dem bekanntesten Ort im Bereich Morellino di Scansano. Weitere bekannte Weinbauorte sind Manciano und Magliano. Viele Weingüter aus der zentralen Toskana haben hier investiert, haben neues Land gekauft, wie Fonterutoli, La Brancaia oder Poliziano, oder haben auf bestehendem Besitz Weinberge angelegt, wie Le Corti auf dem Gut Marsiliana. Bei Neuanpflanzungen werden immer häufiger auch internationale Rebsorten wie Cabernet Sauvignon, Merlot oder Syrah angebaut. Experimentierfreudige Weingüter bauen auch Tannat, Tempranillo, Alicante und viele andere – rote – Rebsorten an. Einen Sonderfall stellt Parrina dar, wo für ein Weingut eine eigene DOC errichtet wurde.

## MONTECUCCO

Inzwischen hat auch der Nordosten der Provinz Grosseto eine eigene DOC, Montecucco genannt. Hier gibt es zur Zeit 300 Hektar Weinberge, weitere umfangreiche Flächen werden in den kommenden Jahren angelegt. Viele neue Investoren haben sich eingefunden: Weingüter aus dem unmittelbar angrenzenden Montalcino (Ciacci Piccolomini d'Aragona), Weinmacher (Pablo Hari, Paolo Vagaggini) und Weingüter aus anderen Teilen der Toskana (Tenute Ambrogio e Giovanni Folonari). Es überwiegt Sangiovese, daneben findet man in alten Weinbergen recht viel Ciliegiolo. In neuen Weinbergen werden neben Sangiovese vor allem die internationalen Rotweinsorten gepflanzt, allen voran Cabernet Sauvignon und Merlot, aber auch Syrah ist hin und wieder zu finden.

## Faszination Ciliegiolo

Auch im südlichen Hinterland der Provinz Grosseto, bei den Orten Sovana und Pitigliano, findet man immer häufiger faszinierende Weine. Früher war Pitigliano für Weißweine bekannt, auch wenn diese nie durch besondere Klasse aufgefallen sind. Heute entstehen hier einige der faszinierendsten Rotweine in der Toskana. Vor allem die reinsortigen Weine aus der Rebsorte Ciliegiolo weisen viel Charakter und Eigenständigkeit auf, und Weingüter wie Sassotondo oder Roccaccia zeigen, dass man aus dieser sonst nur in Cuvées verwendeten Sorte auch reinsortig hervorragende Rotweine erzeugen kann.

## Zuverlässige Qualität

Es ist ein offenes Geheimnis in der Toskana, dass Weingutsbesitzer der klassischen Gebiete seit Jahrzehnten die Qualität der Trauben aus der Maremma sehr schätzen. Besonders in verregneten Erntejahren ist die warme und trockene Region ein beliebter Aufenthaltsort für die Kellermeister. Für wenig Geld können sie ihre Weine mit ausgereiften Trauben aus der Maremma „aufbessern". Inzwischen erzielen aber auch Weine aus der Maremma hohe Preise und ständig kommen neue Weine auf den Markt. Das Interesse für diese Weine ist oft enorm groß, bevor der erste Wein überhaupt abgefüllt ist, und viele Weingüter erzeugen schon mit ihrem Debüt erstaunliche Weine. Aber deshalb gleich von „großen Weinen" sprechen? Große Weine müssen sich über viele Jahre beweisen.

## Grandi Cru della Costa Toscana

Im Mai 2003 haben zwölf Weingüter aus den Provinzen Lucca, Pisa, Livorno und Grosseto die Vereinigung „Grandi Cru della Costa Toscana" gegründet. Sie wollen über Aktivitäten im In- und Ausland zeigen, dass das Terroir an der Küste eine Vielzahl hervorragender Weine hervorbringt, denen die Nähe zum Meer gemeinsam ist. Die selben Weingüter veranstalten bereits seit 2001 eine jährlich stattfindende Verkostung in der Villa Bottini in Lucca, bei der viele der besten Weine der Küste „en primeur", also Fassproben des jüngsten Jahrgangs, probiert werden können. Grandi Cru della Costa Toscana: ein ambitionierter Name – mit dem notwendigen Engagement können diese Ambitionen Wirklichkeit werden.  *ge*

# FATTORIA COLLE VERDE

### Matraja

Mit dem Jahrgang 1998 hat Piero Tartagni einen reinsortigen Syrah herausgebracht und damit viel Aufsehen bei Kunden, Kollegen und in der Fachpresse erregt. Ein reinsortiger Syrah aus den Colline Lucchesi! Dass es Syrah in den Hügeln nordwestlich von Lucca gibt, ist an sich nicht weiter erstaunlich, denn Syrah wächst schon recht lange hier. Allerdings wissen nur ganz wenige, dass Syrah und andere französische Rebsorten seit 200 Jahren in der Gegend von Lucca angebaut werden. Denn Anfang des 19. Jahrhunderts schenkte Napoleon Bonaparte Lucca seiner Schwester, und in den Jahren darauf hielten viele französische Rebsorten Einzug in die Weinberge bei Lucca: Pinot Blanc und Roussanne, Chasselas (Gutedel) und Chardonnay, Merlot und Pinot Noir – und eben auch Syrah. Diese Rebsorten wurden allerdings bis vor wenigen Jahren nie sortenrein ausgebaut. Piero Tartagni von Colle Verde hat das geändert.

> Località Castello
> 55010 Matraja
> Tel. 0583-402310
> Fax: 0583-402313
> www.colleverde.it
> info@colleverde.it
> Eigentümer: Francesca Pardini und Pietro Tartagni
> Betriebsleiter: Piero Tartagni
> Önologe: Donato Lanati
> Rebfläche: 7 Hektar
> Produktion: 20.000 Flaschen
> Besuchszeiten: Mo.-Sa. 10:30-13 + 14:30-17 Uhr
> Agriturismo

## WEIN UND OLIVENÖL

Seit dem 16. Jahrhundert gibt es hier, wo heute Colle Verde liegt, zu Füssen des Hügels von Matraja, ein großes landwirtschaftliches Gut. Die Fattoria di Matraja, wie das Gut genannt wurde, erzeugte schon immer Wein und Olivenöl. Dieses Gut wurde von Thomas Guinigi gegründet, der aus einer der führenden Familien Luccas stammte. Die Etiketten von Colle Verde tragen alle den Buchstaben „M" – für Matraja – als Logo. Dieses Logo ist einem mittelalterlichen Manuskript entnommen, das heute in den Guinigi-Archiven in Lucca aufbewahrt wird.

## ERNEUERUNG DER WEINBERGE

Ende der achtziger Jahre haben Piero Tartagni und seine Frau Francesca Pardini einen Teil des Gutes von den Pardini, der Familie seiner Frau, gekauft. Villa und Weingut Colle Verde und 40 Hektar Land, auf dem vor allem Trauben und Oliven angebaut werden. In der eigenen Ölpresse erzeugen sie verschiedene Olivenöle. Die Weinberge haben sie zu 90 Prozent erneuert. Vor allem rote Sorten wie Sangiovese und Syrah haben sie gepflanzt, aber auch ein wenig Trebbiano, Chardonnay und Grechetto. In einem der alten, noch nicht erneuerten Weinberge stehen auch einige Reben Malvasia und Canaiolo. Terre di Matraja nennen Piero Tartagni und Francesca Pardini ihre Basisweine Colline delle Lucchesi Rosso und Bianco.

### REINSORTIGER SYRAH: NERO DELLA SPINOSA

Spinosa ist der Name für ein Stachelschwein, das hier in den Hügeln von Lucca häufig zu finden ist. In einem der Weinberge von Colle Verde haust eine ganze Familie von Stachelschweinen. In diesem Weinberg wächst auch der Syrah, dem Piero Tartagni den Namen Nero della Spinosa gegeben hat. Es ist ein kraftvoller Wein, wunderschön elegant und reintönig, mit viel Frucht und feinem Biss. Zwei Jahre wird er im Barrique ausgebaut im Keller von Colle Verde, von dem ein Teil schon im 16. Jahrhundert errichtet wurde. Ganze 1.500 Flaschen Nero della Spinosa erzeugt Piero Tartagni zur Zeit im Jahr.

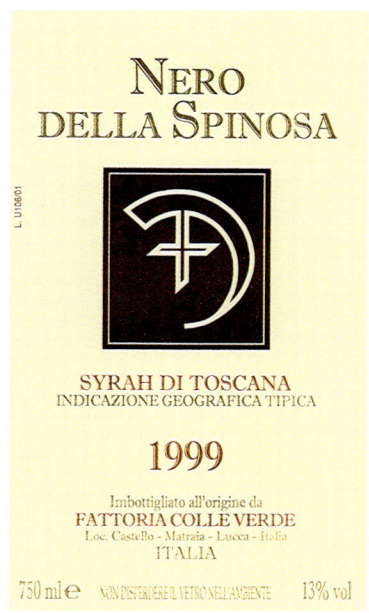

### SANGIOVESE UND EIN WENIG SYRAH: BRANIA DELLE GHIANDAIE

Obwohl der Syrah von Colle Verde gefragt ist und er die Nachfrage nach diesem Wein nicht befriedigen kann, ist Piero Tartagni selbst mehr überzeugt von Sangiovese. Und auch mir gefällt sein Brania delle Ghiandaie noch ein wenig besser als der Syrah. Wobei auch der Brania delle Ghiandaie ein wenig Syrah enthält. Brania ist im Dialekt der Gegend die Bezeichnung für die terrassierten Parzellen, auf denen Oliven und Wein kultiviert werden. Wie der Syrah wird auch der Brania delle Ghiandaie in Barriques aus französischer Eiche ausgebaut, allerdings nicht ganz so lange, achtzehn bis zwanzig Monate. Wie der Syrah ist er wunderschön reintönig und elegant und weist faszinierende mineralische Noten im Abgang auf.  *ge*

| | | | | |
|---|---|---|---|---|
| Bild linke Seite (links): | | Hinweisschild an der langen Zufahrt zu Colle Verde | | |
| Bild linke Seite (rechts): | | Blick auf Matraja | | |
| Bild rechte Seite: | | Piero Tartagni | | |
| ★ | | Colline delle Lucchesi Rosso Terre di Matraja ❶ | | 10.000 |
| ★★ | | Colline delle Lucchesi Rosso Brania delle Ghiandaie ❷ | | 5.000 |
| ★★ | | Nero della Spinosa ❸ | | 1.500 |
| Importeure: | D: | Dutz | | |

# TENUTA DI GHIZZANO

**Ghizzano di Peccioli**

Terre di Pisa. Diese Bezeichnung kann man nicht kennen, denn sie existiert nicht. Noch nicht. Doch wenn es nach den Vorstellungen von Ginevra Venerosi Pesciolini und ihren Mitstreitern geht, dann wird sich dies schon bald ändern. Die besten Weingüter in den Colline Pisane wollen nämlich Terre di Pisa als neue DOC für ihre Spitzenweine. Egal ob diese aus Sangiovese, Merlot oder Syrah sind. Das Terroir soll im Vordergrund stehen, nicht die Rebsorte. Und die Qualität natürlich. Deshalb sollen entweder mindestens 5.000 Reben je Hektar gepflanzt sein oder aber maximal 1,5 Kilogramm Trauben je Rebe geerntet werden. Die Weinberge in den Hügeln südöstlich von Pisa gehören zwar zur DOCG Chianti delle Colline Pisane, aber Erzeuger wie Tenuta di Ghizzano verzichten inzwischen ganz darauf, Chianti zu machen, da das Image und damit die Chance, gute Preise zu erzielen, schlecht sind, selbst wenn man Spitzenweine erzeugt. Spitzenweine, wie sie Tenuta Ghizzano erzeugt, werden deshalb als IGT vermarktet – oder zukünftig eben als Terre di Pisa.

> Via della Chiesa, 1,
> 56037 Ghizzano di Peccioli
> Tel. 0587-630096
> Fax: 0587-6300162
> www.tenutadighizzano.com
> info@tenutadighizzano.com
> Eigentümer: Pierfrancesco Venerosi Pesciolini
> Betriebsleiterin: Ginevra Venerosi Pesciolini
> Önologe: Carlo Ferrini
> Rebfläche: 18 Hektar
> Produktion: 55.000 Flaschen
> Besuchszeiten: Mo.-Fr. 8-13 + 15-18 Uhr

## AUS DER KRISE GEBOREN

Ende der siebziger, Anfang der achtziger Jahre geriet die Landwirtschaft und insbesondere der Weinbau in eine ernsthafte Krise. Der Ertrag, den die Weinberge brachten, lag unter den Kosten. Viele Weinbauern rodeten ihre Reben, wofür sie Prämien vom Staat erhielten. Anders Pierfrancesco Venerosi Pesciolini. Er wollte beweisen, dass die Pisaner Hügel große Weine hervorbringen können. 1985 hat er seinen ersten eigenen Wein erzeugt, Veneroso genannt. Im Jahr darauf begann er ein umfangreiches Erneuerungsprogramm. Die bestehenden 12 Hektar Weinberge wurden erneuert, neue Weinberge wurden angelegt. Neben Sangiovese wurden Merlot, Cabernet Sauvignon und Petit Verdot gepflanzt. Nicht zuletzt auf Anraten des befreundeten Piermario Meletti Cavallari vom Weingut Grattamacco in Bolgheri.

## ERNEUERUNGS-PROGRAMM

Seit 1993 führt Pierfrancescos Tochter Ginevra Tenuta di Ghizzano. Das Erneuerungsprogramm wird weiter geführt. 350 Hektar Land und 18 Hektar Weinberge besitzt Tenuta di Ghizzano, wobei die zuletzt angelegten Weinberge noch nicht in Ertrag stehen. 55.000 Flaschen Wein werden zur Zeit erzeugt. In den nächsten Jahren sollen es 90.000 Flaschen werden, bei dann 20 Hektar Weinbergen. Geplant ist dann auch ein dritter Wein, von den jungen Reben. Bisher macht Tenuta di Ghizzano nur zwei Weine, Veneroso und Nambrot genannt, beides Namen der Vorfahren der Familie, der Tenuta di Ghizzano seit dem 14. Jahrhundert gehört.

## VENEROSO: DOMINANZ DES SANGIOVESE

Der Veneroso ist ein ganz erstaunlicher Wein. Er besteht zur einen Hälfte aus Sangiovese, zur anderen aus Cabernet Sauvignon. Das Erstaunliche an dem Wein ist, dass der Sangiovese dominiert, ja man könnte fast glauben, einen reinsortigen Sangiovese vor sich zu haben. Welch eine Überraschung, wo man doch sonst oft in der Toskana Weine vorgesetzt bekommt, die – angeblich – nur 10 oder 20 Prozent Cabernet Sauvignon enthalten und doch ganz nach Cabernet Sauvignon schmecken. Auf die Qualität der Sangiovesetrauben kommt es eben an. Und Ginevra Venerosi Pesciolini ist vom Sangiovese überzeugt, hat mehr Sangiovese angelegt und kann sich vorstellen, dass der Veneroso zukünftig nur Sangiovese enthält.

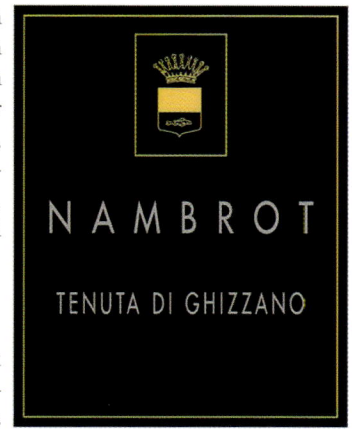

## NAMBROT: MERLOT MIT ETWAS PETIT VERDOT

Noch mehr Aufsehen hat Tenuta di Ghizzano mit dem Nambrot erzielt, der erstmals 1996 auf den Markt kam. Drei Viertel des Weines sind Merlot. Hinzu kommt ein kräftiger Anteil Petit Verdot, von dessen Qualitäten Ginevra Venerosi Pesciolini überzeugt ist. Er gibt dem Wein eine zusätzliche Dimension, gibt Duft und Eleganz – wenn man die Erträge im Griff hat. Der Nambrot ist ein herrlich fülliger, schmeichelnder Wein mit viel süßer reifer Frucht.

## GRANDI CRU DELLA COSTA TOSCANA

Ginevra Venerosi Pesciolini ist voller Engagement. Sie ist die erste Vorsitzende der im Mai 2003 gegründeten Vereinigung „Grandi Cru della Costa Toscana", die mit Veranstaltungen im In- und Ausland auf die Weine von der Küste aufmerksam macht. Die meisten Gründungsmitglieder kommen aus den Provinzen Lucca und Pisa, die man früher eher dem Chianti als Randgebiete zurechnete. Weingüter wie Tenuta di Ghizzano sehen ihre Chance darin, durch die Identifikation mit der „Costa Toscana" ein neues Image zu gestalten. Dass die Weine von hier überzeugen und denen anderer Regionen der Toskana ebenbürtig sind, das zeigt Ginevra Venerosi Pesciolini seit einigen Jahren. Die Orientierung hin zur Küste bietet nun eine gemeinsame Plattform, dies allen zu demonstrieren: Grandi Cru, Terre di Pisa.  *ge*

| | | | | |
|---|---|---|---|---|
| Bild linke Seite: | Ginevra Venerosi Pesciolini | | | |
| ★★ | | Veneroso ❸ | | 38.000 |
| ★★-★★★ | | Nambrot ❸ | | 17.000 |
| Importeure: | | D: | über Smart Wines | |
| | | CH: | Caratello, Vintra | |
| | | A: | Wagner | |

# PODERE GRATTAMACCO
## Castagneto Carducci

Die Nachricht kam überraschend: Piermario Meletti Cavallari hat sein Weingut Grattamacco für zehn Jahre verpachtet. Ich wollte es gar nicht glauben, denn er hatte nie den Eindruck gemacht, als hätte die Leidenschaft für „seinen" Wein nachgelassen. Und warum verpachtet man ein Weingut für zehn Jahre? Für 20 oder 25 Jahre oder noch länger, das gibt es schon. Aber zehn Jahre sind doch ein erstaunlich kurzer Zeitraum. Ich fragte ihn direkt, ob das denn seine Richtigkeit habe mit den zehn Jahren und was ihn denn dazu bewogen hätte. Sein Sohn, erklärte er mir, ist Mitte Zwanzig und damit noch zu jung, um ein Weingut wie Grattamacco zu führen. Sein Sohn habe selbst 6 Hektar Weinberge in Bolgheri angelegt und wolle damit seine eigenen Erfahrungen sammeln. Aber in zehn Jahren könnte er Grattamacco übernehmen, wenn er es dann wolle. Im übrigen wird sich für ihn selbst nicht viel ändern, denn Piermario Meletti Cavallari wird weiter auf seinem Gut leben.

> Loc. Lungagnano, 129
> 57022 Castagneto Carducci
> Tel. 0565-765069
> Fax: 0565-763217
> www.grattamacco.it
> collemassari@tin.it
> Eigentümer: Piermario Meletti Cavallari
> Pächter/Betriebsleiter: Claudio Tipa
> Önologe: Maurizio Castelli
> Rebfläche: 11 Hektar
> Produktion: 35.000 Flaschen
> Besuchszeiten: Besuche nur über Strada del Vino Costa degli Etruschi

## DER WEIN BLEIBT GLEICH

Piermario Meletti Cavallari gehört zu den herausragenden Exponenten der DOC Bolgheri. Er hat maßgeblich dazu beigetragen, dass Bolgheri die Vormachtstellung der Weine der im Landesinneren liegenden, weltbekannten Zonen wie Chianti Classico, Brunello di Montalcino und Vino Nobile di Montepulciano herausgefordert hat. 1977 hat er Grattamacco gegründet und mit dem Jahrgang 1983 seinen ersten Wein auf den Markt gebracht. Verpachtet hat er Grattamacco an Claudio Tipa, der kein Unbekannter in der Weinszene ist. 1990 hat er das 300 Hektar große Gut Collemassari gekauft und dort kräftig investiert. Collemassari liegt südlich von Montalcino in der heutigen DOC Montecucco. Claudio Tipa will am Wein und am Weingut nichts ändern und Maurizio Castelli bleibt Grattamacco als Önologe erhalten.

## Klassiker: Grattamacco

Maurizio Castelli hat einen großen Anteil daran, dass der Grattamacco genannte Rotwein aus Cabernet Sauvignon mit etwas Merlot und Sangiovese zu einem der Klassiker der toskanischen Küste geworden ist. Heute verweist man stolz auf die Küste, auch wenn dies verwirrend ist, denn es gibt keine gemeinsame Identität der Weine von der Küste. Die Weine von Bolgheri beispielsweise haben mehr Ähnlichkeit mit Weinen aus Bordeaux als mit den Weinen aus der Maremma. So auch der Grattamacco, ein kraftvoller Wein von bestechender Klarheit und Eleganz, in seiner Jugend von kräftigen Tanninen begleitet.

## Vermentino und Aleatico

Diese Kraft zeichnet auch den Weißwein von Grattamacco aus, einen reinsortigen Vermentino, den Piermario Meletti Cavallari zum ersten Mal 1997 erzeugt hat. Es ist ein üppiger, herrlich kraftvoller Wein, mit viel Frucht und Substanz. Einen dritten Wein hat er schon immer gemacht, doch wurde dieser nie kommerziell vermarktet. Zum eigenen Vergnügen, wie er mir einmal erzählte, mache er einige hundert Flaschen süßen Aleatico. Als ich ihn heute wieder danach frage, lächelt er. Im übrigen gäbe es da doch noch eine Veränderung für ihn. Er werde jetzt öfter auf Elba sein. Er habe sich dort an einem großen Gut beteiligt – und Aleatico gepflanzt. ge

Bild linke Seite: Blick auf Grattamacco und die Weinberge
Bild rechte Seite: Piermario Meletti Cavallari (sitzend) und Claudio Tipa (stehend)

| ★★ | Bolgheri Bianco Vermentino ❷ | 8.000 |
|---|---|---|
| ★★★ | Bolgheri Rosso Superiore ❹ | 25.000 |
| Importeure: | D: Winecellar (I), Garibaldi | |
| | CH: Granchateaux, Vini D'Amato, Stefan Hofer, Münsterkellerei | |

# Gualdo del Re

**Suvereto**

Landwirtschaft ernährt die Familie Rossi in Suvereto seit Generationen. Ackerbau, Tierhaltung, Wein und Oliven bestimmten den Tagesablauf. Erst seit der Übernahme des Betriebes durch Nico Rossi und seine Frau Maria Teresa Cabella in den achtziger Jahren konzentrierte sich das Gut ganz auf Wein und Oliven. Damals begann die Nachfrage nach Qualitätsweinen gerade erst einzusetzen und die Weinregion Val di Cornia und der kleine Ort Suvereto waren weitgehend unbekannt.

## Von Aleatico bis Pinot Bianco

Gut beraten von Freunden und professionellen Weinberatern entstand zu Beginn der neunziger Jahre eine moderne Kellerei und die Fläche der eigenen Weinberge wurde Stück für Stück vergrößert. Mittlerweile wächst dort eine Palette von Rebsorten: Merlot und Cabernet Sauvignon, die schon im nahe gelegenen Bolgheri ihre Tauglichkeit für große Weine bewiesen haben, Sangiovese und Canaiolo Nero. Bei den weißen Sorten traut Nico Rossi dem Pinot Bianco, der in der Toskana sonst selten zu finden ist, einiges zu, zusätzlich ergänzen Vermentino und Trebbiano das Angebot. Aus Aleatico, der vom nahen Elba den Weg nach Suvereto gefunden hat, keltert Gualdo del Re einen hervorragenden roten Süßwein. Nico Rossis Herz schlägt jedoch unbestritten für den Sangiovese, den schon sein Großvater anbaute. Trotz der trockenen Sommer in dieser Region verzichtet er bislang auf künstliche Bewässerung in seinen Weinbergen. Deshalb fällt die Traubenmenge pro Stock sehr gering aus. Der Winzer widmet sich am liebsten seinen Weinbergen, weshalb seine Frau Maria Teresa Cabella sich um den Verkauf und das Büro kümmert.

> Località Notri, 77
> 57028 Suvereto
> Tel.  0565-829888
> Fax:  0565-829888
> www.gualdodelre.it
> gualdo@infol.it
> Besitzer:  Nico Rossi und Maria Teresa Cabella
> Önologe:  Barbara Tamburini
> Rebfläche:  20 Hektar
> Produktion:  80.000 Flaschen
> Besuchszeiten:  Mo.-Fr. 9-12 + 14:30-18 Uhr
> Ferienwohnungen geplant

## Junge Önologin: Barbara Tamburini

Das eingespielte Team vervollständigt Barbara Tamburini, eine junge Önologin aus Pistoia, die ihren ersten Jahrgang auf Gualdo del Re im Herbst 2000 kelterte. „Mit einem berühmten Weinmacher, der nur einmal im Monat vorbeischaut und die Anweisungen per Fax schickt, wollten wir auf keinen Fall zusammenarbeiten", sagt Nico Rossi, der gleichzeitig Barbara Tamburini ein großes Lob für ihren Einsatz ausspricht. Barbara Tamburini hat ihr Studium vor einigen Jahren an der Universität in Pisa abgeschlossen. Die Weinmacherin, die eng mit dem bekannten Önologen Vittorio Fiore zusammenarbeitet, möchte sich profilieren. Entsprechend groß ist ihr Tatendrang und perfektionistisch wie keine Zweite geht sie die Herausforderung an. Seit dem Jahrgang 2000 gibt es neu einen reinsortigen Cabernet Sauvignon (Federico Primo) und einen reinsortigen Merlot (Il Rennero). „Die hervorragende Qualität der Weine in den Fässern zwang uns regelrecht zu dieser Entscheidung", erzählt Nico Rossi voller Begeisterung.

## Neuer Stern am Toskanahimmel

Auch die übrigen Weine von Gualdo del Re sind bemerkenswert und es ist abzusehen, dass das Weingut sich in Zukunft in der Spitze der Toskana etablieren wird. Der Sangiovese (Gualdo del Re) überzeugt durch seine reife, klare Frucht und die charakteristische Geschmackstiefe der Weine aus dieser Region. Die üppige Frucht des Pinot Bianco (Strale) kompensiert den Ausbau in Barriques spielend, und der fruchtsüße Aleatico Passito (Amansio) ist in seiner Intensität kaum zu überbieten. Diese lokale Spezialität aus roten Trauben hat den Ehrgeiz von Barbara Tamburini besonders geweckt und die Weinliebhaber können sich schon auf die kommenden Jahrgänge freuen. *sm*

Bild linke Seite: Barbara Tamburini
Bild rechte Seite: Maria Teresa Cabella und Nico Rossi

| | | | |
|---|---|---|---|
| ★★ | Valentina Vermentino ❶ | | 8.500 |
| ★-★★ | Strale Pinot Bianco ❷ | | 6.500 |
| ★-★★ | Gualdo del Re Val di Cornia Suvereto ❷ | | 12.000 |
| ★★-★★★ | Federico I Val di Cornia Suvereto ❸ | | 4.500 |
| ★★-★★★ | I' Rennero Val di Cornia Suvereto ❸ | | 5.000 |
| ★★ | Amansio Val di Cornia Aleatico Passito ❷ | | 1.000 |
| Importeure: | D: | Johannes Müller | |
| | CH: | Stefan Hofer | |
| | A: | Stöger | |

# LE MACCHIOLE

**Bolgheri**

Das Weingut Le Macchiole war eines der ersten in Bolgheri, die sich konsequent dem Qualitätsweinbau verschrieben haben. Nachbarn wie Tenuta dell'Ornellaia oder Ca'Marcanda folgten erst viel später. Im Jahr 1975 fasste Umberto Campolmi bereits den Entschluss eigenen Wein zu erzeugen. Das im Vergleich zu seinen Nachbarn eher unscheinbare Weingut liegt an der Straße Via Bolgherese, die von Bolgheri nach Castagneto Carducci führt.

## QUALITÄTSFANATIKER EUGENIO

Zu Beginn war die erzeugte Weinmenge sehr gering und erst mit dem Eintritt von Sohn Eugenio Campolmi im Jahre 1981 begann der Aufwärtstrend. Eugenio Campolmi hat die Ausrichtung des Betriebes komplett geändert und aus dem kleinen, lokal bekannten Weingut wurde in weniger als fünfzehn Jahren ein Vorzeigeweingut der DOC Bolgheri gemacht. Die Grundlage für den Erfolg war die konsequente Weinbergsarbeit und die interessanten Rebsorten, die für dieses Klima und die mineralreichen Böden wie geschaffen sind. Die gepflegten Weingärten grenzen an das Weingut und erstrecken sich in einem schmalen Streifen vom Weingut bis zur Hügelkette im Hinterland von Bolgheri. Als einer der Pioniere der Küstenregion konnte Eugenio Campolmi anfangs nie ganz sicher sein, wo der beste Platz für welche Rebe sein würde. Inspiriert durch den Weinbau in Bordeaux probierte er verschiedene Rebersiehungen aus und wählte eine sehr enge Pflanzdichte von bis zu 10.000 Pflanzen je Hektar. Angespornt davon, den bestmöglichen Wein zu machen, wählte Eugenio Campolmi schwache Unterlagsreben, einen sehr kurzen Anschnitt beim Zapfenschnitt und setzte auf konsequente Grünlese, um nicht mehr als ein Kilogramm pro Pflanze zu ernten. Unterstützt wurde er vom Önologen Luca d'Attoma, der das Weingut von Anfang an beraten hat.

> Via Bolgherese, 189/A
> 57020 Bolgheri
> Tel. 0565-766092
> Fax: 0565-763240
> www.lemacchiole.it
> azagmacchiol@etruscan.li.it
> Besitzer: Cinzia Merli Campolmi
> Önologe: Luca d'Attoma
> Rebfläche: 23 Hektar
> Produktion: 90.000 Flaschen
> Besuchszeiten: nach Vereinbarung

## CABERNET FRANC IST TOP

Den Schwerpunkt haben beide von Beginn an auf die französischen Rebsorten wie Cabernet Franc, Merlot, Syrah, Cabernet Sauvignon gelegt. Darüber hinaus wachsen im Weingarten noch Sangiovese, Sauvignon Blanc und Chardonnay. Im Gegensatz zu vielen Betrieben in der Toskana setzte Eugenio Campolmi nicht auf den Cabernet Sauvignon, sondern konsequent auf den würzigen Bruder Cabernet Franc, der in dem trockenen und heißen Klima von Bolgheri in den meisten Jahren voll ausreifen kann. Zusammen mit Tenuta San Guido (Sassicaia) war Le Macchiole eines der wenigen Weingüter, die mit dieser Rebsorte in der Toskana gearbeitet haben. Mittlerweile sind ihnen andere gefolgt.

## VIER ROTE UND EIN WEISSWEIN

Der Paleo Rosso ist der bekannteste Wein von Le Macchiole. Die Wahl der Rebsorte Cabernet Franc ist wohl wesentlicher Grund dafür, dass er sich klar von vielen anderen Weinen der DOC Bolgheri abhebt. In der Vergangenheit bestand der Paleo Rosso immer aus Cabernet Sauvignon und Cabernet Franc, doch der Charakter des Cabernet Franc bestimmte in den meisten Jahren den Wein. Der Jahrgang 2001 des Paleo Rosso ist erstmals ein reinsortiger Cabernet Franc. Neben dem Paleo Rosso gibt es noch den Basisrotwein Le Macchiole, den Weißwein Paleo Bianco und zwei gesuchte Spitzenweine in sehr geringen Mengen.

## MESSORIO UND SCRIO

Kritisiert wurde Eugenio Campolmi mitunter von der Presse und Handel für diese kleine Menge der beiden reinsortigen Spitzenweine. Er konnte bis heute lediglich ein paar Tausend Flaschen und zu Beginn im Jahre 1994 sogar nur ein paar Hundert Flaschen erzeugen, denn die Weinberge waren noch sehr jung und Eugenio Campolmi wollte keine Kompromisse eingehen. Ihm war es dennoch immer ein Anliegen mit den Weinen Messorio (100 Prozent Merlot) und Scrio (100 Prozent Syrah) zu beweisen, welches Potenzial in den Rebsorten auf den Böden von Bolgheri steckt. Herausragende Bewertungen von der Presse und die kleine Menge machen die beiden Weine zu den Meistgesuchtesten in Bolgheri. Da die DOC keine reinsortigen Weine vorsieht, werden beide Weine als IGT abgefüllt. „Hauptsächlich Sangiovese ist im IGT-Wein Le Macchiole. Der Basiswein des Weingutes wird lediglich mit ein paar Prozent anderer Rebsorten abgerundet", sagt Weinmacher Luca d'Attoma. Der Paleo Bianco hingegen ist ein barriqueausgebauter Verschnitt von Chardonnay und Sauvignon Blanc. Nach dem Tod von Eugenio Campolmi im Jahr 2002, der eine große Lücke in Bolgheri hinterlassen hat, führt Eugenios Frau Cinzia Merli Campolmi zusammen mit ihrem Bruder Massimo und der Unterstützung von Luca d'Attoma das Weingut auf die bewährte Weise weiter. sm

| | | | |
|---|---|---|---|
| Bild linke Seite: | Eugenio Campolmi und Luca d'Attoma | | |
| ★ | Le Macchiole ❸ | | 35.000 |
| ★★ | Paleo ❹ | | 30.000 |
| ★★★ | Messorio ❹ | | 5.000 |
| ★★-★★★ | Scrio ❹ | | 4.000 |
| Importeure: | D: | Massi, Unger, Italgastro | |
| | CH: | Marazza | |
| | A: | Morandell | |

# MONTEPELOSO

### Suvereto

Winzer zu werden war nicht sein Ziel. Fabio Chiarelotto ist Historiker, Religionshistoriker, genau genommen. Er hat in Zürich und Paris studiert, auf Haiti gelebt und geforscht. Die Beziehungen zwischen Voodoo und der katholischen Kirche sind sein Thema. Aber es ist nicht einfach weitere Forschungsvorhaben finanziert zu bekommen. 1998 ergab sich die Chance, etwas ganz anderes zu machen: ein Schweizer Ehepaar hatte sich in Suvereto 1993 ein Weingut gekauft, Montepeloso, und wollte dies nun wieder verkaufen, möglichst an einen Schweizer. Fabio Chiarelotto hat zugegriffen und ist nun erfolgreicher Winzer im Val di Cornia.

Loc. Montepeloso, 82
57028 Suvereto
Tel. 0565-828180
Fax: 0565-827056
montepeloso@virgilio.it
Besitzer: Fabio Chiarelotto
Betriebsleiter: Fabio Chiarelotto
Önologe: Fabrizio Moltard
Rebfläche: 10 Hektar
Produktion: 20.000 Flaschen
Besuchszeiten: nach Vereinbarung

### FORSCHUNG IM WEINBERG

Aber auch als Winzer kann er die Forschung nicht lassen. Er hat so ziemlich alles in den Weinbergen geändert. Zunächst einmal hat er die weißen Reben mit roten Sorten überpropft. Und Jahr für Jahr neue Weinberge angelegt, die viel dichter bepflanzt sind als traditionell üblich. Deswegen mussten inzwischen die anfangs überpropften Reben Neuanlagen weichen. Welche Sorten oder welche Cuvées in Suvereto die besten Ergebnisse bringen wird man erst in zehn oder fünfzehn Jahren wissen da es keine Weinbautradition in dieser Gegend gibt, denn früher war das gesamte Val di Cornia ein Sumpfgebiet. Danach hat man dann zwar Wein gemacht, aber ausschließlich für den Hausgebrauch. Deshalb kommt die DOC Val di Cornia Suvereto mit der Festlegung auf bestimmte Rebsorten viel zu früh, meint Fabio Chiarelotto. Man braucht noch viel Zeit – und muss experimentieren, ohne Kompromisse. Keiner hier experimentiert so viel in den Weinbergen wie Fabio Chiarelotto.

### REBSORTEN AUS FRIAUL UND AUS SÜDITALIEN

Cabernet Sauvignon, Merlot und Syrah anzupflanzen liegt nahe, das machen andere auch. Zu Sangiovese und auch zu Montepulciano steht er, denn die gab es schon früher hier. Dazu hat er traditionelle, in Vergessenheit geratene Rebsorten aus Mittelitalien angelegt, wie zum Beispiel Pugnitello und Abrusco. Aber auch verschiedene rote Rebsorten aus Friaul und aus Süditalien. Daraus möchte er in Zukunft zwei Weine machen, einen mit den Sorten aus Friaul, den anderen mit den Sorten aus Süditalien. Sie zu vermischen ist für ihn undenkbar. Immer wieder pflanzt er neue Weinberge an, reißt andere, die er selbst erst vor wenigen Jahren angelegt hat, wieder heraus. So produziert er gerade einmal 20.000 Flaschen von seinen 10 Hektar Weinbergen. Ob es denn die Aufgabe eines kleinen Weingutes sein kann, solche Forschung mit Rebsorten zu betreiben, frage ich ihn. Natürlich, antwortet er, wer sonst soll es denn machen. Tags darauf bin ich bei Ornellaia und frage, mit welchen Rebsorten man denn experimentiere. Mit keinen, bekomme ich zur Antwort, wir sind mit 100 Hektar Weinbergen viel zu klein für solche Experimente. Fabio Chiarelotto kommt von der Forschung nicht los, nur hat er seine Tätigkeit von Haiti in die Weinberge von Suvereto verlegt.

## BISHER DREI WEINE: ENEO, NARDO, GABBRO

Unterstützt wird Fabio Chiarelotto von Fabrizio Moltard. Dessen Hauptaugenmerk gilt der Arbeit im Weinberg. Die Böden immer locker halten, das ist wichtig. In Zukunft werden die Weinberge wohl biologisch oder biodynamisch bewirtschaftet, um noch bessere Qualität zu erreichen. Geerntet wird in den frühen Morgenstunden, zwischen sechs und halb neun. Im Keller arbeiten die beiden mit einfachsten Mitteln. Ein Teil der Trauben wird von Hand entrappt, die Weine werden in offenen Barriques vergoren, das Unterstoßen des Tresterhutes erfolgt von Hand. Alle Weine kommen ins Barrique. Drei Weine sind dies zur Zeit. Zunächst einmal der Eneo, der in gebrauchten Barriques ausgebaut wird. Er enthält hauptsächlich Sangiovese, Colorino und Merlot sollen zukünftig die Cuvéepartner sein. Der Nardo, ebenfalls auf Basis von Sangiovese, enthält zur Zeit noch Cabernet Sauvignon, der aber in Zukunft nicht mehr Bestandteil der Cuvée sein soll. Hinzugekommen ist in der Zwischenzeit Montepulciano, weitere Bestandteile sollen einige der neu angelegten Rebsorten werden. Als dritten Wein gibt es den Gabbro, einen reinsortigen Cabernet Sauvignon. In Zukunft kommen wohl noch eine „friulanische" und eine „süditalienische" Cuvée hinzu, ebenso ein Syrah, wahrscheinlich mit etwas Grenache. Vielleicht auch noch eine weiße Cuvée aus Marsanne und Roussanne. 50.000 Flaschen sollen in Zukunft erzeugt werden, auf diese Kapazität hin wird der neue Keller geplant. Die Fassproben aller 2002er – ein problematischer Jahrgang – sind faszinierend: egal ob Syrah, Cabernet Franc, Sangiovese, Merlot oder Cabernet Sauvignon, alle Weine weisen schon in diesem jungen Stadium die Merkmale auf, die die Weine von Montepeloso so faszinierend machen: sie sind herrlich reintönig und von einer immensen mineralischen Nachhaltigkeit. 2002 ist sein bester Jahrgang bisher, findet Fabio Chiarelotto und erklärt seine Vision: große Weine machen, um mit dem Erlös historische Forschungsvorhaben zu realisieren.   *ge*

| | | | |
|---|---|---|---|
| Bild linke Seite: | Fabio Chiarelotto | | |
| ★★-★★★ | Eneo ❷ | | 14.000 |
| ★★★ | Nardo ❹ | | 4.000 |
| ★★★ | Gabbro ❹ | | 2.000 |
| Importeure: | D: Unger | | |
| | CH: Vintra | | |
| | A: Morandell | | |

# MORISFARMS

## Massa Marittima

Die Familie Moris siedelte im 16. Jahrhundert aus Spanien nach Italien über. Heute gehört sie mit 500 Hektar Landbesitz zu den großen Grundbesitzern in der südlichen Toskana. Zum Weingut, das von Direktor Adolfo Parentini seit vielen Jahren erfolgreich geführt wird, zählen 40 Hektar Weinberge in der Nähe des Ortes Massa Marittima und innerhalb der Grenzen der DOC Monteregio di Massa Marittima. Weitere 30 Hektar Weinberge bearbeitet das Weingut unweit des Weinortes Scansano, wo die DOC Morellino di Scansano zuhause ist.

---

Fattoria Poggetti, Loc. Curanuova
58024 Massa Marittima
Tel. 0566-919135
Fax: 0566-919180
www.morisfarms.it
morisfarms@morisfarms.it
Besitzer: Familie Moris
Betriebsleiter: Adolfo Parentini
Önologe: Attilio Pagli
Rebfläche: 70 Hektar
Produktion: 350.000 Flaschen
Besuchszeiten: nach Vereinbarung
Ferienwohnungen
(www.villeinmaremma.com)

---

## REGIONALE UNTERSCHIEDE

Seit Jahren vertraut Direktor Adolfo Parentini auf ein eingespieltes Team mit dem Weinberater Attilio Pagli und dem Agronom Andrea Paoletti. Ohne eine harmonische Zusammenarbeit wäre die Gesamtqualität bei einer Jahresproduktion von 350.000 Flaschen auch nicht zu halten. Die zwei benachbarten Weinregionen führen nach Aussage von Adolfo Parentini zu unterschiedlichen Weinstilen. „Innerhalb der DOC Monteregio entstehen auf etwas schwereren Böden (das heißt mit einem höheren Lehmanteil) eher kräftige Weine mit einer guten Struktur. Im Gegensatz dazu sind die Weine aus den Hügeln von Scansano, wo wasserdurchlässigere, leichtere Böden überwiegen, eher als elegante und duftige Weine zu charakterisieren."

## ÜBERSCHAUBARES SORTIMENT

Für Parentini ist weniger mehr. Trotz der stattlichen Rebfläche von mehr als 70 Hektar werden lediglich vier Weine erzeugt. „Der Morellino di Scansano und der Morellino Riserva stammen mit dem Jahrgang 2002 erstmals aus der neuen Kellerei in Poggio alla Mozza", sagt Adolfo Parentini stolz. Die stetigen Investitionen sind dank einer wohl einzigartigen Rahmenbedingung möglich: da ein Großteil der drei Söhne und drei Töchter der Familie Moris in Amerika und London ihren einträglichen Berufen nachgeht, werden die erzielten Gewinne nicht ausgeschüttet, sondern komplett in das Weingut reinvestiert. Von den sechs Geschwistern arbeitet lediglich die Frau von Adolfo Parentini und eine weitere Schwester im Weingut.

## ERNEUERUNG DER WEINBERGE FAST ABGESCHLOSSEN

Ein Großteil der Weinberge von Massa Marittima stammt aus den siebziger Jahren und haben ihr Alter erreicht. Nach ersten Versuchen in den achtziger Jahren haben sich die Besitzer im Jahr 1990 entschlossen, dort verstärkt Cabernet Sauvignon und Syrah zu pflanzen. Mittlerweile sind die Verantwortlichen auch in der Zone des Morellino, die vorwiegend mit dem einheimischen Sangioveseklon „Morellino" bestockt ist, dabei Sangiovese, Merlot, Syrah und Cabernet Sauvignon zu pflanzen. „Mehr als 50 Hektar sind mittlerweile neu angelegt worden", erklärt Adolfo Parentini. Zusätzlich erproben der Direktor und sein Önologe Pagli die Rebsorten Carignano oder Aglianico, denen gute Zukunftschancen in dieser warmen Region der Toskana attestiert werden.

## ETABLIERT MIT DEM AVVOLTORE

Aushängeschild des Betriebes ist der IGT Maremma Toskana Wein mit dem Namen Avvoltore, der bereits seit 1988 erzeugt wird. Wie bei vielen anderen Weinen, greift Attilio Pagli auf den ausgewogenen Verschnitt mehrerer Rebsorten zurück. Eine Ausnahme bildet der Rotwein der DOC Monteregio di Massa Marittima, der nur Sangiovese enthält und im Jahre 1994 zum ersten Mal erzeugt wurde. In Zukunft möchte Parentini gerade bei diesem Wein die Menge deutlich steigern. Er weiß, dass sich die relativ unbekannte DOC noch keinen Namen aufbauen konnte. Nach den vielen Investitionen anderer Betriebe in den letzten Jahren könnte sich das aber rasch ändern, so hofft Parentini, der auch in der DOC Morellino di Scansano einer der Vorreiter für die steigende Aufmerksamkeit ist. *sm*

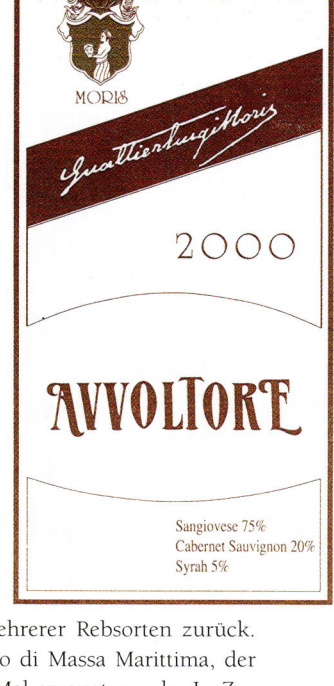

Bild linke Seite: Adolfo Parentini
Bild rechte Seite: Die Trauben werden in kleinen Kisten zum Keller gebracht

| | | | |
|---|---|---|---|
| ★ | Morellino di Scansano ❶ | | 180.000 |
| ★ | Monteregio di Massa Marittima ❷ | | 30.000 |
| ★★ | Morellino di Scansano Riserva ❷ | | 50.000 |
| ★★-★★★ | Avvoltore ❸ | | 50.000 |
| Importeure: | D: | Farnetani | |
| | CH: | Archetti | |
| | A: | Morandell | |

# TENUTA DELL' ORNELLAIA
### Bolgheri

Ornellaia ist eines der zahlreichen Weingüter, die an der Straße zwischen Bolgheri und Castagneto Carducci liegen. Wie kaum ein anderes hat die Tenuta Ornellaia jedoch in den letzten fünfzehn Jahren große Erfolge feiern können. Ihr Spitzenwein Ornellaia wird heute in einem Atemzug mit dem Kultwein Sassicaia genannt und der Masseto wird als der beste Merlot Italiens gepriesen. Der Gründer Marchese Ludovico Antinori hat in weniger als zehn Jahren vieles erreicht, wofür andere Jahrzehnte brauchen. Das erkennt sein Bruder Marchese Piero Antinori, der Chef des bekannten Weinhauses Antinori in Florenz, neidlos an.

## ÜBERNAHME DURCH MONDAVI

Via Bolgherese, 191
57020 Bolgheri
Tel. 0565-71811
Fax: 0565-718230
www.ornellaia.it
info@ornellaia.it
Besitzer: Mondavi / Frescobaldi
Betriebsleiter: Leonardo Raspini
Önologe: Thomas Duroux und Michel Rolland
Rebfläche: 65 Hektar
Produktion: 700.000 Flaschen
Besuchszeiten: kein Besuch möglich

Diese Erfolgsgeschichte lockte in den neunziger Jahren auch ausländische Investoren aus Kalifornien in die Region Bolgheri. Die Familie Mondavi beteiligte sich zuerst als Partner am Weingut von Ludovico Antinori und erwarb vor wenigen Jahren Tenuta dell'Ornellaia. Jahre vorher hatte sich die Familie Mondavi bereits in der Toskana engagiert und zusammen mit dem toskanischen Traditionshaus Marchesi de' Frescobaldi das Weingut Luce in Montalcino (inklusive der Weine Lucente und Danzante) gegründet. Die Hälfte der Anteile an Tenuta dell'Ornellaia hat Mondavi an Frescobaldi weiterverkauft.

## ALLE KARTEN AUF DEN ROTWEIN

Am erfolgreichen Team von Ornellaia mit Direktor Leonardo Raspini, Verkaufschefin Alex Belson und dem französischen Weinmacher Thomas Duroux soll nichts geändert werden. Das Sortiment von Ornellaia wird in Zukunft aus vier Rotweinen bestehen, denn der Sauvignon Blanc wird seit dem Jahrgang 2002 nicht mehr erzeugt. An der Spitze stehen die beiden Rotweine Masseto und Ornellaia, ein Verschnitt aus Cabernet Sauvignon und Merlot. Da jeder weininteressierte Gastronom, ein paar Flaschen für seine Weinkarte ergattern möchte, muss Alex Belson die Weine streng zuteilen, da die Nachfrage aus dem Ausland ebenfalls sehr groß ist. Es mag vor diesem Hintergrund überraschend klingen, aber die beiden Weine sind beileibe keine „Boutiqueweine". Ornellaia und Masseto (160.000 beziehungsweise 37.000 Flaschen) kommen allein auf fast 200.000 Flaschen, eine Menge, welche die gesamte Produktion vieler Toskanaweingüter übersteigt.

## SERRE NUOVE ÜBERZEUGT

Nicht jeder kann und möchte sich jedoch Weine, die in den Weinhandlungen für deutlich mehr als 100 Euro verkauft werden, leisten. Die Einführung eines Zweitweines war deshalb ein längst fälliger und vernünftiger Schritt. Le Serre Nuove heißt er und wurde im Jahr 1997 erstmals erzeugt. Dass der neue Wein in manchen Jahrgängen seinem großen Bruder nicht viel nachsteht, ist nicht verwunderlich, denn er wird genauso erzeugt. Die Weinbergsarbeit, Gärführung und der Ausbau im Holz sind identisch. Vor der Abfüllung entscheiden die Weinmacher lediglich darüber, welche Barriques für den Ornellaia und welche für den Zweitwein benutzt werden. Der Weinmacher erklärt, dass die Weine aus den jungen Cabernet Sauvignon- und Merlot-Weinbergen hauptsächlich in den Serre Nuove fließen. Von allen Weinen ist der gefällige Basiswein Le Volte der einzige, der aus Cabernet Sauvignon, Merlot und einem Anteil Sangiovese besteht. *sm*

Bild linke Seite: Führungsteam: Alex Belson, Thomas Duroux, Leonardo Raspini
Bild rechte Seite: Barriquekeller

| | | | |
|---|---|---|---|
| ★-★★ | Le Volte ❶ | | 30.000 |
| ★★ | Serre Nuove ❷ | | 67.000 |
| ★★★ | Ornellaia ❹ | | 160.000 |
| ★★★ | Masseto ❹ | | 37.000 |

Importeure: D: Mondavi Deutschland
CH: Bindella
A: Morandell

# La Parrina

## Albinia

„Es ist nicht alles schlecht, was die Zukunft bringt." Dies sei das Motto ihrer Familie, erklärt Franca Spinola. Und was die Weine ihres Weingutes La Parrina anbelangt, so trifft das Motto zu, denn noch nie waren sie so gut wie in den jüngsten Jahren. La Parrina liegt ganz im Süden der Toskana, nicht weit von der Küste entfernt.

### Heisse Sommer

Das Gut entstand Anfang des 19. Jahrhunderts durch die Heirat einer Strozzi mit einem Giuntini, beides bekannte Adelsgeschlechter der Toskana. Seither ist es in Familienbesitz und heute ist Marchesa Franca Spinola die Besitzerin. La Parrina ist eine Welt für sich. 450 Hektar Land umfasst das Gut. Es liegt in der Maremma, unweit vom Meer und vom Monte Argentario. Das Klima auf La Parrina ist vom Meer bestimmt. Die Sommer sind heiß und trocken, ausgiebige Niederschläge gibt es nur im Frühjahr und Herbst. Die Reben scheinen dies zu mögen. Ebenso die Touristen, die Jahr für Jahr hierher kommen und auf La Parrina ihren Urlaub verbringen.

> Loc. La Parrina
> 58010 Albinia
> Tel. 0564-862626
> Fax: 0564-862636
> www.parrina.it
> parrina@dada.it
> Besitzer: Franca Spinola
> Betriebsleiter: Rolando Bernacchini
> Önologe: Giuseppe Caviola
> Rebfläche: 57 Hektar
> Produktion: 200.000 Flaschen
> Besuchszeiten: 9-13 + 15-18:30 Uhr
> Ferienwohnungen

### Eine Welt für sich

Neben Wein werden auf La Parrina auch Früchte, Gemüse, Gartenblumen, Olivenöl und Käse erzeugt. Auch Ferienwohnungen kann man auf La Parrina mieten. La Parrina ist eine eigene Welt. Gerade was den Wein betrifft, der schon immer eine besonders wichtige Rolle hier gespielt hat. Schon 1971 hat La Parrina eine eigene DOC sowohl für Weiß- als auch für Rotwein erhalten, später wurden auch Rosé und Rosso Riserva gesetzlich anerkannt. Der Name La Parrina kommt vermutlich vom kastilischen Wort „parra", was soviel wie Weinrebe oder Weinlaube bedeutet.

### Kraftvoller Ansonica

Die traditionellen weißen Rebsorten hier sind Ansonica und Trebbiano. Heute werden aber auch Chardonnay und Sauvignon Blanc angebaut und dürfen Bestandteil des Parrina Bianco sein. Ansonica ist eine nicht allzu weit verbreitete Rebsorte, die vor allem an der Küste der Toskana zu finden ist, aber auch in

Sizilien, wo sie den Namen Inzonia trägt. Ansonica gibt es bei La Parrina reinsortig als „Ansonica Costa dell'Argentario". Der Wein wird im Edelstahl ausgebaut. Es ist ein kraftvoller, recht fülliger Wein mit ganz leicht blumigen Noten und reifer Frucht.

## PARRINA ROSSO: MURACCIO UND RISERVA

Die traditionell rote Rebsorte hier ist der Sangiovese. Heute werden Cabernet Sauvignon und Merlot, neuerdings auch Syrah, Cabernet Franc und Petit Verdot auf La Parrina angebaut. So enthält inzwischen der Muraccio genannte Parrina Rosso neben Sangiovese jeweils 10 Prozent Cabernet Sauvignon und Merlot. Muraccio ist eine Lage innerhalb von La Parrina, am Fuße der Hügel. Der Wein wird zehn Monate in Eichenholzfässern ausgebaut. Der Parrina Riserva enthält ebenfalls neben Sangiovese 10 Prozent Merlot und sogar 20 Prozent Cabernet Sauvignon und wird über ein Jahr im Barrique ausgebaut. Beide Weine haben seit 1999 deutlich an Struktur gewonnen. Sie sind reintönig und vereinigen wunderschön Kraft und Frucht mit Eleganz. Schon der Muraccio ist eindringlich und hervorragend, die Riserva weist – bei gleicher Stilistik – noch etwas mehr Fülle auf.

## REINSORTIGER MERLOT: RADAIA

Das jüngste Kind im Programm von La Parrina ist der mit dem Jahrgang 2000 erstmals erzeugte reinsortige Merlot, Radaia genannt. Es ist ein kraftvoller, herrlich konzentrierter Wein mit faszinierender Frucht und viel Nachhall. Es ist wahrhaft nicht schlecht, was La Parrina in den letzten Jahren an Weinen hervorgebracht hat. Und ich bin mir ganz sicher, dass auch in Zukunft La Parrina noch viele faszinierende Weine vorstellen wird.   ge

| Bild linke Seite: | Weinberge bei La Parrina | |
|---|---|---|
| Bild rechte Seite: | Gutsgebäude | |
| ★ | Costa dell'Argentario Bianco Ansonica ❶ | 40.000 |
| ★★-★★★ | Parrina Rosso Muraccio ❶ | 20.000 |
| ★★-★★★ | Parrina Rosso Riserva ❷ | 40.000 |
| ★★-★★★ | Radaia ❸ | 3.000 |
| Importeure: | D:   Garibaldi, VIF, Olmorisi, Bremer | |
| | CH: Eduard Meyer | |

# PODERE LA REGOLA
## Riparbella

Bereits seit Anfang des zwanzigsten Jahrhunderts besitzt die Familie Nuti im Tal des Flusses Cecina, zehn Kilometer vom Mittelmeer entfernt, Podere La Regola. Wein und Olivenöl haben sie schon immer gemacht, beides für den Hausgebrauch. Den ersten Wein unter eigenem Etikett aber hat die Familie Nuti mit dem Jahrgang 1997 vermarktet. Auch Olivenöl und einen barriqueausgebauten Grappa bieten sie heute zum Verkauf.

### „WIR LIEBEN UNSERE ERDE"

Podere La Regola liegt in der Zone Montescudaio, unmittelbar nördlich von Bolgheri. Dort, in Bolgheri, hat Rolando Nuti für Weingüter wie Ornellaia, Antinori (Guado al Tasso) und San Guido Weinberge angelegt. Seine Söhne haben von ihm die Liebe für das Land und den Wein geerbt. Luca hat Landwirtschaft studiert und leitet heute das Weingut. Flavio, eigentlich Rechtsanwalt, kümmert sich um die Verwaltung und das Marketing. Die bestehenden Weinberge – mit Sangiovese, Trebbiano und Vermentino – wurden teilweise erneuert, neue Weinberge wurden angelegt. Cabernet Sauvignon, Syrah und Merlot haben sie angepflanzt, aber auch Chardonnay und Sauvignon Blanc. 7.000 Reben haben sie je Hektar gepflanzt, während in den alten Weinbergen nur 4.000 Reben je Hektar stehen. Die Reben wachsen in unterschiedlichen Höhenlagen, teils im Tal des Cecina, teils auf den umliegenden Hügeln. 100.000 Flaschen wollen sie in einigen Jahren erzeugen, dann wenn alle Weinberge in Ertrag stehen. Für Weinberge wie Keller hören sie auf den Rat von Giovanni Bailo, einem Önologen aus Piemont.

> Loc. San Martino
> 56046 Riparbella
> Tel. 0586-698145 / 0588-81363
> Fax: 0586-698145 / 0588-81363
> www.laregola.com
> info@laregola.com
> Besitzer: Rolando, Luca und Flavio Nuti
> Önologe: Giovanni Bailo
> Rebfläche: 13 Hektar
> Produktion: 45.000 Flaschen
> Besuchszeiten: nach Vereinbarung

### ZWEI WEISSWEINE: STECCAIA UND LAURO

Wie gesagt, erst 1997 haben sie ihre ersten Weine gemacht, einen weißen (Steccaia) und einen roten (Ligustro). Seither haben sie ihr Sortiment ergänzt. Wichtigster Weißwein im Programm ist nach wie vor der Steccaia genannte Montescudaio Bianco, eine Cuvée aus 70 Prozent Vermentino und 30 Prozent Sauvignon Blanc. Es ist ein faszinierend kraftvoller, eindringlicher Wein mit viel reifer, süßer Frucht und enormem Nachhall. Ähnlich kraftvoll und nachhaltig ist die im Barrique ausgebaute Variante dieses Weins, ebenfalls Vermentino und Sauvignon Blanc, Lauro genannt, die erstmals im Jahrgang 2002 erzeugt wurde. Trotz der sieben Monate im kleinen Holzfass fasziniert dieser Wein mit seiner intensiven reifen, süßen Frucht und der gleichen tollen Nachhaltigkeit wie der Steccaia.

## VALLINO DELLE CONCHE

Vier Rotweine gibt es bei La Regola, die alle vier die DOC-Bezeichnung Montescudaio Rosso tragen. Da ist zunächst einmal der Ligustro, der hauptsächlich aus Sangiovese besteht. Er wird in Zementtanks ausgebaut und zeigt sich unbekümmert im Mund mit viel Frucht und Frische. Wesentlich kraftvoller ist da schon der „Valline delle Conche", der aus dem gleichnamigen Weinberg in der Gemeinde Riparbella kommt. 1999 wurde er zum ersten Mal erzeugt. Neben 80 Prozent Sangiovese enthält er 20 Prozent Cabernet Sauvignon. Zwölf Monate wird er im Barrique ausgebaut – und das steckt er mühelos weg: viel süße reife Frucht und gewaltige Konzentration zeichnen ihn aus, Reintönigkeit und eine faszinierende Nachhaltigkeit. Erstmals mit dem Jahrgang 2001 gab es den Belloro, einen reinsortigen Sangiovese.

## ERSTWEIN: LA REGOLA

Aber noch einen weiteren bemerkenswerten Rotwein hat La Regola auf Lager und der wird einfach „La Regola" genannt. Der „La Regola" wurde bereits mit dem Jahrgang 1998 zum ersten Mal aufgelegt. Die Trauben für den „La Regola" kommen aus den höchstgelegenen Weinbergen des Gutes. Er besteht zur einen Hälfte aus Sangiovese, zur anderen Hälfte aus Cabernet Sauvignon und Merlot. Achtzehn Monate wird er im Barrique ausgebaut und wie der „Valline delle Conche" steckt er das problemlos weg. Er ist kraftvoll und füllig, hat viel süße Frucht, Biss und Nachhall. Ein lagerfähiger Wein. *ge*

Bild linke Seite: Luca und Flavio Nuti
Bild rechte Seite: Vigna Vecchia

| | | |
|---|---|---|
| ★★ | Steccaia Montescudaio Bianco ❷ | 6.000 |
| ★★ | Lauro Montescudaio Bianco ❷ | 1.000 |
| ★-★★ | Ligustro Montescudaio Rosso ❶ | 13.000 |
| ★★ | Belloro Montescudaio Rosso ❷ | 1.000 |
| ★★ | Valline delle Conche Montescudaio Rosso ❷ | 7.000 |
| ★★ | La Regola Montescudaio Rosso ❷ | 7.000 |

| Importeure: | D: | Abayan |
|---|---|---|
| | CH: | Vini d'Amato |

# RUSSO
### Suvereto

Der Begriff „Euphorie" bezeichnet treffend die Situation im Weinbausektor in Italien gegen Ende des letzten Jahrzehnts. Vor allem der Süden und die toskanische Küste standen im Mittelpunkt des Interesses. Offenweinerzeuger begannen ihre Weine abzufüllen, von den positiven Aussichten angelockt, engagierte sich die junge Generation im Familienbetrieb und branchenfremde Unternehmer investierten große Summen in ein neues Weingut. Folglich tauchen nun in den Weinhandlungen ständig unbekannte Weine aus der Maremma und dem Küstenstreifen von Livorno bis Grosseto auf. Barbicone und Sassobucato sind zwei solche Weine, die erstmals im Jahr 2000 verkauft wurden und von lokalen Weinhändlern bereits als zukünftige Stars gehandelt werden.

Via Forni, Podere La Metocchina, 71
57028 Suvereto
Tel. 0565-845105
Fax: 0565-845105
Besitzer: Michele und Antonio Russo
Betriebsleiter: Michele Russo
Önologe: Alberto Antonini
Rebfläche: 10 Hektar
Produktion: 35.000 Flaschen
Besuchszeiten: nach Vereinbarung

### BARBICONE UND SASSOBUCATO

Die Weine stammen aus den Weinbergen der Brüder Russo, die in der Gemeinde Suvereto liegen. Michele und Antonio Russo führen gemeinsam seit Mitte der neunziger Jahre das Weingut der Familie, die Podere La Metochina. Ihr Ziel war von Anfang an klar definiert: Sie wollten im Val di Cornia, nur wenige Kilometer südlich der DOC Bolgheri, große Weine machen, die sich vor den Spitzenweinen der etablierten Gebiete im Landesinneren nicht zu verstecken brauchen.

### VIELE REBSORTEN

„Die Grundlage wird im Weinberg gelegt", diesen Satz höre ich nicht zum ersten Mal. Gerade in einer Gegend wie dem relativ heißen und trockenen Val di Cornia ist die ertragreduzierende Arbeit und der bewusste Umgang mit den einzelnen Rebsorten besonders wichtig. Antonio und Michele Russo haben dies verinnerlicht. Sie bearbeiten eine ganze Palette von Rebsorten: Sangiovese, Merlot, Cabernet Sauvignon, Ciliegiolo, Colorino, Canaiolo Nero und Vermentino. Dass sie ihre Arbeit beherrschen, zeigt sich in ihren Weinen. Besonders am Barbicone, der zu einem großen Teil aus der empfindlichen Rebsorte Sangiovese besteht, wird dies deutlich.

### MODERNER WEINSTIL

Akribische Weinbergsarbeit wäre jedoch ohne einen Experten im Keller weitgehend wertlos. Von Beginn an, im Jahr 1998, arbeiten sie deshalb mit der Weinmachergruppe Matura zusammen. Alberto Antonini ist für die Weine verantwortlich und besonders der moderne Stil der Rotweine lässt die Handschrift des erfahrenen Weinmachers erkennen. Es gelingt Antonini fast immer, die Beerenfrucht der Weine zu erhalten und diese mit noblen Eichenholztanninen elegant zu verbinden. Auch die Weine von Russo sind da keine Ausnahme und glänzen durch ihre Vielschichtigkeit und perfekte Machart. Das im Vergleich zum Chianti Classico deutlich wärmere Klima in Suvereto ist dem Barbicone nicht so sehr anzumerken. Großzügige Beerenfrucht, eine lebendige Säure und die dicht gewebte Struktur aus Trauben- und Eichenholztanninen beeindrucken. Bei aller Kraft behält der Wein dennoch seine Harmonie.

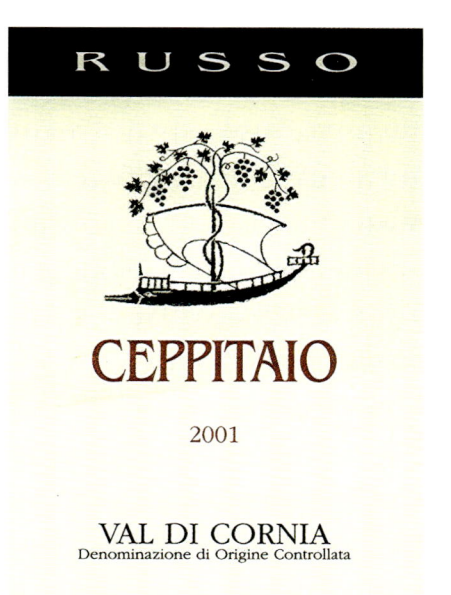

## SASSOBUCATO

Mit ihrem zweiten Spitzenwein folgen die Brüder einem sich abzeichnenden Trend in der Toskana und setzen auf die Rebsorte Merlot. Der Sassobucato (75 Prozent Merlot, 25 Prozent Cabernet Sauvignon) ist trotz seines Cabernetanteils eindeutig durch die Sanftheit und würzigen Aromen der Rebsorte geprägt und überzeugt durch eine schöne Geschmackstiefe. Er ist für mich sogar noch ein bisschen beeindruckender als der Barbicone, der sich bereits einen Namen in der Region erarbeiten konnte.

## ÜBERZEUGENDES SORTIMENT

Zwei weitere Weine vervollständigen das Sortiment des Weingutes. Der Basisrotwein Ceppitaio, der aus mehreren Rebsorten erzeugt wird, überzeugt durch ein sehr gutes Preis-Leistungsverhältnis. Er kostet in den Weinhandlungen weniger als 10 Euro und ist damit deutlich günstiger als ein vergleichbarer Chianti Classico. Der Jahrgang 2001 des Ceppitaio ist den Brüdern Russo sehr überzeugend gelungen. Ein fruchtiger Weißwein Pietrasca, der aus der für die Küstenregion typischen Rebsorte Vermentino gekeltert wird, rundet das Sortiment ab. Bei Russo überzeugen nicht nur die Spitzenweine, sondern auch die Basisweine. Das hat auch der Handel und die Gastronomie in relativ kurzer Zeit erkannt. 1998 war ihr erster Jahrgang und bislang hatten die Brüder wegen der vielen Anfragen aus Italien noch nicht einmal Zeit, sich um den deutschen Markt zu kümmern. Ihre 35.000 Flaschen pro Jahr verkaufen sie hauptsächlich an italienische Kunden und ein wenig auch in die Schweiz. Behutsam möchten die Brüder in Zukunft die Produktion ausweiten und die Qualität weiter verbessern. *sm*

| Bild linke Seite: | Michele Russo | |
|---|---|---|
| ★ | Val di Cornia Ceppitaio ❶ | 18.000 |
| ★★-★★★★ | Sassobucato ❸ | 7.000 |
| ★★-★★★★ | Val di Cornia Barbicone ❸ | 5.000 |
| Importeure: | CH: Vergani | |

# SAN GERVASIO
## Palaia

Ganz schön durchgeschüttelt werde ich. Es geht über Stock und Stein. Ich sitze im Geländewagen von Luca Tommasini. Als er mich fragte, ob ich die Weinberge sehen möchte, hatte ich ja gesagt. Nach dem er mir den ersten Weinberg gezeigt hat, fragt er, ob ich auch die anderen sehen möchte. Ich sage ja. Nun zeigt er mir alle seine Weinberge. Holprige Feldwege geht es entlang. Die Weinberge von Luca Tommasini liegen weit verstreut auf dem 400 Hektar großen Gut. Nur die besten Lagen sind mit Reben bestockt. Dazwischen Felder, Wald und viel Mais. Für die Wildschweine, wie Luca Tommasini erklärt. Die Wildschweine kann man jagen und das Fleisch verkaufen, gleichzeitig fressen sie nicht die reifen Trauben. Denn Mais ist ihnen lieber. Ob Wildschweine vielleicht doch keine Feinschmecker sind?

Loc. San Gervasio
56036 Palaia
Tel. 0587-483360
Fax: 0587-483361
www.sangervasio.com
sangervasio@sangervasio.com
Besitzer: Luca Tommasini
Betriebsleiter: Luca Tommasini
Önologe: Luca d'Attoma
Rebfläche: 22 Hektar
Produktion: 70.000 Flaschen
Besuchszeiten: nach Vereinbarung
16 Apartments, Restaurant

### WENDEPUNKT 1994

Luca Tommasini gehört das Gut San Gervasio. Es liegt in der Nähe von Palaia, in den Hügeln südöstlich von Pisa. 1960 hatte es sein Vater gekauft. Ursprünglich wurde Getreide hier angebaut. Nach und nach wurden Weinberge angelegt. Die Jagd – Fasane, Hasen und eben Wildschweine – und der Tourismus sind heute wichtige Einnahmequellen, und immer wichtiger wird der Wein. 1994 bringt die entscheidende Wende. In diesem Jahr trifft Luca Tommasini den Önologen Luca d'Attoma, der sich wie kein anderer für Weingüter in der gesamten Küstenregion der Toskana engagiert. Noch im gleichen Jahr wird Merlot und Cabernet Sauvignon gepflanzt, 5.000 Reben je Hektar. In den folgenden Jahren erhöhen die beiden weiter die Pflanzdichte, bis auf 12.000 Reben je Hektar. Wobei Luca Tommasini meint, dass das für seine Lagen ein wenig zu viel sei. Aber 10.000 Reben müssen es sein. Sangiovese und Merlot sind seine Favoriten. Bei 22 Hektar Weinbergen sind über 200.000 Rebstöcke zu bearbeiten. Ein limitierender Faktor, denn gutes Personal zu bekommen ist schwer. Weshalb bei 25 Hektar Schluss sein soll mit den Neuanlagen. Dann soll die heutige Produktion von 70.000 auf 120.000 Flaschen im Jahr gesteigert werden.

### KEIN CHIANTI MEHR

Mit dem Jahrgang 2002 hat Luca Tommasini sein Programm neu strukturiert. Den Le Stoppie Chianti delle Colline Pisane wird es zukünftig nicht mehr geben. An seine Stelle tritt der „San Gervasio", der als Zweitwein hinter den beiden Spitzenweinen „A Sirio" und „I Renai" alle Partien von Sangiovese, Merlot und Cabernet Sauvignon enthält, die nicht in die Erstweine eingehen. Der Wein ist wunderschön fruchtbetont, ohne vordergründig zu sein. Gleiches gilt für den unkomplizierten Rosato Aprico. Etwas eigenwilliger ist da schon der Weißwein von San Gervasio, Marna genannt. Zwei Drittel sind Vermentino, hinzu kommt ein Viertel im Barrique ausgebauter Chardonnay, sowie Sauvignon Blanc. Daneben hat Luca Tommasini noch weiße Sorten im Versuchsanbau, jeweils 300 Stock. Diese Trauben gehen ebenfalls in den Marna: Viognier, Riesling, Traminer und Moscato.

## MEHR SANGIOVESE UND MERLOT

1995 wurde erstmals der „A Sirio" erzeugt, den Luca Tommasini nach seinem Großvater benannt hat. Es ist ein Sangiovese, der ein klein wenig Cabernet Sauvignon enthält. Der „A Sirio" wird sechzehn Monate in Barriques mit 225 Liter Inhalt ausgebaut. Es ist ein faszinierend fruchtbetonter und eleganter Wein, lang und nachhaltig. Seit 1998 gibt es einen zweiten Spitzenwein bei San Gervasio, den „I Renai". Der „I Renai" ist ein reinsortiger Merlot, der eineinhalb Jahre in kleinen Fässern mit 114 Liter Inhalt ausgebaut wird. Er ist füllig und fleischig, herrlich fruchtbetont und nachhaltig. Die Menge dieser beiden Spitzenweine möchte Luca Tommasini in den nächsten Jahren erhöhen, weshalb er noch mehr Merlot und Sangiovese pflanzen will. Auch einige Reben Petit Verdot und Tannat hat er gepflanzt. Seit 1996 hat er mit der Umstellung auf biologischen Weinbau begonnen. Nun überlegt er, ob er zukünftig die Weinberge nach biodynamischen Methoden bearbeiten soll. Vielleicht kann man so weiter die Qualität steigern. Erste Präferenz aber haben die neuen Weinberge, denn nur von dort kann die Qualität kommen. *ge*

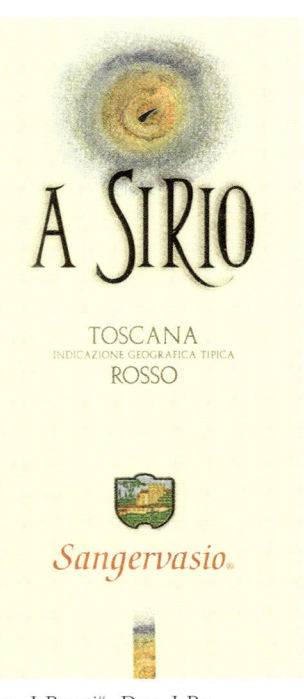

Bild linke Seite: Luca Tommasini
Bild rechte Seite: Bewässerung junger Reben

| | | | |
|---|---|---|---|
| ★ | Marna ❶ | | 5.000 |
| ★ | Aprico ❶ | | 7.000 |
| ★★ | San Gervasio ❶ | | 25.000 |
| ★★ | A Sirio ❷ | | 15.000 |
| ★★-★★★ | I Renai ❸ | | 5.000 |
| Importeure: | CH: Archetti, Liechti | | |
| | A: Rudis Vinothek | | |

# TENUTA SAN GUIDO
**Bolgheri**

Sassicaia ist nicht irgendein Kultwein, wie alle teuren Weine im angelsächsischen Sprachgebrauch gerne genannt werden. Sassicaia ist ein Fels in der Weinbaugeschichte Italiens, der Stolz einer ganzen Nation und Vorbild für viele Winzer.

## KULTWEINSTATUS

Vor dem Hintergrund der zahlreichen Superpremiumweine, von denen viele erst weniger als zehn Jahrgänge erzeugt wurden, mag dies heute etwas pathetisch klingen, bis Anfang der neunziger Jahre war es dies ganz und gar nicht. Wohlhabende Weinliebhaber aus aller Welt suchen nach den begehrten Jahrgängen, sie möchten alle Weine vom ersten Jahrgang 1968 bis in die neunziger Jahre besitzen. Der Kult um den Wein, der in Vergleichsproben Ende der siebziger Jahre die französischen Topchateaux geschlagen hat und als überzeugende Antwort der Toskana auf die mächtigen Bordeaux-Weine gefeiert oder als bester Wein Italiens gepriesen wurde, hält unvermindert an.

> Località Capanne, 27
> 57020 Bolgheri
> Tel. 0565-762003
> Fax: 0565-762017
> www.sassicaia.com
> info@sassicaia.com
> Besitzer: Marchesi Incisa della Rocchetta
> Betriebsleiter: Nicolò Incisa della Rocchetta
> Önologe: Giacomo Tachis
> Rebfläche: 70 Hektar
> Produktion: 220.000 Flaschen
> Besuchszeiten: vereinbaren über Consorzio Strada del Vino (Tel. 0565-749768)

## BOLGHERI AUF DIE LANDKARTE GESETZT

Auch für Weintouristen ist der Ort Bolgheri, wo der berühmte Wein herkommt, ein Muss auf ihrer Weintour durch die Toskana. An der Kreuzung der alten Römerstrasse „Via Aurelia" zweigt die schnurgerade, kilometerlangen Straße, die nach Bolgheri führt, ab. Am Anfang dieser aus der flachen Landschaft herausragenden Zypressen-Allee liegt das Hauptgebäude des Weingutes auf der linken Seite. Dem Weingut benachbart, ist die kleine Kirche San Guido, die gleichzeitig Namenspate für das Weingut geworden ist. Am relativ kleinen Gebäude mit seiner warmen Toskanawandfarbe ist nicht zu erkennen, wie groß der Besitz der Adelsfamilie Marchesi Incisa della Rocchetta wirklich ist. 3.000 Hektar Land gehören zum Unternehmen Tenuta San Guido. Nach dem zweiten Weltkrieg siedelte Mario Incisa della Rocchetta mit seiner Familie aus Rom nach Bolgheri über, verwirklichte mit dem Sassicaia seinen Traum eines toskanischen Spitzenweines und ging seiner zweiten Leidenschaft, der Pferdezucht, nach. Noch heute schwärmen Rennpferdeliebhaber von dem sagenhaften Hengst Ribot, der in den fünfziger Jahren viele bedeutende Rennen gewann.

## Cabernet ist Trumpf

Beim Wein drehte sich bei der Familie alles schon immer um den Cabernet. Der Besitzer wollte einen „großen Bordeaux" in Italien schaffen. Er ließ die Reben von bekannten Chateaus aus der Bordeaux-Region kommen und vergrößerte seinen Weinbergsbesitz. Bereits in den dreißiger Jahren hatte er die ersten 1,5 Hektar Cabernet Sauvignon gepflanzt. Mit der Unterstützung von Giacomo Tachis, dem technischen Direktor von Antinori als Berater, erhielt der Wein dann in den siebziger Jahren den notwendigen Schliff. Der Wein besteht seit Beginn überwiegend aus Cabernet Sauvignon und je nach Jahrgang 15 bis 20 Prozent Cabernet Franc.

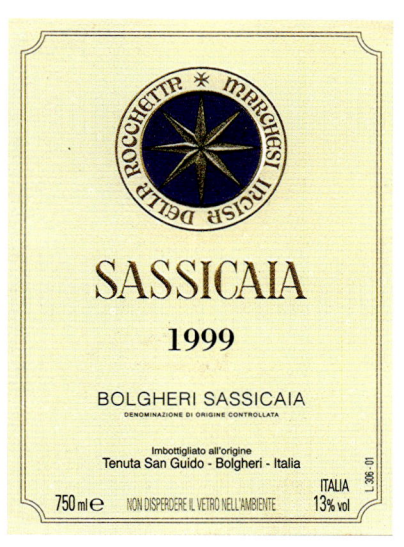

## DOC Bolgheri Sassicaia

Mario Incisa ist 1983 verstorben, seither führt Sohn Niccolò mit der gleichen Begeisterung wie sein Vater das Familienweingut. In Bolgheri ist die Familie hoch angesehen und Hochachtung schwingt in den Aussagen mit, wenn die Bewohner über den Marchese und seine Verdienste für die Region erzählen. Von anfangs 3.000 Flaschen des 68ers ist die Jahresproduktion mittlerweile auf fast 200.000 Flaschen angestiegen. Heute kommen die Trauben des Sassicaia aus vier Parzellen: Sassicaia, Aia Nuova, Quercione und Castiglioncello. Abgesehen von der 350 Meter hohen Lage Castiglioncello liegen alle Weinberge zwischen 60 und 90 Meter Höhe. Sie erstrecken sich in der Nähe des Weinguts nördlich und südlich der langen Zypressenallee. Von den kiesel- und sandsteindominierten Böden in diesem Teil von Bolgheri hat der Wein seinen Namen Sassicaia, was übersetzt „steiniges Feld" bedeutet. In Anerkennung der Verdienste bekam das Weingut im Laufe der 90er Jahre eine eigene DOC Sassicaia zuerkannt. .

## Zweiter Wein

Jahrelang wartete der Markt auf einen Zweitwein, jetzt ist er endlich da. Guidalberto ist sein Name und er besteht aus Merlot, Cabernet Sauvignon und Sangiovese. Gepachtete Flächen sind die Grundlage des Weines, der mit dem Jahrgang 2000 erstmals erzeugt wurde. Noch sind die Reben sehr jung und vom 2001er gibt es weniger als 20.000 Flaschen. Das kann sich in Zukunft jedoch ändern, denn es ist geplant, die Produktion des Weines Guido Alberto auszubauen. Dann können sich noch mehr Leute am Mythos Sassicaia erfreuen.  *sm*

| | | | |
|---|---|---|---|
| Bild linke Seite: | Nicolò Incisa Della Rocchetta | | |
| ★★ | Guidalberto ❹ | | 50.000 |
| ★★-★★★★ | Bolgheri Sassicaia ❹ | | 170.000 |
| Importeure: | D: | Alpina | |
| | CH: | Bindella | |
| | A: | Morandell | |

# PODERE SAN LUIGI

**Piombino**

Das Städtchen Piombino an der toskanischen Küste ist nicht unbedingt für seinen Weinbau bekannt, sondern eher für die langen Sandstrände, die im Sommer zahlreiche Urlauber bevölkern. Dennoch kommen aus dieser südlichen Region in jüngster Zeit Weine, die Beachtung verdienen und mit den etablierten Weinen aus bekannteren Regionen mithalten können.

## FIDENZIO SORGT FÜR AUFSEHEN

Ein solcher Wein ist der Rotwein Fidenzio des Weingutes Podere San Luigi. Das kleine Weingut liegt etwas außerhalb von Piombino in den leicht ansteigenden Hügeln nördlich des Ortes. Von hier aus ist die Insel Elba an den klaren Tagen sehr gut zu sehen. Das milde Klima scheint den französischen Rebsorten außerordentlich gut zu bekommen, wie der Fidenzio, ein Verschnitt der Rebsorten Cabernet Sauvignon und Cabernet Franc, eindrucksvoll beweist. Der Wein lässt die konsequente Weinbergsarbeit der Familie Toni Tolomei, die auf niedrigen Ertrag und ein harmonisches Gleichgewicht der Reben ausgerichtet ist, erkennen. Angeleitet von Federico Curtaz, dem Agronomen der Gruppe Matura, verbringen Annamaria und ihr Mann Elio viel Zeit im Weinberg.

> Località Campo all'Olmo, 15
> 57025 Piombino
> Tel. 0565-30380
> Fax: 0565-220578
> Besitzer: Annamaria Toni Tolomei
> Önologe: Alberto Antonini
> Rebfläche: 10 Hektar
> Produktion: 5.000 Flaschen
> Besuchszeiten: nach Vereinbarung

## GEHEIMTIPP

Önologe Alberto Antonini schätzt die wertvolle Vorarbeit sehr, die ihm seine Arbeit, einen Spitzenwein zu machen, sehr erleichtert. Quasi aus dem Nichts ist das Weingut vor wenigen Jahren aufgetaucht. Im Ausland ist das kleine Weingut bisher kaum mit seinen Weinen vertreten. Der Wein Fidenzio ist bisher ein Geheimtipp, der vorwiegend in den Weinhandlungen der Umgebung verkauft wird. Dies wird sicherlich nicht mehr lange so bleiben. Bei der alljährlichen Weinverkostung in Lucca, wo die Weingüter der Küstenregionen im Juni ihre Fassmuster des aktuellen Jahrganges vorstellen dürfen, konnte der Fidenzio in drei aufeinander folgenden Jahren voll überzeugen. Der Wein hatte keinerlei Probleme, mit den etablierten Namen aus Bolgheri oder Suvereto mitzuhalten.

## LANGSAMES WACHSTUM

Wie andere Betriebe der weitläufigen Zone Val di Cornia befindet sich das Weingut in einer Expansionsphase. Ein Ausbau der Weinbergsfläche von aktuell 4 Hektar und Investitionen in den Keller sind vorgesehen, doch möchten die Besitzer nichts überstürzen. Die Produktion des Fidenzio soll von derzeit 5.000 Flaschen langsam wachsen. Annamaria Toni Tolomei ist stolz darauf, was sie mit ihren Weinen aus der jungen und relativ unbekannten Region Val di Cornia bis jetzt erreicht hat. „Winzer in einer Region wie Piombino zu sein ist nicht immer einfach gewesen, doch wir haben mit unserer Ausdauer erst die IGT- und dann die DOC-Anerkennung erhalten", sagt Annamaria Toni Tolomei. Das Beispiel zeigt, dass sich Qualität auch in Zeiten eines enger werdenden Marktes durchsetzt.

## NEUER MERLOT

Neben dem Fidenzio gibt noch einen weitern Wein im Angebot. Der Sangioveto ist der Zweitwein des Weingutes, der aus den Rebsorten Sangiovese und Cabernet Sauvignon besteht. Einen gleichwertigen Bruder soll der Fidenzio in ein paar Jahren bekommen, denn das Weingut plant, in naher Zukunft einen reinsortigen Merlot auf den Markt zu bringen. Dieser wird sicherlich wie der Fidenzio in kurzer Zeit von sich reden machen. Mit der Anerkennung der DOC Val di Cornia im Jahre 1989 ist deutlich Bewegung in die von den klassischen Weinrouten abgelegene Ecke der Toskana gekommen, was die Besitzer aber nicht zur Eile treibt. Es wird weiterhin auf die kontinuierliche Qualitätssteigerung viel Wert gelegt.   sm

Bild linke Seite:  Piombino
Bild rechte Seite:  Anna Maria Toni Tolomei

| ★★-★★★ | Fidenzio ❹ | | 37.000 |
|---|---|---|---|
| Importeure: | D: | Scholzen | |

# SASSOTONDO
## Sovana

Sovana liegt in der Provinz Grosseto und gehört zur Maremma. Doch von den typischen Weinen der Maremma unterscheiden sich die Weine aus Sovana deutlich. Das hat mehrere Gründe. Einmal liegen die Weinberge ein ganzes Stück entfernt vom Meer. Die Gegend um die Gemeinden Pitigliano und Sorano ist sehr hügelig und die Weinberge liegen wesentlich höher als die am Meer. 300 Meter hoch liegen beispielsweise die Weinberge von Sassotondo. Aber es gibt noch einen anderen, wesentlichen Unterschied zu den Weinen von der Küste, nämlich den Boden. Die Böden sind mit Tuffstein durchsetzt und geben den Weinen eine ganz eigene mineralische Note.

C.s. Pian di Conati, 52, Sovana
58010 Sorano
Tel. 0546-614218
Fax: 0564-617714
www.sassotondo.it
sassotondo@ftbcc.it
Besitzer: Carla Benini
Betriebsleiter: Carla Benini und Edoardo Ventimiglia
Önologen: Edoardo Ventimiglia und Attilio Pagli
Rebfläche: 10 Hektar
Produktion: 35.000 Flaschen
Besuchszeiten: 8-13 + 15-18 Uhr
(besser anmelden)
Ferienwohnungen

### NEUE DOC: SOVANA

Früher war die Gegend um die Gemeinden Sorano und Pitigliano für Weißwein bekannt. Bianco di Pitigliano ist eine auch außerhalb der Region bekannte DOC, zu größerem Ansehen hat sie es aber, wie alle Weißweine auf Basis von Trebbiano, nie gebracht. Seit 1999 gibt es die neue DOC Sovana für Rotwein, die nach einem Ortsteil von Sorano benannt ist. Die beeindruckendsten Weine dieser neuen DOC Sovana macht das Weingut Sassotondo.

### ALTE CILIEGIOLOREBEN

1997 sind Carla Benini und Edoardo Ventimiglia hierher gekommen. Ihnen gehören 72 Hektar Land auf dem Gebiet der Gemeinden Sorano und Pitigliano. Auf diesem Land stehen 350 Olivenbäume, die 50 Jahre alt sind. Auf 11 Hektar wachsen Reben, vor allem die roten Sorten Ciliegiolo, Sangiovese und Merlot. Die meisten Reben sind jung, ein Teil der Ciliegioloreben aber bringt es auf ein Alter von fünfzig bis sechzig Jahre, andere sind dreißig Jahre alt. Diese alten Reben hat man auf Sassotondo selbst veredelt und neue Weinberge damit angelegt. Ciliegiolo ist eine Rebsorte, die man früher in vielen Weinbergen der südlichen Toskana angebaut hat. In den alten Weinbergen wurden viele verschiedene Rebsorten im Mischsatz angebaut. Ciliegiolo hatte in vielen dieser alten Weinberge einen großen Anteil, meist etwa 30 Prozent. Carla Benini und Edoardo Ventimiglia haben ihre Liebe für diese Rebsorte entdeckt und mehr davon angelegt, allerdings nicht wie früher im Mischsatz.

### TUFFSTEINKELLER, ÖKOWEINE

Der Keller von Sassotondo ist in den Tuffstein gegraben. Carla Benini und Edoardo Ventimiglia haben den alten Keller von Grund auf gereinigt und die alten Zementtanks durch Edelstahl ersetzt. Ihr gesamtes Gut bewirtschaften sie nach den Grundsätzen biologischer Landwirtschaft. Es ist erstaunlich in welch kurzer Zeit es Carla Benini und Edoardo Ventimiglia geschafft haben erstklassige Weine zu erzeugen. Sicherlich, sie haben mit Attilio Pagli für den Keller und Remigio Bordini für die Weinberge kompetente Berater. Ausschlaggebend für die hohe Qualität der Weine ist aber wohl doch die Begeisterung und das Engagement des Ehepaars. Experimentierfreudigkeit gehört auch dazu, was man den Rotweinen anmerkt, bei denen ständig ausprobiert wird, welche Cuvée der Rebsorten die besten Ergebnisse bringt. Ebenso wird bei den Weißweinen experimentiert, denn mit dem Jahrgang 2001 haben sie einen neuen Wein herausgebracht, den „Numero Sei". Es ist eine Cuvée aus Greco di Tufo und Sauvignon Blanc. Der Greco di Tufo wird im Barrique ausgebaut, der Sauvignon Blanc im Edelstahl. Ob aber in Zukunft Cuvée oder Ausbauart beibehalten werden, ist nicht gesagt. Vielleicht findet sich ja eine andere Cuvée oder ein anderer Ausbau, der zu noch besseren Weinen führt.

## SAN LORENZO

Herrlich fruchtbetont ist der einfachste Rotwein von Sassotondo, der Sovana Rosso aus Ciliegiolo, Sangiovese und Alicante. Wie alle Rotweine von Sassotondo wird er nur mit den traubeneigenen Hefen vergoren. Noch kraftvoller ist der zweite Sovana Rosso von Sassotondo, der Franze. In den ersten beiden Jahren war der Franze ein reinsortiger Sangiovese. Seit 1999 enthält er etwas Ciliegiolo, inzwischen auch ein wenig Merlot. Er wird zwölf Monate in Barriques aus Alliereiche ausgebaut.

## REINSORTIGER CILIEGIOLO: SAN LORENZO

Der zweite Spitzenwein von Sassotondo, der San Lorenzo, ist benannt nach dem Weinberg in der Gemeinde Pitigliano, auf dem über 35 Jahre alte Ciliegioloreben stehen. Der San Lorenzo ist ein reinsortiger Ciliegiolo, der je nach Jahrgang zwischen zwölf und achtzehn Monaten in Barriques aus Alliereiche ausgebaut wird. Es ist ein faszinierender Wein mit herrlich intensiver Frucht und enormen Nachhall. Verkostet man diesen Wein, dann versteht man die Begeisterung von Carla Benini und Edoardo Ventimiglia für diese Rebsorte. *ge*

Bild rechte Seite: Carla Benini und Edoardo Ventimiglia

| | | | |
|---|---|---|---|
| ★★ | Numero Sei ❷ | | 2.000 |
| ★-★★ | Sassostondo Rosso ❶ | | 17.000 |
| ★★-★★★ | Sovana Rosso Superiore Franze ❷ | | 9.000 |
| ★★-★★★ | San Lorenzo ❸ | | 7.000 |
| Importeure: | D: | Garibaldi, Meglio | |
| | CH: | Archetti | |

# MICHELE SATTA
**Castagneto Carducci**

Die Grundlage für einen großen Wein wird immer im Weinberg gelegt. Der Wein muss eine Seele haben und seine Herkunft erkennen lassen. Davon ist Michele Satta fest überzeugt. Der gelernte Agronom verbringt deshalb seine Zeit am liebsten in seinen Weinbergen, denn ihm liegt viel daran, „große Weine" zu erzeugen.

## PFLANZEN IM GLEICHGEWICHT

Mit Begeisterung berichtet Michele Satta über die Besonderheiten des Pflanzenwachstums. Er weiß um die Wichtigkeit des Verhältnisses von Blattwerk zu Traubenmenge oder die Bedeutung von in die Tiefe reichenden Wurzeln für die Einlagerung von Mineralien. Seine ganze Weinbergsarbeit zielt auf ein harmonisches Gleichgewicht der Reben ab. Diese naturgegebene Harmonie soll sich nach seinen Vorstellungen dann auch im fertigen Wein zeigen. Satta arbeitet deshalb voller Überzeugung nach biologischen Gesichtspunkten. Seinen Weinbergsbesitz hat er mittlerweile auf 28 Hektar ausgebaut. Wenn sich für ihn in den letzten Jahren eine Möglichkeit bot, ein geeignetes Stück Land zu kaufen, dann konnte er meist nicht widerstehen. Er vertraut auf die Rebsorten Vermentino, Sauvignon Blanc, Viognier und Trebbiano für die Weißweine und Sangiovese, Syrah, Merlot und Cabernet Sauvignon für die Rotweine.

> Località Casone Ugolino, 23
> 57022 Castagneto Carducci
> Tel. 0565-773041
> Fax: 0565-773041
> satta@infol.it
> Besitzer: Michele Satta
> Betriebsleiter: Michele Satta
> Önologe: Attilio Pagli
> Rebfläche: 28 Hektar
> Produktion: 167.000 Flaschen
> Besuchszeiten: nach Vereinbarung

## DER BEGINN: 1984

Begonnen hat die Geschichte des Weingutes erst im Jahr 1984, als Michele Satta sich entschloss, seine Arbeit bei einem Weingut in Bolgheri aufzugeben und hier selbst Wein zu erzeugen. Sein Weingut befindet sich am Fuße des Ortes Castagneto Carducci, der südlichen Grenze der DOC Bolgheri. Michele Satta hat dort seinen Keller direkt in den Berg gebaut und die felsige Bergseite offen gelassen. So hat er nicht nur einen ästhetischen Blickfang geschaffen, sondern nutzt vor allem die Kälte des Berges und die natürliche Luftzirkulation für die Kühlung seines Kellers.

## CAVALIERE UND PIASTRAIA

Der erste Jahrgang 1990 seines Weines Cavaliere, der zu 100 Prozent aus Sangiovese gemacht wird, sorgte gleich für Aufsehen. Er überzeugte selbst die Skeptiker, die die französischen Rebsorten in dieser trockenen und warmen Region für geeigneter halten. Da die Produktionsvorschrift der DOC Bolgheri keine reinsortigen Sangiovese erlaubt, muss Michele Satta, obwohl die Weinberge innerhalb der DOC-Grenzen liegen, seinen Spitzenwein als IGT Toskana auf den Markt bringen. Dagegen ist der Piastraia ein klassischer DOC Bolgheri Typ, der zu gleichen Teilen aus Merlot, Cabernet Sauvignon, Sangiovese und Syrah besteht. Der Merlot steuert den betörenden Duft bei, der Cabernet Sauvignon bildet die Struktur und Syrah und Sangiovese sorgen für zusätzliche Komplexität.

## BEHUTSAMES VORGEHEN

Die gleiche Sorgfalt, mit der Satta die Reben bearbeitet, lässt er auch den Weinen im Keller zuteil werden, wo er auf die langjährige Zusammenarbeit mit dem Önologen Attilio Pagli von der Gruppe Matura bauen kann. Alle Trauben für seine Spitzenweine werden in offenen Holzbehältern vergoren, das Pumpen der Maische wird minimiert. Alle Weine werden mit den im Weinberg existierenden natürlichen Hefen vergoren. Nach dem Ausbau in Barriques werden der Cavaliere wie auch der Piastraia ohne Filtration abgefüllt. Die intakte Struktur der Weine soll durch eine Filtration nicht beschädigt werden. Michele Satta kommt damit seinem Idealbild von einem großen Wein wieder einen Schritt näher. Er möchte allen beweisen, dass er mit den großen Namen in Bolgheri mithalten kann. Die von ihm gesuchte Harmonie zeigt sich ebenfalls im Weißwein „Costa di Giulia" aus den Rebsorten Vermentino und Sauvignon Blanc. Wenn man ihm im Glas ein bisschen Zeit lässt, besticht er durch seine Komplexität und angenehme Nachhaltigkeit der Fruchtaromen.

## ZWEI NEUE SPITZENWEINE

Außer diesen drei Weinen erzeugt Michele Satta noch drei Basisweine und ganz neu zwei weitere Spitzenweine in kleinen Mengen. Mit dem Jahrgang 2000 hat er zum ersten Mal die Trauben seines Weinberges „I Castagni" getrennt vinifiziert. Das Ergebnis war so gut, dass er nicht darauf verzichten konnte, diese Fässer als eigenständigen Wein abzufüllen. Ein barriqueausgebauter, reinsortiger Viognier mit Namen „Giovin Re", der erstmals im Jahrgang 2001 erzeugt wurde, ist die zweite Neuigkeit im Hause Satta. Nach dem Wunsch von Michele Satta sollen alle Weine in der Lage sein, ihre Herkunft aus Castagneto Carducci und – ebenso wichtig – aus den Weinbergen von Michele Satta auszudrücken. sm

| Bild linke Seite: | Michele Satta | |
|---|---|---|
| Bild rechte Seite: | Weingut | |
| ★-★★ | Costa di Giulia ❷ | 30.000 |
| ★★ | Cavaliere ❸ | 38.000 |
| ★★ | Piastraia ❸ | 38.000 |
| Importeure: | D: Deuna, AixVinum | |
| | CH: Vini d'Amato, Vegani, Cavesa, Johnson, Lanz | |
| | A: Wein & Co. | |

# CASTELLO DEL TERRICCIO
## Castellina Marittima

Dort, wo sich das Castello del Terriccio heute erstreckt, nördlich von Cecina, nicht weit vom Meer, haben die Etrusker einst Eisen und Kupfer abgebaut. Im Mittelalter war das Castello ein wichtiger Außenposten der Republik Pisa, der half, diesen Teil der tyrrhenischen Küste unter Kontrolle zu halten. Später wurde das Gut nach und nach ein landwirtschaftlicher Betrieb. Ende des achtzehnten Jahrhunderts erwarb die polnische Fürstenfamilie Poniatowski das Gut, das ihnen bis zum ersten Weltkrieg gehörte. Seither ist es im Besitz der Familie Serafini Ferri. 1.700 Hektar Land umfasst das Gut heute und man kann sich leicht verfahren auf Castello del Terriccio, kommt man zum ersten Mal hierher. Getreidefelder sieht man zuerst und Olivenbäume, dann Pferde – die Weinberge sind etwas schwieriger zu finden als die Pferde, aber sie sind auch „nur" die zweite Passion des heutigen Besitzers, Gian Annibale Rossi di Medelana. Der Reitsport war seine Leidenschaft, doch nach einem Unfall war es vorbei mit der sportlichen Karriere. Jetzt züchtet er Pferde. Gleichzeitig hat er das Gut umstrukturiert. 800 Hektar werden für die Landwirtschaft genutzt. Zu Olivenöl, Getreide, Saubohnen und Mais gibt es seit 1991 ein weiteres wichtiges landwirtschaftliches Produkt, den Wein.

> Località Terriccio
> 56040 Castellina Marittima
> Tel. 050-699709
> Fax: 050-699789
> www.terriccio.it
> castello.terriccio@tin.it
> Besitzer: Gian Annibale Rossi di Medelana
> Betriebsleiter: Carlo Paoli
> Önologe: Carlo Ferrini (Rotweine)
> Hans Terzer (Weißweine)
> Rebfläche: 49 Hektar
> Produktion: 170.000 Flaschen
> Besuchszeiten: nur nach Vereinbarung
> Ferienwohnungen geplant

## CON VENTO UND RONDINAIA

Rot- und Weißweine werden auf Castello del Terriccio unter der Leitung von Carlo Paoli erzeugt. An weißen Sorten hat man Sauvignon Blanc und Chardonnay gepflanzt und macht daraus zwei reinsortige Weißweine. Damit diese auch wirklich gut werden, hat man Hans Terzer als Önologen für die Weißweine engagiert. Hans Terzer kommt aus Südtirol und ist Leiter und Önologe der Genossenschaft Sankt Michael-Eppan. Der Con Vento genannte, wunderschön fruchtbetonte Sauvignon Blanc wurde erstmals 2000 erzeugt. Der Hügel, von dem dieser Wein kommt, wird „Collina del Vento" genannt, weil er so liegt, dass er allen Winden ausgesetzt ist. Der Chardonnay Rondinaia ist nach dem Torre Rondinaia, den es auf Terriccio gibt, benannt. Ihn gab es zum ersten Mal 1996. Er wird wie der Sauvignon in Edelstahltanks ausgebaut und ist ein wunderschön klarer, fruchtbetonter Wein.

## TASSINAIA

Bekannt geworden aber ist Castello del Terriccio mit seinen Rotweinen. Sangiovese, Cabernet Sauvignon und Merlot wurden angelegt, seit 1999 gibt es auch etwas Syrah im Versuchsanbau. Ausgesuchte Klone wurden gepflanzt: der Sangiovese Grosso kommt aus Montalcino, der Cabernet Sauvignon aus Frankreich. Für die Rotweine ist Carlo Ferrini als Önologe verantwortlich. Zwei Rotweine werden erzeugt, beide seit dem Jahrgang 1993. Da ist zunächst einmal der Tassinaia, der zu etwa gleichen Teilen aus Sangiovese, Merlot und Cabernet Sauvignon besteht. Er wurde nach einem Haus benannt, das aus dem 18. Jahrhundert stammt und Tassinaia, Ort der Steine, heißt. Der Tassinaia wird vierzehn Monate in Barriques ausgebaut, wobei zur Hälfte gebrauchte Fässer verwendet werden.

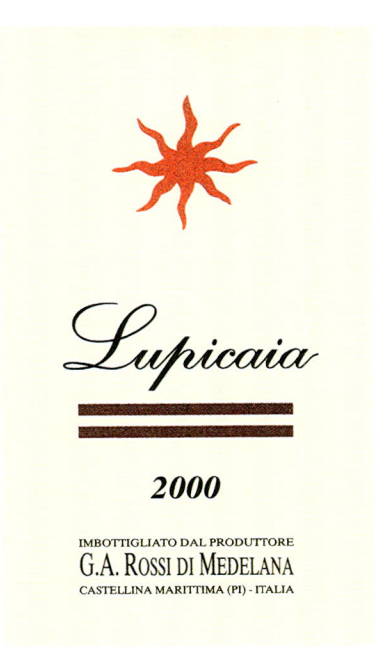

## LUPICAIA

Der herausragende Wein bei Castello del Terriccio ist der Lupicaia. Der Ort, wo die Wölfe gejagt werden, ist die Bedeutung des Namens Lupicaia. Er setzt sich zusammen aus 90 Prozent Cabernet Sauvignon und 10 Prozent Merlot. Der Lupicaia wird achtzehn Monate in Barriques aus Alliereiche ausgebaut, ausschließlich in neuen Fässern. Jahr für Jahr gehört der Lupicaia zu den faszinierendsten Weinen der Toskana. Was am meisten erstaunt, ist die Ausgewogenheit des Weines und die Tatsache, dass der Lupicaia in allen Jahrgängen wieder erkennbar ist. Er ist fruchtbetont und konzentriert, dabei elegant und harmonisch, sehr lang und faszinierend nachhaltig.   *ge*

| | | | |
|---|---|---|---|
| Bild linke Seite: | Gian Annibale Rossi di Medelana | | |
| Bild rechte Seite (links): | Pferdezucht als erste Leidenschaft | | |
| Bild rechte Seite (rechts): | Lese auf Castello del Terriccio | | |
| ★★ | | Con Vento ❶ | 16.000 |
| ★★ | | Rondinaia ❷ | 10.000 |
| ★★ | | Tassinaia ❸ | 110.000 |
| ★★★ | | Lupicaia ❹ | 30.000 |
| Importeure: | D: | Abayan, Fischer & Trezza | |
| | CH: | Hammel, Complimenti, Baur au Lac | |
| | A: | Morandell | |

# TENUTA DI VALGIANO

**Capannori**

Die Stadt Lucca ist jedem Toskana-Freund bekannt. Anders verhält es sich mit den Weinen, die aus den Hügeln nördlich und nordwestlich von Lucca kommen. Die Colline Lucchesi sind selbst Weinkennern wenig bekannt, auch wenn bereits seit 1968 eine DOC Colline Lucchesi Rosso existiert. Dass dies sich aber in nächster Zukunft ändern kann, ist einigen engagierten Weingütern zu verdanken, die seit wenigen Jahren zeigen, dass hier großartige Weine entstehen. Allen voran die Tenuta di Valgiano.

## BEGEISTERUNG UND GROSSE WEINE

Via di Valgiano, 7, Fraz. Valgiano
55010 Capannori
Tel. 0583-402271
Fax: 0583-402271
www.valgiano.it
info@valgiano.it
Besitzer: Tenuta di Valgiano
Betriebsleiterin: Laura di Collobiano
Önologe: Francesco Saverio Petrilli
Rebfläche: 18 Hektar
Produktion: 60.000 Flaschen
Besuchszeiten: nach Vereinbarung

1993 kamen Laura di Collobiano und Moreno Petrini nach Valgiano und brachten ihre Begeisterung für Wein mit. Es gab noch einige alte Weinberge, der älteste, Cesari genannt, wurde 1961 angelegt. Nach und nach haben sie neue Weinberge angelegt und einige alte erneuert. Syrah und Merlot wurden gepflanzt, dazu Sangiovese. Von ihren 60 Hektar Land sind 18 Hektar Weinberge, wobei ein guter Teil noch nicht in Produktion ist. Die Weinberge werden ökologisch bewirtschaftet, nach biodynamischen Richtlinien. Die Ergebnisse sind überwältigend, die Weine, die Laura di Collobiano und Moreno Petrini schon nach wenigen Jahren zusammen mit ihrem Önologen Saverio Petrilli auf die Flasche gebracht haben, sind den Spitzenweinen aus den renommierten Anbaugebieten der Toskana ebenbürtig.

## GIALLO DEI MURI

Auch einen Weißwein gibt es bei Tenuta di Valgiano, „Giallo dei Muri" genannt. Moreno Petrini hat jedoch die Menge der weißen Trauben in seinen Weinbergen verringert und stattdessen rote Reben gepflanzt. Statt 10.000 Flaschen gibt es jetzt nur noch 5.000 Flaschen „Giallo dei Muri". Was man bedauern kann, wenn man den „Giallo dei Muri" verkostet. Er besteht zur Hälfte aus Vermentino, hinzu kommen Trebbiano und Malvasia, sowie ein klein wenig Chardonnay. Zehn Prozent des Vermentino werden im Barrique vergoren. Der Wein ist wunderschön füllig und fruchtbetont, harmonisch und lang.

## SCASSO DEI CESARI

Wie beim „Giallo dei Muri" hat Moreno Petrini auch beim „Scasso dei Cesari" die Menge in den letzten Jahren reduziert. Nur die Trauben aus dem mittleren Teil des gleichnamigen Weinberges nutzt er für den Cesari. In diesem mittleren Teil überlagern sich die beiden Böden, die in den Weinbergen von Tenuta di Valgiano vorherrschen, dort findet man Sand und Lehm zusammen. Moreno Petrini möchte wissen, wie sich die Weine von diesem besonderen Boden auf der Flasche entwickeln, weshalb er noch 2.000 Flaschen Cesari macht. Denn eigentlich möchte er sich ganz auf zwei Weine konzentrieren, den „Tenuta di Valgiano" als Erstwein und den „Palistorti" als Zweitwein. Der „Scasso dei Cesari" ist herrlich klar und eindringlich, fasziniert mit seinen mineralischen Noten im Abgang. Es ist ein Wein von sehr guter Entwicklungsfähigkeit.

## PALISTORTI

Die Pfähle, die in der harten Erde nicht gerade stehen wollen, sind Namensgeber für den Zweitwein von Tenuta di Valgiano, den Palistorti. Sangiovese ist die wichtigste Rebsorte im Palistorti, hinzu kommen Syrah und Merlot. Wie alle Rotweine von Tenuta di Valgiano wird er in offenen Holzbottichen vergoren. Die eine Hälfte des Weines wird in Betontanks ausgebaut, die andere Hälfte in kleinen Holzfässern, wobei nur ein Fünftel der Fässer neu sind. Zwölf bis vierzehn Monate dauert der Ausbau, dann wird der Wein auf Flaschen gefüllt. Der Palistorti ist herrlich reintönig, fasziniert mit Eleganz und Nachhall.

## ERSTWEIN: „TENUTA DI VALGIANO"

Seit dem Jahrgang 1999 gibt es den Tenuta di Valgiano als Erstwein von Laura di Collobiano und Moreno Petrini. Gut die Hälfte des Weines besteht aus Sangiovese, hinzu kommt ein kräftiger Anteil Syrah, sowie ein klein wenig Merlot. Wobei Moreno Petrini in einem besonders heißen Jahr wie 2000 überhaupt keinen Merlot geerntet hat, weil die Trauben überreif wurden. Inzwischen hat er einen Teil der Merlotreben durch Syrah überpfropft. Der „Tenuta di Valgiano" ist vom ersten Jahrgang an ein hervorragender Wein. Er weist eine erstaunliche Komplexität auf, hat Frucht und Kraft, Harmonie und Eleganz – und immer eine faszinierende Mineralität und Nachhaltigkeit. Ein großer Wein aus der Toskana, ein großer Wein aus den Hügeln von Lucca.   ge

| Bild linke Seite: | Moreno Petrini |
| Bild rechte Seite: | Stillleben |

| | | |
|---|---|---|
| ★★ | Colline Lucchesi Bianco Giallo dei Muri ❷ | 5.000 |
| ★★ | Colline Lucchesi Rosso Palistorti ❷ | 24.000 |
| ★★-★★★★ | Colline Lucchesi Rosso Scasso dei Cesari ❹ | 2.000 |
| ★★★ | Colline Lucchesi Rosso Tenuta di Valgiano ❹ | 6.000 |
| Importeure: | D: Dallmayr | |
| | CH: Divo | |
| | A: Wein & Co. | |

## DIESE WEINGÜTER SOLLTE MAN BEOBACHTEN

Es folgen Kurzbeschreibungen einiger Weingüter, die sich in letzter Zeit stark gesteigert haben. Die meisten sind sehr junge Weingüter, die schon mit ihren ersten Weinen aufhorchen ließen. Die Kürzel hinter den Ortsnamen zeigen in welcher Provinz das Weingut zu finden ist (GR: Grosseto; LI: Livorno; LU: Lucca; MC: Massa-Carrara, PI: Pisa).   *ge*

**Badia a Morrona,** *Terricciola (PI).* Badia di Morrona ist ein altes Kloster, dessen Ursprünge bis ins 11. Jahrhundert zurückverfolgt werden können. Zum Gut gehören 500 Hektar Land, wovon 60 Hektar Weinberge sind. Von diesen werden vier verschiedene Weine, zusammen etwa 150.000 Flaschen im Jahr, erzeugt. La Suvera ist eine Cuvée aus Chardonnay mit ein wenig Sauvignon Blanc. Der Chianti „I sodi del Paretaio" ist herrlich fruchtig und unkompliziert. Die beiden Spitzenweine waren zuletzt hervorragend: der „N'Antia", eine Cuvée aus Cabernet Sauvignon, Merlot und Sangiovese ebenso wie der „VignAalta", ein reinsortiger Sangiovese, der sechzehn Monate in neuen Barriques ausgebaut wird.
*Via di Badia, 8, 56030 Terricciola, Tel. 0587-658505; Besitzer: Conti Gaslini Alberti, Rebfläche: 60 ha.*

**La Bulichella,** *Suvereto (LI).* La Bulichella will sich mehr auf Rotweine konzentrieren, Trebbiano und Pinot Bianco wurden gerodet, nur den Tuscanio Bianco, einen reinsortigen Vermentino, wird es weiterhin geben. In Zukunft soll es drei reinsortige Rotweine geben: Sangiovese, Cabernet Sauvignon und Merlot. Die bisherigen Rotweine, Rubino, Tuscanio Rosso und Col di Pietre Rosso sind Cuvées dieser drei Sorten. Alle drei haben zuletzt deutlich zugelegt und konkurrieren inzwischen mit den besten Weinen aus Suvereto. La Bulichella ist ein zertifiziert ökologisch arbeitendes Weingut. 
*Loc. Bulichella, 131, 57028 Suvereto, Tel. 0565-829892; Besitzer: Hideyuki Miyakama und Maria Luisa Bassano, Rebfläche: 12 ha.*

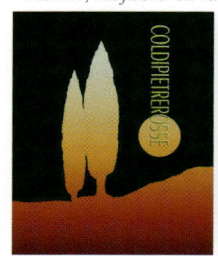

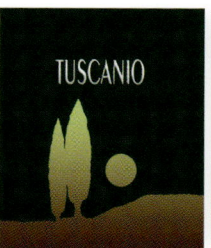

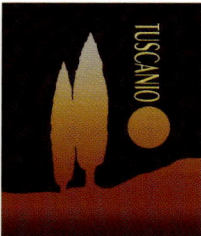

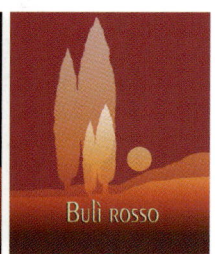

**Caccia al Piano 1868,** *Castagneto Carducci (LI).* Caccia al Piano 1868 ist ein ganz neues Weingut in Castagneto Carducci in der Zone Bolgheri. Die 19 Hektar verteilen sich auf drei Weinberge, Caccia al Piano 1868 und Le Grottine, wo ausschließlich Merlot, Cabernet Sauvignon und Cabernet Franc angelegt wurden, sowie Ospedaletto, wo auch ausgesuchte Sangioveseklone gepflanzt wurden. 10.000 Reben je Hektar wurden gepflanzt, jede Rebe soll maximal 500 Gramm Trauben tragen. Caccia al Piano 1868 erzeugt zwei Weine. Der Bolgheri Ruithora besteht wie auch der Leviagravia genannte Toscana IGT aus Cabernet Sauvignon und Merlot. Beide werden in Barriques aus Alliereiche ausgebaut, der Ruithora zwölf Monate, der Leviagravia achtzehn Monate lang. Beide Weine werden unfiltriert abgefüllt. Schon die ersten Jahrgänge (Debüt: Jahrgang 2000) sind beeindruckend: eigenwillige, sehr charaktervolle Weine!

*Loc. Caccia al Piano, Via Bolgherese 279, 57022 Castagneto Carducci, Tel. 0335-6250887; Besitzer: M. Franzini & Figli, Rebfläche: 19 ha.*

**Ca' Marcanda,** *Castagneto Carducci (LI).* Seit 1996 ist auch Angelo Gaja, der bekannteste Winzer Piemonts, Besitzer eines Weingutes in Bolgheri. 60 Hektar Weinberge wurden 1997 angelegt, weitere 20 Hektar im Jahr 2002. Drei Weine werden erzeugt: Promis aus Merlot und Syrah mit ein wenig Sangiovese, Ca'Marcanda als Erstwein und Magari als Zweitwein, die jeweils aus Merlot, Cabernet Sauvignon und Cabernet Franc bestehen. Die neue moderne Kellerei wurde sehr gelungen in die Landschaft integriert.

*Via Bolgherese 272, 57022 Castagneto Carducci, Tel. 0173-635158; Besitzer: Angelo Gaja, Rebfläche: 80 ha.*

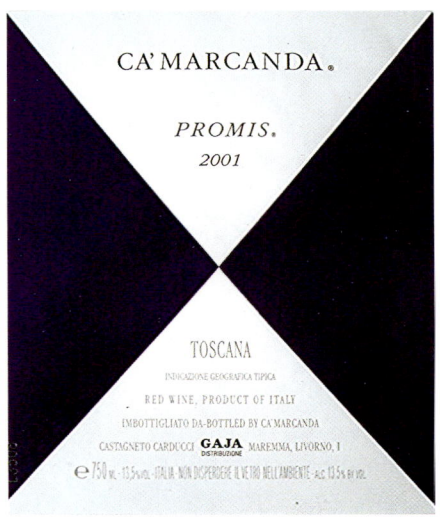

**Campo Bargello,** *Massa Marittima (GR).* Campo Bargello ist ein 30 Hektar großes Gut bei Fontino in der Nähe von Massa Marittima. 5 Hektar wurden in den letzten Jahren mit Reben bepflanzt, und zwar mit Sangiovese, Cabernet Sauvignon, Ciliegiolo und Grenache. Weitere 2 Hektar sind hinzugepachtet. Vom ersten Jahrgang 2001 gab es ganze 3.500 Flaschen. Aber schon mit dem Jahrgang 2002 kamen weitere Weinberge in Ertrag und die Produktion konnte auf 20.000 Flaschen gesteigert werden. Önologe bei Campo Bargello ist Attilio Pagli. Die Riserva Monteregio di Massa Marittima, aus Sangiovese und Cabernet Sauvignon mit ein klein wenig Ciliegiolo, ist ein wunderschön fruchtbetonter, harmonischer Wein.

*Azienda Agricola Campo Bargello, Località Fontino, 58024 Massa Marittima, Tel. 055-8952775; Besitzer: Maria Matteini Querci, Rebfläche: 5 ha.*

**Fattoria Capannacce,** *Pari (GR).* Mit Hilfe des Önologen Stefano Chioccioli erzeugt Alberto Porta auf seinem Weingut Capannacce zwei Weine. Sein Zweitwein trägt seit dem Jahrgang 2000 die Bezeichnung Montecucco DOC (bis dahin wurde er als Rosso della Maremma Toscana bezeichnet). Es ist ein fruchtbetonter Wein aus Sangiovese mit ein wenig Syrah. Sehr eindringlich und wesentlich fülliger ist der Erstwein, Poggio Crocino genannt. Er besteht aus Sangiovese und etwas Syrah und Grenache, weist viel süße Frucht auf, ist harmonisch und lang.
*Loc. Capannacce, 58040 Pari, Tel. 0564-908848; Besitzer: Alberto Porta, Rebfläche: 9 ha.*

**Ceralti,** *Donoratico (LI).* Zur Zeit sind bei Ceralti 4 Hektar Weinberge in Ertrag, weitere 2,5 Hektar werden bis 2005 in Ertrag kommen. Dann soll vor allem die Produktion des Spitzenweins Alfeo auf 25.000 bis 30.000 Flaschen erhöht werden. Der Alfeo besteht zu jeweils 40 Prozent aus Cabernet Sauvignon und Merlot, hinzu kommt Sangiovese. Gute Frucht zeigt der Bolgheri Vermentino.
*Via dei Ceralti, 77, 57024 Donoratico, Tel. 0565-763989; Besitzer: Walter Alfeo, Rebfläche: 6,5 ha.*

**Cima,** *Massa (MC).* Die Weinberge der Familie Cima liegen in der Gemeinde Massa e Carrara. Dort besitzen sie 20 Hektar Reben, von denen sie zur Zeit etwa 90.000 Liter Wein im Jahr erzeugen. Zwei Drittel der Produktion entfällt auf Weißweine der DOC Candia dei Colli Apuani. Dazu gibt es reinsortigen Vermentino und drei barriqueausgebaute Rotweine. Der Romalbo enthält neben Sangiovese ein klein wenig Massaretta. Der Montervo ist ein fülliger, reinsortiger Merlot. Seit 1997 arbeitet Cima mit dem Önologen Alberto Antonini und der Gruppe „Matura" zusammen.
*Via del Fagiano, 1, Loc. San Lorenzo, Fraz. Romagnano, 54100 Massa, Tel. 0585-830835; Besitzer: Familie Cima, Rebfläche: 20 ha.*

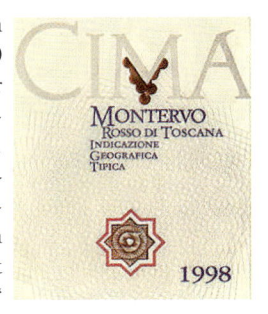

**Fattoria Coliberto,** *Massa Marittima (GR).* Coliberto wird heute von Claudia Reggiannini geführt, deren Eltern das Gut 1975 erworben haben. In den Weinbergen gibt es Trebbiano, Malvasia, Vermentino und Chardonnay, sowie an roten Sorten Sangiovese, Cabernet Sauvignon und Cabernet Franc. Seit Ende 1997 ist Paolo Vagaggini beratender Önologe bei Coliberto. Der Spitzenwein ist die Thesan genannte Riserva Monteregio di Massa Marittima. Der Wein besteht aus 80 Prozent Sangiovese und 20 Prozent Cabernet Franc und wird achtzehn Monate in Barriques aus französischer Eiche ausgebaut. Es ist ein herrlich fülliger, konzentrierter Wein, fruchtbetont und nachhaltig.
*Loc. Coliberto, 58024 Massa Marittima, Tel. 0566-919039 / 919337; Besitzerin: Claudia Reggiannini, Rebfläche: 6 ha.*

**Elisabetta,** *San Pietro in Palazzi (LI).* Luigi Brunetti (Foto Seite 267) war 29 Jahre als Koch im Ausland tätig, darunter 19 Jahre in Deutschland, bevor er 1984 nach Italien zurückkehrte und sich zunächst Hotel und Restaurant, später auch ein Wein-

gut nördlich von Cecina aufbaute, das Agrihotel Elisabetta, benannt nach seiner Frau. Unter der Anleitung von Önologe Claudio Gori entstehen beeindruckende, tanninbetonte Rotweine, vor allem Le Marze Rosso aus Cabernet Sauvignon, Merlot und Cabernet Franc, sowie Brunetti Rosso aus Sangiovese, Merlot und Cabernet Sauvignon. 
*Via Tronto, 10/14, Loc. Collemezzano, 57010 San Pietro in Palazzi, Tel. 0586-661096; Besitzer: Luigi Brunetti, Rebfläche: 10,5 ha.*

I Giusti & Zanza, *Fauglia (PI).* Paolo Giusti und Fabio Zanza besitzen 14 Hektar Weinberge, von denen sie zwei Weine erzeugen, zusammen etwa 75.000 Flaschen im Jahr. Die Weinberge sind mit bis zu 10.000 Reben je Hektar bepflanzt. Die ersten Reben haben sie 1992 gepflanzt, 1995 haben sie ihren ersten Wein gemacht. Önologe ist Stefano Chioccioli. Der Belcore besteht aus Sangiovese und Merlot und wird acht Monate in Tonneaux aus französischer Eiche ausgebaut. Es ist ein wunderschön fülliger und fruchtbetonter Wein, mit Struktur und Nachhall. Der Dulcamara besteht aus Cabernet Sauvignon und Merlot und wird wie der Belcore in Tonneaux ausgebaut, allerdings bleibt er zwei Jahre in den Fässern. Er ist kraftvoll und konzentriert und von guter Nachhaltigkeit. 
*Via Puntoni, 9, 56043 Fauglia, Tel. 0585-44354; Besitzer: Paolo Giusti und Fabio Zanza, Rebfläche: 14 ha.*

Podere Guado al Melo di Michele Scienza, *Castagneto Carducci (LI).* Michele Scienza hat 1999 seine ersten Reben gepflanzt und mit dem Jahrgang 2002 seinen ersten Wein erzeugt. Er baut Cabernet Sauvignon, Cabernet Franc, Merlot, Sangiovese und Vermentino an. Zur Zeit erzeugt er einen Weißwein aus Vermentino und einen Bolgheri Rosso. Der Vermentino ist herrlich kraftvoll und hat zusätzlich Struktur dadurch erhalten, dass ein kleiner Teil des Weines im Barrique vergoren wurde. Der Bolgheri Rosso besteht aus Cabernet Sauvignon, Merlot und Sangiovese und wird acht Monate in Barriques aus französischer und italienischer Eiche ausgebaut. Ab 2005 soll als Erstwein ein Bolgheri Superiore hinzukommen, eine Selektion der besten Trauben, die achtzehn Monate im Barrique ausgebaut wird. 
*V per Lamentano, 57022 Castagneto Carducci, Tel. 0586-679038; Besitzer: Michele Scienza, Rebfläche: 9 ha.*

**Costanza Malfatti,** *Magliano di Toscana (GR).* Costanza Malfatti hat sich mit Hilfe eines EU-Programms zur Förderung junger Unternehmer ein kleines Weingut bei Magliano gekauft. Neben Sangiovese baut sie etwas Cabernet, Merlot und Alicante an. Sie erzeugt einen wunderschön fruchtbetonten Morellino di Scansano.
*Loc. Colle di Lupo, 58051 Magliano di Toscana, Tel. 0564-592535; Besitzer: Costanza Malfatti, Rebfläche: 8 ha.*

**Montebelli,** *Caldana (GR).* In den Weinbergen von Leonardo Filotico gibt es neben dem dominierenden Sangiovese auch einen Hektar mit Syrah, sowie ein wenig Trebbiano. 1994, mit Einführung der DOC Monteregio di Massa Marittima, hat er seine ersten Weine unter eigenem Etikett vermarktet. Heute erzeugt er 35.000 Flaschen Wein im Jahr. Unter dem Namen Fabula bietet er zwei Monteregio di Massa Marittima Rosso an, beides reinsortige Sangiovese, wobei die Riserva zwei Jahre im Holzfass ausgebaut wird. Es ist ein fülliger, kraftvoller Wein, ebenso wie die Acantos genannte Cuvée aus 80 Prozent Sangiovese und 20 Prozent Syrah.
*Loc. Molinetto, 58020 Caldana, Tel. 0566-887100; Besitzer: Leonardo Filotico, Rebfläche: 15 ha.*

**Pagani de Marchi,** *Casale Marittima (PI).* Pia Pagani de Marchi und ihr Mann, wohnhaft in Lugano, haben Anfang der siebziger Jahre das Gut La Nocera bei Casale Marittima gekauft. 1997 haben sie fünf Hektar Weinberge mit Cabernet Sauvignon, Merlot und Sangiovese gepflanzt. Önologe ist Attilio Pagli. Mit dem Jahrgang 2001 hat Pagani de Marchi seine ersten Weine vorgestellt, einen reinsortigen Cabernet Sauvignon, Casalvecchio genannt, sowie einen reinsortigen Sangiovese mit dem Namen Principe Guerriero. Beide beeindruckten mit ihrer reintönigen Frucht, mit Fülle und Kraft. Zukünftig wird es noch einen reinsortigen Merlot geben, Casa Nocera genannt.
*Via della Camminata, 2, 56040 Casale Marittima, Tel. 0586-653016; Besitzer: Pia Pagani de Marchi, Rebfläche: 5 ha.*

**Petra,** *Suvereto (LI).* Die Azienda Agricola Petra ist ein 300 Hektar großes Gut in San Lorenzo Alto bei Suvereto, das Vittorio Moretti gehört, der auch die beiden Sektkellereien Bellavista und Contadi Castaldi in Franciacorta besitzt. Das Weingut wird von seiner Tochter Francesca geführt. 90 Hektar wurden in den letzten Jahren mit Reben bepflanzt – mit Merlot, Cabernet Sauvignon und Sangiovese – weitere 10 Hektar sollen demnächst folgen. Zur Zeit werden zwei Weine erzeugt: Val di Cornia Rosso aus Sangiovese mit ein klein wenig Cabernet Sauvignon und Merlot, sowie Petra Rosso aus Merlot und Cabernet Sauvignon.
*Località San Lorenzo Alto, 131, 57028 Suvereto, Tel. 0565-845308; Besitzer: Vittorio Moretti, Rebfläche: 90 ha.*

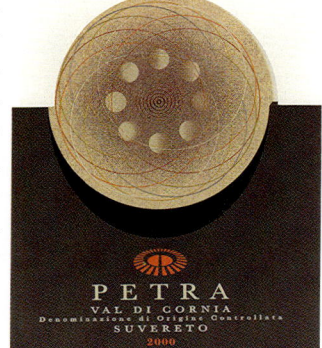

**Petricci e Del Pianta,** *Suvereto (LI).* Auf 10 Hektar ihres 22 Hektar großen Gutes bauen Pietro Petricci und Marilena Del Pianta Reben an. Der erste Jahrgang für Petricci e Del Pianta war 1995. Önologe ist Marco Stefanini. Neben einem jungen, unkomplizierten Val di Cornia Rosso Suvereto gibt es zwei im Barrique ausgebaute Rotweine. Der Cerosecco besteht jeweils zur Hälfte aus Cabernet Sauvignon und Merlot und bleibt ein halbes Jahr im Barrique. Die Val di Cornia Riserva Buca di Cleonte besteht aus 70 Prozent Sangiovese und 30 Prozent Cabernet Sauvignon und wird fünfzehn Monate in kleinen Eichenholzfässern ausgebaut. Beide Weine sind fruchtbetont und harmonisch bei guter Konzentration.

*Loc. San Lorenzo, 20, 57028 Suvereto, Tel. 0565-845140; Besitzer: Pietro Petricci und Marilena Del Pianta , Rebfläche: 10 ha.*

**La Pierotta,** *Scarlino (GR).* La Pierotta liegt am Fuß des Monte d'Alma, im Norden der Provinz Grosseto. 10 Hektar des 13 Hektar großen Besitzes sind mit Reben bepflanzt. Der Scarilius genannte Wein, ein DOC Monteregio di Massa Marittima Rosso, besteht aus Sangiovese, sowie ein wenig Cabernet Sauvignon und Merlot und wird zwölf Monate in Barriques ausgebaut. Er ist kraftvoll und fruchtbetont, wie auch der Solare, ein reinsortiger Syrah, der zehn Monate in Barriques ausgebaut wird.

*Loc. La Pierotta, 58020 Scarlino, Tel. 0566-37218; Besitzer: Familie Rustici, Rebfläche: 10 ha.*

**Poggioargentiera,** *Alberese (GR).* Neben Podere Adua bei Banditella mit 22 Hektar Land, wovon 14 Weinberge, besitzen Gianpaolo Paglia und Justine Keeling seit kurzem ein zweites Gut im Norden der Anbauzone Morellino di Scansano, Podere Keeling, mit 44 Hektar Land. Morellino di Scansano ist die Spezialität von Poggioargentiera: neben dem Bellamarsilia gibt es als Spitzenwein den Capatosta, der neben Sangiovese ein klein wenig Alicante enthält. Önologe bei Poggioargentiera ist Fabrizio Moltard.

*Loc. Bandtitella, 58010 Alberese, Tel. 0564-405099; Besitzer: Gianpaolo Paglia und Justine Keeling, Rebfläche: 24 ha.*

**Poggio Cosmiano,** *Peccioli (PI).* 15 Hektar des 50 Hektar großen Gutes Tenuta di Poggio Cosmiano sind mit Reben bepflanzt. Paolo Malavasi baut vor allem Cabernet Sauvignon, Cabernet Franc, Merlot und Sangiovese an. Er erzeugt zur Zeit zwei Weine, zusammen etwa 20.000 Flaschen im Jahr. Der Mirasco, erstmals 1991 erzeugt, besteht je zur Hälfte aus Sangiovese und Cabernet Sauvignon. Der 1992 erstmals erzeugte Erstwein, Poggio Cosmiano, besteht aus Cabernet Sauvignon, sowie etwas Merlot und Cabernet Franc. Die Produktion soll in den kommenden Jahren auf 50.000 Flaschen gesteigert werden. Önologischer Berater ist Stefano Chioccioli.

*Via Poggio Cosmiano, 25, 56036 Peccioli, Tel. 0587-635113; Besitzer: Paolo Malavasi, Rebfläche: 15 ha.*

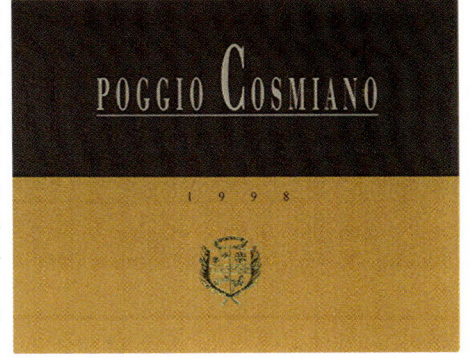

**Tenuta Roccaccia, *Pitigliano* (GR).** Die Tenuta Roccaccia in Pitigliano gehört den Brüdern Danilo und Rossano Goracci. Önologischer Berater bei Tenuta Roccaccia ist Alberto Antonini. Am interessantesten im Programm sind die Rotweine: der Sovana Rosso aus Ciliegiolo, Sangiovese und Alicante wird acht Monate in Barriques ausgebaut und ist herrlich geradlinig und fruchtbetont. Der Fontenova aus Ciliegiolo und Sangiovese bleibt zwölf Monate in Barriques. Noch beeindruckender ist der Poggio Cavaluccio, ein reinsortiger Ciliegiolo, herrlich kraftvoll und nachhaltig.

*Loc. Roccaccia, 58017 Pitigliano, Tel. 0564-617976; Besitzer: Danilo und Rossano Goracci, Rebfläche: 30 ha.*

**Podere San Michele, *San Vincenzo* (LI).** Podere San Michele liegt in etwa 100 Meter Höhe, zwei Kilometer vom Meer entfernt. Neben 5,5 Hektar eigenen Weinbergen sind weitere 5 Hektar hinzugepachtet. Die eigenen Weinberge sind mit 8.000 Reben je Hektar sehr dicht bepflanzt. Jede Rebe soll maximal 600 Gramm Trauben bringen. Podere San Michele gehört den beiden Geschwistern Tiziana und Marina Socci, beratender Önologe ist Luca d'Attoma. Podere San Michele hat eine Reihe eigenständiger Weine zu bieten: zunächst den Allodio Bianco genannten, herrlich konzentrierten Viognier. Der Allodio Rosso besteht aus Sangiovese und Cabernet Sauvignon und ist ein wunderschön kraftvoller, fruchtbetonter Wein. Seit dem Jahrgang 2001 gibt es dazu einen faszinierenden reinsortigen Syrah, Alaterno genannt.

*Via della Caduta, 3/A, 57027 San Vincenzo, Tel. 0565-798038; Besitzer: Tiziana und Marina Socci, Rebfläche: 5,5 ha.*

**Enrico Santini, *Castagneto Carducci* (LI).** Enrico Santini besitzt 8 Hektar Weinberge in Bolgheri. Neben Cabernet Sauvignon, Merlot, Syrah, Sangiovese und Petit Verdot baut er die weißen Sorten Sauvignon Blanc und Vermentino an. Der Spitzenwein von Enrico Santini ist der Bolgheri Rosso Montepergoli aus Syrah, Cabernet Sauvignon, Merlot und ein klein wenig Sangiovese.

*Loc. Campo alla Casa, 74, 57022 Castagneto Carducci, Tel. 0565-774375; Besitzer: Enrico Santini, Rebfläche: 8 ha.*

**LaSelva, *Albinia* (GR).** LaSelva, das Karl Egger gehört, ist ein junges Weingut mit 16 Hektar Weinbergen, die ökologisch bewirtschaftet werden. Die derzeitige Produktion von 60.000 Flaschen soll auf 100.000 Flaschen gesteigert werden. Önologischer

Berater bei LaSelva ist Attilio Pagli. Neben Morellino di Scansano und einem Colli dell'Uccellina genannten reinsortigen Ciliegiolo gibt es eine barriqueausgebaute Cuvée aus Cabernet Sauvignon und Merlot, Prima Causa genannt.
*Azienda Bioagricola LaSelva di Karl Egger, Loc. La Selva, San Donato, 58010 Albinia, Tel. 0564-885669; Besitzer: Karl Egger, Rebfläche: 16 ha.*

**Serraiola,** *Monteretondo Marittimo (GR).* Das 37 Hektar große Gut Serraiola gehört seit Ende der sechziger Jahre der Familie Lenzi. Anfang der siebziger Jahre wurden die ersten Reben gepflanzt. Es gibt Sangiovese und etwas Merlot und Syrah, sowie die weißen Sorten Trebbiano, Malvasia, Vermentino, Chardonnay, Sauvignon, Greco und Traminer. Der wunderschön fruchtbetonte Lentisco, ein reinsortiger Sangiovese, wird unter der DOC Monteregio di Massa Marittima angeboten. Der Spitzenwein von Serraiola ist der Campo Montecristo aus Sangiovese und Merlot mit etwas Syrah. Er wird zwölf Monate in Barriques aus Alliereiche ausgebaut, ist kraftvoll und nachhaltig. 
*Loc. Frassine, 58020 Monterotondo Marittimo, Tel. 0566-910026; Besitzer: Familie Lenzi, Rebfläche: 10 ha.*

**Sopra la Ripa,** *Sorano (GR).* Michele und Francesca Ventura haben 1995 ihr Weingut in Sovana gegründet. 1999 haben sie weitere 9 Hektar Weinberge angelegt und einen neuen Keller gebaut. Der Spitzenwein von Sopra La Ripa ist der achtzehn Monate im Barrique ausgebaute „EA" aus Sangiovese und etwas Ciliegiolo. Önologischer Berater bei Sopra La Ripa ist Alberto Antonini.
*Loc. Podere Sopra Ripa, Fraz. Sovana, 58010 Sorano, Tel. 0564-616885; Besitzer: Michele Ventura, Rebfläche: 10 ha.*

**Suveraia,** *Monteretondo Marittimo (GR).* Das Weingut der Familie Camerini liegt bei Monteretondo Marittimo in der DOC Monteregio di Massa Marittima. Auf Suveraia werden Sangiovese, Cabernet Sauvignon und Merlot angebaut. Zur Zeit werden etwa 25.000 Flaschen Wein im Jahr erzeugt. Önologische Berater sind Attilio Pagli und Leonardo Conti. Schon der Rosso Campetroso, ein reinsortiger Sangiovese, ist wunderschön klar und fruchtbetont, hat Struktur und Kraft. Er wird noch übertroffen vom Bacucco di Suveraia, der neben Sangiovese etwas Cabernet Sauvignon und Merlot enthält. 
*Loc. Campetroso, 58025 Monterotondo Marittimo, Tel. 050-564428; Besitzer: Familie Camerini, Rebfläche: 10 ha.*

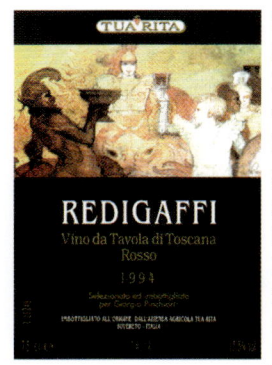

**Tua Rita,** *Suvereto (LI)*. Tua Rita, 1984 gegründet, besitzt heute 22 Hektar Land, von denen 18 Hektar mit Reben bepflanzt sind. Seit 1998 ist Stefano Chioccioli Weinmacher bei Tua Rita. Alle Rotweine werden unfiltriert abgefüllt. Der bekannteste Wein von Tua Rita ist der Redigaffi genannte, reinsortige Merlot. Er kommt vom gleichnamigen Weinberg bei Suvereto. Der Redigaffi ist kraftvoll und in seiner Jugend sehr tanningeprägt. Er gehört immer wieder zu den besten Merlot in der Toskana. Ähnlich tanningeprägt ist der Giusti di Notri, eine Cuvée aus Cabernet Sauvignon, Cabernet Franc und Merlot.

*Località Notri, 81, 57028 Suvereto, Tel. 0565-829237; Besitzer: Rita Tua, Rebfläche: 18 ha.*

**Varràmista,** *Montopoli Val d'Arno (PI)*. Varràmista ist ein großes Gut bei Montopoli Val d'Arno. Önologe ist Federico Staderini. Zwei Weine werden auf Varràmista erzeugt: der Frasca aus 60 Prozent Sangiovese und je 20 Prozent Syrah und Merlot, sowie der Varràmista als Erstwein, der überwiegend Syrah und ein klein wenig Merlot enthält. Varràmista hat die alten Gutsgebäude restauriert und vermietet diese als Ferienhäuser.

*Loc. Varràmista, Via Ricavo, 31, 56020 Montopoli Val d'Arno, Tel. 0571-468121; Verwalter: Giancarlo Carleschi, Rebfläche: 9 ha.*

Villa Bottini, Lucca

# Anhang

Verzeichnis der Weingüter

Bezugsquellenverzeichnis

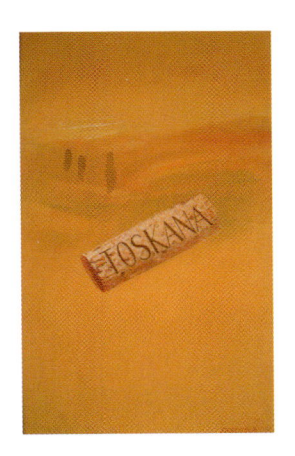

## Verzeichnis der Weingüter in alphabetischer Reihenfolge

Tenimenti d'Alessandro  122
Castello di Ama  22
Tenimenti Angelini  204
Antinori  24
Badia a Coltibuono  26
Badia di Morrona  264
Fattoria di Bagnolo  140
Banfi  152
Borgo Casignano  140
Tenuta Il Borro  140
Poderi Boscarelli  206
Castello di Bossi  28
La Brancaia  30
Podere Brizio  196
Gianni Brunelli  196
La Bulichella  264
Buondonno  110
Ca' del Vispo  141
Castello di Cacchiano  32
Caccia al Piano 1868  264
Ca'Marcanda  265
La Campana  196
Campo Bargello  265
Canalicchio di Franco Pacenti  197
Canalicchio di Sopra  197
Fattoria Capannace  266
Capannelle  34
Podere La Cappella  110
Caprili  154
Carobbio  36
Carpineto  218
Casa Emma  38
Casa Sola  40
Casale dello Sparviero  110
Casaloste  42
Fattoria Le Casalte  218
Casanova di Neri  197
Casanuova delle Cerbaia  156
Case Basse  158
Casisano Colombaio  160
Cennatoio Inter Vineas  44
Ceralti  266
Cerbaia  110
Cerbaiona  162
Fattoria del Cerro  208
Vincenzo Cesani  141
Chigi Saracini  141
Ciacci Piccolomini d'Aragona  164
La Ciarliana  210

Cima  266
Le Cinciole  46
I Cipressi  218
Fattoria Coliberto  266
Colle Santa Mustiola  141
Fattoria Colle Verde  228
Podere Collelungo  48
Il Colombaio di Cencio  50
Concadoro  111
Le Corti  52
Fattoria Corzano e Paterno  124
Andrea Costanti  166
Crocedimezzo  197
DEI  218
Elisabetta  266
Fassati  218
Fattoria di Felsina  54
Ferrero  197
La Fiorita  168
Castello di Fonterutoli  56
Fattoria Le Fonti, Panzano  111
Fattoria Le Fonti, Poggibonsi  58
Fontodi  60
Fossacolle - Sergio Marchetti  198
Marchesi de' Frescobaldi  126
Fuligni  170
La Gerla  198
Tenuta di Ghizzano  230
I Giusti & Zanza  267
Le Gode  172
Fattoria di Gratena  141
Podere Grattamacco  232
Podere Guado al Melo  267
Gualdo del Re  234
Iesolana  142
Isole e Olena  62
Cantine Leonardo da Vinci  142
Fattoria Lilliano  142
Livernano  64
Castello di Lucignano  111
Le Macchiole  236
Costanza Malfatti  268
Il Mandorlo  66
Mannucci Droandi  143
Il Marroneto  198
Fattoria La Massa  68
Mocali  174
Castello di Monastero  70
Montebelli  268

Montecalvi  72
Montenidoli  128
Montepeloso  238
Giacomo Mori  143
Morisfarms  240
Tenuta dell'Ornellaia  242
Siro Pacenti  176
Pacina  143
Pagani de Marchi  268
La Palazzetta  198
Il Palazzone  198
Panzanello  74
Poderi del Paradiso  143
La Parrina  244
Petra  268
Petricci e Del Pianta  269
Fattoria di Petroio  111
Fattoria Petrolo  130
Piaggia  132
Pian dell'Orino  178
Piancornello  180
Fattoria di Piazzano  144
Agostina Pieri  182
La Pierotta  269
La Poderina  198
Poggio al Sole  76
Poggio Antico  184
Poggio Bonelli  112
Poggio Cosmiano  269
Poggio di Sotto  186
Poggio San Polo  188
Podere Poggio Scalette  78
Poggioargentiera  269
Il Poggione  190
Fattoria Poggiopiano  80
Poliziano  212
Fattoria La Querce  144
Castello di Querceto  82
Querceto di Castellina  112
La Rampa di Fugnano  134
Castello dei Rampolla  84
La Regola  246
La Rendola  144
Barone Ricasoli  86
Fattoria La Ripa  112
Tenuta di Riseccoli  88
Rocca di Montegrossi  90
Tenuta Roccaccia  270
Fattoria di Romignano  144
Russo  248
Salcheto  214
Podere Salicutti  192
San Fabiano Calcinaia  92

San Felice  94
San Gervasio  250
San Giusto a Rentennano  96
Tenuta San Guido  252
Fattoria San Luciano  145
Podere San Luigi, Colle Val d'Elsa  145
Podere San Luigi, Piombino  254
Podere San Michele  270
San Vincenti  98
Fattoria Santa Vittoria  145
Enrico Santini  270
Santo Stefano  112
Vasco Sassetti  199
Sassotondo  256
Michele Satta  258
LaSelva  270
Fattoria Selvapiana  136
Serraiola  271
Tenuta Sette Ponti  138
Fattoria Castello Sonnino  146
Sopra La Ripa  271
Suveraia  271
Terrabianca  113
Terreno  113
Castello del Terriccio  260
La Togata - Tenuta Carlina  194
Torraccia di Presura  100
Le Tre Stelle  146
Tenuta di Trinoro  146
Tua Rita  272
Uccelliera  199
Valdicava  199
Valdipiatta  216
Tenuta di Valgiano  262
Fattoria Varràmista  272
Vecchie Terre di Montefili  102
Podere La Vigna  200
Vignano  146
Villa Cafaggio  113
Villa Calcinaia  104
Villa Casale  114
Villa Pillo  147
Villa Trasqua  114
Vitanza  200
Viticcio  106
Castello di Volpaia  108

# Bezugsquellenverzeichnis

**Bezugsquellen wie von den Weingütern angegeben: Kurzname, Name, Postleitzahl, Stadt, Telefonnummer**

**Abayan** Weinland Ariane Abayan GmbH 20251 Hamburg 040-480035-0
**AixVinum** Aix Vinum - N. Kudlek 52062 Aachen 0241-66030
**Alpina** Alpina Burkard Bovensiepen GmbH + Co. 86807 Buchloe 08241-500548
**Alsa** Alsa Im- und Exprt GmbH 22607 Hamburg 040-890819-0
**AMC** AMC Weinimport Aiello GmbH 66121 Saarbrücken 0681-67000
**Annata** Annata - Jean Torben Bostrom 60596 Frankfurt 069-63199475
**Antonio** Antonio's Weinhandel 53894 Mechernich 02443-902425
**Ars et Vinum** Ars et Vinum 12099 Berlin 030-75446858
**Assello** Assello GmbH 10965 Berlin 030-6946077
**Aumüller** Weinhandel Aumüller 93149 Nittenau 09436-902068
**Bacchus-Vinothek** Bacchus Vinothek 78628 Rottweil 0741-17206
**Blanck** Enoteca Blanck 10719 Berlin 030-88679960
**Bolzan** La Cantinetta di Sergio Bolzan 81673 München 089-6882536
**Bonvino** BONVINO 85635 Höhenkirchen-Siegertsbrunn 08102-71071
**Bremer** Harald L. Bremer GmbH 38104 Braunschweig 0531-237360
**Bross** Bross Weine GmbH 77767 Appenweier 07805-995790
**Burgard** Kurt Burgard GmbH 66130 Saarbrücken 0681-88001-0
**Cantina Italiana** La Cantina Italiana GmbH 21614 Buxtehude 04161-53533
**Cantina Vino d'Italia** Cantina Vino d'Italia 53173 Bonn 0228-347154
**Castel Cosimo** Castel Cosimo 20097 Hamburg 040-234443
**Castell Laupendahl** Castell Laupendahl 45219 Essen 02054-971197
**Cave Steines** La Cave Steines 85435 Erding 08122-18200
**Christ** Christ's Weindepot 66740 Saarlouis 06831-94710
**Clüsserath** Peter Clüsserath GmbH 47918 Tönisvorst 02151-97970
**Dallmayr** Alois Dallmayr - Abt. Wein 80331 München 089-2135130
**Degusto** Degusto 71394 Weinstadt 07151-9697011
**Deitermann** Walter Deitermann GmbH 49757 Werlte 05951-840
**Deuna** deuna Handelsgesellschaft mbH 86167 Augsburg 0821-747700
**Divino** DiVino 61348 Bad Homburg v.d.H. 06172-305750
**Domaines Schenk** Domaines Schenk Exklusive Weine 76485 Baden-Baden 07221-354-0
**Dutz** Thomas Dutz - Italienische Weine 85521 Ottobrunn 089-6017415
**Extraprima** Extraprima Weinimport Boxberger 68161 Mannheim 0621-28652
**Falstaff** Falstaff Weinhandel 85354 Freising 08161-41094
**Farnetani** Feinkost Farnetani 81245 München 089-8299640
**Fetzner** Fetzner Import & Agentur 76199 Karlsruhe 0721-988460
**Fischer+Trezza** Fischer + Trezza Import GmbH 70188 Stuttgart 0711-4606700

**Francimport** FrancImport GmbH 68229 Mannheim 0621-4843090
**Gansert** feine weine Dr. Horst Gansert 66117 Saarbrücken 0681-5846876
**Garibaldi** Garibaldi 80807 München 089-3590222
**GES Sorrentino** GES - Generalagentur Sorrentino 27755 Delmenhorst 04221-925241
**Giovo** Guido Giovo 63165 Mühlheim/Main 06108-90080
**Gundel** Weinhaus Gundel 82319 Starnberg 08151-29580
**Guntram** Guntram's Weinwelt 76474 Au am Rhein 07245-3253
**Gute Weine Lobenberg** Gute Weine - Heiner Lobenberg 28195 Bremen 0421-705666
**Hack** Georg Hack - Haus der guten Weine 88709 Meersburg 07532-9097
**Hein** Heinz Hein 65207 Wiesbaden-Naurod 06127-66521
**Herrnberger** Herrnberger KG - Weinlexpress 23701 Eutin 04521-702863
**Hieber** Hieber-Wein 85646 Anzing 08121-6048
**Il Calice** Il Calice 10629 Berlin 030-3242308
**Il Classico** Il Classico - Weinimport Georg Böck 87600 Kaufbeuren 08341-109476
**Il Vinaio** il vinaio 79238 Ehrenkirchen-Norsingen 07633-13603
**Ital Vini** Ital Vini 90530 Wendelstein 09129-277812
**Italgastro** Italgastro 67141 Neuhofen Pfalz 06236-415507
**Jahnke & Neumann** selectio vin Jahnke und Neumann GbR 42111 Wuppertal 0202-7580484
**Johannes Müller** Johannes Müller GmbH 80339 München 089-3085615
**Kapff** Ludwig von Kapff GmbH 28217 Bremen 0421-3994300
**Kögler** Karl-Heinz Kögler Weinimport 85662 Hohenbrunn 08102-6026
**La Cantina** La Cantina - Maximilian Dreier 10785 Berlin 030-7858793
**La Vigna** Enoteca La Vigna 61118 Bad Vilbel 06101-406812
**La Vigna Weine** La Vigna Weine 20144 Hamburg 040-452091
**Lorenz & Cavallo** Lorenz & Cavallo 50999 Köln 0221-394701
**Marazza (CH)** Marazza Vini 6850 Mendrisio 091-6467646
**Massi** Piero Massi - Weinimport 50829 Köln 0221-9347630
**Medolago** Weinimport Graf Medolago-Albani GmbH 82319 Starnberg 08151-15711
**Meglio** Enzo Meglio 55124 Mainz 06131-472206
**Meile** Meile - Erlesene Spezialitäten 48153 Münster 0251-775017
**Metzer** Weincontor Norbert Metzer 41063 Mönchengladbach 02161-88223
**Mondavi Deutschland** Robert Mondavi GmbH 60329 Frankfurt 069-26484-0
**Montini** Montini Weinhandel 28355 Bremen 0421-254483
**München** Fa. Münchow 78224 Singen 07731-7905-0
**Munzert** Italienische Vinothek Munzert 81825 München 089-421827
**Naturian** Naturian Öko-Weine 34277 Fuldabrück-Bergshausen 0561-58547-0
**Niemeier** Weinhandlung Ulrich Niemeier 84419 Schwindegg 08082-946479

**Nußbaumer & Bachmann** Nußbaumer & Bachmann WeinDistributionsGesellschaft 60314 Frankfurt 069-48003930
**Olmorisi** Olmorisi Italienischer Weinimport 91126 Schwabach 09122-16303
**Pellegrini & Grundmann** Pellegrini & Grundmann GmbH 76829 Landau 06341-14700
**Pinard de Picard** Pinard de Picard 66740 Saarlouis 06831-122729
**Pinot Gris** Pinot Gris Weinhandel 22525 Hamburg 040-4303758
**Pohl** Ausgesuchte Weine - Norbert Pohl 47799 Krefeld 02151-25656
**Profumo del Vino** profumo del vino 74523 Schwäbisch Hall 0791-857120
**R & W** R & W Weinvertriebs GmbH 65719 Hofheim 06192-811884
**Riedl** Weinhandlung Riedl 86551 Aichach 08251-7163
**Riegel** Peter Riegel Weinimport GmbH 78359 Orsingen-Nenzingen 07774-93130
**Rindchen** Rindchen's Weinkontor 25474 Bönningstedt 040-5562020
**Roesberg** Roesberg GmbH Vino Grande 53177 Bonn 0228-324988
**Saitta** Saitta Import GmbH 40545 Düsseldorf 0211-588880
**Sandhagen** Sandhagen feine Weine 83317 Teisendorf 08666-986682
**Schelte** Schelte Wein-Import GmbH 51109 Köln 0221-934687-0
**Schlumberger** Schlumberger 53340 Meckenheim 02225-9250
**Scholzen** Weinhandelshaus Scholzen 50321 Brühl 02232-13203
**Segnitz** A. Segnitz & Co. 28015 Bremen 04203-81300
**Smart Wines** Smart Food and Drink GmbH 50670 Köln 0221-120447
**Specht & Höveler** Specht & Höveler 32791 Lage-Kachtenhausen 05232-970585
**Stecher & Krahn** Stecher & Krahn Weinimport 40549 Düsseldorf 0211-491480
**Stella** Stella - Italienischer Weinimport GmbH 66740 Saarlouis 06831-41044
**Stratmann** Wijnhus der Hanse 27404 Zeven 04281-93770
**Strecker's** Strecker's 79110 Freiburg 0761-81001
**Travigne** Travigne Weinhandlung GmbH 40489 Düsseldorf 0211-4058244
**Türk & Hertz** Türk & Hertz OHG 10961 Berlin 030-6934661
**Unger** Unger-Weine 83229 Aschau 08052-9199
**VIF** VIF Weinhandel 66333 Völklingen 06898-27070
**Vinarium Zink** Vinarium Zink 77815 Bühl/Vimbuch 07223-986226
**Vini de Toni** Vini de Toni 68535 Edingen-Neckarhausen 06203-82000
**Vini del Piemonte** Vini del Piemonte 44135 Dortmund 0231-524625
**Vinifera** Vinifera Weinhandels GmbH 71686 Remseck 07146-821588
**Vinissimo** Vinissimo 80336 München 089-5389204
**Vino Veritalia** Vino Veritalia 14057 Berlin 030-32200150
**Vinum Bonum** Vinum Bonum 21614 Buxtehude 04161-55291
**Vinum et cetera** Vinum et cetera 52249 Eschweiler 02403-507950
**VivoLovin** VivoLoVin OHG 28199 Bremen 0421-518020
**Vortkamp** Vortkamp 48599 Gronau

# Anhang: Bezugsquellenverzeichnis

02562-4001
**Wein & Glas** Wein & Glas Compagnie Weinmhandelsges.m.b.H. 10717 Berlin 030-2351520
**Wein & Mehr** Wein & Mehr 93059 Regensburg 0941-466800
**Weinbastion** Wein-Bastion 89077 Ulm 0731-66993
**Wein-Ott** Wein Ott 69120 Heidelberg 069-410420
**Weinvision** WeinVision Weinhandelsgesellschaft mbH 34132 Kassel 0561-47565-0
**WeinWeinWein** WeinWeinWein Vertriebs-Gesellschaft bR 10825 Berlin 030-78702560
**Zahlaus & Krüger** Zahlaus & Krüger 10437 Berlin 030-4447808
**Zwölfgrad** Zwölfgrad 50667 Köln 0221-381591

## Italien

**Selezione Fattorie (I)** Selezione Fattorie 50025 Montespertoli 0571-670584
**Vinum/Bozen (I)** Vinum GmbH 39100 Bozen 0039-0471-978146
**Winecellar (I)** WineCellar by Johann Innerhofer 39012 Meran 0473-440946

## Österreich

**Alpe Adria (A)** Alpe-Adria Weindepot Austria 9580 Egg am Faakersee 04254-2191
**Blaikner (A)** Weinhandel Blaikner KEG 5400 Hallein 06245-84990
**Casa del Vino (A)** Casa del Vino 1160 Wien 01-495-1964
**Döllerer (A)** Vinothek Döllerer 5431 Kuchl 06244-42200
**Emminger (A)** Christian Emminger 1020 Wien 01-2149780
**Englitsch (A)** Englitsch Weine 1150 Wien 01-9835977
**Festival (A)** F & L Delikatessen- & Getränke VertriebsgmbH 1190 Wien 01-3696061
**Fohringer (A)** Vinothek Hubert Fohringer 3641 Aggsbach 02712-220
**Fröhlich (A)** Fröhlich Import 5731 Hollersbach 06562-8174
**Gottardi (A)** Sankt Urban Kellerei Gottardi KG 6020 Innsbruck 0512-587132
**I nostri vini (A)** I Nostri Vini - Frau Poettinger 4652 Fischlham 07241-5015
**Klügl (A)** Spezialitäten Klügl 4020 Linz 0732-653366
**Kölbl (A)** Feinkost Kölbl 5020 Salzburg 0662-87423
**Lucian (A)** Proseccheria Lucian 5020 Salzburg 0662-87354550
**Morandell (A)** Alois Morandell & Sohn 6300 Wörgl 05332-78550
**Mounier (A)** P.M. Mounier GesmbH & Co. 1190 Wien 01-3686892-331
**Müller (A)** E. u. M. Müller GmbH 8522 Groß St. Florian 03464-2234
**Pfanner & Gutmann** Pfanner & Gutmann 6020 Innsbruck 0512-390715
**Rieger (A)** Rieger's Weinselection 5204 Strasswalchen
**Rudis Vinothek (A)** Rudis Vinothek 6167 Neustift im Stubaital 05226-2510
**Schulz (A)** Schulz & Partner Weinhandel 1230 Wien 01-5120460
**Smöch (A)** Vinomenta Smöch 5020 Salzburg 0662-644648
**Solo Vino (A)** Solo Vino 6410 Telfs 0676-4058271
**St. Stephan (A)** Vinothek St. Stephan 1010 Wien 01-5126758
**Stangl (A)** Alois V. Stangl 5020 Salzburg 0662-874090
**Steinertor (A)** Vinothek beim Steinertor 3500 Krems 02732-71413

**Stiegl (A)** Stiegl GmbH 5017 Salzburg 0662-83820
**Stöger (A)** Peter Stöger - Wein aus Italien 6833 Weiler 05523-64899
**Sussitz (A)** Sussitz - Haus der guten Weine 9020 Klagenfurt 0463-57557
**Thurnher (A)** Johannes Thurnher's Nfg 6851 Dornbirn 05572-26151-0
**Vergeiner (A)** Andrä Vergeiner Ausgesuchte Weine 9900 Lienz 04852-6680
**Vin de Mem (A)** Vin de Mem 4020 Linz 0732-660662
**Vinussi (A)** Vinussi - Ulrich Nussbaumer 6850 Dornbirn 05572-25790
**Wagner (A)** Getränkehandel Wagner 4810 Gmunden 07612-7840
**Wakolbinger (A)** Weinhaus Wakolbinger 4040 Linz 07239-6228
**Wein & Co. (A)** Wein & Co. 1220 Wien 01-25055600
**Weinwolf (A)** Wein Wolf Import 5020 Salzburg 0662-421464
**Zawadil (A)** Vinothek Zawadil 1020 Wien 01-7266628

## Schweiz

**Aarau (CH)** Weinkellereien Aarau 5001 Aarau 062-8380030
**Archetti (CH)** Sergio Archetti - Vini d'Italia 8302 Bassersdorf 01-8369727
**Barisi (CH)** Barisi & Cie AG 3072 Ostermundingen 031-9311153
**Bataillard (CH)** Bataillard & Cie. AG 6023 Rothenburg 041-2896161
**Baur au Lac (CH)** Baur au Lac Wein 8902 Urdorf 01-7770505
**Belp (CH)** Wyhus Belp AG 3123 Belp 031-8193017
**Bindella (CH)** Rudolf Bindella 8037 Zürich 01-2766262
**Borgovecchio (CH)** Borgovecchio SA 6828 Balerna 091-6976343
**Bottega del Vino (CH)** Bottega del Vino 6612 Ascona 091-7913081
**Caduff (CH)** Caduff's Wineloft 8004 Zürich 01-2402255
**Canetti (CH)** Canetti Vini SA 6616 Losone 091-7916331
**Cantina del Buongusto (CH)** La Cantina del Buongusto 1201 Geneve 022-7324501
**Caratello (CH)** Il Caratello Weine 9008 St. Gallen 071-2448855
**Cavesa (CH)** Cave S.A. 1196 Gland 022-3642020
**Chiericati (CH)** Chiericati SA 6500 Bellinzona 091-8251307
**Complimenti (CH)** Complimenti AG 9469 Haag 081-7403103
**Couleur du Vin (CH)** La Couleur du Vin 1762 Givisiez 026-4652222
**Dettling & Marmot (CH)** Dettling & Marmot 6440 Brunnen 01-7874545
**Eduard Meyer (CH)** Weinkellerei Eduard Meyer & Co.AG 6260 Reiden 062-7581164
**Ehrenbold (CH)** H. Ehrenbold Weine 8500 Frauenfeld 079-2361784
**Farnsburg (CH)** Weinhandlung Farnsburg 4466 Ormalingen 061-9837474
**Gastromatt (CH)** Gastromatt AG 3920 Zermatt 027-9674353
**Gastrovin (CH)** Gastrovin AG 8600 Dübendorf 01-8027171
**Gilliard (CH)** Robert Gilliard SA 1950 Sion 2 Nord 027-3298929
**Granchâteaux (CH)** Granchateaux SA 1009 Pully 021-7286868
**Gut Donat (CH)** Gut Donat Weinkellerei 8330 Pfäffikon-Zürich 01-9510808
**Hammel (CH)** Hammel SA 1180 Rolle 021-8251141
**Hugi (CH)** Weinkellerei Hugi AG 2545 Selzach 032-6413333
**Icnusa (CH)** Icnusa S.A.R.L. 1018 Lau-

sanne
**Il Vino (CH)** Il Vino GmbH 8957 Spreitenbach 056-4101977
**Indelicato (CH)** Salvatore Indelicato & Figlio 1201 Genève 022-7324501
**Johnson (CH)** Johnson Wines 9327 Tübach 071-8414243
**La Cave (CH)** La Cave Bordelaise 7310 Bad Ragaz 081-3021313
**Lanz (CH)** Weine Simone Lanz 9000 St. Gallen
**Liechti (CH)** L'enoteca, Liechti Weine 4051 Basel 061-2616071
**Mövenpick (CH)** Caves Moevenpick SA 8134 Adliswil 01-7122561
**Münsterkellerei (CH)** Münsterkellerei AG 3011 Bern 031-3121717
**Mu's Vinothek (CH)** Mu's Vinothek 8910 Affoltern a.A. 01-7763115
**Nauer (CH)** Gebr. Nauer AG 5620 Bremgarten 056-6338633
**Riegger (CH)** Weinkellerei Riegger 5244 Birrhard 056-2252525
**Ritschard (CH)** Weinhandlung Ritschard AG 3800 Interlaken 033-8224545
**Sacripanti (CH)** VINI SACRIPANTI 5430 Wettingen 056-2252330
**Sandmeier (CH)** Max A. Sandmeier AG 4663 Aarburg 062-7876010
**Scala (CH)** Scala Vini 7270 Davos Platz 081-4165510
**Schenk (CH)** Schenk SA 1180 Rolle 021-8251714
**Scherer & Bühler (CH)** Weinimport Scherer & Bühler AG 6045 Meggen 041-3771122
**Scherer (CH)** Scherer SA 1227 Geneve 022-3081065
**Schubi (CH)** Schubi-Weine 6004 Luzern 041-2503030
**Schuler (CH)** Schuler & Cie AG 6423 Seewen-Schwyz 041-8193333
**Silvino (CH)** Silvino AG 8004 Zürich 01-2420402
**Spörri (CH)** Paul Spörri - Weinagentur 6312 Steinhausen 041-7431215
**Squisito (CH)** Squisito GmbH 8805 Richterswil
**Stefan Hofer (CH)** Stefan Hofer Weine/Spirituosen 8002 Zürich 01-7152929
**Stoppervini (CH)** Stoppervini 6900 Lugano 091-9116970
**Studer (CH)** Vinothek Carl Studer 6005 Luzern 041-3604589
**Terra Verde (CH)** Terra Verde Biogourmet AG 8049 Zürich 01-3419786
**Terravigna (CH)** Terravigna SA 3427 Utzenstorf 032-6664444
**Veni Vino Vici (CH)** Veni Vino Vici - Polasek 5035 Unterentfelden 062-7230979
**Vennerhus (CH)** Vennerhus Weine AG 3506 Grosshöchstetten 031-7111575
**Vergani (CH)** Vergani & Co. AG 8003 Zürich 01-4512500
**Vetterli (CH)** Hans Vetterli Weine GmbH 8800 Thalwil 01-7721482
**Vini d'Amato (CH)** Vini d'Amato AG 4052 Basel 061-2717788
**Vini Toscani (CH)** Vini Toscani 1166 Perroy 021-8251831
**Vintra (CH)** Vintra SA 8044 Zürich 01-3800510
**von Salis (CH)** Von Salis AG 7302 Landquart 081-3006060
**Weibel (CH)** Weibel Weine Thun 3645 Thun-Gwatt 033-3345555
**Wenger (CH)** René Wenger Import 4009 Basel 061-3027007
**Werle (CH)** Philippe Werle et Cie. 8135 Langnau am Albis 01-7130083
**Zanini & Sulmoni (CH)** Zanini & Sulmoni 6853 Ligornetto 091-6472332
**Zürcher-Gehrig (CH)** Zürcher-Gehrig AG 8032 Zürich 01-3830672

„DER EICHELMANN"

„Der derzeit umfassendste und kritischste Guide zu Deutschlands Weinen."
Zeit.de

„Reich-Ranicki für Weine und Weingüter"
HR 1

„Seine Urteilssicherheit ist eindrucksvoll. Man darf sich auf ihn verlassen."
Gero von Randow, Literaturen

„Die Fülle der Informationen – umfassend und kritisch wie in keinem anderen deutschen Weinführer"
FAZ Sonntagszeitung

„Der beste Deutschland-Weinführer, den es je gab.... Ohne Zweifel das erhoffte Standardwerk zum deutschen Wein und – hinsichtlich seiner Bedeutung – wohl bald schon das Pendant zum italienischen „Gambero Rosso" – nur ungleich kritischer. Kompliment!"
Stephan Reinhardt, sueddeutsche.de

Gerhard Eichelmann

# Eichelmann Deutschlands Weine 2004

670 Weingüter und
7000 Weine im Test

Hallwag

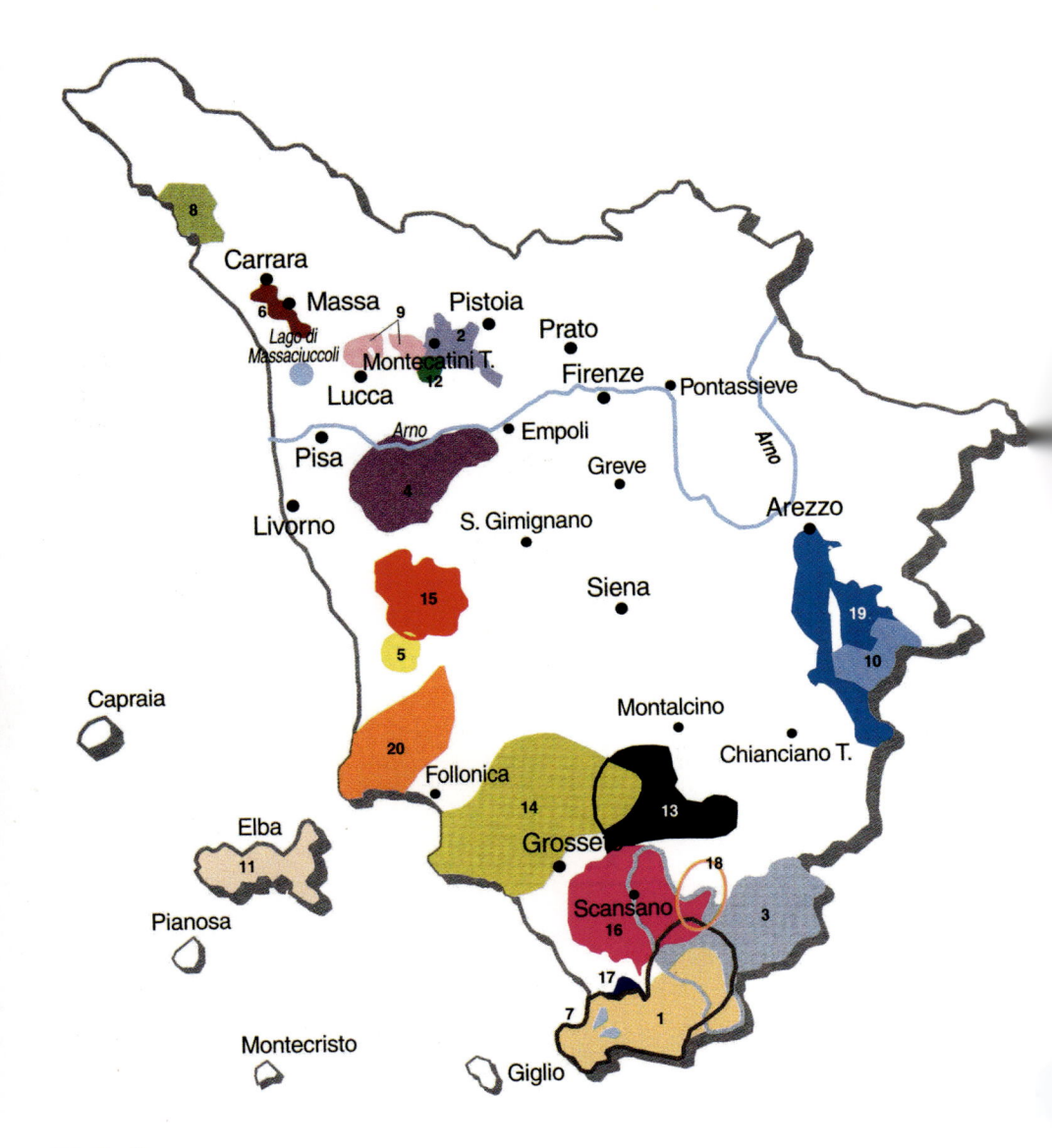

## D.O.C.

1 Ansonica Costa dell'Argentario
2 Bianco della Valdinievole
3 Bianco di Pitigliano
4 Bianco Pisano di Torpe
5 Bolgheri und Bolgheri Sassicaia
6 Candia dei Colli Apuani
7 Capalbio
8 Colli di Luni
9 Colline Lucchesi
10 Cortona
11 Elba
12 Montecarlo
13 Montecucco
14 Monteregio di Massa Marittima
15 Montescudaio
16 Morellino di Scansano
17 Parrina
18 Sovana
19 Valdichiana
20 Val di Cornia

Mit freundlicher Genehmigung von Federdoc